HISTOIRE

DE LA

PAROISSE

DE

SAINT-AUGUSTIN

(PORTNEUF)

PAR

A. BÉCHARD

> Le culte des ancêtres est naturel
> au cœur de l'homme.
> A. B.

QUÉBEC
IMPRIMERIE LÉGER BROUSSEAU
9, rue Buade

1885

HISTOIRE
DE LA
PAROISSE
DE
SAINT - AUGUSTIN
(PORTNEUF)
PAR
A. BÉCHARD

*Le culte des ancêtres est naturel
au cœur de l'homme.*
A. B.

QUÉBEC
IMPRIMERIE LÉGER BROUSSEAU
9, rue Buade

1885

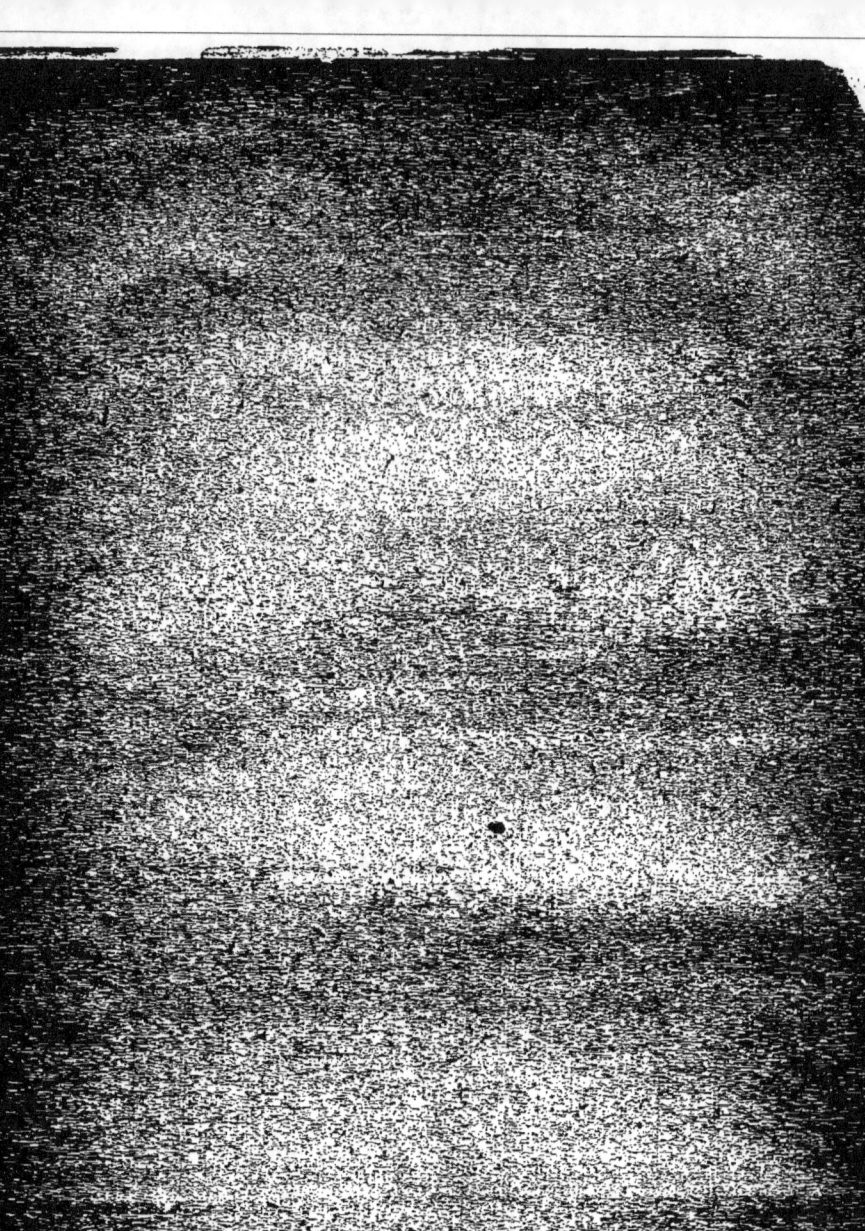

A

MESSIRE FRANÇOIS PILOTE, Curé

DE

SAINT-AUGUSTIN

HOMMAGE

respectueux

DE

SON ANCIEN ÉLÈVE AU COLLÈGE DE SAINTE-ANNE

L'Auteur

AVANT-PROPOS.

La tâche d'écrire comme elle le mérite l'histoire d'une ancienne paroisse, est toujours difficile, longue, et demande de patientes recherches, même avec des registres complets ; mais les difficultés de cette tâche se décuplent, quand les archives, comme à Saint-Augustin, offrent des lacunes répétées et embrassant une période considérable.

J'ai mis à cette œuvre tout le soin, tout le travail et toute l'attention qu'il est possible de mettre à une étude de ce genre. Il y a, cependant, des époques auxquelles on pourrait donner plus de développements, plus de détails, si les registres étaient complets.

Au sujet de ces lacunes, mentionnées dans le corps de l'ouvrage, à l'année où elles se présentent, j'ai dû avoir recours à des hypothèses vraisemblables, afin de tirer des conséquences fort probables. C'est ce qu'il y avait de mieux à faire en l'absence de documents. Une ligne *écrite* pourrait, cependant, détruire tout cet échafaudage de probabilités et de théories, mais cette ligne *écrite*, malheureusement, n'existe point.

Telle qu'elle est, l'histoire de la paroisse de Saint-Augustin est la plus *complète* qu'il soit possible de faire avec des documents *incomplets*.

Quelques lecteurs trouveront peut-être que je suis entré dans des détails qui, *à leurs yeux*, sont insignifiants, comme la mention du nom du premier bedeau, des marguilliers, de la recette et de la dépense, etc. Je ferai observer à cette classe de lecteurs que, outre l'intérêt que donnent ces mentions au moyen de l'étude comparée de l'histoire d'une paroisse, les habitants de Saint-Augustin, pour qui cette œuvre a été entreprise, trouveront intéressants les plus petits détails. Plusieurs reconnaîtront, dans le nom d'un marguillier d'il y a 150 ans, le nom d'un ancêtre dont ils conservent un souvenir précieux.

D'ailleurs, l'histoire d'une paroisse, comme celle d'une famille, n'a point de détails insignifiants pour les membres de cette paroisse ou de cette famille, et c'est pour cela qu'on les trouve, ces détails, tels que nous les présente la chronologie. Je suis persuadé d'avance qu'ils seront lus avec intérêt, qu'ils seront commentés par les enfants de cette paroisse et que, chez plusieurs, ils éveilleront des souvenirs agréables : cela me suffit.

Je ne puis m'arrêter dans cet avant-propos sans offrir mes remerciments les plus sincères à Messires Pilote et Blanchet, le curé et l'assistant de cette paroisse ; à Messire Thiboutot, le vicaire, et à M. le docteur Larue, ci-devant le député du comté de Portneuf.

M. Pilote et M. Blanchet ont facilité ma tâche au moyen de leurs recherches, de leurs conseils, etc.

M. Thiboutot et M. le Dr Larue m'ont aidé par tous les moyens qu'ils avaient à leur disposition.

Tous les Anciens que j'ai pu consulter, se sont empressés de me fournir les renseignements qu'ils avaient, de m'apporter leurs vieux titres, etc, et à leur obligeance je dois plusieurs détails importants. A eux tous, merci.

Enfin, cette histoire est divisée en deux parties : la partie ecclésiastique, et la partie civile. Cette division a été faite, dans le but de ne pas divertir l'attention du lecteur par plusieurs récits concurrents, et aussi pour ne pas surcharger le récit par des faits qui se touchent, mais d'un intérêt tout-différent.

L'AUTEUR.

Québec, 31 décembre, 1884.

AUX HABITANTS

DE

SAINT-AUGUSTIN

—+✳+—

Avant de parcourir les pages de cette histoire de votre paroisse, écrite spécialement pour vous et pour vos enfants, je vous recommande de lire attentivement les lignes suivantes.

Parlant du curé modèle, Lamartine a dit:

"Il est un homme, dans chaque paroisse, qui n'a point de famille, mais qui est de la famille de tout le monde, qu'on appelle comme témoin, comme conseil, ou comme agent dans tous les actes les plus solennels de la vie civile; sans lequel on ne peut naître ni mourir, qui prend l'homme au sein de sa mère, et ne le laisse qu'à la tombe; qui bénit ou consacre le berceau, la couche nuptiale, le lit de mort et le cercueil; un homme que les petits enfants s'accoutument à aimer, à vénérer et à craindre; que les inconnus mêmes appellent "mon père;" aux pieds duquel les chrétiens vont répandre leurs aveux les plus intimes, leurs larmes les plus secrètes; un homme qui est le consolateur, par état, de toutes les misères de l'âme et du corps, l'intermédiaire obligé de la richesse et de l'indigence; qui voit le pauvre et le riche frapper tour à tour à sa porte: le riche, pour y verser l'aumône secrète; le pauvre, pour la recevoir sans rougir ; qui, n'étant d'aucun rang social, tient également à toutes les classes : aux classes élevées par l'éducation, la science et l'élévation des sentiments qu'une religion philanthropique inspire et commande. Cet homme, c'est le curé."

Ce portrait que fait un grand écrivain du curé de campagne, en général, peut s'appliquer et vous l'appliquerez, vous-mêmes, braves habitants de Saint-Augustin, à Messire François Pilote, votre curé depuis bientôt 15 ans.

Vous ne doutez pas de l'amour qu'il vous porte, et vous savez aussi que votre bonheur fait la joie de ce prêtre cassé par l'âge et les travaux d'une longue carrière, mais dont le cœur si généreux reste toujours jeune et aimant.

Si vous pouviez douter un instant de l'amour qu'a pour ses paroissiens ce prêtre doublement vénérable par l'âge et par les vertus, rappelez-vous le jour de l'an dernier, où, montant en chaire, quoique malade, pour vous donner ses bons souhaits et vous bénir, il ne put vous parler, pendant plusieurs instants, que par ses larmes ; et n'oubliez pas que ces larmes, parties du cœur de votre curé courbé par la maladie, provoquèrent chez vous des larmes plus abondantes que n'aurait pu le faire le curé le plus éloquent et le plus touchant.

Rappelez-vous encore que, partiellement paralysé et éprouvant de grandes difficultés à sortir en voiture, il voulut, cependant, l'année dernière, aller s'asseoir quelques instants sous le toit de chacun de ses paroissiens, sous le toit du pauvre comme sous celui du riche, sous celui du malheureux comme sous le toit de l'heureux de ce monde, et avec plus de bonheur encore sous le toit des infortunés, où sa présence devait amener un rayon de joie, le seul, peut-être, de l'année.

Rappelez-vous, habitants de Saint-Augustin, tout ce qu'ont fait pour vous ce curé bien-aimé et son digne assistant, Messire Amable Blanchet. N'oubliez jamais que ces deux serviteurs de Dieu ont consacré à votre bonheur spirituel et temporel toute leur énergie et tous les talents dont ils sont doués. Pour oublier ce qu'ils ont fait pour vous et pour vos descendants, il vous faudrait ne plus passer dans vos chemins et vos champs améliorés ; ne plus aller dans votre église embellie par leur soins, pour y prier ensemble, dans les jours de joie comme dans les jours d'infortune, et ne plus entendre les sons harmonieux de votre orgue répandant comme une pluie d'or sur la foule agenouillée aux pieds de votre riche sanctuaire.

Pour oublier tous les bienfaits de ces deux prêtres, dis-je, il faudrait ne plus vous découvrir devant le Golgotha de votre cimetière, devant ce Calvaire dont les bras étendus protègent amoureusement les tombes de vos pères, de vos mères, de vos épouses, de vos époux, de vos enfants, de tous ceux que vous avez aimés sur cette terre. Il vous faudrait encore ne plus aller prier, le dimanche, sur les cendres de ceux qui dorment leur long sommeil dans un des plus beaux cimetières du pays.

Enfin, pour oublier ces deux hommes, toujours unis pour faire le bien, pour vous être utiles, il vous faudrait cesser d'envoyer vos filles à cette belle institution où elles se forment à la pratique des vertus chrétiennes et où elles reçoivent une éducation soignée. Le jour où vous pourriez, habitants de Saint-Augustin, oublier ce que furent pour vous Messires Pilote et Blanchet, fermez votre couvent, le monument le plus beau et le plus durable de leur affection pour vous ; le plus beau, puisqu'il vous atteint dans l'amour que vous portez au cœur pour vos enfants ; et le plus durable, puisque l'éducation chrétienne qu'y recevront vos filles se perpétuera dans la paroisse d'année en année.

D'autres se seraient contentés de tous ces monuments qui font votre honneur et auraient désiré jouir de ce repos nécessaire à la fin d'une longue et laborieuse carrière ; mais les grands cœurs, ne connaissant point de limite à leur amour, ne connaissent point, par conséquent, le repos avant le grand repos de la mort.

Messire Pilote, toujours supporté par son assistant, Messire Blanchet, a voulu vous laisser un autre monument encore plus grand, plus précieux et plus impérissable que tous ceux que vous avez déjà. Plus grand et plus précieux, car c'est le monument consacré au souvenir des ancêtres ; moins périssable que tous les autres, car la main du Temps qui, dit-on, détruit tout, ne pourra rien contre celui-ci.

Et ce monument de votre curé, le dernier probablement qu'il pourra vous offrir, le voici : c'est ce livre ; c'est l'histoire de votre paroisse depuis plus de deux siècles.

Tous les faits importants qui se sont passés ici, avant que cette localité fût érigée en paroisse et jusqu'à ce jour, sont scrupuleusement consignés dans ce livre.

Vous y trouverez aussi une liste complète de tous les missionnaires, vicaires et curés qui ont eu charge des âmes, à Saint-Augustin, depuis les commencements de la colonie. Ces noms méritent d'être préservés de l'oubli.

Il y a aussi, dans ce livre, un long chapitre consacré aux souvenirs, aux légendes et aux monuments de cette paroisse. Parmi ces souvenirs, il y en a de bien beaux, de bien touchants, qui étaient à la veille de se perdre. Cette Histoire les conservera et les passera aux générations futures.

En un mot, habitants de Saint-Augustin, ce livre tire tout son mérite des souvenirs qu'il évoque au sujet de vos ancêtres, si dignes de vivre dans votre mémoire.

Soyez toujours comme eux : probes, vertueux, hospitaliers et généreux pour tout ce qui touche à la gloire du Créateur ; conservez intacte la belle langue qu'ils ont parlée, soyez toujours dociles à la voix de vos pasteurs, et, comme eux, votre mémoire sera bénie.

A. BÉCHARD.

Saint-Augustin, le 31 décembre, 1884.

LISTE NOMINALE
DES
MISSIONNAIRES, CURÉS ET VICAIRES
DE
SAINT-AUGUSTIN

Avant de donner une notice biographique des missionnaires et curés de Saint-Augustin, on aimera peut-être à voir réunis, dans une seule liste, leurs noms avec la date de leur arrivée dans la paroisse et de leur départ. De cette manière, ceux qui auront besoin de recourir à quelques-uns de ces noms, pourront les saisir sans de longues recherches et du premier coup d'œil.

Nous avons déjà vu, au chapitre intitulé : "Les Missionnaires," ce que nous avions à dire des trois premiers prêtres qui, ayant leur demeure à la Pointe-aux-Trembles, desservaient la mission de Saint-Augustin, la côte Saint-Ange, etc. Nous n'avons donc plus à nous occuper d'eux. Nous commençons à l'année 1694, avec laquelle apparaissent quelques lambeaux de registres incomplets.

Liste nominale des Missionnaires et Curés de Saint-Augustin, de 1694 à 1884.

Premier curé.—Messire Jean-Daniel TESTU. Son premier acte est daté du 21 octobre, 1694 ; son dernier : du 28 décembre, 1700.

Durée de sa desserte : 6 ans, 2 mois et 10 jours.

Premier missionnaire.—Messire Phil. RAGEOT. Il ajoutait après son nom : " Prestre missionnaire du Séminaire de Québec."

Il n'y a que deux actes de signés par lui : deux actes de baptême, l'un du 10 et l'autre du 29 septembre, 1702.

Deuxième missionnaire.—Fr. Hilaire HILAIRE. Il faisait suivre son nom de : " Prestre Religx Récollet et missionnaire à Saint-Augustin."

Les actes signés par ce fr. Récollet sont tous de 1703 et 1704 : deux années.

Note.—En 1705, on ne trouve qu'un seul acte signé par Messire DE LA BOUTEILLERIE, " prestre du séminaire de Québec." On ne saurait le mettre au nombre des missionnaires de Saint-Augustin.

Troisième missionnaire.—Messire Nic. BOUCHER. Il ajoutait après sa signature : " prestre missionnaire à Saint-Augustin."

Il a desservi la paroisse toute l'année 1706 et de 1707 jusqu'au 9 octobre inclusivement.

Durée de sa desserte : 1 an, 9 mois et 9 jours.

Quatrième missionnaire.—Messire Mich. des CORMIERS. Il écrivait après son nom : " prestre missionnaire faisant les fonctions curiales à Saint-Augustin."

Il a desservi la paroisse à partir du 30 octobre (inclusivement), 1707, jusqu'à la fin de l'année 1710.

Durée de sa desserte : 3 ans, 2 mois et 2 jours.

Note.—En 1711, on ne voit point de registres.

Cinquième missionnaire.—Messire Thierry HAZEUR. Il ne signait que de ce dernier nom qu'il faisait suivre de : " prestre missionnaire et curé faisant les fonctions curiales en la paroisse de Saint-Augustin. "

Nonobstant ce titre de *curé* qu'il ajoutait à son autre titre de missionnaire, il ne peut être considéré autrement qu'en la dernière qualité.

En 1712, il ne signe qu'un acte de baptême.

En 1713, il signe les actes jusqu'au 18 avril inclusivement.

Durée de sa desserte : 3 mois et 18 jours, et probablement quelques jours de plus en 1712.

Deuxième curé.—Messire Pierre AUCLAIR-DESNOYERS, missionnaire du 14 octobre, 1713 jusqu'au 30 août, 1714.

Curé à partir du 31 août, 1714, jusqu'au commencement de février, 1748 (il mourait le 4).

Durée de sa desserte comme missionnaire : 10 mois et 17 jours.

Comme curé, (en retranchant l'année qu'il desservit l'Ile Jésus, du 12 octobre, 1721, jusqu'au 25 octobre, 1722) 32 ans et 5 mois.

Durée de sa desserte et comme missionnaire et comme curé ; 33 ans, 3 mois et 13 jours.

Sixième missionnaire.—Messire L. MAUFILS. Après

son nom il ajoutait : " prestre missionnaire, faisant les fonctions curiales par voye de mission. "

Il desservit la paroisse durant l'année que M. Desnoyers fut curé à l'île Jésus ; du 1er de novembre, 1721, jusqu'au 20 octobre 1722.

Durée de sa desserte : 1 an moins 10 jours.

Troisième curé.—Messire Gaspard DUNIÈRE. Son premier acte porte la date du 15 mars, 1748, et le dernier, celle du 7 septembre, 1752.

Durée de sa desserte : 4 ans, 5 mois et 22 jours.

Quatrième curé.—Messire François BRASSARD. Son premier acte : le 9 septembre, 1752 ; sa mort, le 26 juillet, 1765.

Durée de sa desserte : 17 ans, 4 mois et 10 jours.

Cinquième curé.—Messire Michel BÉRIAU. Son premier acte : le 10 août, 1765 ; sa mort, le premier de mars, 1801.

Durée de sa desserte : 35 ans, 6 mois et 21 jours.

Premier vicaire.—Messire François VÉSINA (sous M. Bériau). Son premier acte : le 13 avril, 1798 ; le dernier : le 29 septembre, 1799.

Durée de son vicariat : 1 an, 5 mois et 16 jours.

Deuxième vicaire.—Messire Mich. BÉZEAU (sous M. Bériau jusqu'au 1er mars, 1801, puis le remplaçant jusqu'au 17 septembre, même année). Son premier acte : le 2 octobre, 1799 ; le dernier : le 17 septembre, 1801.

Durée de sa desserte comme vicaire et comme remplaçant de M. Bériau : 1 an, 11 mois et 16 jours.

Sixième curé.—Messire E. CHENET. Son premier acte : le 21 septembre, 1801 ; le dernier : le 2 juillet, 1804.

Durée de sa desserte : 2 ans, 9 mois et 11 jours.

Septième curé.—Messire François VÉSINA. Son premier acte : le 12 juillet, 1804 ; le dernier : le 30 mars, 1810.

Durée de sa desserte : 5 ans, 8 mois et 20 jours.

En comptant 1 an, 5 mois et 16 jours qu'il avait passés comme vicaire, on trouve que M. Vésina a été, dans la paroisse, comme vicaire et comme curé : 7 ans, 2 mois et 6 jours.

Huitième curé.—Messire Alexis LEFRANÇOIS. Nommé curé le 4 de mai, 1810, il fait son premier acte le 12. Son dernier acte : le 7 octobre 1848.

Durée de sa desserte : 38 ans, 5 mois et 4 jours.

Troisième vicaire.—(Sous M. Lefrançois) : M. Frédéric CARON. Son premier acte : le 7 février, 1837 ; le dernier : le 4 avril, même année.

Durée de son vicariat : 1 mois et 26 jours.

Quatrième vicaire.—(Sous M. Lefrançois), Messire M. DUGUAY. Son premier acte : le 3 de mars, 1846 ; le dernier : le 4 octobre, même année.

Durée de son vicariat : 7 mois et 3 jours.

Neuvième curé.—Messire Augustin MILETTE. Son premier acte : le 11 octobre, 1848 ; sa mort : le 2 février, 1870.

Durée de sa desserte : 21 ans, 3 mois et 23 jours.

Premier curé provisoire ou *par intérim* : Messire

Charles-S. RICHARD. Son premier acte : le 22 février, 1870 ; le dernier : le 15 septembre, même année.

Durée de sa desserte : 6 mois et 22 jours.

Dixième curé.—Messire François PILOTE. Nommé vers le milieu du mois d'août, 1870. Prise de sa cure : le 19 septembre au matin. Son premier acte : le 26 octobre 1870.

Durée de sa desserte, le 31 décembre, 1884 : 14 ans, 4 mois et demi.

Premier assistant. — Messire Amable BLANCHET. Nommé le 19 septembre, 1870, et arrivé dans la paroisse le même jour, à 9 heures du soir. Son premier acte : le 22 septembre, 1870.

Durée de sa desserte, le 31 décembre, 1884 : 14 ans, 3 mois et 12 jours.

Cinquième vicaire.—(Sous M. Pilote) : Messire Jean-Baptiste THIBOUTOT, nommé le premier de mai, 1882. Son premier acte : le 4 du même mois.

Durée de son vicariat, le 31 décembre, 1884 : 2 ans et 8 mois.

HISTOIRE
DE LA
PAROISSE
DE
SAINT-AUGUSTIN

CONSIDÉRATIONS PRÉLIMINAIRES

Champlain fondait Québec en 1608.

En jetant les bases de cette faible colonie, le gentilhomme saintongeois pensait-il que cette poignée de Français, établis au pied du cap Diamant, donnerait naissance à une nationalité forte, vigoureuse et destinée, avant longtemps, à devenir une nation puissante ?

Il serait difficile de répondre à cette question ; mais, quoi qu'il en soit de la pensée du fondateur de Québec au sujet du sort de la race française, sur ce continent, il n'en est pas moins vrai que nous nous sommes agrandis d'une manière merveilleuse sur ce coin de terre et que l'élément français s'y est établi d'une manière sûre et durable.

En effet, en dépit de l'abandon honteux des rois de France, et surtout de Louis XV ; en dépit des guerres cruelles et longues contre les naturels du pays et contre les ennemis de la France; à cette époque reculée, nous avons, nous les descendants des Français du dix-septième siècle, pris pied sur cette terre américaine d'une manière si solide que rien, désormais, ne pourra nous en déloger.

J'ai pris pour épigraphe de cette histoire de la paroisse de Saint-Augustin, les mots suivants : "Le culte des ancêtres est naturel au cœur de l'homme."

Il est inutile de dire pourquoi nous devons tous tenir à ce culte des ancêtres ; car, essayer de déduire les raisons de ce culte du cœur, ce serait se condamner à mettre les sentiments sous forme de dissertation, ou "débiter, dans des lieux communs, ce que l'histoire s'est chargée avant nous de constater, dans des pages, belles entre toutes celles qu'elle a écrites." (1)

Ainsi, nous aimons nos ancêtres parce que nous sommes sortis d'eux, et aussi parce que nous ne voudrions pas en avoir d'autres. Nous sommes fiers d'eux et nous remercions la divine Providence de nous avoir faits leurs descendants.

Mais ce culte des ancêtres nous engage à autre chose qu'à de vaines paroles. A quoi serait-ce donc ?... A recueillir pieusement les souvenirs qui se rattachent à leur époque et à les transmettre avec amour à ceux qui nous suivront.

Si, depuis un siècle, on eût compris cette grande œuvre ; si l'on eût ressenti la nécessité de mettre par écrit les faits et gestes du siècle précédent, quelle mine abondante, quel écrin précieux pourrions-nous laisser à nos descendants !

Cette négligence (je n'ose dire *insouciance*) n'est peut-être pas irréparable encore pour plusieurs paroisses ; mais, dans vingt-cinq ans, dans cinquante ans au plus, il serait trop tard ; et la génération destinée à nous remplacer ne pourrait plus refaire la chaîne qui l'unit aux premiers colons : plusieurs chaînons se seraient perdus pour toujours, et quel malheur aux yeux de celui qui connaît toute l'importance de l'his-

---

(1) M. J.-C. Taché, dans *Le Courrier du Canada*.

toire, tout ce qu'il y a de sacré dans les souvenirs du passé ! On l'a déjà écrit depuis longtemps : " Un peuple sans histoire est un peuple destiné à mourir."

Hâtons-nous donc, pendant qu'il en est encore temps, de recueillir *tout* ce qui se rapporte à ces jours héroïques de nos aïeux. Consultons les anciens dans chaque paroisse, réchauffons, au nom du patriotisme, leurs souvenirs à la veille de s'effacer ; mettons ces souvenirs par écrit et, bientôt, de chaque hameau du pays, s'élèvera un monument solide à l'aide duquel on pourra construire un autre monument autrement considérable et précieux : l'histoire complète de notre beau pays, depuis 1608 jusqu'à nos jours.

Aujourd'hui, les habitants de Saint-Augustin donnent l'exemple du mouvement, de ce réveil aux belles et grandes choses du passé glorieux de nos ancêtres. Honneur à cette brave population et aux prêtres qui la guident dans le sentier de la vertu et du patriotisme ! Que d'autres paroisses suivent bientôt cet exemple ! Elles ne sauraient en suivre de meilleurs.

SAINT-AUGUSTIN

La paroisse de Saint-Augustin, telle que constituée aujourd'hui, est située à cinq lieues de Québec et en amont du fleuve Saint-Laurent, auquel elle fait face, du côté du nord. C'est une grande et riche paroisse.

Il est naturel de supposer, vu sa proximité de la ville, que cette localité ou le territoire occupé par la paroisse actuelle, ait été le premier colonisé, après Beauport, Charlesbourg, Lorette (l'Ancienne), et Sainte-Foye.

En effet, dès les commencements de la colonie fondée à Québec, en 1608, il y avait déjà quelques colons d'établis sur le bord du fleuve et au pied de la côte. Ces colons avaient dû être attirés là par la richesse remarquable du sol de l'endroit.

On a cru assez longtemps que la colonisation de Saint-Augustin s'était faite, au commencement du dix-huitième siècle, en suivant les sentiers d'alors de Lorette, vu l'obstacle naturel que présentait la rivière du Cap-Rouge. Ceux qui ont partagé cette opinion, avaient oublié, sans doute, que nos Pères étaient marins et soldats. Si l'on pouvait douter qu'ils aient été marins, il faudrait seulement se rappeler tous les termes qu'ils nous ont quittés et que nous n'avons pas encore tout à fait perdus. Quant à être soldats, l'Histoire nous a dit ce qu'ils étaient sur le champ de bataille.

Or, pour des marins comme l'étaient nos Pères, la rivière peu considérable du Cap-Rouge ne pouvait leur paraître un obstacle sérieux. Il y avait, à défaut de chemins, les chaloupes et les autres espèces d'embarcations pour transporter les colons de Québec même jusqu'au rivage de Saint-Augustin.

D'un autre côté, la rivière du Cap-Rouge est guéable à marée basse. L'obstacle invoqué pour faire venir les colons par la voie de Lorette disparaissait donc en partie et n'était plus qu'une question d'*à-point*.

On voudra bien considérer aussi que l'établissement des premiers colons s'est fait sur le bord du fleuve, au pied de la côte, ce qui n'aurait pu avoir lieu si les colons fussent venus directement par Lorette.

Il est encore de tradition, ici, que les premiers cultivateurs de Saint-Augustin portaient le bois de chauffage et leurs denrées à la ville sur des *cageux* (radeaux), guettant l'à-point favorable de la marée pour aller à Québec et pour en revenir.

Pour toutes ces raisons réunies, il est donc certain que les premiers colons de cet endroit ont suivi les bords du fleuve pour se rendre ici, et non pas la voie de Lorette.

J'ajoute immédiatement que plusieurs des premiers habitants de Saint-Augustin venaient directement de l'Ange-Gardien, de Charlesbourg ou des environs, où ils s'étaient d'abord fixés, eux ou leurs pères, à leur arrivée à Québec, dès les commencements de la colonie. Telles sont les familles Amyot-Villeneuve, Gaboury, Garneau, etc. J'aurai l'occasion de revenir sur ce sujet en parlant des premiers colons.

Saint-Augustin fut érigé en paroisse en 1691. Combien y avait-il d'habitants à cette époque ? C'est ce que je n'ai pu constater d'une manière positive. Il n'est pas irraisonnable de supposer, cependant, que la population devait être, au moins, de 200 âmes.

Avant d'étudier l'histoire de la paroisse, depuis 1691, réunissons ici tout ce que nous savons du temps où de courageux missionnaires parcouraient le pays en tous sens pour entretenir le feu sacré de l'amour chrétien dans le cœur des habitants de la Nouvelle-France.

LES MISSIONNAIRES

En l'absence de documents authentiques, il est bien permis de supposer que l'émigration vers Saint-Augustin a dû commencer entre 1656 et 1660, c'est-à-dire une quarantaine d'années après la fondation de Québec, (1) ou peu de temps après l'émigration venue du Poitou, en 1655. Ces colons, comme je l'ai déjà dit, avaient fixé leurs demeures dans les environs de Québec et, eux ou leurs enfants, se sont, plus tard, répandus sur les bords du fleuve, soit au nord, soit au sud.

L'habitant de la Nouvelle-France, comme celui du Canada, peut-être encore plus celui-là que celui-ci, avait besoin du prêtre pour coloniser, et l'on peut dire sans exagération que les premiers travaux de colonisation, dans notre pays, ont reçu la bénédiction du missionnaire. La foi était si vive alors que l'on s'imposait les plus grands sacrifices pour ériger une chapelle, pourvoir aux dépenses du missionnaire et à celles du culte. C'est cette foi vive, c'est cet amour et ce respect pour l'homme de Dieu qui nous a sauvés dans le passé, et c'est la même foi, c'est le même

_____
(1) J'ai trouvé chez M. Joseph Gaboury des actes qui remontent à la décade suivante : de 1670 à 1680.

respect et le même amour qui nous sauveront dans l'avenir.

En consultant les archives de la Pointe-aux-Trembles de Québec, que M. le curé Rousseau a eu l'obligeance de mettre à ma disposition, je me suis assuré que, dès 1679, la côte qui s'étend de Québec à Portneuf avait déjà un missionnaire dont la résidence était établie à la Pointe-aux-Trembles, portant alors les noms de *Dombourg, Saint-François de Sales de Neuville* et, moins fréquemment, à cette époque, celui de *Pointe-aux-Trembles*, qui lui est resté.

D'après les registres de cette paroisse, le premier missionnaire desservant ce qui a formé, depuis, le comté de Portneuf et Lorette, a été Messire Germain Morin, dont le premier acte commence au 13 de juillet, 1679, et le dernier finit au premier d'octobre de l'année suivante (1680).

Après M. Morin vient Messire J. Basset, du 28 novembre, 1680, au 10 de septembre de 1681.

Vient ensuite Messire J. Pinguet, qui a été missionnaire de cette côte du 2 d'octobre de 1681 au 17 de juin, 1685.

Puis M. Basset apparaît de nouveau comme missionnaire, après M. Pinguet, du 7 d'août, 1685, jusqu'à la fin de l'année 1689. " C'est durant cette année 1689 qu'il dut recevoir ses lettres curiales," disent les archives de la Pointe-aux-Trembles. De cette manière, Saint-Augustin aurait été érigé en paroisse deux ans seulement après la Pointe-aux-Trembles : de 1689 à 1691. (1)

M. Benj. Demers, qui a été vicaire à la Pointe-aux-Trembles, de 1875 à 1876, a fait un historique abrégé des archives de cette paroisse. Voici ce qu'il dit de M. Basset :—" Il avait rendu de grands services à la paroisse et l'avait gouvernée avec le zèle d'un véritable apôtre. Ses grandes qualités peuvent lui faire pardon-

---

(1) Pour ces trois prêtres, voir le chapitre intitulé : MISSIONNAIRES ET CURÉS, etc.—*Notices biographiques.*

ner l'écriture hiéroglyphique dont il a orné plus de deux cents feuillets des registres."

Il serait difficile, en effet, impossible même, d'écrire d'une manière aussi illisible, tout en y mettant la meilleure volonté du monde. La calligraphie de ce missionnaire a dû faire le désespoir de tous ceux qui ont eu à consulter ses écrits. La grande difficulté se trouve surtout dans les noms propres dont on ne peut jamais être certain, tant l'écriture est affreuse. Ceci est regrettable à plusieurs points de vue.

LA PREMIÈRE CHAPELLE

Il a été dit, plus haut, qu'il est bien permis de supposer que l'émigration vers Saint-Augustin a dû commencer entre 1650 et 1660, c'est à dire une quarantaine d'années après la fondation de Québec. Il fallut à ces habitants, animés d'une si grande foi, un lieu de réunion pour y prier ensemble et chanter les louanges du Seigneur. On se contenta, d'abord, de la demeure de quelques habitants de la côte pour y entendre la messe que disaient, à époques régulières, les missionnaires qu'envoyait le séminaire de Québec, dans les premiers temps de la colonie, et les missionnaires dont la résidence fut fixée à la Pointe-aux-Trembles, à partir de 1679. Les archives mentionnent le nom du sieur Matthieu Amyot-Villeneuve comme ayant eu le plus souvent l'honneur de voir l'office divin se célébrer chez lui, à Saint-Augustin.

Plus tard, on ressentit le besoin d'une chapelle, qui a certainement existé, quoiqu'il n'en soit fait mention que d'une manière incidente dans les registres des premières années de 1700.

A quelle époque fut construite cette première chapelle, à Saint-Augustin ? Parmi les notes précieuses recueillies par M. l'abbé Sasseville, curé de Sainte-Foye, et reproduites par M. J.-M. Lemoine, dans *L'Album du Touriste*, voici ce qu'on lit :

Vers 1690, on construisit une petite chapelle de bois, sur le bord du fleuve, dans l'*Anse-à-Maheut*. Je ne saurais dire avec précision où est située cette localité. Quoi qu'il en soit, comme la marée rendait cet endroit d'un accès difficile, l'autorité ecclésiastique fixa un autre site plus convenable et ordonna d'y transporter la chapelle et le cimetière. Les habitants du voisinage se mirent en devoir de s'y opposer ; mais l'Intendant prêta main forte à l'Evêque et contraignit les gens à exécuter son ordonnance.

Le lieu choisi pour cette translation était précisément celui où s'éleva, plus tard, l'église dont on voit encore les ruines, au pied de la *grande côte*, sur le bord du fleuve.

M. l'abbé Sasseville me permettra de lui faire observer, avec tout le respect que je lui dois, qu'il commet ici deux erreurs : erreur de date, puis erreur de site.

Dans les archives de 1720, Messire Pierre Auclair-Desnoyers, missionnaire en 1713, et fait curé fixe le 31 août 1714, dit que cette chapelle avait duré 26 ans. En retranchant ces 26 ans de l'année 1720, on trouve que cette chapelle avait dû être érigée en 1694.

Quant au site de cette première chapelle, dont on voit encore les fondations, il n'y a pas de doute qu'il se trouvait sur la terre d'un nommé Ambroise Tinon-Desroches. (1).

Une partie de cette terre d'Ambroise Tinon-Desroches appartient aujourd'hui au fils du capitaine Jean-Baptiste Racette (Hildevert), de sorte que la première chapelle se trouvait sur le bord du fleuve, et l'on en voit encore les fondations, qui mesurent 30 pieds de longueur sur une largeur de 22 pieds à peu près. Cette chapelle, disent les archives, était à plus de 30 arpents en haut du site de l'ancienne église bâtie en 1720, cette fois-ci, à l'Anse-à-Maheu, tel qu'il le sera dit plus loin.

---

(1) L'ancêtre de ces Desroches se nommait *Tinon*. Etabli à la Rivière-des-Roches, (dans Lorette, *aujourd'hui*, et faisant partie de Saint-Augustin, *autrefois*,) il prit le surnom de *Desroches*, qui est resté, tandis que le vrai nom de *Tinon* a disparu.

Afin de mieux conserver le souvenir de cette ancienne relique ; afin que, plus tard, on puisse retrouver l'emplacement de ce modeste lieu de prières, lorsque toute trace en aura disparu, donnons-en la distance à partir de l'église *actuelle* (en 1884).

Tournez le dos à cette église et descendez droit vers le fleuve et jusqu'au chemin d'en bas de la côte : vous avez une distance de 20 arpents. Prenez ensuite à droite, dans le chemin que je viens d'indiquer, et mesurez l'espace de 10 arpents, puis arrêtez-vous là. Enfin, reprenez votre marche directement vers le fleuve l'espace d'une dizaine d'arpents, et vous serez sur le site occupé par la première chapelle où ont prié vos pères, à Saint-Augustin. Vous aurez trouvé, en même temps, par la voie que je viens d'indiquer, une distance de quarante arpents, à quelques pieds près.

M. Hildevert Racette, dont il est fait mention plus haut, conserve précieusement deux chandeliers de cuivre qui ont servi à cette première chapelle. La valeur intrinsèque de cette relique d'un autre siècle n'est pas considérable ; mais les souvenirs qui s'y rattachent la rendent d'un prix inestimable.

Ces chandeliers sont de cuivre pur et ne mesurent que sept pouces et demi de hauteur.

L'aïeul de M. Hildevert Racette avait en sa possession une banquette de l'ancienne chapelle de 1694, relique précieuse qui, probablement, a été mise au feu par quelque main sacrilége, à l'insu, néanmoins, des membres de cette famille, qui ont tous l'amour et le respect qu'un cœur bien placé doit aux choses du passé.

Cette première chapelle, bâtie, comme on vient de le voir, en 1694, et sur la terre d'Ambroise Tinon-Desroches, ne servit au culte, *à cet endroit*, que l'espace de 19 ans, c'est-à-dire jusqu'en 1713.

Durant cette année (1713), M. Hazeur desservait Saint-Augustin, et c'est sous lui (peut-être à ses instances) que la chapelle fut transportée avec le cimetière dans l'Anse-à-Maheu.

Les raisons invoquées en faveur de la translation de la chapelle de 1694 et de son cimetière dans l'Anse-à-Mahen, étaient : l'accès difficile du site sur lequel on l'avait placée, à quelques pieds du fleuve, puis l'éloignement où elle se trouvait du presbytère déjà construit à l'anse que je viens de nommer.

Pour ce qui est de ce presbytère, on voit bien, par les documents de 1713, qu'il existait alors, et l'on verra par le document publié plus loin qu'il avait été bâti 17 ans auparavant, c'est-à-dire en 1696, où deux ans seulement après la construction de la première chapelle, en 1694. Il est permis de supposer que ce presbytère n'a dû être construit, dans l'Anse-à-Mahen, à cette époque, dans la prévision que la chapelle devait, tôt ou tard, être transportée à l'Anse-à-Mahen.

Cette translation de la chapelle et du cimetière du site où on les avait placés, en 1694, à l'Anse-à-Mahen, souleva une tempête parmi les "gens du haut de la paroisse." Je cite à ce sujet un long document écrit par Messire Auclair-Desnoyers, sans rien changer à son orthographe. Ce manuscrit, conservé aux archives de la paroisse, n'est pas complet. Je le reproduis ici, cependant, tel qu'il est, et, d'après moi, il est si précieux, que je croirais commettre un sacrilége en y changeant un iota. Voici :

Desservi que par voyes de mission, tant de prêtres séculiers que réguliers, jusqu'à 1710, y belle paroisse, et pour les huit ans cy inclus. Les autres ont été entrés en petit nombres. Et pendant 1711 et 1712, il n'a point été tenu de registres dans la psse, (1) depuis la fin de 1712, et suivant tout y est en très bon ordre. Messire Thierry hazurre, (Hazeur) grand pénitentier de la cathédrale, ayant desservi lad. psse. pendant 1713 jusqu'au 14 octobre et fait transporter lad. année, la susdite église de bois (qui avait été posée lelong du fleuve St. Laurent, à plus de 30 arpents plus haut) par cequ'elle estoit souvent entourée d'eau, qui empeschoit son abord, et qu'elle estoit éloignée du presbitere baty en pierre, dans l'ance de Maheu, ou il subsiste encore, et l'Eglise ne venoit que d'être remontée dans sa

_____

(1) Abréviation fréquente du mot *paroisse*.

charpente et couverte de planche en couteau grossièrement, lorsque Monsieur Auclair Desnoyers y fut envoyé missionnaire, le quatorzième du mois d'octobre de lad. année 1713, et fait curé fixe dud. lieu le dernier jour d'aoust 1714 suivant.

Le transport de ladite Eglise de bois ne se fit qu'avec bien de la difficulté de la part des habitans du haut de la psse qui se trouvaient en possession de l'Eglise qui estoit plus proche d'eux qu'elle ne se devoit trouver en la transportant. Il n'y eu que deux raisons qui les forcèrent de se rendre. La première fut de la part de Mr. le Grand Vicaire (à l'absence de Monseigneur de St. Valier, qui estoit pour lors detenu en Angleterre, depuis douze ans et plus comme prisonnier de guerre, avec quinze Ecclésiastiques, qui l'accompagnoient, ayant été pris sur mer revenant de France en Canada l'année 1700) qui les menaçoit qu'ils n'auraient point de curé stable dans leur psse. qu'à ces conditions; et la seconde ce fut l'ordonnance de Monsr. Begon, Intendant dans le pays, rendu sur la Requeste à luy présentée par messire Thierry Hazurre, prêtre curé desservant led. lieu, et un nombre des habitans de lad. psse. qui y consentoient volontier, comme il paroist par la requeste qui en fut faite dont voicy la teneur.

Aujourd'hui 25 juillet 1713 les habitans de St. Augustin ayant consulté que la difficulté de pouvoir faciliter à Monsieur le Curé sa demeure fixe estoit trop grande sur l'éloignement de l'Eglise du presbitere ont demandé et demandent à Monsr. l'Intendant un ordre pour faire approcher l'Eglise du presbitere et par ce moyen avoir un prêtre pour leur administrer les sacrements, convenants tous de l'impossibilité d'avoir un curé fixe sans ce moyen à cette effet, ont consenty à la démolition et au transport de lad. Eglise pour etre rebatie sur le terrain concedé pour le presbitere, laquelle Eglise sera construite proche led. presbitere pour la commodité du public et de Mr. le Curé. Daquoy sont convenus les sous nommés habitans de lad. psse. de St. Augustin sçavoir Pierre Constantin, major de lad. psse., Jean Duboct Lieutenant de milice, Jean Caillet, Mathieu Gingras, André Harnois, Jean DaBreche, Louis Campagné, Jean Briere, Romain La Voye, Estienne Gilbert, Jean Deboury, Pierre Racet, Joseph Tugel (1) Pierre Martin, Mathieu Tugal, Jean Panisson, Michel Porreau, Pierre Villeneuve, quelqu'un d'entre eux ayant signé et les autres ont declarez ne sçavoir ecrire n'y signer, d'eux accepté la charge de rebatir lad. Eglise sans que les autres habitans soient obligez de la rebatir fait à Québec, le 25 juillet 1713 en présence de Mre Hazeur prestre curé faisant les fonctions curialles

(1) Aujourd'hui : *Dugal.*

en lad. psse. de St. Augustin issù de grande messe. Signé Constantin, Duboct, Jean Caillot, LaBreche, Pierre Racet, Hazeur.

Michel Begon chevalier seigneur de la Picardiere Murbelin et autres lieux cons. du Roy en ses conseils, Intendant de justice, police et finance, en la nouvelle France. Veû l'acte cy dessus aquoy ayant egard Nous permettons auxd. habitans de la psse. de St. Augustin, de démolir lad. Eglise, de la transporter, et rebatir proche le presbitere sur le terrein dessigné a cette effet. Mandons aux officiers de milice de lad. cotte, de tenir la main a l'execution de la prste. ordonnance. Ft. a Quebec le 27 juillet 1713. Signé BEGON et plus bas Msr Barbel.

Quoy que led. sieur Hazeur eu obtenu le transport de lad. Eglise il n'y avoit pas encore dit la messe, n'estant pas suffisamment couvertte pour l'exempter de l'eau dans touttes les orages ; mais il la disoit dans le presbitaire, qui n'avoit presque pas servi a aucuns usage, pour n'avoir pas été parfaittement achevé, quoy qu'il fut ellevé en muraille et en couverture depuis 17 ans. Les renduits n'estant pas encore faits, n'y ayant encore qu'ne petite cloison de planche d'un poulce, (1) retirée a six pieds d'un bout du presbitaire, et qu'elques planches pour former un petit cabinet, dans cette petite espace n'y ayant pour tout ameublement qu'ne espèce de petit bureau de quatre tiroirs a chacque bout et un plus grand dans le milieu, fait de menuiserie (ici, un mot illisible) en planche de pin ; n'ayant pas six vitres en touttes les fenetres du presbitere, quoy que les chassis fussent faits et posés, et toutes les fenestres ne se fermoient qu'avec des contrevents et l'autel estoit dressée contre cette petite cloison et le reste du presbitere servoit d'Eglise. Le curé jusques a ce jour ayant été obligé de se retirer chez les habitans ce qui renfermoit milles incommoditez. Led. presbitere sembloit plus tost une masure abandonnée qu'autre choses, car la muraille d'ycelui estoit rompuë, a cinq endroits et assé ouverte pr faire l'entrée des ratz et autres insectes et exposer les clefs des deux fenetres a tomber. La lembourde qui soutenoit seulle les planchers de la cave estant presque toutte pourie, que l'on fut obligé d'apuyer pour faire passer l'hyver. Dans le grenier les ravalements n'estant qu'aux deux tiers faits, ayant néantmoin dans le milieu une cloison qui le divisoit. Le haut des cheminez estant toutte difformes et presque abatu qui demandoient une réparation nécessaire, et c'est la la situation ou il estoit lorque ledit Sieur Pierre Auclair Desnoyers prestre vint pour desservir led. lieu. L'endroit estoit desert sans établissement d'aucunes choses

---

(1) Pouce.

ny ayant pas un seul pieu de planter pour former un jardin, un potager, n'y autres Batiments pour faire la commodité du Curé arrivant.

Nous verrons, plus loin, l'histoire de cette première chapelle dont la translation paraît avoir fait beaucoup de mécontents.

DEUXIÈME CHAPELLE

Il existe, dans la paroisse de Saint-Augustin, une tradition orale qui tendrait à faire croire qu'il y eut une deuxième chapelle de bâtie sur la terre d'un Gingras surnommé *Versailles*.

Il y a contre cette tradition deux faits importants, qui la détruisent.

En premier lieu, la terre de ce Gingras dit Versailles, occupée aujourd'hui par Jacques Robitaille, n'offre, sur le bord du fleuve, aucun endroit propre à l'érection d'une chapelle.

En second lieu, rien dans les archives n'indique que cette chapelle ait existé.

Il y a encore une autre tradition orale qui corrobore celle qui règne au sujet de la chapelle érigée sur la terre de Gingras-Versailles.

Les anciens assurent avoir entendu dire à leurs pères qu'il y eut, sur la même terre et dans le penchant de la côte, un cimetière, d'où on aurait retiré quatre corps pour les transporter dans le cimetière de la première chapelle.

Il me faut encore répéter ici ce que j'ai déjà dit au sujet de la deuxième chapelle : " Rien dans les registres ne démontre que cette tradition soit fondée."

Il peut se faire, cependant, que ce cimetière ait existé au temps des premiers colons et avant qu'il y eût des missionnaires.

LES ANNÉES 1691 ET 1692

Après avoir fait l'historique de la première chapelle, depuis 1694, époque de sa fondation, jusqu'à 1713, année de sa translation à l'Anse-à-Maheu (formant une période de 19 ans), il nous faut remonter à l'année 1691.

M. l'abbé Tanguay, dans sa *Table chronologique des paroisses et missions de la province de Québec, tenant registres, de 1621 à 1871*, donne l'année 1691 comme étant celle où des registres ont été tenus à Saint-Augustin.

Comme il serait impossible de supposer qu'un homme de l'autorité de M. Tanguay en ces matières, ait mis là ce chiffre sans en avoir la preuve certaine, il nous faut admettre que les registres des années 1691 et 1692 sont soit à Québec ou à la Pointe-aux-Trembles. Il peut se faire aussi que les actes antérieurs à 1693 aient été déposés par les missionnaires de l'époque à d'autres endroits que les deux que je viens de nommer; car j'ai trouvé, dans les archives d'ici (Saint-Augustin), des papiers appartenant à Kamouraska, au cap Saint-Ignace, etc.

On trouve, dans les archives de la Pointe-aux-Trembles, plusieurs actes de Saint-Augustin; mais en si petit nombre qu'on est porté à croire qu'il doit y en avoir plusieurs ailleurs. Ceci s'applique à l'époque antérieure à celle des missionnaires établis à la Pointe-aux-Trembles, c'est-à-dire avant 1679, alors que les missionnaires de la côte venaient directement du séminaire de Québec. Les archives de cette ancienne et vénérable institution doivent donc renfermer plusieurs documents se rapportant au commencement de l'établissement de Saint-Augustin comme mission.

L'ANNÉE 1693.

Les archives ne présentent qu'un seul acte pour cette année, la troisième après celle où l'on a dû commencer à tenir des registres. On pense que les autres actes de 1693 ont été détruits par les rats ou les souris.

Voici ce premier acte des registres de Saint-Augustin :

J'assure et certifie avoir baptisé le jour de Noël, sur les six heures du soir, l'année mil six cent nonante trois, un des enfants de Pierre Amiot et de Louise Dau   (le reste du nom est déchiré) sa femme, nommé Jean Baptiste et pour parain (nom de baptême déchiré) le Maistre et la mareine Louise le Maistre en foy de (déchiré) j'ay signé

fr. JUCONDE BRUE,
Récollet.

Il reste à trouver le nom de famille de la mère de l'enfant baptisé et dont le registre n'offre que les trois lettres *Dau*. La chose devient facile avec l'ouvrage si précieux de M. l'abbé Tanguay, son *Dictionnaire généalogique*, et voici comment.

A la page 7, on voit que Pierre Amyot-Villeneuve, se mariait, en 1680, à Jeanne Renard, dont il eut trois enfants : un garçon et deux filles. On voit encore que ce même Pierre Amyot-Villeneuve se remariait, en 1686, à Louise Dodier. Il eut de ce second mariage cinq enfants dont un, Jean-Baptiste, fut baptisé le 25 décembre, 1693. De cette manière, on retrouve facilement le nom de la mère, que le fr. Récollet a dû écrire *Daudier* et que M. Tanguay écrit *Dodier*, ce qui, dans les deux cas, donne la même prononciation et le même nom.

Déjà, à cette époque reculée, les missionnaires faisaient côter et parapher leurs registres de baptêmes, mariages et sépultures. Je reproduis ici le premier certificat de ce genre que délivrait alors René-Louis Chartier de Lotbinière, dont le nom est passé à notre histoire.

L'an mil six cent quatrevingt seize, le vingtième jour de février Pardevant nous René Louis Chartier ecuyer Seigneur de Lotbinière Conseiller du Roy et son Lieutenant général civil et criminel au siège de la Prevosté de Quebec, est comparu Mre Testu prestre curé de la paroisse de Saint Augustin en la Seigneurie de Maure Lequel nous a representé un Registre couvert de papier contenant six feuillets blancs pour servir à l'Enregistrement des Baptesmes, Mariages et Sepultures qui se feront pendant cette présente année dans lad. paroisse, lesquels feuillets dud. registre nous avons cotté et paraphé et a ledit Sieur Testu signé avec nous le present proces verbal les jour et an que dessus.

J. D. TESTU, prber
R. L. CHARTIER de Lotbinière.

Quoiqu'il soit dit, dans ce procès-verbal, que les six feuillets du registre *représenté* par M. Testu fussent *blancs* et qu'ils dussent servir à l'enregistrement des actes de "cette présente année," (1696) on voit, cependant, sur ce registre, un acte de 1694 et trois de 1695. Il est fort probable que ces actes, écrits d'abord sur des feuilles volantes, ont été insérés au commencement de ce registre afin de leur donner un cachet d'authenticité. Un mot de ces actes.

L'ANNÉE 1694.

C'est pendant cette année que fut construite la première chapelle érigée à Saint-Augustin, comme il a déjà été dit. C'est aussi durant cette année que paraît, pour la première fois, le nom de Messire Jean-Daniel Testu, comme curé de la paroisse de Saint-Augustin. C'est donc sous lui que fut érigée la première chapelle sur la terre d'Ambroise Tinon-Desroches, aujourd'hui la propriété de M. Hildevert Racette.

Les registres ne contiennent qu'un seul acte en 1694. Le voici :

L'an mil six cent quatre vingt quatorze le vingt uniesme du mois d'octobre ; je soubsigné prestre curé de la paroisse de Saint Augustin en la Seigneurie de Maure, ay baptisé Marie Marguerite Goujo, (1) fille de Pierre Goujo, et de Marguerite Campagna, sa femme, et est née le vingt uniesme dudit mois : ses parrains et maraines ont estez Pierre Campagna (2) et Anne

---

(1) Cette famille *Goujo* n'a pas de descendants dans cette paroisse. Chose étrange, M. l'abbé Tanguay n'en fait aucune mention dans son *Dictionnaire*.

(2) Famille disparue de Saint-Augustin.

Martin lesquels ont signez excepté le Parrain qui a déclaré ne sçavoir signer, de ce interpellé selon l'ordonnance.

JEAN DANIEL TESTU, prber.

L'ANNÉE 1695.

Cette année, je l'ai dit plus haut, n'offre que trois actes dont voici le premier.

L'an mil six cent quatre vingt quinze, le vingt cinquième du mois de mars : Je soubsigné Prestre Curé de la Paroisse de Saint-Augustin en la seigneurie de Maure, ay baptisé Thereze Angélique Gaboury (1) fille d'Antoine Gaboury et de Jeane Migno (2) sa femme et est née et ondoyée le dixième feuvrier de la mesme année. Les Parrains et marraines ont estez Jean-Baptiste du Boct et Marie Amiot les quels ont signez excepté la marraine qui a déclaré ne savoir signer de ce interpellé selon l'ordonnance.

JEAN DANIEL TESTU, prber.

Le deuxième acte de 1695 a trait au baptême de Marie-Thérèse Petit-Milhomme.

Cette famille de Petit dit Milhomme a, elle aussi, disparu de Saint-Augustin, ainsi que la famille des Duboct, variation du nom *Dubeau*.

Le parrain de Marie-Thérèse Petit-Milhomme était Remy du Pille, autre famille ancienne qui n'a point laissé de descendants dans la paroisse.

Le troisième et dernier acte de cette année est le mariage de Laurent Renauld et Anne Guyon, fille de Michel Guyon, sieur du Rouvray. Un des témoins à ce mariage était Jean La Bresche.

---

(1) Cette famille Gaboury est une des plus anciennes de cette paroisse, où elle est devenue nombreuse. Chez M. Joseph Gaboury, habitant à l'aise de la paroisse, j'ai vu et examiné plusieurs vieux papiers dont l'un remonte à 1672. Chose assez rare chez nos cultivateurs, M. et Mme Gaboury, apprécient comme ils doivent l'être ces reliques de deux siècles passés.

Sur les vieux actes, on lit *Gabory* au lieu de *Gaboury*.

(2) Il n'y a pas de doute que les missionnaires et curés de cette époque se montraient d'une négligence bien regrettable dans l'épellation des noms propres. Ainsi, plus haut, *Jeane* est là pour *Jeanne*, et *Migno* pour *Mignot*.

Ces trois familles de Renauld, Guyon du Rouvray et La Bresche n'ont point laissé de descendants à Saint-Augustin.

L'ANNÉE 1696.

On se rappelle que ce fut dans le cours de cette année que fut commencée la construction du premier presbytère à l'Anse-à-Maheu, quoique la chapelle eût été bâtie, deux ans auparavant, à "plus de 30 arpents plus haut," sur la terre d'Ambroise Tinon-Desroches.

Les archives de cette année renferment sept actes, dont six baptêmes et un mariage.

Les baptêmes étaient, dans l'ordre chronologique, ceux de Joseph, fils de Pierre Amiot-Villeneuve et de Louise Taudière ; celui de Marie-Anne, fille de Nicolas Sylvestre et de Jeanne Labadie ; celui d'Augustin, fils de Tugal-Cottin et de Tiennette [1] Baudon ; celui de Pierre, fils de Jean-Pierre Junau et de Geneviève Tinon ; celui de Marie-Jeanne, fille de Joseph Lemay et d'Agnès Bourbonière, puis celui de Marie-Françoise, fille de Charles Gingras et de Françoise Amiot.

Je remarque que le parrain de Pierre Junau était un nommé Romain *Chapau*. Ce Chapau a donné son nom au ruisseau ou petite rivière qui passe devant le presbytère actuel (en 1884) et va se jeter au fleuve, sur la terre de Jean-Romain Thibault.

Presque tous les noms ci-haut écrits ont disparu de la paroisse. Sur les anciens actes que j'ai consultés, le nom de *Juneau* s'écrit souvent *Jouineau* et *Jouinau*.

Le mariage était celui de Pierre Constantin et de Marguerite Guyon.

Cette famille de *Constantin* est une des plus anciennes de la paroisse et l'on verra souvent ce nom figurer dans les actes publics, comme on l'a déjà vu, lorsqu'il s'est agi de la translation de la première chapelle.

---

[1] Corruption du nom *Etiennette*, diminutif et féminin du mot *Etienne*.

L'ANNÉE 1697.

Cette année fournit onze actes, dont 6 baptêmes, 2 mariages et 3 sépultures.

Le premier acte est le baptême de Geneviève Amiot-l'Erpinière, fille de Philippe Amiot-l'Erpinière et de Marie Arnois (Harnois).

Cet acte nous fait voir qu'il y avait alors deux familles Amiot ou Amyot : les Amyot-Villeneuve et les Amyot-l'Erpinière. Les Amyot-Villeneuve ont disparu de Saint-Augustin.

Quant au nom *Arnois* ou *Harnois*, il n'existe plus dans cette paroisse.

Le 18 de mars de cette année, Marguerite Tibaut, femme d'Etienne Gilbert, donnait le jour à deux jumeaux, baptisés sous les noms respectifs d'Augustin et de Joseph.

Au mois d'octobre de cette même année, on trouve l'acte de baptême de Simon Porro.

Ce nom, disparu aussi de Saint-Augustin, s'écrit, sur les anciens actes : *Porreau*, *Poireau* et *Porro*. Cette dernière épellation est certainement la plus incorrecte, puisqu'elle offre une désinence purement espagnole, au lieu de la terminaison française *au* ou *eau*. Mais on n'était nullement scrupuleux sur l'orthographe des noms à l'époque où nous sommes dans les archives.

Le premier mariage est celui de Laurent du Boct et Françoise Campagna, le 23 septembre, puis, le 10 de novembre, celui de Charles Bernard, de Sainte-Foye, et de Geneviève Martin, de Saint-Augustin.

Parmi les actes de sépulture de 1697, on remarque celui de "Marie Lépine, fille de Jean Lépine, aagée de douze ans ayant esté trouvée noyée dans la rivière du Cap rouge le 13 dudit mois." Cet acte est daté du 15 de juin.

Le premier nom de marguillier qui paraît sur les registres, se trouve, en cette année (1697). Il se nommait Denys Brière.

L'ANNÉE 1698.

Les registres de cette année font mention de 9 actes seulement : 6 baptêmes, 2 mariages et une sépulture.

Le premier mariage est celui de Jean Maurand [1] et d'Anne Martin, le 10 de février.

Ce Jean Moran, né en 1663, se mariait à l'âge de 35 ans. Son père était Simon Moran et sa mère, Louise Gaboury. [2] Ils étaient (le père et la mère) de Bonpère, évêché de Luçon, en France.

Neuf mois moins cinq jours après ce mariage, naissait une fille baptisée sous les noms de Marie-Thérèse et qui mourait dix jours après sa naissance.

Le deuxième mariage de cette année avait lieu entre Pierre Valière et Marguerite Gaboury, fille d'Antoine et de Jeanne Mignau, (variation du nom *Mignaux, Mignault et Mignot*).

La dernière personne du nom de Valière, dans la paroisse de Saint-Augustin, est morte il y a comme trois ans.

Les baptêmes de l'année 1698 n'offrent rien de remarquable.

L'ANNÉE 1699.

Les actes de cette année sont : 6 baptêmes, 3 mariages et 4 sépultures ; en tout 13 actes.

On peut remarquer ce qui suit parmi les actes de baptême.

Le nom de Racet, (on écrit aujourd'hui *Racette*), [3] apparaît pour la première fois. Le nouveau-né est Philippe, fils de Jean Racet et de Jeanne Chapeau.

Ce Jean Racet, né en 1666, était fils de Pierre et de Jeanne du Thy, de Sainte-Geneviève en Brie, arche-

---

[1] Variation du nom *Moran*.
[2] Le registre porte : *Gaborit*.
[3] M. l'abbé Tanguay écrit *Rasset* ; et il écrit le nom de Chapau ou Chapeau : *Chappau*.

vêché de Rouen. Il mourait à la Pointe-aux-Trembles de Québec, en 1711, à l'âge peu avancé de 45 ans.

M. l'abbé Tanguay donne 1678 comme étant l'année de son mariage. Si l'on considère l'année des naissances de ses nombreux enfants, on voit que cette date est exacte. Dans ce cas, il faut qu'il y ait erreur dans l'année donnée de sa naissance, 1666, car il ne pouvait pas, évidemment, se marier à l'âge de 12 ans. Ce serait donc en 1656 qu'il naquit, et il se mariait à 22 ans.

Ce Racet doit être l'ancêtre des Racette que l'on trouve, maintenant, dans la paroisse de Saint-Augustin.

On trouve encore, dans les actes de 1699, des noms nouveaux, comme les suivants : Marguerite *Gargot*, femme de Jean Gaboury (sépulture) ; Joseph Pilote, de Saint-Nicolas (baptême) ; Jeanne Alary (baptême) ; Jean-Baptiste Delgueil (mariage) ; Antoine Marie et Jeanne Doré (mariage) et Louise-Isabelle Basquin (sépulture).

Les *Delgueil* portaient aussi le nom de Labrèche.

De tous ces noms que l'on vient de lire, il ne reste plus, dans la paroisse, que celui d'*Alary*, représenté par une femme, l'épouse de Jean Rochon.

DE 1700 A 1710.

La première année du siècle offre encore quelques noms nouveaux qui n'ont pas fait souche ici, comme Piché, Lagoue, Lequin et Armand.

Messire Testu disparaît à la fin de 1700. Son dernier acte porte la date du 28 décembre de cette année. Il avait desservi la paroisse (d'après les actes qu'il a laissés,) du 21 d'octobre, 1694, jusqu'à la fin de l'année 1700, ou l'espace de six ans et trois mois. Pour la notice biographique de ce premier curé de Saint-Augustin, voir le chapitre intitulé : " Missionnaires et curés de Saint-Augustin."

Le cahier de 1701 (l'année suivant le départ de M. Testu) a été ou détruit par les rats ou perdu, car il ne se trouve pas dans les archives.

En 1702, on voit seulement deux actes de baptême par Messire Phil. Rageot, " prestre missionnaire du séminaire de Québec."

Les actes de l'année 1703 et 1704 sont signés par " fr. Hilaire Hilaire, prestre Religx. Récollet et missionnaire à St-Augustin."

L'année 1705 ne présente que l'acte de baptême de Marguerite, fille d'Antoine Le Marié et de Thérèse Tinon. Cet acte porte la date du 15 d'avril et est signé par " De la Bouteillerie, prestre du séminaire de Québec."

Les actes de 1706 sont tous signés par Messire " Nic. Boucher, prestre missionnaire à St-Augustin," ainsi que ceux de 1707 jusqu'au 9 d'octobre inclusivement.

A partir du 30 octobre de cette année (1707), à aller jusqu'à la fin de l'année 1710, tous les actes sont signés par Messire " Mich. des Cormiers, prestre missionnaire faisant les fonctions curiales à St-Augustin."

Je fais observer ici que le nom de la famille Côté, devenue nombreuse à Saint-Augustin, paraît, pour la première fois, en 1707.

Dans les registres de cette décade (en 1706), je remarque, dans un acte de sépulture signé par Messire Nic. Boucher, les mots suivants : " ... enterré dans le cimetière du prébitaire." On peut inférer de là que, à cette époque, et peut-être auparavant, on enterrait dans le cimetière de l'Anse-à-Maheu, là où le presbytère avait été bâti dès 1696. Le cimetière de la première chapelle était-il alors complètement abandonné ? En l'absence de documents, il serait difficile de le dire.

D'un autre côté, l'acte que je viens de citer porte la date du 11 janvier. Il peut encore se faire que l'on se servait, en hiver seulement, du cimetière de l'Anse-à-Maheu, vu la distance où se trouvait de cette anse le cimetière de la première chapelle.

DE 1711 A 1720.

Il faut encore attribuer à la voracité des rats et un peu aussi à la négligence des gardiens des archives de cette époque, la disparition du cahier de 1711.

L'année 1712 n'offre qu'un seul acte : le baptême de François-Xavier Constantin, né le 4 décembre et fils de Pierre Constantin et de Susanne Guyon. Cet acte porte la signature de " Hazeur, prêtre missionnaire et curé faisant les fonctions curiales en la paroisse de Saint-Augustin."

Les actes de l'année suivante (1713), portent la même signature jusqu'au 18 d'avril inclusivement.

Ce prêtre, grand pénitencier de la cathédrale de Québec, signait quelquefois : *Hazeur*, et d'autre fois : *Hauzeur*.

Dans l'automne de 1713, on voit, pour la première fois, le nom de Messire Pierre-Auclair Desnoyers, comme missionnaire jusqu'au 31 d'août de l'année suivante où il fut fait " curé fixe. "

On peut dire que l'existence régulière de la paroisse commence avec ce prêtre remarquable. (1) On a déjà pu lire un extrait assez long d'un cahier laissé par ce curé méthodique jusqu'à la minutie. Je cite ce qui reste de ce cahier, vu que ces pages conservées renferment des renseignements précieux.

On se rappelle que la première chapelle fut transportée de son premier site à l'Anse-à-Maheu, près du presbytère qui y était bâti, en 1696. M. Desnoyers continue :

Quoy que l'Eglise fut transportée néant moin le cimetière y resta jusqu'à l'année 1718 renfermé et clos de pieux debouts sur le terrain et habitation de Pierre La Voye qui avait vendu led. terrain, et pour y bâtir l'Eglise l'a somme de cinquante livres, qu'il n'a pas encore rendu (vendu 25 liv. a la fabrique) quoy que le cimetière, n'y l'Eglise n'y soient plus.

---

(1) Voir sa notice biographique au chapitre intitulé : " Missionnaires et curés de Saint-Augustin. "

La première élection de marguilliers que l'on trouve inscrite dans les archives, est celle du 1er janvier de cette année (1713). Furent élus : Matthieu Gingras, premier marguillier, Jean Caillot, deuxième, et Charles Desroches pour troisième marguillier. "Après avoir fait recherche des deniers, dit le procès-verbal, que l'Eglise et fabrique de St-Augustin pouvoit avoir perceu jusqu'à ce jour, il a été trouvé cent francs en argent des marguilliers qui ont precedé, etc.

Signé : " Hazeur, ptre. "

En l'année 1714, le 18 de février, on voit un acte de baptême où la marraine est l'homonyme du curé actuel de Saint-Augustin. Elle a signé très lisiblement : *Marguerite Pilote*. L'enfant baptisé était Jean-Baptiste, fils de Jean-Baptiste Brière et de Marie Françoise Brassard.

Le 23 de mars, on enterre deux jumeaux, un garçon et une fille, enfants de Jean-Baptiste La Bresche et de Marie-Magdeleine Campagna, morts peu de temps après leur naissance et après avoir été ondoyés.

Dans le mois de mars de cette même année (1714) Mgr de Saint-Valier écrit dans les registres ce qui suit, *textuellement* :

Nous, Jean Evêque de Quebec ayant remarqué que dans le cours de la visite que nous avons fait dans la paroisse de St-Augustin que l'on se contentoit de mettre le restant des contes en général sans rien preciser de la recette et de la dépense, ce qui estant propre qua mettre de la confusion dans les affaires de l'Eglise. Nous ordonnons que chaque marguiller à la fin de son année aura soin de rendre son compte devant Mr le curé et les anciens et nouveaux marguilliers qui auront soin de lexaminer et le signer pour nous être présenté dans nos visites ou a nos grands vicaires et archi-diacres dans notre absances et pour cela nous désirons que l'on se conforme à la manière dont nous avons reglé par notre rituel que les comptes seroient dresses et transcrit dans le Livre declarans que nous nadmettrons plus lesdits comptes a moins que les articles de la recette et de la dépense ne soient marques en detail, fait a St-Augustin ce douze mars mil sept cent quatorze.

Signé : " Jean evêque de Quebec. "

Par une note mise à la marge du deuxième feuillet, l'évêque donna, à cette visite, la confirmation.

Le 7 de janvier de la même année, on a élu troisième marguillier Philippe l'Erpinière; et Matthieu Gingras, qui était marguillier en charge, pour l'année 1713, rendit ses comptes. Je cite :

> Les deniers perceus par l'église cette année se montent a 156 liv. qui ont été tous dépensez pour les nécessitées de la même Eglise, exceptez huit sous quatre deniers, qui ont été mis entre les mains du Marguiller entranten charge, qui est Maitre Jean Cailler, qui s'est aussi chargé de cent quatre vingt quatre livres que Matthieu Gingras avait en sa garde des deniers de l'année précédente.

Cent quatre-vingt-quatre livres pour représenter tout l'avoir d'une fabrique, c'est un chiffre bien modeste.

Dans le cahier de 1715, on trouve une reddition de comptes faite d'après les recommandations de l'évêque, l'année précédente. Le détail de la recette se lit comme suit :

	Liv.	s.	d.
Balance de l'année précédente	155.	11.	8
Vente des bancs (en 1715)	48.	0.	0
Pour enterrements	33.	10.	0
Pour quêtes faites dans l'église	41.	11.	8
	278.	13.	4

Les dépenses se répartissaient comme suit :

	Liv.	s.
Pour le luminaire	80.	15
" le vin	28.	7
" les hosties	8.	0
" le blanchissage du linge de l'église et le savon	16.	10
Pour un encensoir, sa navette, ferblanc pour le porte-réchaud et autres petits ornements	80.	0
Pour monter la cloche sur l'église et y faire le petit clocher	24.	0
	237.	12

J'ai copié ce compte, afin que l'on puisse comparer les prix d'il y a 169 ans avec les prix exorbitants d'aujourd'hui.

On voit encore que la cloche de la première chapelle transportée à l'Anse-à-Maheu, en 1713, ne fut placée dans son clocher qu'un an plus tard, en 1714.

Il ne restait donc aux marguilliers de 1715 que la faible somme de 41 livres et une fraction.

Vient ensuite l'approbation de ce compte-rendu dans la forme suivante :

Après avoir examiné le présent compte, nous l'avons alloué et aprouvé. Nous exhortons les marguillers de rendre leurs comptes chaque année dans la même forme fait à Québec ce 30e 7bre 1715.

     Signé : Jean, eveque de Quebec.

Pierre Constantin fut élu marguillier le 6 janvier de cette année.

Le document suivant fera connaître le nom du donateur du site de l'église, à l'Anse-à-Maheu :

Nous désirons quen reconnoissance de la terre ou est bâtye l'Eglise, lon accorde à Philippe Amyot dit L'arpinière (l'Erpinière) le banc ou il se met à l'Eglise, sans rétribution pendant son vivant et celui de sa femme, a commancer du mois de Janvier 1715, sans vouloir permettre quon linquiete pour l'année 1714 ce qu'il peut debvoir le requerant touts deus.

     Signé : Jean, eveque de Quebec.

Dans les actes de cette même année, on trouve le certificat d'inhumation de Michel Thybeau (Thibault), mort " aagé de cens ans et trois mois et demis." En consultant le *Dictionnaire généalogique* de M. l'abbé Tanguay, on voit qu'il était né en 1615, ce qui lui faisait, en 1715, son siècle d'existence.

La reddition des comptes de l'année 1716 présente une recette de 187 liv. 15 s. et 8 d. contre une dépense de 170 liv. 5 s. et 8 deniers.

Les registres ne font point mention du marguillier élu pour cette année.

On voit que les marguillers de cette année (1716), étaient P. Constantin et Ch. Tynon-Desroches : le troisième n'est point nommé.

Au baptême d'une enfant (Angélique) du " Sieur

Pierre Constantin, major de milice de de Maure, et de Dame Marguerite-Suzanne Guyon du Rouvray, son épouse," on voit que le parrain fut le "Sieur Ignace Aubert, fils de Monsieur Aubert Conseiller du Roy au conseil souverain de Québec," ayant pour commère "Demoiselle Marguerite-Joseph Constantin," fille du Sieur P. Constantin et sœur de l'enfant.

Cette famille Constantin était sans doute la famille la plus aristocratique de Saint-Augustin, à cette époque. Les Constantin d'aujourd'hui descendent de cette famille.

En 1717, le 10 de janvier, Philippe Amyot l'Erpinière rend ses comptes. La recette était de 365 liv. 5 s. 8 d. et la dépense de 247 l. 10 sous.

La vente des bancs, pour l'année présente, rapportait 77 livres, contre 48 livres pour 1715, et 66 livres pour 1716.

(1718). La vente des bancs de cette année ne rapportait que 63 livres contre 77 de l'année précédente. La balance en main n'était que de 25 l. 15 s. 8 d.

Les marguilliers de cette année étaient : le Sieur l'Erpinière, François Tynon et Jean Brière.

Voici, pour cette année, un document qui a de l'intérêt. Je copie textuellement :

Le seizième novembre mil sept cent dix-huit, a été trouvé mort proche du grand chemin en cette paroisse de St-Augustin, le Nommé Martin Menier (1) soldat, son nom de guerre estoit Frappe d'abord, de la compagnie de feu Mr. Grandville Je soussigné prestre curé de la ditte paroisse certifie qu'aujourd'huy dix huitième dudit mois, ayant dit la messe pour luy son corps present il a été enterré avec toutes les cérémonies ordinaires dans le cimetière de la dite paroisse. Les témoins, etc.

Signé : "A. Desroyers, prestr."

Nous avons déjà vu que la première chapelle a été transportée à l'Anse-à-Maheu en 1713, mais que la translation du cimetière n'eut lieu que 5 ans plus tard,

---

(1) Variation du nom *Meunier*.

en 1718. Au sujet de cette translation, je cite encore le mémoire de M. Desnoyers, dont j'ai déjà donné deux fragments.

Et cette année 1718, le lundy de la semaine de la Dedicace après avoir dit la messe pour le Repos des ames de tous ceux qui y gissoient et particulièrement pour les parens de ceux qui y travailloient pour les engager ay porter la main ; le transport de tous les corps et ossmts dud. cimetiere fut fait dans le cimetiere nouveau qui est resté jusqu'a ce jour dans le cotteau du terrain du presbiterre, dont les curé n'ont pas pu jouir quoy qu'il leur appartin, en passant les dits corps et ossements devant la porte de l'Eglise on leur chanta un Libera et ils furent tous mis dans une même fosse. Le cimetiere ayant été achevé de clore Mr. le Curé leur dit une seconde messe.

A propos de cette translation des corps et des ossements, on rapporte encore, dans la paroisse, que les femmes portaient, de l'ancien cimetière au nouveau et dans leurs tabliers, les ossements de ceux qu'elles avaient aimés, pères ou mères, maris ou enfants.

Reportons-nous, maintenant, à 1713, année de la translation de la première chapelle à l'Anse-à-Maheu, et voyons quel était l'ameublement de ce lieu de prières. Messire Desnoyers en donne l'inventaire en détail : après l'avoir lu, nous pourrons comparer nos temples d'aujourd'hui avec ceux d'alors. Si la comparaison est en notre faveur, rappelons-nous, cependant, que nos ancêtres avaient pour eux un autre ornement supérieur à celui que nous possédons, nous leurs descendants, c'est-à-dire une foi vive, ardente, que rien ne pouvait ébranler, et un respect profond pour leurs pasteurs que l'on ne pensait pas, alors, à renfermer dans la sacristie.

Je cite encore M. Desnoyers textuellement :

L'Eglise transportée, comme nous l'avons desjà dit n'avait qu'un tres petit nombre d'ameublement et il n'est pas mention quelle en aucun autre bien que ce qui est mentionné dans le mémoire dont voici la teneur.

DE SAINT-AUGUSTIN

MEMOIRE DES VAISSAUX, ORNEMENTS ET LINGE DE L'EGLISE DE SAINT-AUGUSTIN DE 1713.

Premièrement.

Un calice et une patenne d'argent.
Un soleil pied de bois argenté et doré.
Deux burettes et un bassin d'estain.
Deux burettes de fayance et le bassin.
Un bassin de cuivre.
Un chandelier paschal de bois tourné 3 pied de haut.
Quatre chandelier rouge de bois fort petits.
Quatres plus grands de bois sans couleur.
Deux d'ebeine pour le banc des marguilliers
Un crucifix pour l'autel et un petit pour les marguilliers
Six pots de fayances dont un est cassé.
Six bouquets vieux.
Deux petits quadres dorez avec plusieurs petites images.
Un moyen quadre avec l'image de Saint Augustin.
Une petite custode pour tabernacle.
Un tapis de mocquette pour couvrir le banc des marguilliers, et un pour couvrir l'autel.
Trois aubes deux a demy neuf et une vieille.
Trois amicts.
Quatre chasubles avec leurs étolles et manipulles.
Trois voiles de calice une pasble. (1)
Trois napes d'autel et deux de communion.
Une ceinture et deux coussin rouges pour soutenir le livre.
Deux devants d'autel un de ferandine et l'autre de camelot.
Un missel et un porte livres en bois.
Neuf purificatoires et un lavabo.
Un canon viel et un evangille.
Une petite chaudiere pour benitier.
Une clochette et une croix de bois.
Une banniere d'indienne.
Un boitier des Stes huilles avec les petites boëtes d'argent
Une petite boëte d'argent a porter le St. Sacrement.
Un vieil bonet caré.

POUR L'EAU BAPTISMALE.

Un petit flacon d'estain et une tasse a quester.
Six cuëller de fer blanc beaubeches.
Un rituel.
Quatres corporeaux.
Une bouteille de ver dune pinte.
Une moyenne lampe de cuivre.

---

(1) Abréviation du mot : *Passable.*

Voici une lettre du 13 novembre 1718, signée par "François........." „ (nom de famille illisible), curé à "lancienne lorette." Cette lettre, formée d'hiéroglyphes, sous forme de pattes de mouches microscopiques, fait voir qu'à cette époque, M. Desnoyers désirait avoir pour paroissiens les habitants de la côte Saint-Ange. D'après cette lettre, Mgr de Saint-Valier décida que ces habitants continueraient de faire partie de l'Ancienne-Lorette.

(1719). Par un écrit qui paraît au livre des délibérations, page 7, on voit que l'évêque visitait de nouveau la paroisse de Saint-Augustin. Il y eut confirmation des enfants et approbation des comptes pour les années écoulées depuis la dernière visite épiscopale.

Dans la reddition des comptes de cette année, on voit que la vente des bancs a rapporté 76 livres, et il a été payé 50 francs pour une croix de cuivre venue de Paris, et 50 autres francs pour livres de chant, probablement les premiers que l'on put se procurer ; car il est de tradition ici que " les Vieux chantaient messes et cantiques par cœur."

Les registres font aussi mention que Milhomme (1), Michel Porreau et Matthieu Tugal (Dugal) n'ont point payé leurs bancs.

BATISSE DE L'ÉGLISE DE PIERRE, A L'ANSE-A-MAHEU.

Vers 1720, dit M. l'abbé Sasseville, dans ses notes reproduites par M. Lemoine, on comptait, à Saint-Augustin, environ 300 communiants, ce qui suppose 80 à 90 familles.

La petite chapelle qui servait encore au culte, en 1719, était incapable de contenir cette population qui grandissait, s'accroissait rapidement et par les naissances et par l'immigration venant de L'Ange-Gardien de Montmorency, de Beauport, de Charlesbourg et de la Pointe-aux-Trembles, la paroisse voisine. Il fallut donc songer à bâtir une église plus spacieuse.

---

(1) Variation du nom *Petit*.

Messire Desnoyers, l'âme de cette entreprise, va nous dire quelles en furent les premières démarches.

La premiere proposition de la Batisse de l'Eglise en pierre de Saint-Augustin Seigneurie de Maure a été faitte au sermon de l'octave de la Dédicace qui arriva l'année 1719 le 16 de juillet laquelle fut bien gouttée de tous les paroissiens présens qui furent bien aises de s'assembler ce même jour après la grande Messe, pour sçavoir quand on voudroit la commancer et de qu'elle maniere il faloit s'y prendre, la conclusion fut que chacque habitant rendroit sur le lieu de la Batisse de l'Eglise avant l'hyver, une toize de pierres tant caillou quautres pierres, pour en faire la liaison, et que ceux qui n'avoient point n'y bœufs, n'y chevaux, pour amener lad. pierre seroient quitte en donnant sept livres pour valeure d'une toize de Pierre, et chaqun dit nous le ferons, et l'assemblées fut congediées et dès la même semaine vingtième dud. mois le Sr. Philippe Amiot La Repinière, (l'Erpinière) Capitaine de Milice qui a toujours eté un des plus zelez pour la Batisse et qui estoit desja bien facteur (bienfaiteur) du terain dit du presbilere pour establir dans lad. cotte les Curés qui viendroient desservir, comme il appert par le contract de Donation qui en a été fait passer le 26 fevrier 1698, amenat la première toize, et plusieurs autres en suitte, comme il sera marqué dans le chapitre qui contiendra ceque chacun des pssens. (1) aura fournie pour lad. Batisse tant en pierres, qu'en bois, de charpente, de madriers, planches et Bardeaux, etc.

Veyant tous les paroissiens et du moins la meilleur partie de sy bonne volonté l'on n'ezita pas de faire le marché de la massonne de lad. Eglise avec deux maitres entrepreneurs qui par envie contre d'autres qui la vouloient faire à leur préjudice, netrangerent point dans leurs conclusions et determinerent un marché assé favorable a l'Eglise tel qu'il est porté dans sa teneur que voicy ecrit tout aulong dans le present Estat.

Marché de la pierre de taille et de la massonne pour le Batisse en pierre de l'Eglise de St. Augustin en la Seigneurie de Maure que Monsieur A. Desnoyers Curé de St. Augustin et ses marguiliers Pierre Gingras premier, François Tynon et Louis Doré ont fait au nom de la fabrique tous les pssens. de lad. psse. y estant pour y avoir été aspellez autantiqueint. — lesquels y ont consenty dont plusieurs ont signé et les autres ayant declarez ne sçavoir le faire, ont fait leur marque et les autres ont servi de témoins.

(1) Abréviation fréquente du mot *paroissiens*.

C'est à sçavoir avec le Sr. Jean Ayde dit Criquy (1) père present repondant et son fils, non present, entrepreneurs de lad. taille et massonne, promettant faire lui et l'autre bonnes et valables et conformes à ce qui suit.

La taille sera de Pierre blanche, comme la taille de l'Eglise de Ste. Foy, que lesd. entrepreneurs promett. avoir taillé et livrer sur la fin du caresme prochain 1720, affin qu'elle se puisse amener en traine, moyennant seize sols le pied, toutte l'une portant l'autre, tant celle de la porte sa parure et la niche, que celle de touttes les croisées ou fenêtres de l'Eglise.

La grande porte aura huit pieds de large et douze de haut sous clef. La taille de la porte aura huit poulces (pouces) et autant de tableau, ny comprenant point le pied detaille qui en aura au moins douze, la fouillure aura trois poulces ; la clef du ceintre de la porte pendera de deux pouces debordant quasy autant, pour en suitte estre creusée en façon de Quadre pour y graver le chiffre de l'année de la Bâtisse. Les deux Inpostes deborderons autant que lad. clef La frize ou espèce de capucine qui sera audessus de la grande porte debordera autant en la premiere arreste que la pierre du ceintre de la porte sur laquelle elle sera posée, ayant six a huit poulces depaisseur et autant de debordement sur toutte la parure de la porte. L'œüil de bœuf qui se mettera audessus aura cinq pieds de diamètre de jour. Sa taille sera semblable aux croisées, aussi bien que celle de la niche qui aura cinq pieds de haut et deux pieds et trois poulces de large et dix huit poulces de profondeur. La Pierre du bas de la niche debordera de trois poulces, et elle sera taillée en talu par dessous.

La taille des croisées, ou fenêtres de l'Eglise qui auront dix pieds de haut en ceintre rond, quatre pieds quatre poulces de large et deux poulces de feuillure, sera de sept poulces et autant de tableau. Il y en aura huit ; six dans la nef et deux dans le Rond point ; sans compter celle de la sacristie qui aura cinq pieds de haut et deux pieds et demy de large, en pierre quaré. La pierre de taille du bas de touttes les fenetres sera en glassis d'un poulces.

Le payement de la pierre de taille, pour le faciliter, sera moitié en bled, poix (pois) lard sur le prix courant du temps qu'on le livrera, et l'autre moitié en argent. La ditto taille sera payé partye en la livrant de ce qu'on pourra avoir pour le présent, et le reste a la toussains de la meme année. Les

---

(1) Aide-Créquy, le seul de ce nom alors au pays, venait de l'évêché de la Rochelle et demeurait à la Pointe-aux-Trembles de Québec, où il mourait le 12 décembre 1726. En 1719, il était âgé de 58 ans, étant né en 1661.

interesez resteront obligez d'aller chercher la pierre de taille ; que lesd. entrepreneurs descendronts sur la grève sy cest la commodité pour le chariage.

Suite du marché pour la toize de la massonne de l'Eglise qui aura quatre vingt pieds de long et trente huit de large ; la muraille aura vingt pieds d'hauteur de dessus le Raz de chaussé. Elle aura trois pieds depaisseur dans les fondemts. et audessus des fondements elle aura deux pieds et demy qui se termineront a deux pieds ou plus en haut ; le portail ou pignon se continura jusqu'au feste (faîte). Le Rond point sera reduit a la maniere de celuy de l'Eglise des Reverands Peres Recolets ce qui donnera lieu a deux autelles de six pieds de large en retressissant le corps de l'Eglise. Il y aura huit grand fenêtres et celle de la sacristie, une grande porte une œil de bœuf audessus et la metre ensuite. Le tout ainsy, les dits entrepreneurs cy dessus nommées se sont engagé de faire et parfaire la muraille de l'Eglise, tirer les joints en dehors et renduire aplain au dedans, quand il conviendra ; de sorte quil ait plus que la blanchir sil est jugé apropos. Et le tout pour la somme de trois livres dix sols la toize, payable en deux ans ; a commancer du jour que la muraille se commancera et que les fondements serons arazez sans que les entrepreneurs soient obligez d'en faire davantage cette été prochain 1720 n'y ensuitte qu'ils y puissent forcer les interessées, a moins que les uns et les autres n'y consentent l'été suivant (un mot illisible) sil est possible.

Les intéressées seront obligez de fournir aux entrepreneurs tous les matériaux ; les manœuvres les bois nécessaires pour les eschafaux et de faire les ceintres de la porte et des fenêtres.

Le payement de la façon de la muraille se fera comme celui de la pierre de taille, moitié d'un moitié d'autre, amoins que ce ne soit la plus grande commodité des Interessées s'ils le fonts tout en argent sans pouvoir y estre forcé, n'y même de payer toutte la somme avant que louvrage soit finie.

C'est ainsi que tout a été conclu et aresté amoin que la force supérieur n'y apporte de retardement, en la maison presbyteralle de St. Augustin le 26 9bre 1719 ensuitte de la grande messe du dimanche en présence des c'y dessus nommées, led. maitre Criqui (Créquy) Pere ayant declaré ne sçavoir écrire a fait sa marque et ensuitte a prié les Srs. La Repinière (l'Erpinière) et Tynon de signer pour luy led. marché.

Ont signé aud. marché le second marguillier, le Capitaine La Repinière, Jean Duboct et Charles Tynon Des Roches, premier et second lieutenant, Jean Caillet, André Harnois avec Monsieur Desnoyers curé de lad. psse. et les autres avec les deux marguilliers ont declarez ne sçavoir ecrire n'y signer de ce enquis suivant l'ordonnance. Jean Criqui fils second entrepreneur a receu et approuvé led. marché en présence de messée. Thierry Hazure (Hazeur) pretre curé de Neufville, de Jacques Durant et Eustache Gourdel.

Que le lecteur me permette de lui donner l'extrait suivant emprunté au même mémoire manuscrit de M. Desnoyers, ne serait-ce que pour lui inspirer une partie de cette grande confiance des ancêtres en la Providence du bon Dieu.

Lorsque le marché a été passé la fabrique de la ditte psse. n'estoit en moien que de QUATRE LIVRES ONZE SOLS argent monnoyé restés des comptes de 1716. Comme il paroit encore dans le livres des dits comptes, sans avoir aucunes vuë d'en pouvoir procurer d'autres que par les voyes de la divine providence sucgera par la suitte, surtout estant dans le temps de labrogation des Cartes, monnoye du pays depuis un grand nombre d'années comme on poura le voir par les ordres de la Cour envoyées la même année et que le Roy n'avoit envoyé aucun argent pour aider le Commerce, c'est pourquoi lad. batisse a toujours eté appellé de la divine providence et ce n'a été que par les quêtes que le dit sieur Curé a fait lui-même et fait faire que lad. Eglise a commencé, a été continuée et finie sans qu'aucunes puissance n'ay mis la main exceptées 400 liv. sur les batisses pas même le Seigneur du lieu n'estant assé aysé dans ses affaires. Il y avoit neantmoins la somme de quatre cens livres dix sols de mauvaise Cartes appartenantes à la fabrique qu'on fut obligé d'employer avant le départ des Vaissaux, a lachat de deux cens soixante et dix neuf vitres de sept sur huit qui coutèrent trente sols piece a raison de la mauvaise qualité des Cartes qui ne devoient plus avoir cours, pour servir a l'Eglise qu'on esperoit bastir et deux livres de Cierge qui couterent quinze franc la livre comme il paroit par le receu de Monsieur De la Coudray pretre et signé de Mr. Pertuis marchand fait a Quebec le 2e novembre 1719.

Nous verrons plus loin comment ce courageux curé put, avec 4 livres et onze sous, bâtir une église qui, à cette époque et comme le dit M. l'abbé Sasseville, fut regardée comme une merveille.

Je tire du registre des baptêmes, mariages et sépultures, les quelques remarques qui suivent.

En avril, M. Desnoyers baptise deux jumelles, Marie-Catherine et Claire, enfants de Louis Doré et de Marie-Catherine " Coquin." (1) Venues dans ce monde le même jour, elles le quittaient ensemble le premier de juin de la même année.

M. l'abbé Tanguay a fait erreur en faisant naître et mourir ces jumelles à la Pointe-aux-Trembles de Québec.

En juillet, on inhume dans le cimetière de Saint-Augustin, le corps d'un nommé Joseph Veillet trouvé noyé sur le bord du fleuve. Ce Veillet avait environ 20 ans et " demeurait dans la rivière de Batiscamp."

En octobre, on voit l'inhumation d'un fils de " Monsieur Eustache Chartier de Lotbinière, conseiller du Roy au conseil souverain de Québec." Cet enfant n'était âgé que de trois semaines. (2).

Le 3 novembre on lit ce qui suit :

Le troisieme novembre mil sept cent dix neuf par moy soussigné, etc. a été inhumé, etc. le corps d'un Sauvage âgé d'environ douze à quatorze ans, nommé Pierre decedé du second du dit mois; après s'estre confessé et reçu le sacrement d'extremonction, nayant pas été jugé capable de recevoir la Ste. Eucharistie. Les témoins, etc.

(120). Il a été dit, plus haut, que l'on verrait " comment ce courageux curé (M. Desnoyers) put, avec 4 livres et onze sols, bâtir une église qui, à cette époque et comme le dit M. l'abbé Sasseville, fut regardée comme une merveille."

Citons encore le mémoire laissé par M. Desnoyers.

Voicy la teneur de la lettre de l'Etablissement de la confiance en la Divine providence conçeu dans ses mêmes termes,

---

(1) *Cocquin* dit Latournelle : l'ancêtre venait de Saint-Maclou, de Rouen.
(2) Cet Eustache Chartier de Lotbinière était le fils de René-Louis Chartier de Lotbinière, conseiller du Roy et lieutenant général civil et criminel, qui mourut à Québec en juin de 1709. Son fils Eustache hérita de ses titres et se maria, en avril de 1711, à Françoise Renaud dit des Meloises. Devenu veuf, il se faisait prêtre le 14 d'avril, 1726, et mourait en 1749.

et qui a aydé a fournir a peu près tous les moyens de construire lad. Eglise telle qu'elle est addressée a Messieurs les Curés des paroisses de toute la colonie et a leurs chers pssens.

Messieurs la Ste. Providence de Dieu qui n'a jamais manqué à personnes, et sur laquelle nous nous appuiions entièrement pour la Batisse en pierre de l'Eglise de St. Augustin qui n'a point d'autres fonds, nous donne la confiance messieurs de nous adresser a vous, et a vos chers pssens. pour vous prier de faire une petite part a cette pauvre Eglise des biens que cette Divine providence vous a partagés, par là la parolle de lEvangille sera accomply : *Date et Dabitur vobis*, Donnés et on vous Donnera, c'est le Seigneur qui parle, que je prie bien justement de vouloir etre lui seul votre récompense Je suis avec toutte la sincérité l'honneur et le respect possible, Messieurs, Votre très humble et très obeissant serviteur Pierre Auclair Desnoyers pretre et curé de St. Augustin ce 20e mars 1720.

Avec cette appuy il s'est trouvé des cette hyver de quoy satisfaire aux entrepreneurs dans le temps marqué par le marché restant en estat outre la pierre de taille au nombre de trois cens cinquante pieds comme il paroit dans la ditte muraille ; de faire ellever les premiers murs jusqu'a six pieds audessus du Raz de chaussé des le printemps de la même année. La premiere pierre posée ce huitieme juillet fête de Ste. Elizabeth dont voicy les teneur de la gravure de lad. pierre.

DEO OPTIMO MAXIMO

Hæc Ecclesia sub titulo Sancti Augustini Doctoris Ecclesiæ ; Curis Petri Auclair Desnoyers parochi hujus Ecclesiæ ; Ædifficata est ; anno Domini millesimo septingentissimo visegimo ; Regnante Ludovico Decimo quarto, et pro Rege in hac Regia Ludovico De Vaudreuil Generali ; Curiam fabricæ Gerentibus Ludovico Doré, Joanne Caillet et Baptista Thibault, primum lapidem benedixit Stephanus Boulard Theologalis ; et posuit illum per manus Domini Nouchette : Stephanus Cugnet Dominis occiddentis Director.

(Traduction)

AU DIEU TRES BON ET TRES GRAND

"Cette église, qui a pour titulaire saint Augustin, docteur de l'Eglise, a été bâtie par les soins de Pierre Auclair Desnoyers, pasteur de cette église, sous le règne de Louis Quatorze, et sous Louis de Vaudreuil, gouverneur de ce pays. Marguilliers : Louis Doré, Jean Caillet et Baptiste Thibault ; Etienne Boulard, Théologal, a bénit la première pierre, et Etienne Cugnet, Directeur du royaume d'Occident, l'a posée par l'entremise du Sieur Nouchette."

Cette relique mérite d'être exhumée et mise à une place d'honneur dans l'église actuelle de Saint-Augustin.

Au bas de cette inscription en latin, M. Desnoyers a ajouté :

La dite pierre est posée un pied en terre dans les fondements du coin saillant au nor ouest de la chapelle de la Ste Famille qui est du côté de la coste.

Je cite le reste de ce mémoire précieux, quoiqu'il se termine au milieu d'une phrase.

Toutte la ceremonie sy fit magnifiquement au bruit de plusieurs decharges de fusils que tirèrent les habitans à l'assemblée. Le lieu de la bâtisse de lad. Eglise fut achetté de l'habitant voisin sous les conditions......

Il est vraiment fâcheux que les autres feuillets de ce manuscrit aient disparu, car ils devaient renfermer des détails d'un grand intérêt. Ce mémoire, commençant à la page 3 et finissant à la page 25, avec le dernier mot écrit ci-dessus (" conditions "), devait être volumineux, car, à un certain endroit, il renvoie à la page 86.

Il est permis de croire que l'église ne put être terminée, pour pouvoir y dire la messe, avant 1723. On verra, plus loin, sur quoi s'appuie cette supposition.

Au cours de cette année (1720), on voit le mariage d'André Clément, fils de Gilbert Clément et de Marie-Madeleine Buisson, de la paroisse de Saint-André, évêché de Vienne, en Autriche. Ce Clément se mariait à Marie Gaboury, veuve en première noce de feu Pierre Rasset (Racette).

Il n'y a pas beaucoup d'Autrichien dans le nom de *Clément*, et il est probable que le père du marié, d'origine française, n'était resté en Autriche que par accident.

Le 28 d'avril, 1720, il y eut une assemblée de la paroisse où l'on fit l'accord suivant :

Accord fait entre Estienne Amiot dit Villeneuve et la fabrique pour procurer un terrain propre a la batisse en pierres de l'église paroissiale de St. Augustin en la Seigneurie de Maure.

C'est a sçavoir que les trois marguilliers les Sieurs François Tynon premier Louis Dorée second et Jean Caillet troisième. Et toute la paroisse assemblée pour prendre connoissance du lieu de la batisse de l'Eglise, dont plusieurs ont signé, sont tous convenus que le seul endroit propre pour la batisse de la ditte Eglise ne pouvoit estre que sur la terre d'Estienne Amiot dit Villeneuve, joignant le terrain ou est desja batie Lancienne Eglise lequel morceau de terre le dit Amiot promet fournir pour batir et la commodité de l'Eglise, C'est a dire quatre vingt quatorze pieds en ligne directe au trait quarré du nord est au sud ouest a prendre a la ligne de son habitation pour y batir Léglise de quatre vingt pieds de long, laissant quatre pieds de terre pour faciliter la passée de la pierre et les échafaux entre Lancienne et la nouvelle Eglise et dix pieds au sud ouest pour la passée libre de la charette sur cinquante cinq pieds de large a prendre au poitteau du sud de Léglise en montant a la coste le tout en ligne directe. La ligne du sud ouest sera paralelle a la ligne de lhabitation et elle descendra jusque sur la greve, le dit terrain passant pour faire Lavenüe de Lglise, et ensuite de ne point laisser de batimens nuisibles a Léglise. Promettant au surplus ledit Amiot, que pendant la batisse de leglise en pierres, qu'il ne raprochera point ses clôtures tant celle du surouest (sud-ouest) que celle du côté de la cote, qui clausent, apresent son jardain ; afin de mettre plus facilement la pierre pour la batisse, ce qui seroit impossible sans cela.

Le tout sous charge et condition que la fabrique de Léglise de St-Augustin sera chargée et obligée, pour toujours et a perpetuité, tant que le dit terrain subsistera, de luy faire dire une basse messe chaque année, pour luy et sa famille, le lendemain des festes de paque, qui est le temps de Lecheance de la rante des bancs de la ditte Eglise, a commencer cette année prochaine mil sept cent vingt et un

De plus qu'il aura son banc dans Leglise, exempt de rantes pendant qu'il vivra aussi bien que sa femme et un de ses enfans qui luy succedera et aura en partage le dit terrain, que si le terrain se vend et passe à d'autres le droit de banc exempt de rantes ne subsistera plus, le dit enfant étant mort Leglise reprendra le banc. Sera aussi chargée la ditte fabrique de faire dire vingt cinq basses messes pour le repos de l'ame dudit Amyot et de sa femme qui a consenti comme luy a tout ce que dessus estant presente, pour l'un douze et l'autre treize après qu'ils seront decedez, le dit Estienne Amiot a signé et sa femme ayant declaré ne scavoir écrire ny signer a fait une croix et ont tous deux prié Charles Tynon des Roches et André Harnois de signer avec eux.

     Signé : Estienne Amio.
         † croix de la femme.
         Ch. Tinon Desroches.
         André Harnois.

Le tout a été accepté par l'assemblée, Leglise ne pouvant pas se batir sans cela, et sous aucune autre condition et ensuite ont signé Les Sieurs premier et troisième marguillers le second ayant declaré ne scavoir écrire a fait une croix. Le Sieur de Lerpiniere capitaine a signé et plusieurs autres qui seront plus bas, fait et passé en la maison presbiterale de St. Augustin a l'issus de la grand messe du dimanche le vingt huitieme avril mil sept cent vingt.

     Signé : f. Tinon.
        † du second marguiller.
        Lerpiniere.
        Jean Callier.
        Duboct
        Jacque Vermet.
        † croix de Charles Petitclair.
        † croix de Jean Juneau.
        † croix de Pierre Gingras
         marguiller sortant de charge.
        D. LaBreche.
        † croix de Jean Baptiste Tybeau.
        † Jean Grenier.

Approuvé Laccord cy dessus par nous A. Desnoyers Pretre curé de la ditte paroisse de St. Augustin,

     Signé : A. D. Pretre.

Au cours d'une visite faite cinq ans après, le 29 de juillet, 1725, Mgr de Saint-Valier approuva cet accord en même temps que les comptes de la fabrique.

L'accord que l'on vient de lire porte la date, comme on l'a vu, du 28 avril, 1720. Comme il y est dit que Louis Doré était alors second marguillier et qu'il est représenté comme premier marguillier dans l'inscription latine traduite plus haut, il s'en suit que l'acte d'accord est évidemment antérieur à la pose de la pierre qui a dû avoir lieu le 8 juillet 1721. On peut donc assurer que la messe n'a pu se dire, dans la vieille église, avant 1723.

A la reddition des comptes de cette année, par François Tynon-Desroches, marguillier sortant de charge, on voit qu'il était dû plusieurs livres pour arrérages de rentes sur les bancs.

Au chapitre de la dépense, on remarque ce qui suit :

Pour travaux extrahordinaires tant pour lancienne que la nouvelle Eglise, 81 liv. et 15 sous.

Ceci doit nous confirmer dans l'opinion déjà émise, que la messe n'a pu se dire dans l'église de pierre dans le cours de l'année 1720.

Les descendants de ceux qui ont construit cette église aimeront à lire les noms de leurs Pères qui ont aidé à la bâtisse, soit au moyen de journées de travail, de planches, madriers, bardeau, etc. Voici ces noms :

Sieur Philippe Amiot-l'Erpinière, capitaine de milice.
Sieur Constantin, major de milice.
Louis Doré,
Jean Caillet,
Thibault, troisième marguiller,
Louis Tugal (Dugal),
René Legrand Allary,
Estienne Doré,
Girard,
Gilbert,
François Racet,
Jean Joüineau, (Juneau)
Joseph Gingras,
Charles Des Roches,
Vermet,
Jean Des Roches,
Constancineau,
Clément,
Milhomme (Petit dit Milhomme),
François Tynon,
Romain LaVoye,
Pierre Vallière,
Pierre Villeneuve,
Estienne Villeneuve,
Tessier "a aidé a tout faire,"
Corbin,
Anoré (Honoré) Harnois,
Michel Poreau,
Petit Clair,
Moran,
Philippe Gingras,
Laurent Duboct,
Pierre Gingras,
Matthieu-Gingras,
Matthieu Tugal,
Charles Tugal,

DE SAINT-AUGUSTIN

Joseph Tugal,	Jean Grenier,
Jean Tugal,	Quentin,
Antoine Gaboury,	Alexis Carpentier,
Veuve Gaboury,	Jean Dolbec,
Campagna,	Jean Legrand Allary,
Laurent Harnois,	Antoine Mercier,
Jean Duboct, (Dubeau)	Pierre Laberge,
Pierre Martin,	Jean Laberge,
Brière,	Joseph Carpentier,
Eustache Bourbeau,	Jean Masson,
Brosceau,	Charles Defoy,
Jean Brusseau,	Laprairie (1) et
V. Tapin,	François Masson.

Cette liste de noms, copiée de feuilles volantes et déchirées, n'est pas complète, sans aucun doute, puisqu'à cette époque (je l'ai déjà dit) il y avait 300 communiants dans Saint-Augustin, ou de 80 à 90 familles.

Après le nom ci-dessus: François Masson, M. Desnoyers a fait la remarque suivante:

Et quoique ce qui vient d'estre mentionné nait pas été suffisant pour construire L'Eglise comme elle est aujourd'hui la Divine providence a pourvûe au reste avec les soins de celui qu'il la conduit," (qui la conduit).

DE 1721 A 1730

(1721) Cette année offre un incident fort remarquable dans la vie si bien remplie de M. Desnoyers. Il fut obligé de quitter ses chers paroissiens de Saint-Augustin pour aller desservir une paroisse de l'île Jésus. J'emprunte au long mémoire qu'il a laissé au sujet de ce dérangement, quelques passages dont voici le premier:

Ce meme automne de 1721 led. sieur Auclair fut obligé de passer de la cure de St. Augustin a celle de l'Ille Jesus pour les raisons que nous allons deduire plus au long.

Disons immédiatement que M. Desnoyers, dans son long exposé de cet incident, donne seulement à entendre

---
(1) Beauchamp dit Laprairie.

qu'il était survenu quelques difficultés entre lui et le séminaire de Québec. Au sujet de qui ou de quoi, il ne le dit point.

Quoi qu'il en soit de la cause de ces difficultés, on voit, par le plaidoyer de M. Desnoyers, que l'évêque appuya les messieurs du séminaire et que le curé de Saint-Augustin dut quitter sa paroisse ; ou, comme il le dit lui-même : " mon dit Seigneur de St-Valier ayant preté la main, et usé de son pouvoir, ou du moin ayant fait tant d'Instances aud. Sieur Curé nonobstant ses remontrances telles qu'elles vont estre deqrittes ; tant aux Messieurs du Séminaire qu'a luy-même, que led. Sieur Curé fut obligé de s'y transporter pour la gloire de Dieu et le salut des ames."

Sa première lettre à M. Thibault, directeur du séminaire, est de Saint-Augustin et porte la date du 27 septembre, 1721. D'après cette lettre, on voit que le curé d'alors tenait beaucoup à rester parmi ses paroissiens, et que la paroisse de l'île Jésus ne lui souriait nullement.

Au cours de cette lettre, il dit qu'il désire faire rapport de l'affaire (il ne dit pas quelle affaire) à Monseigneur l'évêque, qui, ajoute-t-il, " est absolument mon seul supérieur."

Il termine en disant qu'il sera à la ville la semaine suivante.

Vient ensuite une autre lettre adressée à l'évêque, le 28 septembre.

Dans ce manuscrit, on voit que M. Desnoyers supplie l'évêque de revenir sur sa décision. Il lui représente que les paroissiens de Saint-Augustin se sont assemblés pour protester contre son départ, et qu'ils porteront à l'évêque copie écrite de leur décision. Voici la fin de cette deuxième lettre ;—" Sans doutte que me voilà brouillé avec le seminaire. Monseigneur Vous avez toujours eté mon protecteur je vous prie de vouloir bien me continuer cette grace sans porter prejudice au seminaire et de faire justice à mes paroissiens."

A la date du 4 d'octobre, il écrit de nouveau à M. Thibault, le directeur du séminaire, pour lui apprendre qu'il est tombé malade à Sainte-Foye, chez M. le curé de cette paroisse, en venant de Québec. La fièvre et le mal de tête l'accablent et le tiennent au lit ; il a peur, dit-il, que cette maladie "ne se termine par quelque chose de plus mauvais." Il ajoute : " Je suis contraint de dire que c'est le voyage de l'Ille Jésus qui me cause tout cela je voudroit n'en n'avoir jamais oüi parler."

Vient en dernier lieu une lettre de l'évêque, affectueuse, mais ferme et portant la date du 8 d'octobre.

Après la réception de cette lettre, M. Desnoyers dut se rappeler son vœu d'obéissance à son évêque, et il se décida à s'y conformer.

Touttes choses estant ainsy disposées, ajoute-t-il, led. Sr. curé ne pouvant plus retarder à cause de la saison trop avancée pour monter a l'Ile Jesus dans l'automne se chercha un vicaire pour exercer les fonctions dans la psse. de St. Augustin pendant un an. Ce fut le Sieur Maufils pretre du seminaire qu'il trouva digne et tres capable den remplir touttes les obligations, auquel il laissa sa maison, toutte meublé quoy qu'il eut droit comme luy de recevoir tous les droits de lad. cure avec un supplement de cent ecus que led. Sieur Auclair avoit eu cette année seulement acause des depenses extraordinaires qu'il avoit fait pour la Batisse de Son Eglise, et ensuitte led. Sieur Auclair pour sa consolation, et la sureté de sa conscience demanda a Mssre. de La Colombiere grand archidiacre du Dioceze tres sçavant Theologien et homme éclairé sur touttes choses s'il luy seroit permis estant rendu dans la psse. de L'Ile Jesus d'en prendre possession dans la qualité fixe, quoy quencore curé de St. Augustin, pour confirmer le droit de Messrs du seminaire de Quebec, et pour en jouir luy même? Sur quoy led. Sr. De La Colombiere luy répondit que oui et que c'étoit la coutume de lEglise de permettre a tous ses sujets, qui recevoient les titres de quelque Benefice nonobstant qu'ils eussent un an et un jour a obpter soit pour les garder ou les laisser d'en prendre possession. ayant donc préparé son voyage il partit de St. Augustin le 26 D'octobre 1721. Il arriva le 3e de novembre a l'Ile Jesus et le jour de St. Thomas Led. Sr. Auclair prit possession par lui meme de premier curé fixe de l'Ile Jesus et tous ses droits et appartenances quelconques de laquelle prise de possession L'acte est resté entre les mains de Messrs du Seminaire de Québec, Lesquels par la, furent établies dans leurs Droits de patron.

Ensuite, M. Desnoyers raconte au long ses travaux dans sa nouvelle paroisse, la bonne disposition des paroissiens à son égard et le contentement qu'il en éprouvait. Tout cela aurait pu l'engager, dit-il, à passer le reste de ses jours dans cette nouvelle paroisse, n'eût-ce été certaines tracasseries que lui suscitait le procureur du séminaire, qu'il indique et dont il se plaint hautement. " Cela l'obligea sur la fin de son année de penser a son retour dans la Cure de St-Augustin."

Il partit donc de l'île Jésus le 21 d'octobre 1722 et se rendit dans sa première paroisse, où il arrivait le 25 du même mois.

Voici la fin de son mémoire au sujet de son retour.

Led, Sieur Auclair fut rendre ses soumissions a sa Grandeur Episcopale, et le dit Seigneur le renvoya gratieusement dans la psse. de St-Augustin en l'invitant de continuer le services qui luy avoit rendu cy-devant, et passant par le seminaire il remit entre les mains de M. Glandelait (Glandelet) sa démission et les lettres de curé fixe et l'acte de prise de possession en lad. qualité de la psse, de l'ille Jésus et le séminaire ayant appris les Raisons qu'il lui avait fait abandonné lad. Cure en fut fort mortifié.

M. Maufils, prêtre du séminaire de Québec, qui remplaça M. Desnoyers durant l'année que celui-ci fut à l'île Jésus, paraît avoir été un homme de zèle et plein de charité. Voici ce que M. Desnoyers dit de lui:

Ce serait sans doute une ingratitude de ne pas mettre en memoire la quête que Mr. Maufils a fait pour la dite Eglise en desservant cette psse. pendant l'année 1721 qui a valu cent écus ayant fait faire aussy aux pseps. pendant l'hyver tout le gros bois de la charpente de lad. Eglise que Dieu en soit sa Recompence.

On voit encore par ce qui précède, que l'église neuve ne put être livrée au culte en 1721. On y travaillait activement ; mais le nerf des constructions, aussi bien que celui de la guerre, l'argent, manquait. Dans les comptes de cette année, on voit que l'on fut obligé de prendre encore sur les fonds de la fabrique pour " ayder a la construction de la nouvelle Eglise."

Dans le cours de cette même année, le sieur Philippe l'Erpinière, capitaine de milice, perdait son épouse, Marie Harnois, âgée seulement de 48 ans.

(1722). Au commencement de cette année, Jean Caillet, marguillier, rend ses comptes. On y voit encore, au chapitre de la dépense, près de 77 livres " pour les besoins de la bâtisse de la nouvelle Eglise." Les quêtes des fêtes et dimanches avaient donné 37 liv. et 19 s., et les présents et quêtes extraordinaires, la somme de 247 l. et 10s.

On trouve aussi le billet suivant dans les archives de cette année :

Le Marguiller en charge de l'église St. Augustin Retirera de Jean Tugal quinze Livres argent ou valeur qu'il me doit pour ce que jay avancé afin dobtenir sa dispense de Mariage, fait a St. Augustin ce huitieme Novembre mil sept cent vingt deux.

Signé : " MAUFILS, ptre."

M. Maufils avait fait présent de ces 15 francs à l'église qu'il avait desservie de novembre 1721 jusqu'à la fin d'octobre de 1722.

Nous avons vu que, l'année précédente, en 1721, le capitaine de milice Philippe l'Erpinière perdait son épouse, Marie Harnois. Il ne survécut pas longtemps à sa compagne, car le 13 de mars de cette année (1722) il la suivait dans la tombe, précisément un an moins quatorze jours après qu'elle eut fermé les yeux à la lumière de ce jour. Elle mourait à l'âge de 48 ans, et, lui, à 54 ans.

Le capitaine l'Erpinière paraît avoir été un excellent chrétien et l'un des plus zélés et des plus généreux pour la bâtisse de la nouvelle église, connue, aujourd'hui, sous le nom de la " Vieille église."

Les descendants de cette première famille d'Amyot-l'Erpinière étaient encore nombreux à St-Augustin, il y a quelques années.

La fille du capitaine Philippe Amyot-l'Erpinière, Anne-Geneviève, âgée de 25 ans, se mariait, sept mois après le décès de son père, à Jean-Baptiste Corbin, de Beauport.

BATISSE DE L'ÉGLISE DE PIERRE A L'ANSE-A-MAHEU.

(Suite et fin.)

(1723). Après avoir cité ce qui reste des manuscrits de M. Desnoyers, le lecteur verra que l'on n'a pu dire la messe, dans l'église de pierre de l'Anse-à-Maheu avant l'année 1723.

Je cite au long et toujours textuellement, respectant jusqu'à l'épellation, souvent vicieuse, même pour cette époque, et la ponctuation à peu près nulle. (1)

Lannée 1723. Le dit Sieur Curé (M. Desnoyers) fit continuer la Batisse de son Eglise de St. Augustin, en commençant par faire elever la masonne du pignon jusqu'au feste (faîte) de LEglise qui a cinquante pieds de haut depuis le Raz de Chaussée, fit pareillement exaucer (exhausser) la muraille du Rond point jusqu'a onze pieds de hault ou environ audessus du carré, cequi luy fait de hauteur trente un pied de haut depuis les fondements. Ensuite fit faire une assemblée pour convenir du prix de la charpente de leglise y compris le clocher Il fut concluld que ce seroit le Sieur FRANÇOIS ANGER qui la feroit pour prix et somme, tant pour la taille, que pour le lever de cinq cens livres et nourir, tous les autres charpentiers demandant six cens livres, fit aussy commencer la menuiserie des croisées de l'Eglise qui ont chacune coutté 20 liv. de façon avec la nourriture du menuisier, excepté celle de la sachristie, qui n'a coutté que six livres LEglise ayant fournie le bois.

---

(1) A ceux qui seraient tentés de dire que ces extraits sont longs et ennuyeux, je réponds d'avance que je les plains et que je n'écris pas pour eux. Outre les renseignements précieux fournis par ces vieux manuscrits, on y trouve ample matière à une étude philologique comparée, sans parler des connaissances acquises au sujet des prix de cette époque et des coutumes, usages, etc.

C'est le nommé Germain Vilizard maître Ebeniste qui les a fait et c'est le seul qui a demandé moins de dix Ecus pour chaque fenêtre que les autres exigeoient, et c'est le meme qui a fait toute les menuiserie qui sont à lEglise jusqu'a present comme la voutte de lEglise la grande porte les bancs les deux petits autels la cloison et le planchés de la sachristie, les deux armoires enfoncées dans la muraille la boite des devants d'autels et leurs cadres. Et la credance ; ayant demandé pour la façon de la voutte ou il est entrée quatre cent quatre vingt planches (480) et touttes les tringles ayant passées pour des planches y renfermant aussy le nombre de 36 qui a entré dans le plancher de la sachristie qui montent en toutte cinq cens vingt cinq, la somme de 125 liv. pour la cloison et porte de la sachristie 30 l. pour la Boëte des Devants d'autel 18 l. pour la credance 8 l. pour les deux petits autels 40 l. pour les deux armoires de la sachristie 25 l. pour dix journées enoutre pour travailler au plancher. etc. pour la porte vingt Ecus toutte la ferrure ayant coutté 40 l. et les fiches des fenêtres 15 s. pieces. La ferrure de la sacristie a coutté 5 l. Les pentures des deux portes coutes 2 l. Les deux locquaits avec leur crampons 30 s. pieces.

LEVAGE DE LA CHARPENTE DE L'ÉGLISE

Au bout de deux mois la charpente estant finie elle fut levée et la première Cheville fut coigné le jour de St. Pierre (le 29 juin) et le charpentier en fit honneur au Sieur Curé auqu'el il couta un repas de quatre jours que dura la levée, avec toutte la boisson qui convenoit pour n'en pas laissé manquer, une bonne partie de la psse. assemblée. La croix fut levée avec la charpente du clocher laquelle a contté de façon 80 liv. avec le cocq et pour 60 et six livres pour le fer qu ly est entré. Sans perdre de temps Leglise fut couvertte en planche Brutte sortant du moulin Excepté environ deux cens taillez en coutteau (1) qui estoient le debry de l'ancienne Eglise qui fut demoly après la grande messe du jour de St Barthelemy.

Par ce qui précède, on voit clairement que l'on a conservé l'ancienne chapelle de bois, pour y dire la messe, aussi longtemps que l'église de pierre ne fut pas prête pour la célébration de l'office divin, c'est-à-

---

(1) Cette expression : *Planche en couteau* ou *taillée en couteau*, se rencontre souvent. C'est une expression que ne connaissent pas les plus anciens habitants d'aujourd'hui. Il est fort probable que cette planche en couteau était ce que nous appelons, maintenant : *Planche à clin*.

dire jusqu'à la Saint-Barthélemi, qui tombe le 24 d'août. Nous allons voir bientôt le jour *précis* où l'on a dit la première messe dans l'église de pierre de l'Anse-à-Maheu.

D'ailleurs, comment aurait-on pu dire la messe dans une église dont les murs n'étaient pas achevés, n'ayant encore ni plancher, ni fenêtres ? Il faut remarquer encore que la nouvelle église, jusqu'à présent, n'était pas bénite, et ce n'est point la coutume de dire la messe dans une chapelle ou une église qui n'a pas, d'abord, été consacrée au culte par les cérémonies de la bénédiction ou dédicace.

Si j'insiste sur ce point, c'est afin de détruire l'opinion générale, ici et ailleurs, que l'on a dit la messe, dans l'église de pierre de l'Anse-à-Maheu, dès 1720. Comme on vient de le voir, la chose était matériellement impossible avant cette année : 1723.

Je cite encore.

Tous les habitans de la psse. estoient convenu de donner chacun 30 planches et 3 madriers pour ayder la couverture et sa menuiserie aussy bien que toutte la pierre necessaire pour construire ses murailles. neantmoin il n'y a eu qu'un certin nombre de Genereux qui ont amené lad. pierre ; n'estant une ouvrage que de bonne volonté, et les autres n'y ayant point eté forcé que par la voye d'Exortation, Il n'y a eu qu'un petit nombre qui ay fournie son nombre de planche et de madrier. et ça eté Monsieur le curé par son industrie qui a procuré le reste, et le nom de tous les biens facteurs (bienfaiteurs) de la d. Eglise parroissiens serons ecrit plus bas avec cequ'ils aurons fournie. (1) et quoy que plusieurs pssens. de bonne volonté ayent aydé a couvrir l'Eglise en planche, outre cela il en a coutté 82 liv.

Incontinent les couvreurs en Bardeaux commencerent a couvrir et le Samedy de la première semaine qui estoit la fête de St Augustin le Rond point se trouva couvert en Bardeaux et l'autel à labry pour y celebrer les saints misteres, Les planches presque tous posées qui estoit le debry de l'ancienne Eglise tels qu'ils sont encore aujourd'hui Le bas de touttes les croisées posé, et celles des deux côttés de l'autel touttes vitrées et mastiquées.

---

(1) J'ai déjà donné une partie de ces noms pris sur un mémoire incomplet.

LEglise avoit eté Benitte des le *jeudy* (1) et le *vendredy* on y celebra la premiere messe et depuis le *mardy* que lancienne Eglise fut demoly jusqu'a ce jour, la messe fut celebré dans le presbitere. Et le beau temps donna le dernier relief a la joye tant des pellerins que des pssens. qui estoient venu pour y gagner les Indulgences qui y furent (un mot illisible) ce jour la.

Maintenant, il nous sera facile de trouver le jour précis de la première messe dans la première église de la paroisse de Saint-Augustin.

Le mémoire que je viens de citer porte seulement le millésime suivant : 1723. Au moyen, cependant, des jours de fêtes indiqués, on peut retrouver le jour du mois.

Il est dit que " le samedy de la première semaine qui estoit la fête de St-Augustin, " etc. Cette indication nous donne la date du 28 d'août, premier jalon qui nous met sur la piste des autres dates.

Avant cela, M. Desnoyers a écrit : " Sans perdre de temps Léglise fut couvertte en planche Brutte sortant du moulin. Excepté environ deux cens taillez en coutteau qui estoient le debry de l'ancienne Eglise qui fut demoly après la grande messe *du jour de St-Barthélemy.* "

La Saint-Augustin tombant, cette année-là, le samedi, doit donner le mardi précedent comme jour de la Saint-Barthélemi, qui se trouvait le 24 d'août. Au moyen de ces deux nouvelles dates, on comprend facilement le passage cité, qui corrobore pleinement ce qui a été dit auparavant.

L'Eglise avoit été Bénite, dit M. Desnoyers, des le JEUDY, (c'est-à-dire le 26 d'août) et le VENDREDY on y celebra la premiere messe et le MARDY que lencienne Eglise fut demoly jusqu'a ce jour, la messe fut celebré dans le presbitere.

De cette manière, on s'assure que la vieille chapelle fut démolie le 24 d'août 1723 ; que la première église de pierre, à l'Anse-à-Maheu, fut bénite le 26 du même

---

(1) Que l'on veuille bien remarquer les mots en italiques.

mois et qu'on y dit la première messe le " vendredi, " qui était LE 27 D'AOUT, 1723.

Il reste un dernier point à établir.

M. Desnoyers dit, dans ses mémoires, que l'ancienne chapelle avait duré 26 ans. Cette chapelle, érigée en 1694, aurait eu un règne de 29 ans, en 1723, année où elle fut démolie. Il ne faut pas oublier que M. Desnoyers écrivait ce qui précède en 1720, année où la construction de l'église de pierre s'était commencée. Il ne prévoyait peut-être pas, alors, que la nouvelle église ne serait terminée que 3 ans plus tard et que ce retard serait amené par la mauvaise volonté de plusieurs habitants (dont il se plaint, en 1723), et par son absence de la paroisse, de 1721 à 1722.

En face des chiffres plus haut donnés, il serait plus conforme à la chronologie de dire que la chapelle de 1694 a servi 19 ans sur la terre d'Ambroise Tynon des Roches (aujourd'hui, terre occupée par Hildevert Racette) et 10 ans, dans l'Anse à-Maheu, au lieu de 7 ans, comme il a été dit déjà.

Après la fête, continue M. Desnoyers, toutes les fenestres s'acheverent et furent vitrées et mastiquées avant l'hyver. (1) Il y est entré 724 vitres et 24 livres de mastique a 20 s. la l. et 30 s. la vitre en cartes, (papier-monnaie déprécié.) La grande porte fut posée et la couverture en Bardeaux finie. Il a entré dans les dittes Couvertures environ dix milliers de clous à planches, 4 cens de clous a couvrir 100 milliers de clous a Bardeaux, dont environ 25 milliers estoient du debris de l'an-

---

(1) A partir donc du 27 du mois d'aout à aller jusqu'à " avant les mauvais temps de l'hyver, " comme on le verra plus loin, les fenêtres de l'église furent sans vitres, et c'est à cette époque que fait allusion M. Sasseville, quand il dit :—" Les habitants (de Saint-Augustin) avaient en abondance tout ce que pouvait leur fournir la culture de la terre ; mais, pour les objets qu'ils ne pouvaient obtenir que par le commerce, on ne saurait croire à quel état de gêne et de privation ils étaient réduits.

" Pour n'en citer qu'un exemple, il suffit de faire savoir au lecteur qu'après avoir élevé les murs et construit la couverture de leur *église*, il fut impossible de se procurer les vitres pour les fenêtres. On fut donc obligé de les fermer avec des planches, et les bons paroissiens de Saint-Augustin se virent réduits à assister à la messe comme les premiers chrétiens, dans les catacombes."

cienne Couverture 50 milliers de clous a Bardeaux et 5 milliers de clous a plancher que Mr. le Curé avoit donné et les 25 autres milliers couterent 4 liv. 10 s. le milliers ; Les 5 autres milliers de clous a plancher couttoient 40 s. le cens. Il s'est trouvé dans la Couverture en Bardeaux 146 toize payé 20 s. la toize 146 liv. et pour la façon de la Couverture du Clocher qui a été faite a l'Entreprise il a coutté 124 liv. 17 s. sans compter le plomb et le fer blanc qui est au pied de la Croix, ainsy que layde (l'aide) du Seigneur. LEglise se trouva parfaitement close et couverte avant les mauvais temps de l'hyver ce qui causa une grande joye a toutte la psse. et a tous ceux qui y avoit pris part ce qui donna aussy une grande Confusion a ceux qui n'avoient pas voulu prester la main, croiant que cela ne se pouvoit pas faire sans eux.

Quelques lignes encore de citation pour faire voir au lecteur les dimensions de cette église.

Nous avons déjà vu qu'elle avait une longueur de 80 pieds.

Memoire ou estat de proportion du bois de charpente de LEglise et du Clocher. La charpente na pas son plain comble manque trois piéds et demy estant dans la juste proportion les cheuvrons n'ayant que 34 pieds et demy, L'eglise en ayant 38. Le bois des fermes de lEglise est de six a sept poulces aussy bien que les Cheuvrons volants Les gros entrais ont environ dix poulces en carré Les accoyaux (1) sont de deux pieds de long.

Le Clocher a cinquante quatre pieds de haut au dessus de lEglise sans y comprendre la croix Il a au pied de sa racine sur ses entrais dix pieds huits poulces de diamettre, et se reduit a dix pieds au bas de son octogone.

La flesche jusqu'a letoc avait 24 pieds de haut et 3 pied d'etoc. Le clocher se trouve bien proportionné a lEglise qui a 38 pieds de large la croix avec le cocq ont environ 8 pieds de haut. Les fenetre du clocher dans les deux octogones sont distante par en haut de deux pieds de la sabliere, les fenetres de la premiere octogone ont quatre pieds et demy de haut, et celle de la seconde nont que quatre pieds. LEguille de la fleche a six poulces en carré et ses cheuvrons nont que cinq poulces par enbas et quatre par enhaut.

Enfin Nous pouvons dire a la louange de ce lieu et encore plus en particulier du glorieux St. Augustin qui en est le

---

(1) Vieux mot que l'on ne trouve point dans les dictionnaires modernes, et qui signifie *lien*.

titulaire que cette Batisse a eu tant d'eclat dans le pays et a tellement annimé la confience tant des estrangers que des paroissiens que tous ceux qui sont venus en pellerinage et sy sont addressé avec confience ont obtenu leffet de leur demandes. Ce qui continú encore tous les jours a la consolation de celui qui y preside.

A la reddition des comptes de cette année, par Jean-Baptiste Thibault, marguillier, on voit une somme de 438 livres prise des fonds de la fabrique pour la bâtisse de l'église.

Les registres contenant les actes des baptêmes, mariages et sépultures, offrent, à partir du 16 juin de cette année (1723) une lacune qui s'étend jusqu'à la fin de l'année 1745, ou 21 ans, 6 mois et 15 jours, pour lesquels les matériaux à l'histoire de cette période sont disparus. Comment ont-ils disparu ? Où sont-ils ? Ont-ils été égarés ou détruits par les rats ?... Mystère.

Il reste, heureusement, quelques lambeaux de manuscrits de Messire Desnoyers, qui fut ici l'espace de 34 ans (de 1713 à 1748), si l'on retranche l'année où il desservit une des paroisses de l'île Jésus, de 1721 à 1722. Sans cela, ce serait l'obscurité pour la période écoulée de 1723 à 1746.

LA CLOCHE BRISÉE.

(1724.) Voici comment M. Sasseville raconte cet accident :

Une autre particularité qui ne sera pas sans intérêt pour les amis de l'industrie canadienne, c'est qu'à cette époque reculée, on avait le secret de couler des cloches, en Canada. Les mémoires de notre vieux curé rapportent que le jour de l'Annonciation, pendant que le bedeau sonnait, à tour de bras, le second coup de la messe, la cloche s'envola du clocher et vint se briser à quelque distance de l'église.

Cet accident fut bientôt réparé. On fit venir de Québec un personnage, qui paraît avoir joui d'une grande considération à cette époque, et, au bout de quelques jours, on vit sortir du moule une cloche supérieure à celle qui avait été brisée. La Fabrique avait fourni la *mitraille*, c'est-à-dire la matière nécessaire, et une somme assez médiocre.

Voyons, maintenant, comment M. Desnoyers raconte cet incident.

ARTICLE POUR LA FONTE DE LA CLOCHE.

Rien ne pouvoit venir sy a contre temps que de voir casser la cloche après une sy grande depense pour la construction de lEglise. C'est le jour de l'annonciation 1724 sonnant loffice du jour que cet accident arriva ce qui obligea de prendre le dessin (dessein) den construire une autre des lEté suivant et cequi paru plus merveilleux c'est que la plus grande partie des pssens. y contribuer volontiers ne voulant pas terminer leur bonne volonté afaire lEglise seulement mais encore a la decorer en ce quis pouvoit dependre d'eux. Ils promirent chacun la somme de 8 liv. pour en payer la valeur. Il est vray que cela ne pouvoit aller le tout ensemble quenviron a 400 liv. et que meme plusieurs ne payerent ce même été ; mais cela nenpecha pas qu'elle ne fut entreprise et faitte par les soins de Monsieur le Curé qui fut obligé dy ajouter cinquante Ecus pour faire la somme de 550 liv. qu'elle a coutté tant pour lachat du metail, que pour sa façon, et la nouriture du fondeur. Ce fut le 27 du mois de Juin qu'elle fut jetté en moulle, elle en fut tiré le lendemain parfaite, elle fut Benitte le sixieme Juillet suivant par Mr. Hazur (Hazeur) grand penitentier sous le nom de Marie Joseph. Ce fut Mr. Joseph Fleury de la Gorgendiere qui fut parain. Et la Maraine Mlle. Marie Dumontier femme de Mr. Barolet dont leur noms est gravée sur la cloche aussy bien que Lannée quelle a été faitte et le nom du fondeur. Lad. cloche paise 258 lbs et le fondeur a pris 15 s. pour livre de façon et la mitraille (métal, etc.) a coutté entre 10 et 15 s. la livre. La cloche fondüe, il a resté 59 lbs. de metail qui a été cédé en payement aud. fondeur a vingt sols la livres. En finissant la Benediction de lad. cloche elle fut monté au clocher et elle sonna son Batême et cest ainsy que la ceremonie se termina Le parain et la maraine laisserent pour present chacun un devant d'autel de satin —— (un mot illisible) a fond Blanc baré de jaulne et l'autre a fond brun et a fleur blanche. (1)

---

(1) La cloche dont il est fait mention ici, a été donnée, sous M. le curé Milette, à une nouvelle paroisse pauvre dont il a été impossible de se procurer le nom. Ce don n'a pas été enregistré. D'aucuns veulent qu'elle ait été donnée à une paroisse du diocèse de Rimouski, d'autres, à une paroisse du comté de Bellechasse. Il est, cependant,

RENDUITS A L'EGLISE.

Nous avons vu que l'église avait été livrée au culte le 27 d'août 1723 ; mais les travaux de l'intérieur et quelques-uns de l'extérieur étaient loin d'être terminés, comme on pourra s'en convaincre par les extraits que je fais ci-après des manuscrits de M. Desnoyers.

Voici celui qui a rapport à cette année et qu'il intitule : "Article des Renduits de LEglise."

Cette même année 1724 le premier jour de juillet lon a commencé à renduire LEglise, pour la blanchir en suitte. C'est Jacques de Moutier dit Biernais (1) qui les a fait et Blanchir a vingt cinq sols la toize, et nourie. Le tout a fini le 30 Aoust. Il s'est trouvé 138 toize de renduit qui fait la somme de 172 liv. et led. ouvrier a receu 9 liv. de surplus pour trois jours de massonnerie qu'il a fait dans LEglise.

(1725). Au commencement de cette année, Joseph Gingras, marguillier, rend ses comptes. On y voit les articles suivants, au chapitre de la dépense :

Pour ferrures et cloux pour l'Eglise 74 l. 10 s. ; pour menuiserie, etc. 32 l. 10 s. ; pour planches et autres bois pour l'Eglise, etc. 38 l. 14 s."

Dans le cours du mois de juillet de cette année, Mgr de Saint-Valier était en visite pastorale à Saint-Augustin, où il donnait la confirmation aux enfants.

---

facile de le savoir au juste par les noms qu'elle porte et qu'indique M. Desnoyers.

M. Desnoyers n'a pas donné le nom de ce fondeur de cloches. Il est fort probable, cependant, qu'il se nommait René Chevalier, comme semble l'indiquer l'extrait suivant de l'*Histoire* de la paroisse du Cap-Santé, par l'abbé F.-X. GATIEN :

" Dans cette année 1746, la cloche, par un accident qui n'est point autrement désigné que par le mot même d'accident, se trouva cassée et mise dans un état à ne pouvoir plus servir. Un nommé René Chevalier, fondeur de profession, demeurant à Beauport, la refondit et en fit une cloche neuve. Il en coûta, pour la refondre, pour les frais de transport et pour la mettre en place, 305 livres."

Ce fondeur de cloches, né en 1697, avait 27 ans lorsqu'il refondit la cloche de saint-Augustin, et 49 ans, en 1746, lorsqu'il fit le même travail au Cap-Santé.

(1) Ces Moutier dit Biernais portaient aussi le nom de *Laborde*.

Il y eut une assemblée des habitants, etc. en présence de l'évêque et du curé. Voici le procès-verbal de cette assemblée :

Procès verbal de cequi a été Reglé dans lassemblée des marguillers et des habitants de la paroisse de St. Augustin sise en la seigneurie de More En presence de Monseigneur Lillustrissime et Reverendissime Eveque de Québec. Le vingt neuf juillet 1725. primo ; qu'il sera mis dans la nouvelle Eglise des Bancs clos, conforme a larret du conseil superieur de Quebec ; pour la construction desquels Mr Desnoyers curé de la ditte paroisse promet de donner la planche a ceux des habitants qui ont fournis planche et madrier pour la construction de Leglise, et la nourriture des menuisiers ; dont les paroissiens payeront la façon comme ils sont convenus ; Lesquels bancs seront tous uniformes. Exceptés les quatres derniers des Rangés du milieu qui ne pourront etre arreté, et qui seront amovibles selon le Besoin. Sur quoy il a été arreté, et Reglé unanimement que les cinq premiers, sur chaque Rangs, du haut de Leglise en bas payeront trois livres, pour ceux qui ne seront point arretés, ne payeront que deux livres dix sols de rente, le tout payable chaque année, a Pasque, a commer (commencer) cette année prochaine 1726. De plus a été arreté a cause du zèle quon fait paroitre les habitants pour la Batisse de leur nouvelle eglise, par mon dit Seigneur qu'on ne crira point les bancs, et quon se contentera apres la mort des peres et meres, que les enfans payent pour rentrer dans les dits bancs 4 liv. de Reconnoissance, Lainé ayant la preference sur ses freres, et ensuitte &c et que les quetes se feront a Lordinaire. fait et arreté le jour et an que dessus, signé de Monseigneur, de sur le livre des marguillers et habitants qui on pu signer."

Signé :

A. Desnoyers Pretre.   Estienne Amiot.
P. Constantin.   Ch. Tinon des Roches.
Duboct. (1)   Jean Calliet.
Gervais Lefebvre pretre. curé de Batiscan present.
Le prevost prestre present   Jean eveque de Quebec.

---

(1) Voici les variations de ce nom :
Duboct ou Duboet, Dubau, Dubocq, Dubaut, Dubos et Dubeau.
Par un acte de 1726, je vois qu'il y avait, demourant probablement à Québec, un arpenteur qui signe : Duboct. D'après ce même acte, il y avait déjà des habitants d'établis au 3me rang de Saint-Augustin, dès 1711.

Cet arrêté fut signé par l'évêque à la demande de M. Desnoyers, comme il le dit lui-même dans un de ses manuscrits conservés. La rente de ces bancs, toute faible qu'elle nous paraisse, dans le siècle où nous vivons, était, paraît-il, pour " procurer quelque fonds à l'Eglise pour vivre sa subsistance et son entretien, " après les " grandes dépenses qu'il a falû faire pour sa Bâtisse. "

La génération actuelle sera probablement curieuse de lire les noms des premiers acquéreurs de bancs dans la " vieille église, " il y a cent cinquante neuf ans. Plusieurs des lecteurs reconnaîtront, en parcourant cette liste, les noms de leurs ancêtres, et c'est pour satisfaire cette curiosité bien légitime que je copie scrupuleusement la liste qu'en a laissée M. Desnoyers. Voici :

Liste de ceux qui ont des bancs dans l'Eglise premier rang, du cotté du Sud proche la muraille.

Laurent Amiot,	O. Clement, (2)
Pierre Gingras,	Charles petit Clerc,
Mathieu Gingras,	Nicolas Roussin,
Jean Caillet, (1)	Jean Baptiste Gingras,
Romain Racet,	Philippe Poreau,
Loüis Tugal,	Romain La Voye,
Le Sr. Pierre Constantin,	Pierre Constantin, fils.

Second Rand du milieu du côté du Sud.

François Racet,	Pierre Donobeau,
A M. Auclair Desnoyers curé de la paroisse,	François Goulette, Charles Defoy,
Laurent Harnois,	
O. Michel Poreau,	*Petits bancs.*
Jean Vaillancourt,	
Pierre Girard,	Philippe Gingras.
Jean Duboct,	

---

(1) Caillé dit *Le Picard.*
(2) Un nom précédé de la lettre O, indiquait que le propriétaire de ce nom n'avait pas payé la rente de son banc. *Note de M. Desnoyers.*

DE SAINT-AUGUSTIN.   69

TROISIÈME Rang du milieu.

Charles Tinon des Roches,
Pierre Amiot,
Jacques Vermet.
Pierre Valierre forgeron,
Robert Petit,
Jean Baptiste Thybault.
Jean Joüineau,

René Grand (1) Allary,
Louis Campagna,
Pierre Trudel,

Petits bancs.

Simon Bourbeau.

QUATRIÈME Rang du coté du Nord contre le mur.

Estienne Amiot,
Joseph Gingras,
Charles Cottin,
Joseph Cottin,
Eustache Bourbeau,
Jean Briere,
Pierre Valiere,

Jean Baptiste Corbin,
Jean Gilbert,
Louis Doré fils,
Louis Dolbec,
O. Nicolas Brosseau,
François Dolbec et
Jacques Rocheron. (2)

Il n'y avait donc que 50 bancs dans la première église de pierre, en 1725. En mettant, en moyenne, (d'après l'arrêté cité plus haut) la rente de ces bancs à 3 francs chacun, ce n'était un revenu que de 150 livres ou francs de 6 à la piastre d'aujourd'hui. Il faut bien convenir que ces prix et ce revenu seraient insuffisants de nos jours.

DONATIONS A L'ÉGLISE.

Le 21 mai de cette année (1725), André Harnois donne à l'église un lopin de terre renfermant un arpent 27 pieds et 4 pouces de front, sur le fleuve, et 30 arpents de profondeur ; à la charge seulement par " la ditte Eglise des reconnoissances envers le seigneur."

A la date de cette donation, le terrain légué était ensemencé et produisit, cette même année, " les fraits faits, quarante quatre minots et demi de bled qui ont été vendu quarante sols le minot qui fait la somme de 89 liv. dont on a achevé de payer la charpente de Le-

---

(1) Le grand Alary, *Le grand* était un surnom.
(2) Variation de *Rochon*.

glise; et a acheté le rechaut de L'autel qui a couté une pistole." (1)

ORDONNANCE AU SUJET DU CIMETIÈRE, DU PAIN BÉNIT, ETC.

(1726). On lit l'ordonnance suivante, dans le livre des marguilliers de 1726 :

Nous Eustache Chartier de Lotbiniere coner. (2) au conel. (3) superieur de Quebec archidiacre de ce dioces̈e et grand vicaire de monseigneur lévesque, en faisant nostre visite a St. Augustin avons remarqué que lencien cimetiere na point de porte ny de croix de sorte qu'on ne peut sçavoir si cest un lieu saint ou profane, nous avons pareillement remarqué que le nouveau cimetiere nest point achevé de clore comme on lavoit projeté et quil se remplit de terre toutes les fois quil pleut par les eaux qui descendent de la coste ce qui est très préjudiciable à la nouvelle église qui se trouve desjà enterré plus d'un pied de puis un an et ayant esté informé que quelques paroissiens sont négligens a rendre le pain bénit a leur rang, et que les habitants attache leurs chevaux lors qu'ils sont à la messe de vant la porte de léglise qui est un lieu saint puisque lencienne église estoit batie dessus outre que cela interromp le service divin et le devoir de nostre charge nous obligeant a veiller a ce que les paroisses soient en regle nous ordonnons aux habitants paroissiens de St. Augustin seigneurie de Maure, de fermer entierement la porte de lencien cimetiere et d'y mettre une croix pour connoistre que cest un lieu saint et empescher quil ne soit profanné comme aussy de clore le nouveau du cauté de la riviere jus qu'au bout de léglise, davoir soin de rendre le pain benit a leur rang et de présenter un cierge comme il se pratique dans toutes les paroisses et de faire leurs efforts pour empescher les eaux de venir dans le dit cimetiere ce qui est capable de faire un grand tort a léglise faisons deffence aux dits paroissiens et a tous autres fidels qui viendront entendre la ste messe d'attacher leurs chevaux dans la place qui est audevant de la ditte église ce qui est tres indecent et ce qui peut troubler le service divin a quoy monsieur le curé et les marguilliers tiendront la

---

(1) La pistole valait 8 chelins et 8 sous de notre monnaie avant la confédération.
(2) Conseiller. (3) Conseil.

main mandons au marguillier en charge d'avoir soin de se faire payer de la rente des bancs tous les ans dans la quinzaine de pasques et ce qui peut estre dub pour les sépultures affin destre en estat de rendre ses comptes lorsquil sortira de charge fait au presbitaire de St. Augustin le 11 juin 1726.

Signé : CHARTIER DE LOTBINIERE, ptre.

Le document précédent fait voir qu'il y avait deux cimetières à l'Anse-à-Maheu : celui de la chapelle de bois, dans lequel on avait dû mettre les ossements du premier cimetière (sur la terre d'Ambroise Tinon Desroches) et celui de l'église de pierre.

La terre donnée l'année précédente par André Harnois ne fut point ensemencée, cette année. "A la Saint Michel la ditte terre a été criée a la porte de Léglise en trois dimanches de suitte pour la mettre a ferme pendant neuf ans elle a monté a douze minots et demi de bled par année et de cent onze sols en argent et de faire et entretenir la cloture au sud oest (ouest) avec le voisin et de recaller avec luy le fossez mitoyen, et c'est à Monsieur le curé que la ditte terre a été adjugée."

(1727). Par les comptes que rend le marguillier Charles Petitclerc, au commencement de cette année, on voit que la fabrique a payé plusieurs sommes dues pour travaux faits à l'église, depuis 1723.

SIX VOYAGEURS EN PÈLERINAGE A SAINT-AUGUSTIN.

Je cite en entier le procès-verbal dressé par M. Desnoyers de cet acte de piété de six marins.

Le vingt neuf aoust 1727 sont comparu par devant Nous Desnoyers prestre curé de la paroisse de St Augustin soussigné six voyageurs lesquels y sont venu a pied nuds faire chanter une grande messe et trois deux ont communié, qui sont le Sieur Joseph Feuilleteau (1) capitaine de vaisseau, Philippe Porreau Augustin Rabi (Raby) François Gontier, Louis Goutbout (2) et Charles ...... (nom illisible : peut se lire *luceveau*, *luciveau*, *bucireau*, etc.) lesquels nous ont déclaré estre venus

---

(1) Il signe plus bas : Filteau.
(2) Voir sa signature plus bas.

accomplir un vœu d'action de graces a St. Augustin quils luy ont voué sur mer le septième novembre lannée precedante sur les dix heures du soir ayant tous reconnu avoir eté preservé de perir d'une tempeste dont quantité de vaisseaux ont péri tant sur les costes du cap breton que sur les costes de france (que lon dit estre au nombre de cinq cent et dix mil hommes) ce qu'ils ont tout attesté veritable en foy de quoy trois ont signé qui sont le Sieur Feuilleteau Augustin Rabi et Louis Goutbout et les trois autres ont declaré ne sçavoir ecrire ny signer de ce enquis suivant Lordonnance.

Signé : JOSEPH FILTEAU.
AUG. RABY.
LOUI GODBOUT.
A. DESNOYERS pretre.

(1728). Nicolas Roussin, marguillier, rend ses comptes et déclare avoir payé à Pierre Trudel la balance due (7 liv. 2 s.) sur 100 livres empruntées de lui pour aider aux travaux de l'église.

(1729). Au commencement de cette année, "L'église a cédé a Monsieur le curé la rente de la terre qu'il luy doit sur pied de remboursement de ce qu'elle luy doit, or comme le bled veaut cinquante sols le minot douze minots et demi font la somme de trente une livres cinq sols et cinq livres onze sols d'argent le tout ensemble monte a trente six livres seize sols de payé a Mr. le curé cette année."

C'est dans le cahier de cette année seulement que l'on trouve le nom du bedeau. "Payé a Tessier sacristain pour cette année finie a mis octobre 25 liv." Salaire bien modeste, il faut en convenir.

Avant de finir cette décade, (de 1721 à 1730) je ferai remarquer au lecteur que c'est en 1723 seulement qu'il est fait mention de quêter dans la paroisse, "la quête de l'enfant Jésus," je suppose, et qui est de création fort ancienne dans notre pays.

(1730). Le 25 de février de cette année, Messire Eustache Chartier de Lotbinière, grand vicaire de l'évêque, etc., et accompagné de M. Richard, prêtre secrétaire, visite la paroisse de Saint-Augustin. Il laisse, écrite dans les registres, une longue ordonnance dont voici le résumé.

1. Il approuve les comptes des marguilliers pour les années 1725 (année de la visite épiscopale), 1726, 1727, 1728 et 1729 ; mais il ajoute : "sans tirer a consequence attendu qu'ils (les comptes) ne sont pas tenû dans la forme prescripte par le Rituel, ce que Nous leur recommandons pour la suitte."

2. Du consentement des marguilliers et de M. Desnoyers, il décide que la fabrique paiera à celui-ci la somme de 260 livres "pour demeurer quitte avec luy de toutes les avances qu'il a pû faire jusqu'à ce jour pour la batisse de leglise paroissialle, au moïen de laquelle somme la fabrique ne sera tenû a aucune dette créé pour lad. batisse jusqu'a ce jour."

En à-compte de cette somme, le marguillier Pierre Gingras remet " presentement " 85 l. 9 s. et 3 d.

3. Il ordonne qu'il soit fait des réparations à la couverture du presbytère dont " le bardeau est pourrit," et à la cheminée " fendû et crevée jusqu'au milieu, ce qui fait craindre une incendie qui pouroit non seulement detruire le presbitaire mais meme leglise."

4. Il recommande la construction d'une chambre assez grande pour y recevoir les habitants en hiver (une salle d'habitants), avant le service divin, "attendû que le presbitaire n'est pas assés vaste pour les y recevoir, et les y chauffer tous."

5. Enfin, il ordonne à tous les marguilliers de retirer ce qui est dû à la fabrique pour le temps " qu'ils ont été en charge."

Le premier article de la reddition des comptes de cette année fait mention, au chapitre de la recette, de la somme de 38 liv. 5 s. " offert a Dieu par les paroissiens pendant deux grandes Messes chantées dans le cours de la ditte année La premiere vingt sixieme juin pour obtenir le beau temps la pluie nayant presque pas cessé depuis le printemps ; et la seconde le vingt deux de Decembre pour demander a Dieu la cessation des maladies courante qui ce sont trouvées mortels pour plusieurs ; Dieu ayant accordé du beau temps en suite de la premiere Messe chanté et Diminution des souffrances dans ceux qui sont tombez malade depuis la derniere."

La rente des bancs a donné le chiffre le plus élevé jusqu'à présent : 119 l. 5 s., sans compter ce qui est dû pour arrérages.

Pierre Tessier, le bedeau, reçoit, seulement cette année, 21 l. 2 s. et 6 d. contre 25 liv. qu'il avait reçues l'année précédente.

DE 1731 A 1740.

Ordonnance de Messire Lyon de St-Ferréol.

(1731). Cette année s'ouvre par une ordonnance sévère de Messire Lyon de Saint-Ferréol. Elle commence ainsi :

Nous Jean Lyon de St. Ferreol superieur du Seminaire de Quebec Docteur de Sorbonne dans le cours de la visite que nous avons faite en qualité de grand vicaire de Monseigneur le Coadjuteur dans la Paroisse de St Augustin avons demandé l'inventaire des meubles de L'eglise L'on nous a repondù qu'il n'y avoit qu'un fait anciennement (1) lequel ne contenoit pas tout ce qui est aujourdhuy a L'eglise nous avons de plus demandé le compte de l'an 1730 au Marguillier en Charge pour lade. année Lequel nous avons trouvé ecrit sur le present livre, mais n'avoir pas été arreté par le Sieur Desnoyers Curé dans les formes prescrites par le rituel.

Après être entré ainsi en matière, il ordonne :

1. Qu'un inventaire nouveau soit fait "incessamment" des vases sacrés, ornements, linges, et autres meubles appartenant à l'église " Lequel nous voulons etre chaque année rectifié par le nouveau marguillier entrant en Charge ;."

2. Que M. le curé assemble, aussitôt qu'il sera possible de le faire, les anciens et nouveaux marguilliers pour

___
(1) Il a été donné plus haut.

arrêter, en leur présence, les comptes de l'année 1730, sans, cependant, décharger le marguillier de cette année (1730) de l'obligation de poursuivre le paiement de ce qui reste dû à l'église pour son année de gestion; et Messire de Saint-Ferréol donne jusqu'à la fin du mois d'avril prochain (1) pour opérer la rentrée de tous les arrérages de l'année précédente et " pour tout délais ;"

3. Que tous les anciens en fassent autant, dans le délai mentionné plus haut, (2) pour toute somme due sous leur administration des affaires;

4. Que M. le curé dresse immédiatement un état exact de tout ce qui est dû à la fabrique depuis 1725 jusqu'à ce jour. Puis il ajoute: "Et au cas qu'il se trouvera de la difficulté a etre payé le Marguillier en portera ses plaintes a Monsr. l'Intendant pour obtenir une ordonnance et contraindre les débiteurs a satisfaire pour leur dettes."

Au sujet des plaintes qui lui ont été faites, dit-il, que " plusieurs personnes sortoient de Leglise pendant le service divin, pour fumer, rire et folatrer," il ordonne au margdillier en charge, et, en son absence, "à ses deux seconds," de faire cesser cet abus. S'ils rencontrent de la résistance de la part de quelques-uns, ils devront en avertir le curé qui verra à ce que les récalcitrants paient l'amende ordonnée par MM. les Intendants;

Enfin, il ratifie l'ordonnance de Messire Chartier de Lotbinière, de l'année précédente, au sujet des réparations à faire au presbytère, et il enjoint aux habitants d'exécuter "incessament" l'article de cette ordonnance de M. Chartier de Lotbinière, " si mieux ils n'aiment s'y voir contraint par une ordonnance de Monsieur l'Intendant auquel s'ils font defaut on sera obligé d'avoir recours."

Signé : " LYON ST. FERREOL Gr. vic."

---

(1) Cette ordonnance est datée du 30 mars, 1731.
(2) C'est-à-dire dans le court espace d'un mois.

Les comptes du marguillier Pierre Girard présentent les particularités suivantes :

1. La rente des bancs, y compris les arrérages, a formé le chiffre extraordinaire de 347 livres, 6 sous et 6 deniers.

2. Il y avait, à cette époque, à Québec, une dame Vitré, marchande, car, cette année, un article du compte des dépenses dit : "Vingt livres deux sols pour une piece de galon d'argent düe à Madame vitré, comme il paroit par le compte de 1729."

3. On rend compte de 18 liv. et 3 s. pour façon de la chaire.

4. On a payé 33 l. et 16 s. "pour faire adjouter dans le graduël et antiphonaire les offices nottez de la Ste Famille de St Joseph et du Nom de Jésus et la messe royalle."

Ce qui précède porte à croire que les quatre messes ci-dessus nommées ne se disent au pays que depuis, à peu près, 150 ans.

5. Je remarque encore qu'on a élevé, cette année, le salaire du bedeau jusqu'à la somme de 26 liv. 5 s.

Un ancien acte appartenant à un des habitants de cette paroisse, fournit des renseignements intéressants au sujet des anciens chemins. Je renvoie ces détails au chapitre intitulé : LES CHEMINS.

On a pu lire l'ordonnance au sujet de "l'inventaire des vases sacrés, ornements, linges et autres meubles appartenant à l'église."

Après avoir lu, article par article, ce qui appartenait à l'église de 1713, on sera curieux, sans doute, de comparer l'inventaire fait dix-huit ans plus tard avec celui de 1713, époque où l'on se servait d'une "bannière d'indienne" et d'une "petite chaudière de ferblanc pour bénitier."

J'emprunte encore de M. Desnoyers.

DEUXIÈME INVENTAIRE.

SECOND MÉMOIRE des ameublement qui sont venus a lEglise de St. Augustin depuis la fin de lannée 1713 jusqu'a la St. Michel 1731.

DE SAINT-AUGUSTIN 77

Un ciboire dargent valeur cinquante franc a paris (Paris) Donné par Mr. Aubert Seigneur du lieu.

Un graduel et un antiphonaire In folio valent cinquante franc a Paris.

Une Boite de fer blanc pour aporter les hosties.

Une autre boëte de carton couvert de satin bleu broché.

Une autre de Bois tourné fermant a vices (vis) qui ser (sert) a la chepelle St. Michel.

Un crucifix de bois et six chadeliers seulptez (sculptés).

Six autres chandeliers de 20 poulces de hault rouge.

8 autres moiend (moyens) tourné tout simplement.

Six pots de fayance et dix bouquêts artificiels dont quatre sonts d'œïullets donné par Mr. Maufils pretre.

Cinq pieces de dentelle dont trois sonts sur un fond rouge et deux autres detaché pour Larnement du tabernacle.

Trois nœux (nœuds) de ruban pour la lampe, un de papier façonné et deux de ruban.

Une notre Dame de plastre cassé de la hauteur dune coudée.

2 theses (?) une grande image descente de croix.

Six devants d'autel, trois de satin l'un a grand barres rouge et blanche detoffe anglaise l'autre fond blanc barré de jaulne le troisieme fond brun a fleur blanche deux autres dindienne tous deux a grandes fleurs lun de fond blanc et l'autre aurorré. et le sixieme pour les mortuaires de flanelle et de serge.

Un drap mortuaire aussi de serge noire croisé de serge blanche.

Cinq tours de devant d'autel garnie de dentelle dont deux sonts fort large.

Deux aubes de toile de Rouen, dont l'une est garnie de dentelle.

Aussy deux surplis de la même toille dont lun est garnie de dentelle.

Deux nappes d'autel, dont lune est de tres grosse toille qui l'envelope.

Une chasuble de satin blanc croisé de tapisserie avec son étolle manipulle et voile de calice.

Deux petits surplis d'enfant garnie de dentelle Demi vieux.

Deux petits bonets caréz de serge rouge et deux robes aussy de serge souge pour les enfans de chœur.

Une bource noire pour les corporeaux et deux corporeaux.

Trois palles neuves l'une est brodé en chenétes l'autre est broché et le troisième est brodé en passé.

Une cinture de fil garnie de ses deux glands.

Deux amicts.

8 purificatoires dont deux sonts garnie de dentelle.

Une croix de cuivre doré de valeur de cinquante francs a paris avec son manche tourné pour servir aux processions et aux mortuaires.
Une essensoire de cuivre et sa navette.
Un Rechau de tôle pour l'autel avec son porte rechau garnie de fer blanc.
Un canon de messe neuf.
Une echarpe de satin baré et mouchetté.
Dix huits beaubeches de fer blanc dont douze sont pour porter des chandelle et six pour garnir les chadeliers rougis.
Une corde de veau marin de 80 pieds pour la cloche.
Un pupitre ayant une petite harmoire dans son pied.
Un rituel de quebec.
Une armoire pour tous les ornemenls fermée de deux serrures dans la sachristie contenant deux tiroires.
Un confessionnal fermé.
Une cuve pour faire de leau benitte le jour de pâques.
Une grande frange de soye cramoisy travaillé a la mosaisy (mosaïque) pour border le D'ay (dais) pour la procession du St Sacrement.
Deux autres grandes franges de soye bleu aussy travaillé a la mosayque.
Trois voiles de calice deux de satin et l'autre de taffetas rouge.
Six agnus en façon de tableaux garnie de cuivre doré.
Deux couronnes de fleurs artificielles servant au St. Sacrement.
Trois lustre de bois pour la messe de minuit dont deux sont tournés et lautre menuiserie qui na que six branches lautre huit et lautre trente six.
Deux enfans Jesus denviron un pied de hault.
Trois boîtes pour les couronnés du St. Sacrement.
Une cruche d'un pot pour mettre lhuille a bruler.
Une boête dyvoir (d'ivoire) fermante a vices (vis) pour porter lempoulle des Stes. huilles pour lExtreme onction.
Une niche pour mettre le St. Sacrement satin rouge et blanc.

MÉMOIRE POUR LA CHAPELLE DE STE. FAMILLE
DIT AUSSY LA VICTOIRE

qui est celle du coté de la cotte (côte.)
Six chadeliers et un crucifix tourné et sculpté de bois de Noyer.
Une notre Dame de plastre doré.
Une nappe et un tapis dautel.

DE SAINT-AUGUSTIN

Un devant dautel de satin sur cotton etoffe anglaise Baré Rouge et blanc doublé de toille du pays et garnie dune grande dentelle neuve.

De l'Indienne blanche et rouge pour faire une autre devant D'autel.

Six pots a fleurs avec leurs fleurs.

Deux espece de petitte Custode vitrée avec deux enfans Jesus.

Une petite cassette a la maniere sauvage pour mettre des petits boucquêts.

MÉMOIRE DE LA CHAPELLE DES STS. ANGES

sous le nom de St. Michel.

Six chandeliers et un crucifix de bois tournéz et sculptéz.

Une custode denfans Jesus en maniere de grotte.

Une nappe dautel et un petit tapis.

Un devant D'autel de satin pareille a celuy de lautre chapelle, Doublé de toille du pays et garnie dune grande dantelle neuve.

Une petite Image de St. Michel avec un cadre noire.

Six pots à fleurs avec leurs boucquêts.

Ce sonts les garçons de la psse. qui ont payé l'Etablissemt. de la chapelle de St. Michel et procuré la valeur de ses ameublement cy mentionné et pareillement les fillles de lad. psse. ont establie et fournie de la meme maniere pour la chapelle de la Ste. Famille ; il est bon de remarquer aussy que la croix de cuivre cy-dessus mentionné n'ayantesté achetté et fait que par quelque particulier de la psse. mentionné en son lieu (1) quand les autres sen veullent servir ou pour quelquns de leur famille Ils sont obligé de donner vingt sols qui retournent a la fabrique a raison que ce sonts les Deniers de leglise qui en ont payé une bonne partie.

PREMIÈRE CHAIRE DANS LA PREMIÈRE ÉGLISE DE PIERRE.

M. Desnoyers dit au sujet de cette première chaire :

Cette année 1731 lon a cherché les moyens d'avoir une chaire pour precher dans lEglise Ce sonts les pssens. de bonne volonté qui ont promis de la payer, a raison de quatre

---

(1) La liste mentionnée ici par M. Desnoyers ne se trouve pas aux archives.

livres chacuns, ayant espéré aumoin que soixante y metteroient la main pour faire la somme de deux cens quarante livres, Deux cens estant pour le corps de la chaire, et les quarantes, pour la façon de L'Escalier, et les ferrures. L'Eglise fournissant le bois C'est le Sr. Noël Levasseur Me. sculpteur qui la (l'a) entrepris et la eu faitte et posé pour la St. Augustin (1) de lad. année. Quoy qu'elle ne doive estre achevée que vers Noël y devant y adjouter le cû de lampe touttes les pommes et la sculpture qui en doit faire le parfait ornement Le tout payé.

(1732). A la reddition des comptes de Jacques Rocheron (aujourd'hui : *Rochon*), marguillier sortant de charge, on remarque ce qui suit :

Le premier article de la recette dit : " La somme de 81 livre deux sols six deniers venant dune queste extrahordinaire qu'il a fait y comprenant quarante sols prix d'un *saumon*."

Quarante sous pour un saumon, et quarante sous pour un minot de blé (comme nous l'avons déjà vu), ce ne sont pas des prix exorbitants, et nous avons grandement progressé sous ce rapport, si, toutefois, la cherté des vivres est un progrès.

On voit encore qu'à cette date, il y a eu changement dans la monnaie de cuivre, car il est fait mention d'une augmentation sur la valeur " des sols marquez."

La rente des bancs a produit 155 liv. 10 s, et l'on a retiré 35 liv. 10 s. d'arrérages,

(1733). Voici une note de M. Desnoyers, trouvée sur feuille volante à moitié déchirée. Cette note mérite d'être consignée ici avant qu'elle subisse le sort de tant de manuscrits précieux qui se sont égarés ou qui ont été détruits par les rats.

Cette année 1733, le neuf 9bre La fabrique a acheté un beau tabernacle du Sr. Jean Valin la somme de quatre cents livres quelle luy doit payer en quatre ans a sçavoir chaque année le 20 8bre cent livres. et a raison du bon marché la fabrique au surplus s'est chargée de faire dire cinquante basses messes a l'intention du vendeur.

---

(1) Le 28 d'août.

Le 24 juin de cette année, Messire " Jean Pierre de Miniac prestre etc. vicaire gnal (1) du dioceze de quebec," était à Saint-Augustin où il écrit une ordonnance confirmant celle du 30 mars 1731, sous la signature de Messire Lyon Saint-Ferréol, et mentionnée plus haut.

Pierre Trudel, marguillier, rend ses comptes.

Le chapitre de la recette fait voir une somme de 72 l. 10 s. " pour arrérages de banc de lannée precedente."

Le prix du blé est monté de 40 sous à 3 l. 5 s. 1 d.

On accuse une recette de 35 liv. 12 s. 6 d. pour deux grandes messes qu'ont fait dire les paroissiens, " lune le jour St. Marc pour obtenir la cessation de la mortalité dans la piquotte (petite vérole), et lautre le 28e May pour avoir de la pluye " (pluie).

Au chapitre de la dépense, on remarque ce qui suit :

Déboursés de 7 liv. pour " faire assigner plusieurs debiteur de lEglise pour retirer ses deniers."

On a payé 5 liv. pour un canot et deux hommes, " pour remener en ville Monsieur le vicaire dans sa visite."

On a affecté diverses sommes à l'achat d'ornements, etc., pour l'église, entre autres ce qui suit :

Payé 8 liv. et 5 s. " pour achever de fournir les etoffes pour achever lhornement complet de chasuble etolle manipule bource voile de calice de satin rouge et blanc, LEglise ayant le principal depuis longtemps et la sœur St. Ambroise de la congregation en ayant donné la façon."

On a acheté aussi un missel neuf que l'on a payé 25 l. 8 s. 3 d.

(1734). Le 14 mars, Messire Chartier de Lotbinière, " archidiacre de Québec," approuve les comptes des marguilliers des années 1731, 1732 et 1733.

Et le même jour, il émane l'ordonnance suivante au sujet de la salle d'habitants, que l'on n'a pas encore construite, malgré les ordonnances précédentes.

---

(1) Abréviation du mot *général*.

Nous Eustache Chartier de Lotbinière conseiller au conseil superieur de ce pays archidiacre et grand vicaire de ce dioceze dans la visitte que nous avons fait dans la paroisse de St. Augustin Seigneurie de Maure et apres nous etre fait representer lordonnance que nous avons rendu dans notre derniere visitte par laquelle nous ordonnions entre autres choses du consentement de tous les habitans qu'il serait construit en pierre une chambre de trente pieds de long sur vingt de large pour recevoir les habittans les jours de festes et dimanches et les mettre a labri de l'injure du tems, ny ayant aucune maison voisine de leglise et le presbitere etant trop peu spatieux pour loger lesd. paroissiens laquelle ordonnance quoique confirmée par deux autres visittes faites depuis par Mrs. les grands vicaires na pas été exécuté, pourquoy ordonnons au Sr. Desnoyer curé de lad. eglise de se pourvoir pardevant Mr. L'Intendant pour en vertu de notre presente ordonnance le suplier de contraindre tous les habitans de payer chaqu'un leur part pour la batisse de la ditte maison, n'etant pas possible de loger et recevoir tous les paroissiens devant et apres le service divin dans le presbitere qui apeine est suffisant pour loger le curé. fait et donné a de Maure dans la maison presbiterale le 14 mars 1734. Laquelle presente ordonnance sera lu et publié au prosne dimanche prochain.

Signé : CHARTIER DE LOTBINIERE,
archid. de quebec
et plus bas : DUCHOUQUET secretaire.

On voit encore, pour cette même année, que l'on a dû imposer des amendes : on ne dit pas pour quelle offense ; mais il est fort probable que ce doit être pour avoir agi contre la défense faite de "sortir pendant le service divin pour fumer, rire et folastrer."

Nous avons déjà vu que l'église contenait 50 bancs. De ce nombre, 49 étaient occupés en 1734, et ils ont rapporté une somme ronde de 156 livres.

On a payé six livres à "Maitre Valin pour façon du Quadre de L'image descente de croix laquelle a été donnée par M. Augustin Mercier ptre en 1723."

(1735). Le 14 février, Mesaire de Miniac visite de nouveau la paroisse et y laisse l'ordonnance suivante:

Nous Jean Pierre de Miniac ptre chanoine vicaire general du diocese de Québec avons examiné les comptes de l'année derniere qui n'ont pas été entierement acquittés. Nous ordonnons aux marguilliers de les solder et comme il nous a été representé que les comptes depuis mil sept (1) trente et un n'ont pas été pareillement acquittés, quoy qu'en ayent ordonné Mrs. les grands vicaires et archidiacres dans le cours de leurs visites, Nous enjoignons au marguillier actuellement en charge de poursuivre les anciens marguilliers par les voyes les plus efficaces se rendant responsable du tort et dommage qui pourroit arriver de ce retardement à la fabrique, et nous ayant été demontré qu'il n'avoit été rien executé au sujet d'un nouveau Batiment jugé necessaire pour retirer les habitants lorsqu'ils viennent au service divin, nous ordonnons que conformement aux ordonnances cy devant rendus que les marguilliers fassent executer ce qu'ils avoient arresté. fait a St. Augustin seigneurie de Maure le quatorze fevrier 1735.

Signé : J. P. DE MINIAC V. Gen.
et plus bas : GUÏON FRESNAY ptre.

On observera que l'orthographe de ce grand vicaire est bien préférable à celle que nous avons vue jusqu'à présent.

Les ordonnances, comme on le voit, se succédaient rapidement et paraissent n'avoir pas été obéies avec promptitude. Il devait y avoir, alors, parmi la population de Saint-Augustin quelques têtes de Bretons ne voulant point faire mentir le proverbe : "Breton, tête dure."

J'ai découvert, dans les quelques vieux actes que l'on a eu l'obligeance de me prêter, que, le 22 mars de cette année, il y eut procès-verbal du chaînage de la terre occupée par les héritiers de défunt Tugal (Dugal) Cottin et celle de veuve Matthieu Gingras, à partir du fleuve à aller jusqu'au lac : 19 arpents, et, au-dessus de la côte, 11 arpents. Ces terres sont occupées, aujourd'hui, la première, par Augustin Gaboury et l'autre par Jacques Robitaille.

Ce procès-verbal est signé par Ignace Plamondon, arpenteur.

A la Saint-Michel, il y eut l'adjudication suivante :

---

(1) Le mot *cent* est omis dans l'original.

Adjudication de la terre de Leglise le jour de la Saint Michel 1735 pour neuf ans qui finiront a pareille jour 1744.

La terre de L'eglise a été criée trois dimanches de suitte et elle a monté à la 3e. criée a 15 minots de bled de rente chaque année, d'en payer la rente seigneurialle, en outre cinq livres onze sols, et de plus faire et entretenir les faussez et faire et entretenir les clotures autant comme il sera necessaire. et c'est a Pierre Téssier quelle a été adjugée en presence de Jean Petit de Pierre Villeneuve et Michel Porrau, qui ont tous declaré ne sçavoir ecrire n'y signer de ce enquis suivant l'ordce.

Le bedeau se nommait Pierre Tessier, et il est probable que c'est le même qui a pris à ferme la terre de l'église pour cent onze sous en argent, comme dans la première adjudication, et pour quinze minots de bled, formant, sur ce dernier article, une augmentation, en faveur de l'église, de deux minots et demi.

Pendant l'été de cette année, le 24 d'août, Mgr Dosquet faisait sa première visite pastorale à la paroisse et y confirmait les enfants.

Pendant cette année encore, il se paie un joli chiffre d'arrérages.

On a aussi poursuivi Quentin (1) " pour luy faire rendre ses comptes qu'il na pas encore soldé," et cette assignation avait coûté 1 liv 10 sous.

On a vu déjà que la fabrique s'était engagée, en 1733, à faire dire à l'intention de Sr. Jean Valin 50 basses messes, en reconnaissance du prix modéré qu'il avait demandé pour la vente d'un " beau tabernacle." Voici ce que disent les registres à ce sujet : "Payé aux Reverends P. recollets cinquante messes duës au Sr. Valain sculteur du tabernacle 37 l. 10 s.

On voit qu'une basse messe ne se payait, alors, que 15 sous.

(1736). Le bled, cette année, était descendu au prix infime de 33 sous.

Prisque Marois, marguillier, en rendant ses comptes, accuse un excédant de recettes sur les dépenses de 181

---

(1) Variation du nom *Cantin;* mais *Quintin* n'est pas une variation de ce nom-ci.

liv. 5s. et 3d. C'est, jusqu'à présent, la somme la plus considérable mise au crédit de la fabrique.

(1737). Le 5 avril, Messire Eustache Chartier de Lotbinière, archidiacre et grand vicaire du diocèse, approuve, au cours de sa visite dans la paroisse, les comptes des années 1735 et 1737, puis il ordonne :

1. Aux anciens et nouveaux marguilliers de retirer incessamment " ce qui peut estre du a léglise de leur temps et de le remettre dans le coffre de la dite église."

2. De faire crépir, dans le cours de l'été prochain, le pignon de l'église et de faire faire aussi l'escalier du jubé. (1)

3. De s'adresser à Monsieur Michel, commissaire de la marine et ordonnateur dans le pays, afin d'avoir, par son entremise, l'ordonnance rendue ci-devant par M. Dupuy, Intendant, " au sujet des eaux qui dessendent du haut de la coste et viennent dans le cimetiere et gaste (gâte) la muraille de l'église."

4. Il ordonne encore à tous ceux qui n'ont point encore apporté les pieux pour clore les cimetières, de les apporter sans délai.

5. De mettre une croix dans l'ancien cimetière.

6. Enfin, il veut que tous les propriétaires de bancs, dans l'église, fassent ferrer immédiatement " les portes des dits bancs ainsy qu'ils étoient lorsqu'on leur (les leur) a adjugé. et sera la presente ordonnance luë au prosne de la messe paroissiale dimanche prochain. Fait et donné a demeure dans la maison presbiteriale le 5 avril 1737."

Signé : " CHARTIER DE LOTBINIERE,
" archid. de québec,"
et plus bas : " CHARTIER DE LOTBINIERE,
" Eclesiast. Secret."

A la reddition des comptes de cette année, Jacques Vermet, marguillier de 1726, remet à François Rasset

---

(1) C'est la première fois qu'il est parlé de jubé.

(Racette), marguillier en charge, 7 liv. et 4 sous d'arrérages de son année de gestion (en 1726).

Il y avait évidemment grande négligence de la part des habitants ou grande pauvreté; et, dans la première hypothèse, les nombreuses ordonnances que nous avons pu lire, avaient leur pleine raison d'être : on comprend pourquoi on les faisait si sévères.

Le prix du blé, cette année, monte de 33 sous à 3 liv. et un sou, ce qui est encore un prix bien mince comparé à nos prix d'aujourd'hui.

Il y a une dépense de 40 livres "pour couleur et peindre la moulure du pignon et toutes les fenestres et porte de lEglise." C'est un nommé " Fonteine " (Fontaine) qui fit ce travail ; (1) et c'est la première mention de ce nom dans les registres.

(1738). Le marguillier Pierre Laberge rend ses comptes. J'y trouve ce qui suit :

Le prix du blé, cette année, a atteint un chiffre inconnu jusqu'ici : 4 livres le minot.

C'est en 1738 que l'on se procura une statue du patron titulaire de cette église ; car on lit aux archives : " Payé pour la façon et la peinture de la statuë de St-Augustin 88 livres, et trente sols pour l'aller chercher."

Et plus loin :

Payé pour la façon du tableau de St. Augustin a Mr. Beauregard 69 liv. et 15 s.

Ce n'était pas cher, si c'était une œuvre d'art.

En juillet de cette année, les habitants demandent l'ouverture du chemin de la côte de la Ferté. (2)

Nous insérons ici l'extrait de baptême suivant, en considération de la famille Gaboury, qui est une des plus anciennes de la paroisse.

Le second Juillet mil sept cent trente huit par moy P. Desnoyers prtre curé de la paroisse St-Augustin soussigné a été baptisé Jean Joseph né du premier du courant du mariage

---

(1) Ce Fontaine devait être de Charlesbourg.
(2) Voir le chapitre intitulé : LES CHEMINS.

légitime de Joseph Duboct et de Marie Madeleine Gaboury habitans du dit lieu, le parrain a été le Dr Jean Eustache de Lanouillère dit Boisclair, conseiller du Roy et grand voyer en ce pays et la marraine a été Marie-Joseph Gaboury, tante de l'enfant le parrain a signé avec le père de l'enfant présent et la marraine a déclaré ne savoir écrire ny signer de ce enquis suivant l'ordonnance, j'ay signé.

J. E. DE LANOUILLER.
JOSEPH DUBOCT.
P. DESNOYERS prêtre.

(1739). Voici l'analyse d'une autre ordonnance par Messire Jean-Pierre de Miniac, prêtre, chanoine de l'église cathédrale de Québec et vicaire général du diocèse. Il ordonne :

1. Que les marguilliers reliquataires se mettent en demeure, dans le cours de cet été, de pouvoir payer ce qu'ils doivent à la fabrique "a l'hyver prochain au plus tard faute de quoy enjoignons au marguiller pour lors en charge de les poursuivre par les voyës de droit."

2. Que les bancs dont la rente n'aura pas été payée au terme prescrit, soient mis de nouveau à l'enchère et adjugés au plus haut enchérisseur ; mais pas avant, cependant, que le marguillier en charge ait fait aux retardataires " trois monitions a la porte de l'Eglise ou presbitere devant temoins."

3. Que l'on dédommage le fermier de la terre de l'église sur le prix de son bail, des frais qu'il est obligé de faire par le changement du chemin et la façon d'une nouvelle clôture de ligne.

Sera notré presente ordonnance luë au prone le premier jour de dimanche ou fete. fait à St. Augustin le 24 juin 1739.

Signé : J. P. DE MINIAC V. GEN.
et plus bas : M. GERVAISE Secr.

Durant le cours de cet été, la fabrique achève de payer au sieur Jean Valin les 400 livres qu'elle lui devait pour achat d'un " beau tabernacle," en 1733 ; et elle achète de ce même Valin " le lustre de trente branches en façon bois tort" (tors) pour la somme de 100 livres, qu'elle ne devait payer qu'en 1743.

(1740). Au commencement de cette année, la fabrique achète de Jean Valin encore un chandelier pascal pour la somme de 60 livres.

La même année, dit M. Desnoyers, il est venu de france a lEglise une chappe de damas a fleur et une etolle garnie de galon dor, par les mains de la Reverende mere de Lenfant Jesus duplessis depositaire des pauvres de lhostel Dieu de Quebec pour laquelle la fabrique avoit envoyé 78 liv. 10 s. Lauttonne dernier.

On voit quelle peine se donnait M. Desnoyers pour orner et embellir son église ; et quel amour il portait à cette œuvre dont il était l'âme ! Et dire qu'à ce temple, cause de tant de sueurs et de travail, rendez-vous de pèlerins pieux et reconnaissants, l'on devait, plus tard, mettre le feu, puis finir par vendre les pierres de ses murailles pour le quai de Saint-Nicolas ! n'est-ce pas que ces actes de vandalisme font mal au cœur ? Mais n'anticipons pas sur les événements.

La fabrique fait faire le cadre du tableau de saint Augustin, et l'on paie 20 livres à " Maitre Valin pour le prie Dieu du celebrant."

DE 1741 à 1750.

(1741). Les comptes du marguillier Nicolas Trudel démontrent que le cadre du tableau de saint Augustin, placé au-dessus du maître-autel, a coûté 55 livres, y compris bois et broquettes.

La recette, cette année, donnait un surplus sur la dépense de 205 liv. 13s. 5d.

Au cours de cette année, de vieux papiers font voir qu'il s'éleva une difficulté, au sujet des eaux des terres, entre M. le curé Desnoyers et sa voisine, la veuve Valière. Le curé porta cette affaire devant le tribunal de Québec. Voici à ce sujet l'ordre de Hocquart:

Soit communiqué (la requête de M. Desnoyers) a Parties de la main a la main pour en venir devant nous dans huitaine dix heures du matin. MANDONS &c. Fait a Quebec le 2 aoust 1741.

Signé : HOCQUART.

Les papiers restant aux archives de Saint-Augustin ne font pas voir la suite de cette affaire.

(1742). Pierre Amiot dit Villeneuve est marguillier en charge. Il accuse une dépense de 32 liv. 10 s. pour façon du jubé, de sa porte et serrure, "sans y comprendre six jours et un quard de minuserie a quarante sols par jour qui ont été payé par un present dun etranger nommé la Grillade, de Québec."

La recette donne un excédant de 394 liv. 17s. et 6d. sur la dépense.

(1743). M. Desnoyers se plaint d'une diminution sur les "sols marquez" (sous marqués), qui avaient produit une augmentation, quelques années auparavant. Cette diminution cause à la fabrique une perte de 10 l. 7s. 6d.

Pour faire voir jusqu'à quel point était méticuleux M. Desnoyers, disons qu'il fait mention de "deux oranges venduës a la porte de LEglise pour traise (treize) sols," et deux sous reçus du marguillier de l'année 1726, c'est-à-dire 17 ans auparavant.

Il est évident que ce digne curé n'était pas de l'étoffe avec laquelle on fait, en général, les ministres financiers de la fin de ce siècle.

Le blé avait pris une valeur qu'il n'avait pas encore eue, dans la paroisse : 3 livres et 5 sous le minot.

(1744). Pierre Trudel, qui a succédé à Matthieu Ratté, comme marguillier en charge, accuse une dépense de 52 l.et 19 s. livrés aux Sœurs de Québec pour raccommodage d'ornements (" par ordre de Monseigneur.")

A la date du 22 de juillet de cette année, l'évêque, en visite à Saint-Augustin, approuve les comptes des années précédentes et ordonne ce qui suit :

1. De lever les corps de l'ancien cimetière et de faire un service solennel, gratuitement, tant de la part du curé que de la part de la fabrique.

2. De faire faire un ciboire plus grand, de façon que le pied puisse servir au soleil, et qu'il soit fait une

quête et que l'on supplée à cette dépense de l'argent de la fabrique.

3. Que les ornements soient, sous trois mois, raccommodés, sous peine d'interdiction, ce terme expiré.

4. Que le curé porte à la connaisse de l'évêque l'exécution des présentes.

5. Que le curé fasse rendre aux marguilliers les comptes des dernières années, et ce sous trois mois.

6. Que l'on fasse un dépouillement des reprises portées dans les anciens comptes pour le parfait paiement.

Et declarons que si sous 6 mois les reprises ne sont point remplies les marguilliers precedents en demeureront responsables en leur propre et privé nom.

VOL AU PRESBYTÈRE.

L'évêque finit l'ordonnance citée plus haut comme suit :

Sur ceque le Sieur Auclair curé nous a representé que le dimanche de la Ste Trinité 1743 pendant la grande messe on avoit entré dans son cabinet et fait infraction a la fenetre, et qu'on avait cassé la serrure dune cassette dans laquelle il y avoit soixante quatorze livres quinze sols appartenants à la fabrique, et dixhuit livres appartenant à la chapelle St. Michel, après nous estre informé des nommés Constantin, Pierre Villeneuve Pierre Vallieres, Pierre Tessier, Pierre Thibeault, François Goulet qui ont déclaré avoir vu les dittes infractions après quils nous ont dit quils etoient persuadé que cetoit un vol nous avons de leur consentement dechargé le dit Sieur curé des dittes sommes ainsi que les marguilliers, ce 22 juillet 1744 dans le cours de nos visites.

Signé : † H. M. EVEQUE DE QUEBEC.

TROISIÈME INVENTAIRE.

On trouve sur des feuilles volantes, écrites de la main de M. Desnoyers et portant le millésime de 1744, partie d'un inventaire. En comparant cet inventaire avec celui déjà reproduit, on peut voir ce que l'on avait acquis, pour l'église, depuis l'année 1731.

Une paix dont le fond est de velour rouge garnies de morceau detoffes or et argent avec un Tafetas vert dessus et Limage de St. Augustin dedant.

Deux bourses à porter le bon dieu aux malades garnies de deux petits corporeau fort belle.

Deux bonets quarré lun vieux et l'autre neuf et deux petits de serge rouge.

Une bouteille de pinte pour le Vin de L'Eglise.

Un drap mortuaire de serge noir et blanche.

Une cruche à l'huile dun pot cassé par le Goulet (goulot).

Une cloche pesant deux cent cinquante huit livres fendue à deux endroits jusqu'au deux tier de la cloche.

Deux clochettes.

Une baguette de fer pour porter le rideau à la fenetre du Sud de lautel.

Un Recheau D'Autel avec son porte Recheau, garnie de fer blanc.

Un Camaille noir doublé de serge.

Deux Robes de serge rouge pour les Clercs et deux Jupons.

Deux pagniers de cliche (éclisse) pour le pain benie.

Une boëte pour mettre les cierges.

Une echarpe de satin baré et mouchetté.

Une demie piece Galon argent faux.

3 pieces de dentelles de differentes largeurs

9 aut, (autres) de bord Rouges tous files (fil).

D'autres morceaux de dentelles Vieux.

Une harmoire pour tous les Ornements ferrée de deux ferrures. Et deux autres harmoires ammurailler pour le même usage dans la sachristie.

Une frange de Laine de differentes couleurs.

Une petiste cuve pour faire leau benitte.

Une frange rouge de soie a la mosaique qui sert au dais et une frange bleû travaillé de la mesme maniere appliqué au Retable.

Deux couronnes de fleur pour le St Sacrement une Vieille et une neuf avec leurs boëtes.

Un Carton neuf pour servir de Canon à la messe.

Un enfant jesus Vieux environ un pied de haut.

Une boite d'yvoire pour porter LEmpoule des Stes huilles aux malades.

Une cassette de vingt deux pouces de long couverte de Loup marin fermant a clef pour mettre les Registres et autres papier et Argent Et un petit coffre de bois fort d'environ un pied renfermé dans la ditte cassette.

MÉMOIRE POUR LES CHAPELLES DE LEGLISE DE ST AUGUSTIN.

Pour celles de la Ste Famille ditte la Victoire à main droitte en entrant dans l'Eglise (1).

Un grand Tableaux denviron sept pieds de haut de la Ste Famille avec son cadre ornée de sculpture au quatre coins et au milieu.

Un autre moyenne image aussi de la Ste famille avec son cadre uni.

Une Notre dame de plâstre doré environ un pied de haut et une Niche denviron un pied edemie de haut de satin blanc Rouge Vieille avec une frange en bas faux or et argent et quelques perles.

Un autre Notre dame de plâtre dune coudée de haut cassé par le pied.

Une nape d'autel et un Tapis de Moquet

Un devant d'autel de satin sur cotton d'Etoffes Angloises barré rouge et blanc doublée de Toile du pays et son cadre garnie dun tour de grandes dentelles neuf.

Un autre devant d'autel d'Indienne blanche et rouge aussi doublée de petite Toile.

Quatres pots boisées a fleur avec leurs bouquets.

Deux petistes Custodes avec deux Enfant jesus qui y sont enchassez.

Une petitte cassette a la maniere Sauvage pour mettre des petits bouquets.

La ditte chapelle n'etant fondé que sur la Charité et l'industrie des filles de la paroisse Lesquelles avec les femmes de la Ste famille ont tout payé pour L'Etablissement et Entretient de la ditte Chapelle depuis le commencement jusquapresent Excepté quarante quatres livres sept sols six deniers qui restent à payer à Maître Jean Valain Sculteur qui a fait le dit Cadre a raison tant pour le bois que pour la façon la somme de 50 liv. faite le 14 juillet 1744.

POUR LA CHAPELLE DES STS ANGES DITTES ST MICHEL

A main Gauche en entrant dans l'Eglise.

Un Tableau de L'ange Gardien avec son cadre doré d'Environ quatre pieds et demi de haut.

---

(1) Nous avons déjà vu que cet autel de la sainte Famille était "proche la coste." Pour qu'il fût à main droite en entrant, il fallait que le portail de l'église fît face au nord-est.

Une custode façon de petit Tabernacle de bois qui servoit au maitre autel anciennement Garnie des Etoffes, fermant à clef blanchie et peint en dehors.
Une petiste Grotte ou Custode de Carton Vitrée qui contient L'Enfant Jesus.
Six chandeliers et un Crucifix de bois tourné et scultée.
Une Nape D'Autel et un petit tapis de Moquet.
Un devant d'Autel de satin pareille à celui de l'autre chapelle, doublée de Toile du pais (pays) et garnies d'une grande dentelle neuf.
Quatre pots à fleur boisée avec leurs bouquets.
Ce sont les Garçons de la Paroisse qui ont payé l'Etablissement de la Chapelle St Michel et procuré la Valeur de ses ameublemens sy mentionnez jusqua ce jour 14 juillet 1744.

L'inventaire ci-dessus n'est pas complet. Par la pagination des feuillets, on voit qu'il en manque plusieurs.

M. Desnoyers, qui connaissait l'importance que l'on attacherait, plus tard, aux hommes et aux choses de son époque, a quitté une foule de manuscrits devenus précieux et indispensables à l'histoire de son temps.

Parmi tous ces manuscrits, que j'ai presque tous copiés en entier, il en est un (c'est à peu près le dernier de sa main) qui mérite d'être conservé. C'est une liste des titres appartenant à l'église, en 1744. Cette liste n'est pas complète, mais je la donne telle qu'elle est, avant que les feuillets conservés ne disparaissent, eux aussi. Dans le cas où tous ces manuscrits restants seraient destinés à subir le sort de ceux qui ont disparu, on les trouvera, du moins, dans ce livre, tels qu'ils ont été écrits, avec leur orthographe même. Voici ma seule excuse pour ce surcroît de travail que je me suis imposé.

INVENTAIRE DES PAPIERS CONTRATS ET TITRES FONDS ET RENTES APPARTENANT

tant à L'Eglise que au Curé de St Augustin.
LE PREMIER est le Contrat (1) de donnation de LEnce (l'Anse) de Maheû depuis la greve jus que au haut de la Côste de deux

---

(1) Acte passé par-devant Maître Rivet, notaire.

arpents de front sur le fleuve St Laurent, et environ au Tant de profondeur ; faite à Messire Daniel Testû prêtre curé de la paroisse de St Augustin à cepresent et acceptant pour lui et ses successeurs curés de la ditte Paroisse pour y batir le Presbytere etc. La ditte donation faitte par le Sieur Philippe Amiot le vingtieme fevrier mil six cent quatre vingt dix huit Restant en main des Curés.

Le second est le titre de convention faite entre les Marguilliers et les Paroissiens de St Augustin dune part et Etienne Amiot dit Villeneuve dautre part pour procurer un terrain propre a la batisse entiere de lEglise paroissiale de ce lieu sous les conditions marqué dans la ditte convension en Registré au livre des Comptes de la ditte Eglise en datte du vingt huitieme avril mil sept cent vingt. La ditte Convention ayant été receu et approuvé par MONSEIGNEUR L'EVÊQUE DE ST VALLIER dans sa premiere visitte, en datte du Vingt neuvieme Juillet mil sept cent vingt cinq.

Le troisième est le Testament de feu André Arnois Paroissiens de St Augustin passé par nous Auclair D'Esnoyer prêtre et curé de la ditte Paroisse en datte du vingt neuvieme may mil sept cent vingt cinq par lequelle testament ledit Arnois donne à la ditte paroisse le tier de sa terre contenant en son total trois arpents quatres perches faisant pour un tier un arpent une perche six pieds joignant au sudouest a la terre de Laurent Amiot et au nordest au restant de la ditte terre dans sa deventure au fleuve St Laurent et dans sa profondeur au bout de trente arpents. La ditte donnation ayant été accepté par les trois marguilliers de la ditte année à scavoir Etienne Amiot Jacque Vermet et Charles Petit Cler, laquelle terre a toujours payé Rente jusqua ce jour par titre de fermage fait à la Criée a la porte de L'Eglise au plus offrant et dernier ancherisseur qui est le seul revenue quelle retire apres la Rente des bancs.

Le quatrième est le contrat d'Etienne Amiot par lequelle il donne a la fabrique de St Augustin un morceau de terre d'environ un demy arpent sur toutte face pour augmenter le cimetiere qui joint L'Eglise en datte du vingt quatrieme novembre mil sept cent quarante et un et en Reconnoissance du dit terrain la fabrique sest chargé par ordre de MONSEIGNEUR L'EVÊQUE DE PONTBRIAND DE LEVÉCHÉ DE QUEBEC de luy faire dire deux Basses messes a perpetuité et ledit contrat est resté a la fabrique.

Le cinquième (1) est en faveur de Messieurs les Curés qui est un contrat de concessions faite par Monsieur de Maure Seigneur dudit lieu en datte du dix septieme juin mil sept cent treize qui donne une terre dune arpent et huit perches a Messire Thierry Azure (Hazeur) aprèsent Grand pœnitencier de la Cathedralle desservant pour lors par titre de Mission la paroisse de St Augustin pour lui et ses successeurs curés dans la ditte Paroisse laquelle terre est de Trentes arpents de profondeurs joignant en sa deventure le fleuve St Laurent au sud ouest la terre de defunt Pierre Valier (1) et au nordest la moitié de la terre de defunt Antoine LeMarié exempte de tous droits seigneuriaux de la quelle jouissent depuis ce temps les dits curés entre les mains des quelles le titre est resté.

Puis vient un renvoi qui se lit comme suit :

Nota il faut remarquer que la terre Concedée estoit de trois arpents mais n'estant ny bonne ny boisée. elle a été changé pour celle cy ditte dun arpent et 8 perches tres excellente bien commode et bien boisée.

Dans les manuscrits de cette année (1744), on trouve la note suivante :

Il y a dans L'Eglise paroissiale de St Augustin en quatres Rangs 50 bancs dont 48 sont clos et arretez des quelles il y en a deux qui ne payent pas à scavoir Celui du Domaine et celui d'Etienne Amiot bienfaiteur de L'Eglise ainsi que MONSEIGNEUR DE ST VALLIER La jugé a propos Et les autres payent de Rentes ensemble chaque année à LEglise cent quarente sept livres Ainsi quil est arreté par MON DIT SGNEUR dans le proces Verbale quil en a fait dressé le neuvieme juillet mil sept cent vingt cinq en Registré en la page Vingt Cinquieme du livre des Comptes de la ditte Paroisse.

Il n'y avait qu'une vingtaine d'années que l'église était livrée au culte et, déjà, il y fallait faire des réparations, comme on le voit par les lignes suivantes intitulées :

RÉPARATION A FAIRE A L'EGLISE,

a scavoir
  Reparer le pont du Clocher
  Le faitage de LEglise

---

(1) Passé par-devant Maître Rivet, notaire.
(2) C'est sans doute *Valière* que M. Desnoyers aurait dû dire, car il n'y a pas eu de *Valier* à Saint-Augustin.

faire faire une petite Croix pour mettre sur le bout de
L'Eglise si MONSEIGNEUR Le juge a propos
Reparer les planchers de LEglise
La porte et les bancs en cette année 1744.

A côté de ces lignes, au sujet des réparations, M.
Desnoyers a mis une note qu'il a entourée d'encre :

Louis XV. Cette année le Roy de france a déclaré la guerre
a Langleterre dans le mois de mars.

Voici une autre note qui nous donne un point de
comparaison tout à fait important.

Il y a six cent quatre vingt dix ames Tant hommes que
femmes et enfans dans la paroisse de St Augustin dont trois
cent quarante deux communient et ont été confirmé trois Cent
quarante huit cette année 1744.

Nous avons vu que, vers 1720, il y avait, dans la
paroisse, 300 communiants, ce qui suppose, dit M.
l'abbé Sasseville, 80 à 90 familles.

Prenons le terme moyen : 85 familles. En prenant
la moyenne ordinaire de 5 personnes par famille, ce
chiffre 85 nous donne, pour 1720, 425 âmes. En 1744,
il y en avait, d'après M. Desnoyers, 690, ce qui fait
une augmentation de 275 âmes dans à peu près un
quart de siècle, ce qui est peu de chose.

Quant au nombre de communiants, il aurait suivi
une progression encore moins rapide, si M. Desnoyers
ne se trompe pas dans ses chiffres, qui paraissent au-
dessous de la réalité.

L'extrait suivant mérite une insertion et pour la
famille Gaboury, respectable et ancienne, et aussi pour
le personnage nouveau présenté au lecteur.

Le sept septembre mil sept cent quarante quatre par moy
Auclair Desnoyers prêtre curé de la paroisse de St-Augustin
soussigné a été baptisé Louis-Marie né du même jour du
mariage légitime de Jean-Baptiste Gaboury et de Elizabeth
Cottin habitant de la ditte paroisse, le parrain a été le sieur
Joseph DeVerly de la Ville de Strasbourg capitale de L'Alsace
paroisse de St Pierre le jeune et la marraine Louise Harnois,
le dit Sieur DeVerly a signé et la marraine avec le père de
l'enfant présent ont déclaré ne savoir écrire ny signer de ce
enquis suivant l'ordonnance, jay signé.

JOSEPH MICHEL DEVERLY.   P. A. DESNOYERS, prêtre.

(1745). Nous devons encore à M. Desnoyers quelques renseignements pour cette année. Voici :

Cette année 1745 22e. Juillet Nous avons payé cinquante livres pour façon et bois du cadre de la chapelle de St Michel au Sieur Jean Valain, de la qu'elle somme, deffunt Michel Porreau en est bien faiteur pour dix huit livres, deffunt Louis Doré pour huit livres et plusieurs autres particulier, ont payé le reste de la ditte somme de 50 liv.

Cette même année 1745. le 20e. aoust L'eglise a payé deux cent vingt huit livres pour le tabernacle de la chapelle de la Ste Famille de cette Eglise de St Augustin, les quatre chandelliers tournez scultez et blanchis avec le crucifix de même parure quatre pots pour les bouquets, la N. Dame aussi blanchie et peinte, et les quatre cierges de bois aussi blanchis ; la somme de 228 liv.

C'est le Sieur Jean Valain qui a fait le dit tabernacle etc. pour la somme de 250 liv. et ayant cédé 22 liv. a la ditte Eglise pour avoir le nom de bien faiteur il a demandé 8 basses messes et nous esperons que les paroissiens les feront dire.

La fabrique a fait faire cette année 1745 par ordre de Monseigneur LEvêques dans le cours de sa visitte un grand ciboire dargent qui a couté deux cent six livres, le mars (marc) d'argent vallant 51 liv. 10 s. Payé 206 liv.

Le pied du soleil en argent, n'ayant cy devant quun pied de bois doré et argenté, et pour prix et façon il a couté la somme de quatre vingt quatorze livres. Payé 94 liv.

(1746.) On sait déjà que les habitants de Saint-Augustin payaient certaines redevances aux Dames de l'Hôtel-Dieu de Québec. Je donne ici, à titre de curiosité, une quittance de cette époque, trouvée parmi de vieux papiers :

Reçu de François Valin six livres et cinq sols pour les rentes de la présente année 1746-17 Xbre (décembre) 1746.
            Signé :   G de lEnfant Jésus
                          Dépositaire des pauvres.

On voit apparaître, au cahier des délibérations de cette année, le nom de Charles Vesinat (1) maître sculpteur, " entrepreneur du retable de cette Eglise

---

(1) L'origine de ce nom, dit M. l'abbé Tanguay, est Voisine. On a écrit *Vésina*, *Vésinas* et, aujourd'hui, l'on écrit *Vézina*.

de St Augustin, maintenant en batisse, accompte, (on lui avait donné 60 livres en à compte) de cent écus (1) que la fabrique est obligée de lui livrer cet automne 1746 comme porte le marché écrit, le jour de St Augustin en présence de Mr. Prévot curé de Sainte foy."

Le trente octobre, et du même argent Pierre Thibaut marguillier a livré au meme (à François Côté, son successeur en charge) trois cent quarante livres pour parfaire la somme de cent ecus, comme porte le marché, avec les soixante livres desja données, et cent livres en avance sur les autres termes, au desir du Sr. Vesinat qui en a donné son reçu du même jour, cy join, et il ne reste plus que 12 liv. du viel argent resté au coffre.

La reddition des comptes de cette année (1746) est signée par M. Desnoyers et c'est la dernière qui porte sa signature. (2)

La lacune de 21 ans et quelques mois dont il a été fait mention, à l'année 1723, finit avec 1745.

Au commencement de cette année, les registres mentionnent le mariage de Louis Garnaud, fils de François, et Marie Josephte Belan, veuve en première noce de Michel Porreau.

Le 17 mars, 1746, apparaît un nom d'origine étrangère, que l'on épelait *Macarty*. (3) Ce Macarty était marié à Ursule Vermet.

Le 26 avril, on voit le mariage de Pierre Petel avec Barbe Vermet, fille de Jacques. Ce Petel venait de la paroisse de Sartilly, diocèse d'Avranches, et il lui fallut un certificat constatant qu'il n'était pas déjà marié, en France, avant de pouvoir se marier ici. Le certificat est signé de M. Boucault, prêtre, chanoine et secrétaire de l'évêque de Québec. Comme on le voit, l'Eglise a toujours été très prudente et sage, ainsi

---

(1) 100 écus ou 400 livres.
(2) Il mourait, comme nous le verrons, au commencement de l'année 1748, avant d'avoir pu signer les comptes de 1747.
(3) *McCarthy*, nom irlandais.

qu'elle s'est montrée en tout temps, sur toutes les questions qui touchent à la morale.

Le 21 juin, on trouve l'acte de baptême de Jean-Baptiste Gingras, écrit et signé par fr. Salvien Boucher, " prestre Recollet. " Au bas de cet acte, on lit de l'écriture de M. Desnoyers : " Mr. le curé estoit malade. " Cette remarque a dû être mise là quelque temps après la signature de l'acte.

Brave et digne prêtre, il sentait déjà les premières atteintes de la maladie qui allait l'emporter six mois plus tard.

Vient, le 11 décembre, l'inhumation de Jacques Chalou. (1)

(1747). Je donne ici le dernier extrait des mémoires conservés de M. Desnoyers. C'était peu de temps avant sa mort et l'on peut dire que, jusqu'à la fin, ce prêtre remarquable a eu à cœur de laisser à la postérité des souvenirs qui, semblables au vin, prennent de la valeur à mesure qu'ils vieillissent. C'est toujours son église, son œuvre à lui, qui faisait l'objet de ses occupations. Je cite cette dernière page d'un prêtre dont le nom s'est transmis de père en fils et avec amour jusqu'à la présente génération.

L'année 1747 la fabrique a été obligée de faire mettre de nouvelles lambourdes dans le sanctuaire parceque les anciennes etoient toutes pourries.

De faire faire un mure solide de trois pieds dEpaisseurs qui traverse d'un bord à L'autre du sanctuaire pour y poser le nouveau retable.

De faire mettre dix pilliers de pierre sous toutes les lambourdes du sanctuaire parcequ'il ny en avoit point encore eu.

D'y faire un plancher nouveau.

De faire faire un crepy nouveau au portail de Leglise.

De tirer les joins du bas de toutes les croisées.

Et pour toute cette ouvrage de massonnerie, et pour mettre les appuis des quatre pilliers du Jubé, pour les massons seullement il en a couté cent livres—100 l.

(1) Ce Chalou n'a point fait souche ici, où il était récemment venu. Il y a un avocat distingué de ce nom à Kamouraska : M. Philippe Chalou.

Pour quatre pippes de chaux et une barique a cent sols la pippe vingt et une livres cinq sols—21 l. 5 s.

Pour le faiseur de mortier et manœuvre cinquante quatre livres cinq sols—54 l. 5 s.

Pour nouritures de neuf hommes pendant neuf jours que Louvrage a durée, trente une livres quinze sols, le bled vallant quatre livres et le lard douze sols—31 l. 15 s.

La façon du plancher, douze livres dix sols—12 l. 10 s.

Pour quatre vingt dix madriers de cedre sur le pied de quarante livres le cent un peu moins trente six l.—36 liv.

Les comptes de cette année 1747 sont signés par Messire Dunière, qui ne signait que son nom de famille : DUNIÈRE. Son nom de baptême était GASPARD.

Le dernier acte signé par M. Desnoyers, au registre des baptêmes, mariages et sépultures, porte la date du 7 janvier, 1747. C'est l'acte de sépulture du " petit et de la petite enfants legitimes dAlexandre Pepin (dit Lachance) et de Marie Cottin, nés et decedez le 5 du courant et ont été ondoyez nayant pas été aporter a LEglise estant trops petits."

Comme M. Desnoyers est mort au commencement de février de l'année suivante (1748), on peut raisonnablement croire qu'à partir du commencement de l'année 1747 (du 7 de janvier) après l'acte ci-dessus donné, il était déjà trop malade pour s'occuper des devoirs de sa charge, car on ne voit plus d'acte signé de sa main après le 7 de janvier 1747.

Il est certain, cependant, que le rapport des travaux faits par la fabrique, en 1747, (voir plus haut) ont dû être son dernier écrit, probablement vers l'automne, puisqu'il dit, en commençant son rapport :

" L'année 1747 la fabrique a été obligée de faire mettre de nouvelles lambourdes, " etc. etc. Les travaux étaient donc terminés, puisqu'il dit : *a été* obligée, et tous ces travaux ont dû prendre la plus grande partie de l'été.

(1748). Le premier acte de cette année se lit comme suit :

Lan mille sept cents quarante huit le six du mois de fevrier a etté inhumé avec les ceremonies de l'église dans l'eglise près du maitre autel de la paroisse de St Augustin Seigneurie de maure par moy sousigné missionnaire a neuville (1) messire pierre auclair denoyers pretre et curé fixe de la ditte paroisse ayant reçue les sacrements d'eucharistie et d'extreme-onction presences de messires provot, curé de Ste. fois et levasseur de l'aurette (Lorette) et nombre de monde qui ne scavent signer excepté les sousignés de ce requis etc.

    Signé : Le Provot prestre.
          Levasseur ptre.
          Chartier de Lotbiniere ptre.

(La notice biographique de M. Desnoyers se trouve au chapitre intitulé : " Missionnaires et curés.")

Non content d'avoir travaillé durant 34 ans pour ses chers paroissiens et leur église, M. Desnoyers leur laissait, avant de mourir, la somme de 2,262 livres, comme il paraît aux chiffres de la recette, à la reddition des comptes pour 1748 ; comme suit :

Par la vente de la terre que feu Mr. Desnoyers avoit donné a lEglise tant en obligation que billiet la somme de deux mille deux cent soixante deux livres payable en differents termes.

Cette année donc et pour la première fois, depuis l'établissement de la paroisse, la fabrique se trouvait riche de 2,045 liv. et 13 s. (dépenses déduites), " sans prejudice de vingt quatre livres qui sont duës par divers."

Le premier acte signé par M. Dunière, au registre des baptêmes, mariages et sépultures, porte la date du 15 de mars de cette année (1748). C'est l'acte de baptême de Marie-Louise, fille de Laurent Amiot et Marie-Antoine Denis.

Le 26 mars, on lit le certificat d'inhumation de Jeanne, Sauvagesse, femme de Jean-Marie, après avoir reçu tous les sacrements que l'Eglise donne à ses enfants à l'article de la mort.

Ceci nous porte à croire qu'il se trouvait quelques familles sauvages parmi la population de Saint-Augustin. Etaient-ils résidents ou simplement nomades?

---

(1) La Pointe-aux-Trembles de Québec.

Il serait difficile de le préciser ; mais, connaissant les habitudes et les goûts de ces enfants de la chasse et de la pêche, et leur antipathie pour les travaux des champs, on peut presque assurer que les Sauvages de cette époque n'étaient ici qu'en passant.

Dans le mois de juin, le fr. Daniel, Récollet, signe deux actes de mariage.

Le nombre de sépultures, comparé à celui des années précédentes, a été extraordinaire : 37 contre 8 ou 9, la moyenne des autres années. Il faut qu'il y ait eu quelque maladie contagieuse.

(1749). Les registres de cette année offre quelques particularités sous le rapport des mœurs.

De 1693 à 1748, une période de 55 ans, on ne voit l'enregistrement de la naissance que *d'un seul* enfant illégitime ; tandis qu'à partir de la mort de M. Desnoyers, à venir jusqu'à la fin de cette année, l'espace de deux ans, nous en trouvons *cinq*.

Le 23 janvier, le fr. Daniel, Récollet, préside à la cérémonie de l'enterrement de Marie-Angélique Maheu, femme de Jean-Baptiste Soulard.

Le même jour, il signe encore l'acte mortuaire de Michel de Varennes, (1) âgé de trois mois et fils de M. de Varennes, officier et de " demoiselle Sarazin, son épouse. Sa nourrice therese du Bault femme d'Etienne Valiere."

Le 27 du même mois, le fr. Daniel marie Jacques de l'Ille, de la paroisse de la Pointe-aux-Trembles, seigneurie de Neuville, et Brigitte Constantin, " fille du Sieur Pierre Constantin, Capitaine de Milice, et de Marguerite Drouvré." (2)

Le 7 décembre, est inhumé le corps de Marie-Françoise " Sivigny " (Sévigny), âgée de " quarante

---

(1) Gauthier, sieur de Varennes.
(2) Voici encore un exemple de la négligence impardonnable que l'on avait, alors, au sujet de l'épellation des noms propres. *Drouvré*, plus haut, est là pour *Guyon du Rouvray*. De ce Drouvré à la perte complète du nom, il n'y a plus qu'un pas.

et quelques années," et " veuve de Duboct, de Dugras et de Dugal."

Le dix-huit du même mois, enterrement de Louise Thibault, veuve de René Alary, " âgée d'environ *cent ans.*"

Parmi les actes de cette année, on trouve les lignes suivantes :

Vü et approuvé dans le cours de nos visites, le 19 may 1749 ordonné que le missionnaire se pourvoira d'un registre legalisé pour ecrire les babtemes sepultures et mariages et pour le remettre au juge.

Signé : † H. M. EVEQUE de Quebec.
et plus bas : " PAR MONSEIGNEUR," sans signature.

M. Dunière et ses successeurs, jusqu'à 1756, n'ont tenu aucun compte de cette recommandation de l'autorité épiscopale. Puis, à partir de 1760, on se sert de misérables chiffons de papier pour registres et cela dure jusqu'à l'année 1796.

Il semble que la recommandation aux missionnaires et curés d'alors d'écrire *lisiblement* n'eût pas été de trop, quand on voit l'écriture indéchiffrable de cette époque, le désespoir de ceux qui ont à la consulter. Mais c'est surtout pour les noms propres que cette négligence offre des difficultés sérieuses et souvent insurmontables.

Dans le mois de mai encore, mais sur le cahier des délibérations, l'évêque a écrit :

Vus et approuvés les precedents compte ordonné au Marguillier en charge (1) de faire payer sous trois mois les vingt quatre livres que doit Poreau son predecesseur sous peine den Repondre en son propre et privé nom. Arreté dans le cours de nos visites le 19 may 1749.

Signé : † H. M, EVEQUE de quebeq,
et plus bas : PAR MONSEIGNEUR SARIAU Ecl Secr.

La fabrique a fait, cette année, une dépense de 940 liv. et 10 s. La recette ayant été de 1,918 l. et 10 s., il restait en main une somme de 978 livres.

---

(1) Jean-Baptiste Vaillancourt, marguillier alors en charge.

(1750). Dans le mois d'octobre, on voit trois actes signés : " Mercier ptre." Belle écriture, qui dédommage des peines infinies que causent les hiéroglyphes de M. Dunière, qui paraît avoir été, d'ailleurs, un homme négligent, car il a laissé des actes présentant plusieurs lacunes.

DE 1751 A 1760.

(1751). Le 26 de janvier, M. Rouillard, curé de Sainte-Anne, " près Baptiscan," baptise, " avec la permission de Mr. le curé," Marie-Joseph Soulard et Marie-Charlotte Paré. (1)

On remarque qu'il a été fait, durant le cours de cette année, trois enterrements " par charité." Ce sont les premiers que l'on trouve indiqués. M. Levasseur, alors curé de Lorette et en l'absence de M. Dunière, a fait l'un de ces enterrements. (2)

Le 29 de mars, Pierre Constantin, " commandant des milices," meurt à Saint-Augustin, " après avoir été muni de tous les sacremens de l'Eglise," à l'âge de 88 ou 89 ans.

Il était donc né en 1662 ou 1663, et s'était marié dans les premières années de la fondation de la paroisse, en 1696, à Marguerite-Susanne Guyon du Rouvray. Il avait alors ou 35 ou 36 ans. De ce mariage sont issus quinze enfants : 11 filles et 4 garçons.

---

(1) De Sainte-Anne de la Pérade.

En consultant les registres, depuis 1693 jusqu'au milieu de notre siècle, à peu près, on voit que nos ancêtres avaient la louable habitude d'ajouter, presque toujours, le nom de *Marie* aux autres noms qu'ils donnaient à leurs filles. Cette coutume s'était étendue jusqu'aux garçons, car nous en voyons plusieurs baptisés sous les noms de *Jean-Marie, Pierre-Marie*, etc., comme on ajoutait aussi le nom de *Joseph* aux autres noms des filles, mais plus rarement.

Comme on n'était pas rendu, alors, au *progrès* de notre siècle, on n'avait pas encore trouvé les noms étrangers d'aujourd'hui, qui ont le mérite d'être bien ridicules, comme *Laura, Amanda, Rosanna, Evelina, Adélia, Ella*, etc.

Nos Pères étaient de sang français et ils se donnaient des noms français. Ils avaient mille fois raison.

(2) M. Voyer était alors curé du Cap-Santé, et M. Chartier de Lotbinière, de la Pointe-aux-Trembles de Québec.

Ce monsieur Constantin, dont il est souvent fait mention dans les manuscrits de M. Desnoyers et ailleurs, paraît avoir été un bon chrétien et un homme d'influence.

Le premier de novembre, est baptisée Marie, fille de Jean Caré (1) et d'Agathe Valière.

Le parrain fut " Mr. Planté, chyrurgien." Ce chirurgien, tout probablement, était l'ancêtre du notaire Planté, bien connu à Québec.

Vient, le 8 décembre, l'enterrement de Daniel, Nègre, " nommé du surnom de *Télémaque*." Il avait 24 ans, appartenait à la paroisse et il était catholique. Il mourut " muni de tous les sacrements de lEglise."

De vieux papiers font voir que M. Dunière et plusieurs de ses paroissiens furent obligés d'aller souvent à Québec, devant l'autorité civile, au sujet de difficultés survenues à propos de ruisseaux qui, à certaines saisons, inondaient les terres.

LE JUBILÉ UNIVERSEL.

Ce jubilé fut proclamé en 1751 par le pape Benoît XIV ; puis, dans un mandement très long, d'une écriture microscopique et presque illisible, Mgr " Henry Marie du Breil de pont Briant," règle la manière de faire ce jubilé pour gagner les indulgences accordées, à son occasion, par le saint Père. " Le jubilé commencera, dit-il, le six de janvier et durera six mois. La veille, on annoncera louverture dans toutes les Eglises du diocèze par le son des cloches durand une demie heure a Langelus et lendemain matin la même chose," etc.

Ce grand jubilé devait donc commencer le 6 de janvier de l'année suivante, puisque le mandement de Mgr de Pontbriant, à ce sujet, porte la date du 22 de novembre, 1751.

---

(1) Ce Jean Caré était-il le descendant de François Caré, mort, en 1723, à l'Ile du Pads ?

L'extrait suivant de l'*Histoire de la paroisse du Cap-Santé*, par M. Gatien, ne s'accorde pas, quant aux dates et la durée du jubilé, avec ce que l'on vient de lire.

Monseigneur Jean-Olivier Briand, sacré évêque de Québec en 1766, à Paris, ayant enfin obtenu du gouvernement anglais la permission de revenir au Canada avec cette qualité d'évêque de Québec, sollicita et obtint du Souverain Pontife Clément XIII, pour le diocèse de Québec, la grâce du jubilé accordée par le Souverain Pontife à toute la chrétienté à son exaltation sur le siège papal, vers la fin de l'an mil sept cent cinquante-huit ; grâce à laquelle on n'avait pu participer en Canada, à cause des troubles de la guerre. Le mandement pour la célébration du jubilé fut publié le 26 janvier 1767. L'ouverture se fit dans chaque paroisse le 15 mars, et la clôture le 29 du même mois.

Le vingt-trois juillet de cette année, Mgr Briand fit la visite de la paroisse, et dans cette visite il alloua les comptes des marguilliers pour les années précédentes.

En 1771, Monseigneur Briand par un mandement du 28 janvier, annonça la célébration d'un nouveau jubilé, accordé par Clément XV. Ce jubilé dura quinze jours, savoir depuis le dimanche de la Passion jusqu'au jour de Pâques inclusivement.

(1752). M. Dunière enterre encore " par charité " le corps de " Marie felicité agée de onze mois fille de feu Laurent amiot et dAntoine Denis. "

Le dernier acte signé par M. Dunière, comme curé de Saint-Augustin, porte la date du 7 de septembre de cette année. Il en a signé un autre, le 20, mais " en l'absence du curé, " M. Brassard, qui avait dû le remplacer le 8, car le premier acte de M. Brassard porte la date du 9 de septembre. Il signait tout court : Brassard. Son nom de baptême était FRANÇOIS. (1)

Nous avons déjà vu que, dans les premières années, le blé se vendait au prix nominal de 40 sous le minot. Cette année (1752), il valait 6 livres et dix sous.

(1753). Le 19 de février, on remarque une coïncidence assez étrange. J.-C. *Vachon*, de l'Ancienne

---

(1) Pour notice biographique de M. Dunière, voir le chapitre intitulé : " Missionnaires et curés. "

Lorette, vient se marier, à Saint-Augustin, à Marie Vaché.

Le 19 juin, un nommé Joseph Jabot, de Trois-Rivières, se marie à Marie-Félicité Petitclerc, de Saint-Augustin.

Le 10 juillet, on enterre Charles des Roches, capitaine de milice.

Le 26 du même mois, baptême de deux jumelles, filles de Joseph " Visina " (Vésina) et de Catherine Bidon. (1)

Le 29 octobre, on voit le mariage de Matthias Bolf, fils de Joseph Bolf et de Catherine Martin, de Saint-Michel, diocèse de Vienne, en Autriche. Il se mariait à Marie-Agathe Petit. C'est le deuxième Autrichien marié dans la paroisse.

Jean Huot, marguillier, rend ses comptes pour l'année 1753.

On remarque, au chapitre de la dépense, la somme de 600 livres payée pour la dorure du tabernacle.

(1754). Les registres des baptêmes, mariages et sépultures présentent une autre lacune de deux ans : pour cette année, 1754, et pour l'année suivante, 1755.

Nous avons pu lire les noms des propriétaires de bancs, dans l'église, pour l'année 1725. Les archives contiennent une autre liste des noms des propriétaires de bancs pour cette année 1754. Ceux qui aiment l'étude comparée des noms pourront voir, sur cette nouvelle liste, plusieurs noms qui n'existaient pas en 1725, c'est-à-dire 29 ans auparavant.

(2) Noms de ceux qui tiennent des bancs, écrit M. Brassard, dans l'église de Saint-Augustin, en 1754.

---

(1) On dit aujourd'hui *Jobidon*, mais c'est une erreur venue d'un nommé Bidon ayant pour prénom : *Job*. Par contraction de ces deux appellations, on a fait *Jobidon*.
(2) Je copie en me servant de l'orthographe moderne.

PREMIER RANG.

	Prix.
Laurent Amiot...................................	3 l. 10 s.
Charles Gingras.................................	3 10.
Augustin, fils de Matthieu Gingras............	3 10.
Etienne Thibault................................	3 10.
Romain Racette.................................	3 10.
La veuve Louis Cottin..........................	3
Augustin Constantin............................	5
Augustin, fils de Joseph Gingras..............	3
Charles Petitclerc...............................	3
Nicolas Roussin.................................	3
La veuve J.-C. Gingras........................	3
Philippe Porreau................................	3
La veuve Charles Tinon....................... } 3
Romain Lavoie.................................. }
Pierre Constantin...............................	3

DEUXIÈME RANG.

François Racette................................	3 10.
Le curé..	Rien.
Charles Harnois.................................	3 10.
La veuve Michel Porreau......................	3 10.
La veuve J.-C. Vaillancourt...................	3 10.
Pierre Girard.....................................	3
François Vermet.................................	3
Les Dames (1)....................................	Rien.
François Goulet..................................	3
Charles Defoy...................................	3
Jean Desroches.................................	4

TROISIÈME RANG.

La veuve Charles Desroches..................	3 10.
Pierre Amiot......................................	4
Jacques Vermet.................................	3 10.
Pierre Vallière...................................	3 10.

(1) Les seigneuresses.

DE SAINT-AUGUSTIN 109

Jean Petit....................................	3 l. 10 s.
" Le vieux " Thibault......................	3
Jean Juneau................................	3
René Alary..................................	3
Etienne Vallière...........................	3
Nicolas Trudel.............................	3
Jean Thibault...............................	3

QUATRIÈME RANG.

François Amiot............................	3	10.
Joseph Gingras...........................	3	
Charles Cottin.............................	3	10.
Joseph Cottin, père......................	3	10.
J.-C. Gaboury.............................	5	
Joseph Cottin, fils........................	3	
Michel Piché...............................	3	6.
Joseph Chatigny.........................	3	
J.-C. Gilbert................................	3	
Louis Doré..................................	3	
Louis Dolbec...............................	3	
Antoine Racette..........................	3	
La veuve François Dolbec............	3	
Jacques Rochon..........................	3	

En tout : 50 bancs devant fournir, d'après les prix marqués ci-dessus, un revenu annuel de 158 livres et 6 sous.

Dans la reddition de comptes que fait, pour cette année, Ignace Dorval, marguillier, on lit ce qui suit :

Payé a Charles Vesinat menuisier et sculpteur du retable de la dite Eglise cinquante quatre livres pour dernier et entier payement de la somme de deux mil cinq cens livres que la fabrique lui devoit.

(1755). Cette année, la fabrique avait en caisse la somme de 1,409. liv. et 13 sous.

MANDEMENT DE MGR DE PONTBRIAND.

(Comme ce mandement contient des renseignements précieux sur l'état du pays, à cette époque, touchant aux dernières années de la domination française, je le donne ici en entier).

Henry Marie Dubreil de Pontbriand par la miséricorde de Dieu et la grace du St Siege Evêque de Québec Conseiller du Roy en tous ses conseils etc. Au clergé seculier et regulier et a tous les fidels de Notre Dioceze.

Salut.

Depuis longtems nous voyons dans cette Colonie une alternation d'Evenements heureux et malheureux qui nous apprennent que le bonheur de l'homme sur la terre ne fut jamais entier et parfait, mais qu'il est toujours mêlé d'amertume.

Nous nous rejoüissons de la naissance du nouveau Prince Monseigneur le Duc de Berry, du retour du premier et du sage Magistrat de cette Colonie, des forces que Sa Majesté envoye pour deffendre ce vaste dioceze, et du plus grand nombre des vaisseaux marchands rendûs à bon port ; Notre juste joye s'étoit accrüe a l'arrivée d'un General dont les vertus ont deja eclatées dans les premieres places de cette Colonie, dont la prudence a retably la paix et la tranquilité dans les païs de la Loüisiane, dont l'affabilité gagne les cœurs, et dont la presence seule fait revivre les peuples fatigués et presque découragés et qui reünit toutes les grandes qualitez de ces hommes illustres qui l'ont precedé dans la même place et dont nous avons plus d'une fois admiré la douceur, la prudence, la fermeté et l'heroïsme.

Des objets si consolants auroient dû sans doute penetrer nos cœurs de la plus vive reconnaissance a l'egard de l'auteur de tout bien, mais peutêtre plusieurs n'y ont-ils point fait attention, peutetre n'ont ils attribué ces heureux evenements qu'au hazard ou a la sagesse des hommes ; Tres peu ont pris occasion de retourner a Dieu, de renoncer a leurs crimes et de travailler a leur sanctification. Notre Dieu pour faire rentrer dans le devoir ceux que les bienfaits ne touchent point fait succeder a ces traits de faveur et de benediction des marques de sa colere et de son indignation. Deja nos Voisins nous ont enlevé un poste considérable, ils se preparent du coté d'enhaut pour attaquer tous a la fois nos forts avancez contre la foy d'un traitté confirmé par des otages, ils retiennent des prisonniers faits par surprise et contre les loyx (lois) de la guerre. Une flotte puissante ferme l'embouchure du fleuve et nous cause des inquietudes pour les Vaisseaux qui nous manquent, une maladie epidemique qui fit autrefois tant de ravage dans cette Colonie commence a se repandre et a donner de justes alarmes, une incendie rapide a consumé dans un instant une maison religieuse l'azile des malades etrangers et domiciliers et si necessaire a tout le païs, l'incertitude de la recolte, la difficulté de la faire si elle est abondante; ce sont la, Nos tres chers freres, les sujets de tristesse et d'inquietude qui se presentent pour le present. Il est de Notre devoir de ne les point separer des motifs de joye et de consolation et de les renfermer dans nos vœux et nos prieres.

A ces causes nous avons ordonné et ordonnons ce qui suit :

1. Tout prêtre seculier et regulier ajoutera aux oraisons de la messe lorsque les rubriques le permettront L'oraison *Deus Reffugium* pour remercier Dieu des faveurs que nous avons reçus et pour demander les Besoins temperels et spirituels de cette Colonie on L'ajoutera egalement aux Benedictions du tres St. Sacrement et ce jusqu'au premier Decembre exclusivement.

2. Pendant le dit tems on donnera dans Notre Eglise Cathedrale le jeudy de chaque semaine la Benediction du tres St. Sacrement immediatement après les Matines du Chapitre et dans les paroisses de campagne nous Voulons qu'on donne la Benediction du tres St. Sacrement immediatement après la messe tous les jours de fetes et dimanche.

3. Nous authorizons Mrs. les curés a dire la messe paroissiale pendant cet eté et l'automne vers les sept heures du matin afin que les peuples puissent ensuite vacquer aux travaux de la campagne qui nous paroissent d'autant plus pressés qu'on a eté obligé de commander un grand nombre d'habitants

Etant persuadé que l'aumône est un des moyens le plus efficace pour satisfaire a la justice divine, attirer les faveurs celestes, obtenir le succès de nos entreprises, anneantir les projets ambitieux de nos Voisins et procurer un vent favorable a nos Vaisseux, nous prions Mrs. les curés de faire dans L'Etendüe de leurs paroisse une Quête pour aider a retablir L'hôtel Dieu de Quebec et Nous les authorizons a changer en cette bonne œuvre les vœux et promesses qu'on auroit fait de faire dire un certain nombre de messes, surtout lorsqu'on ne trouvera que tres difficilement a les faire acquiter.

Donné a Québec sous notre Seing, celuy de Nôtre Secretaire et le sceau de nos armes le douzieme juillet mil sept cent cinquante cinq. Le present mandement sera lû et publié au prône de la messe le dimanche suivant après sa reception.

Signé : H. M. EVEQUE de quebecq.
et plus bas : N. PERROT.

Malgré les prières ferventes qui s'élevèrent de tous les points de la colonie, la Nouvelle-France devait devenir colonie anglaise, mais pas avant que les armées françaises abandonnées et décimées eussent remporté de glorieux triomphes sur l'ennemi traditionnel.

(1756). La lacune de deux ans, mentionnée plus haut, finit au commencement de cette année, et le registre est coté et paraphé par DAINE.

DEUXIÈME MANDEMENT DE MONSEIGNEUR DE PONTBRIAND.

(Voici un autre mandement qui, malgré sa longueur, mérite d'être inséré dans cette histoire, vu les détails importants qu'il renferme au sujet de cette époque d'agitation et de guerres entre ces deux grandes rivales : la France et l'Angleterre. (1)

MANDEMENT de Mgr. Levêque pour faire chanter dans touttes les paroisses un *Te Deum* en action de grâces des succès des armes du Roy arrivés depuis l'ouverture de la campagne.

HENRY MARIE DUBREIL DE PONT BRIAND par la miséricorde de Dieu et la grâce du St. Siége Evêque de Quebec a tout le clergé séculier et régulier, et a tous les fidels de notre diocèse Salut et Bénédiction en N. S. J. Ch.

Les evenements favorables arrivés depuis le commencement des prieres publiques que nous avons ordonnées dans ce diocése, semblent annoncer, nos très chers freres, qu'elles ont été agréables au Seigneur, qui a promis d'ecouter favorablement une prière ardente, humble et constante ; nos Eglises ont été fréquentées plus que jamais, les grands y ont paru avec edification et les peuples sy sont portés avec une ste. ardeur, le militaire en corps a donné l'exemple dans une retraite et une procession publique, le clergé est entré dans nos vües et plusieurs fois a offert spécialement le St. Sacrifice de la messe pour attirer la Benediction du Ciel ; en un mot tout le diocèse plein de confiance en l'auguste Marie et aux

---

(1) On pourrait peut-être observer que tous ces détails se trouvent dans nos archives, à Québec, et dans l'histoire écrite du pays. Je réponds que ces deux sources d'informations ne sont pas à la portée de tout le monde, tandis que l'*Histoire* de la paroisse sera sous tous les toits des habitants de Saint-Augustin où elle formera, pour plusieurs, le *seul* livre de famille.

Sts. Protecteurs dont nous avons exposées les glorieuses Reliques, n'a pas cessé un seul jour de redoubler ses vœux et ses prières ; qu'il est consolant pour vous et pour nous, nos tres chers frères, d'avoir occasion d'attribuer aujourd'huy a votre piété et a votre religion les succès que nous avons jusques à présent: Le fort de—(un mot illisible) pris d'assaut dans une saison la plus désavantageuse, a la vüe, pour ainsi dire, d'un ennemi puissant et averti de se tenir sur ses gardes, L'avantage remporté par nos Barques sur le lac ontario, la deffaite de plus de 600 hommes dans la rivière chouaguen, La prise et la destruction d'un grand nombre de leurs Batteaux, les Coups réitérés et presque toujours heureux vers le lac St. Sacrement, La desolation dans la province de Virginie de pinsilvanie et du mariland, le peu de monde que nous avons perdu seront pour les siecles avenirs des preuves incontestables de la Bravoure du militaire et du soldat, de la Valeur des officiers, des grandes qualités du général qui met tout en mouvement. La neutralité des cinq Nations Iroquoises, le concours de toutes les autres en notre faveur, malgré les presents immenses et les efforts puissants de l'ennemi Supposent des negociations entreprise avec prudence, menagées avec art, mises en execution avec soin, quoiqu'on traitat avec des Peuples sauvages, ombrageux et inconstants ; de si heureux commencements sembloient assurer le succès de l'entreprise contre chouaguen, quoique quelques esprits timides la regardassent comme un dessin (dessein) de nos foriers (fourriers ?). Plus de 1800 hommes de garnison dans des forts nouvellement construits, tous placés à portée de deffendre le Principal et d'en empêcher l'approche ; des especes de fregattes armées de canons, quelques Sauvages ennemis toujours, des secours puissants qu'on attendoit depuis longtemps de l'ancienne Angleterre, les mouvements menaçans de l'ennemi du côté de la Pointe, la difficulté de débarquer et d'ouvrir la Tranchée, ces circonstances et plusieurs autres étoient dans la vérité capables de donner un peu d'inquiétude et on ne pouvoit humainement se rassurer que par ce qu'un general éclairé de concert avec le Sr. magistrat de cette colonie ordonnoit cette expedition et quil la confioit a un officier distingué par son nom, son grade, son activité et son genie. L'avant-garde de notre armée étoit conduite par un de nos gouverneurs que vous respectez et que vous cherissez avec tant de raison ; il se rendit a son poste le 10e. de ce mois (1) a la tête des Canadiens pour faciliter notre débarque-

---

(1) Le mois d'août, 1756.

ment qui se fit sans perdre un seul homme malgré l'opposition de l'ennemi et le feu continuel de ses Barques ; Le 12e. la Tranchée fut ouverte et une Batterie établie contre le fort ontario, puis l'ennemi l'evacua dans la nuit Le 13e. nouveaux travaux pour placer nouvelles Batteries, enfin après un feu des plus vifs de part et d'autre la garnison angloise se rendit le 14 au matin prisonniere de guerre aux conditions qu'on voulut bien luy accorder. On annonce 1800 prisonniers et 100 pieces d'artilleries prises, cinq drapeaux, des vivres en abondance, quantité de munitions de guerre, 200 Bateaux, des Barques, la Caisse militaire enlevé, leur commandant général emporté par un Boulet de canon Voila en peu de mots, nos tres chers freres, le détail de l'action la plus memorable qui soit arrivée depuis l'établissement de cette colonie, elle nous rappelle la Victoire eclatante remportée l'année derniere sur les bords de la Belle rivierre, elle est d'autant plus etonnante que nous n'y avons eu que 3 hommes de tué et 10 a 12 de blessés, les Canadiens, les trouppes de France et de la Colonie les Sauvages même ont signalé à l'envie leur zele pour la Patrie et le service de Sa Majesté.

Quels sont, nos très chers freres, vos sentiments sur cette action si humiliante pour l'anglois, si glorieuse a notre armée, si utile au commerce, si avantageuse a la Colonie, et j'ose le dire si favorable a la religion ; vous vous en etes déjà expliqué, l'entreprise est dès mieux concertée, l'execution y a répondu. On ne peut trop loüer ; on ne peut trop aimer les genereux deffenseurs de la Patrie ; ces idées viennent naturellement a l'esprit ; vous avez parlé en bon Citoien, vous avez raisonné en Philosophes. Il est de notre devoir de sanctifier ces idées et même de vous en fournir de plus vastes, de plus suras, de plus relevées, et de plus conformes a la grandeur de notre Dieu. Il est grand ce Dieu de toute majesté et sa grandeur infiniment au dessus de tout ce que nous pouvons concevoir ne se montre qu'en partie et toujours beaucoup plus qu'il ne faut pour meriter nos hommages les plus respectueux. Createur du ciel et de la terre lui seul peut les conserver. Rien dans le monde excepté le Peché, n'arrive que sur son ordre, c'est lui qui nous aime, qui nous protege dans nos ames *totus expansus in usus nostros*, de ce Principe reconnu par toute l'antiquité, etabli par la seule raison, clairement annoncé par L'esprit St. tirons pour notre instruction des conséquences de pratique.

1. N'attribuons jamais aux forces humaines nos prosperités mais reconnoissons toujours la main bien faisante du Seigneur, que les trophées de nos Victoires paroissent au pied de nos autels et disons tous d'une voix unanime au seul Dieu des armées appartient toute la gloire *Soli Deo omnis honor et*

gloria telle a été en effet et telle est encore aujourd'huy la conduite des Princes religieux celle de Mr. le general qui nous fait remettre deux drappeaux pour placer dans notre Eglise cathedralle et qui nous invite a remercier Dieu de la protection particuliere qu'il nous a accordé dans toutes nos entreprises tant il est vray que nos succès doivent être attribués principalement au tout Puissant et que les hommes ne sont que des instruments dont il a voulu se servir, et en effet generaux experimentés, soldats aguerris, trouppes nombreuses, hommes intrepides, prudence humaine, mesures bien concertées, ruses de guerre que pouvez-vous sans le secours du ciel, *quis est iste dixit ut fieret Domine non jubente.* Au milieu des plus belles apparences, qu'un bras de chair (ne) soit donc jamais l'objet de notre confiance *nolite confidere in Principibus*, ce seroit une confiance humaine qui nous rendroit indigne de la protection du Seigneur, ce seroit une confiance plus que payenne puis qu'il n'est aucune nation quelque barbare quelle soit qui n'attribue au Maitre de la Vie le succès des armes.

2. Quoiqu'il y est (ait) une Providence qui décide du sort des Empires et de chaque particulier, *attingit a fine ad finem fortiter et disponit omnia suaviter*, ne negligeons point les moyens que cette même Providence nous offre que nous fassions de notre coté tous nos efforts, c'est une condition quelle exige, sans la quelle notre confiance devient présomptueuse et téméraire ; le laboureur selon le langage de l'apotre doit planter et arroser et Dieu seul donne l'accroissement, cest ainsi quil est facile de concilier les précautions prudentes que nous prenons dans le cours de la vie avec la persuasion intime d'une Providence qui dirige tout, qui conduit tout, qui soutient tout, qui perfectionne tout, redevables que nous luy sommes de tous nos sueurs. ranimez votre confiance, nos tres chers freres, assistez encore avec plus de ferveur aux prieres que nous avons ordonnés par notre Mandement du 15e. fevrier dr. (1) Soyez fidels a suivre les règles que nous vous y avons données, priez le Seigneur avec un cœur reconnoissant Remerciez le de l'heureuse arrivée de nos trouppes, offrez lui des vœux ardents pour la conservation de la famille royalle, noubliez pas les Besoins temporels et spirituels de la Colonie.

A ces causes le St. Nom de Dieu invoqué nous avons ordonné et ordonnons ce qui suit :

1. Dimanche prochain immediatement après les Vespres il y aura une procession generalle dans notre Eglise cathedralle dans la quelle on portera les reliques qui seront exposées et elle se rendra a l eglise des ursulines ou le St. Sacrement sera exposé pour les prieres publiques.

---

(1) Ce mandement ne se trouve pas dans les archives de la paroisse.

2. Après la procession on chantera un *Te Deum* solennel en action de graces et au quel seront invités selon l'usage tous les corps de la ville.

3. On chantera dans touttes les Paroisses du diocèse un *Te Deum* le Dimanche suivant a près la reception du present mandement.

4. Dans la ville de Mont-réal et celle des trois Rivieres on se conformera autant que faire se pourra a ce qui est marqué pour la Ville de quebec.

5. On continuera a faire les prieres publiques suivant les termes de notre mandement du 15e. fevrier dr.

Sera notre present mandement lû et publié au prône de la grande messe le Dimanche suivant après sa reception.

Donné a quebec dans notre Palais episcopal sous notre seing, celui de notre secretaire et le sceau de nos armes le 20e. jour d'aoust 1756.

Signé : H. M. EVEQUE de quebecq,
et plus bas : PAR MONSEIGNEUR N. B. PERROT.

Si l'on a lu attentivement ce document, plein de faits historiques et de confiance au Dieu des armées, on a vu les succès brillants des armes françaises et la défaite humiliante de l'armée anglaise. Ces héros d'un autre siècle, parmi lesquels se trouvaient plusieurs habitants de Saint-Augustin, (car on fit des levées dans toutes les paroisses) devaient, cependant, succomber sous le nombre, mais succomber fièrement et la face tournée vers l'ennemi ! Comme elle était rudement trempée l'âme de nos Pères, et que de raisons nous avons d'être fiers d'eux et de marcher religieusement sur leurs traces !

(1757). Voici les quelques particularités qu'offre le registre de cette année.

Le 29 septembre, il est fait mention, pour la première fois, du nom d'un médecin présent à la naissance d'un enfant (fils de Joseph Morin) mort en naissant, " ondoyé pr le Sr. Matthon (Maton) chirurgien. " Il n'est pas dit où demeurait ce médecin.

Le 22 novembre, baptême de Louis-Joseph et Pierre-François, jumeaux, enfants de Pierre Riopelle (Riopel) et de Marie-Marguerite Maçon (Masson).

Le 27 décembre, encore deux jumeaux, Paul et

Romain, enfants de Romain Rasset (Racette) et Marie-Jeanne Audie (Aüdy).

Le dernier jour de l'année, inhumation du corps de Thomas " Loyée (Loyer) dit St-Michel soldat de la compagnie du chlr. (chevalier) de villier (1) natif de la paroisse de ville Dieu en normandie juridiction de coutance (Coutances) âgé de quarante ans. "

(1758 et 1759). Encore une lacune de deux ans, non-seulement dans le registre des baptêmes, mariages et sépultures, mais dans le cahier des délibérations aussi.

Comme on le verra bientôt, les actes de 1760, 1761, 1762, 1763, 1764 et 1765, n'ont même été pris que sur des feuilles volantes que l'évêque a fait copier dans le registre et qu'il a authentiqués. Dans ces copies, formant 17 pages sur grand papier, on ne trouve pas un seul acte de 1758 et 1759.

Il est encore de tradition, dans la paroisse de Saint-Augustin, que " lors du siège de Québec," les vieillards et les femmes eurent à se cacher dans les bois avec ce qu'ils purent amener et emporter de leurs bestiaux et de leurs meubles. Le curé eut-il à suivre cette partie de ses ouailles, tandis que l'autre partie, (c'est-à-dire tous ceux qui avaient la force de porter un fusil) disputait, sur différents points du pays et pied à pied, le terrain à l'envahisseur ? Il est bien permis de le supposer ; et ce dérangement, ces temps d'agitation, de deuil et de larmes ont probablement été la cause de la lacune qui vient d'être mentionnée et des feuilles volantes sur lesquelles le curé d'alors, M. Brassard, a écrit les actes.

D'un autre côté, M. Brassard (ainsi que M. Dunière, son prédécesseur immédiat) ne paraît pas avoir été doué de cet esprit méthodique qui caractérisait M. Desnoyers. Si, en 1759 et en 1760, M. Desnoyers eût été encore curé de la paroisse de Saint-Augustin, que de détails précieux nous aurions à enregistrer au lieu

---

(1) Le Gardeur de Tilly, sieur de Villiers.

du silence bien regrettable de son successeur, M. Brassard !

Avant de passer à une autre décade, je remarque que, durant les années comprises entre 1750 et 1760, il est fait mention de *six* naissances d'enfants illégitimes, tandis que, de 1693 à 1749, (56 ans) il n'y eut qu'un seul illégitime dans la paroisse. Il est facile de tirer la conséquence résultant de ces chiffres et dates comparés.

(1760). Il a été dit, plus haut, que M. Brassard avait, durant un certain nombre d'années, écrit la minute des actes sur des feuilles volantes. Voici ce que l'on trouve à ce sujet sur les registres :

Etat des papiers et feuilles volantes qui regardent les actes de Baptemes, Mariages, et Sepultures de la paroisse de St. Augustin, qui n'ont point été mis en ordre de Registre depuis 1759 (1) jusqu'en 1765 reduit en deux chapitres dont l'un regarde les actes dont la datte n'est pas marquée, et l'autre dont la datte est marquée.

A la suite du dernier de ces actes copiés, on lit ce qui suit :

Nous approuvons ce recüeil d'actes informes, fait par notre ordre donné dans le cours de nos visites de 1767.

Signé : † J. OL. EVEQUE de Quebec.
Ce 17e, 7 bre 1767.

Il n'y a que quelques actes pour 1760. Les autres ont dû être égarés, ou détruits, (qui sait ?) comme l'ont été les actes de 1758 et 1759. Plusieurs des ces actes copiés n'avaient pas été signés par M. Brassard.

DE 1761 A 1770.

(1761). Parmi les actes copiés, il n'y en a que deux appartenant à cette année. Ce sont deux actes de baptême.

(1762). Les actes de cette année ont eu le sort des actes de 1758, 1759 etc., puisque l'on n'en trouve pas un seul dans le recuil authentiqué par l'évêque.

---

(1) Exclusivement.

J'ai déjà dit qu'il se trouvait aussi une lacune de deux années (1758 et 1759), au cahier des délibérations. Il faut comprendre, dans cette lacune, les années 1760, 1761, 1762 et 1763, car, en 1765, voici ce qu'on lit, dans le cahier :

Nicolas Trudel marguiller en charge en l'année 1762 n'ayant pas rendû ses comptes en son année a remis a la fabrique cent soixante et dix livres .... dont quit etc.

Joseph petit Clerc marguiller en charge en l'année 1763 n'ayant pas rendû ses comptes en son année a remis a la fabrique cent cinquante six livres dix huit sols .... dont quit etc.

Louis gingras marguiller en charge on ne scait en quelle année n'ayant pas rendû le reste de ses compte a remis a la fabrique vingt quatre livres ...... dont quit etc.

On lit encore à la marge de la même page :

Ces comptes non arrangés ont été occasionnés par la mort de feu Mr. le Curé et l'on s'en ait (est) raporté a la bonne foy des dits marguillers

Signé :   BÉRIAU ptre.

On verra plus loin que ce M. Bériau succéda à M. Brassard, en 1765.

(1763). Pas d'écritures au cahier des délibérations, comme il vient d'être dit à l'année précédente.

Les actes copiés offrent les remarques suivantes :

Le 10 janvier, on lit quelques lignes de l'acte de mariage d'Etienne Vermet et de Marie-Charlotte Tapin, puis vient ce qui suit : " Le reste de l'acte a été mangé par la vermine, etc. "

Cette remarque pourrait expliquer, en partie, la disparition des papiers mentionnés déjà.

Le 21 de mars, l'acte de baptême de deux jumelles, filles de Jacques Normandeau et de Marie Tinon, " de Québec. "

Deux ou trois ans avant le siége de Québec, et quelques années après, on remarque plusieurs actes concernant des habitants de Québec. Il est facile de comprendre que ces personnes se réfugiaient à Saint-Augustin et dans d'autres paroisses des environs, avant et pendant le siége, afin de ne pas tomber aux mains de l'ennemi et de sauver leur propriété mobilière. Et il est encore fort probable qu'après la prise de Québec et la cession de tout le pays, on se fixait dans les campagnes, afin d'y moins sentir le joug " odieux " de l' " Anglois " que l'on détestait si cordialement, à cette époque.

(1764). Dans la reddition de comptes de cette année, par Etienne Doré, marguillier, on remarque que le salaire du bedeau a été porté de 25 liv. à 50.

Parmi les actes de 1764, il s'en trouve plusieurs que M. Brassard n'a pas signés.

(1765). Au pied des actes copiés par Messire Bériau, sur ordre de l'évêque (actes dont plusieurs n'ont ni date, ni signature, on lit ce qui suit :

NOTA. quoi qu'il y aient (ait) dans ce registre plusieurs actes qui n'ont point été signés de feu Mr. Brassard prêtre et curé de cette paroisse de St. Augustin ; ces mesmes actes cependant sont de son Ecriture.

Le dernier acte rédigé par M. Brassard, (cet acte n'est pas signé) porte la date du 12 juillet de cette année. Comme il mourait le 26 du même mois, on peut inférer de là qu'il n'eut pas une longue maladie.

Son acte de sépulture, écrit, l'un, par M. Bériau, et, l'autre, par M. Chartier de Lotbinière, sont signés, tous les deux, par M. de Lotbinière. Voici cet acte :

Lan mille sept cent soixante et cinq et le vingt sept du mois de juillet je sous signé pretre et curé de la paroisse de St françois de Sales Seigneurie de neuville autrement la pointe aux trembles ay inhumé dans l'eglise et a costé de l'evangile près du maistre autel le corps de Messire françois Brassard curé de cette paroisse mort dhier a deuxheures après minuit agé de quarante quatre ans cinq mois et quatre jours ; après avoir receu les Sacrements de l'eglise presences de Messire Borel curé de Ste. foy et du tres Reverend pere jean baptiste Lajus Superieur des R. p. recollets de quebec et d'un grand concours de peuple lesquels ne savent pas signer excepté ceux qui suivent, de ce interpellé suivant l'ordnce.

  Signé : f. Borel pr.
      JEAN BTE. LAJUS sup. RECOLET.
      GINGRAS capitène,
      CHARTIER de Lotbiniere ptre curé de neuville.

(Pour notice biographique de M. Brassard, voir le chapitre intitulé : " Missionnaires et curés. "

Le jour des funérailles de M. Brassard (le 27 juillet), M. Chartier de Lotbinière signe deux actes de baptême.

Le premier acte que signe M. Bériau est du 10 du mois d'août, 1765. Son nom de baptême était MICHEL : il n'a commencé à signer de ses deux noms qu'en 1777.

Le 17 août, on voit que " le Sieur Antoine Panet " a signé comme parrain de l'enfant de Joseph Petitclerc (Antoine) et " Mademoiselle Louise Panet " a signé comme marraine.

A la reddition de comptes, faite par Prisque Marois, on s'aperçoit que le prix des bancs s'est élevé de 3, 4 et 5 livres, comme nous l'avons déjà vu, à 17, 18 et 19 livres.

Au chapitre des dépenses, on lit :

Payé pour sépulture de Mr. Brassard 13 liv. 10 sols ; pour le cercueil de Mr. Brassard 9 liv ; pour sa fausse (fosse) 3 liv.

On a aussi payé 72 livres pour faire couvrir l'église en bardeau.

(1766). Le 9 février de cette année, il y a une assemblée des anciens et nouveaux marguilliers, " convoquée au son de la cloche, après la grande messe." On décide que, " pour le bien de l'Eglise, la rente des bancs seroit payée un mois avant la sortie du marguillier en charge," et que les bancs qui ne seraient pas payés, alors, seraient vendus au plus haut enchérisseur, après avoir été criés trois dimanches consécutifs.

Par les comptes d'Augustin Constantin, on voit que la fabrique a acheté, cette année, une cloche neuve, qui a coûté 690 livres.

Il y a une autre dépense de 36 liv. " pour racommodage de planché. "

Le 12 mars, le Père du Jaunay (Jarmay) baptise François Vermet. Ce bon Père, qui avait une écriture *décourageante*, dit, dans le préambule de l'acte : " Par nous soussigné faisant fonction de curé à la pointe aux Trembles, en passant dans cette paroisse en l'absence de Mr. le curé, a été baptisé, " etc.

Après la signature, il a ajouté : " Miss. de la compag. de Jesus faisant fonction de curé. "

Le 12 décembre, Pierre Valière meurt subitement à l'âge de 63 ans. C'est la première mort subite qu'on trouve depuis 73 ans, de 1693 à 1766.

(1767). Le 27 septembre, " Alexis Maquet prêtre jesuite, " baptise Françoise, enfant de Jacques Julien et de Marie-Madeleine Riopel. (1)

Le premier novembre, Jean-Baptiste Juneau, âgé de 95 ans, meurt subitement.

Le 20 décembre, une autre mort subite : celle de Romain Racette, à l'âge de 86 ans.

Le 25 de juillet, Mgr Briand fait sa visite pastorale dans la paroisse de Saint-Augustin, et y confirme 220 enfants.

On a payé, cette année, (Charles Desroches, marguillier) 60 livres pour un confessionnal et 40 pour des statues.

Le livre ou cahier des délibérations contient une ordonnance dont voici le résumé :

L'évêque ordonne qu'à l'avenir, on ajoute à la reddition des comptes ce qui reste de l'excédant, et qu'on le remette au marguillier entrant en charge.

Sera notre presente Ordee. lue au prône de la messe poroissiale.

Ordonnons de plus qu'avant la St. Michel on fasse faire un Confessionnal.

Signé : J. Ol. EVEQUE de Quebec,
et plus bas : PAR MONSEIGNEUR
HUBERT ptre. Sec.

Il paraîtrait que Mgr Briand aimait l'ordre dans les comptes des fabriques ; car il écrit, le même jour, au cahier des délibérations :

Dans notre visite, Nous avons trouvé que depuis 1757 jusqu'en 1762, les comptes de fabrique n'ont point été Rendûs, et depuis 1762 jusqu'en 1764 Nous les avons trouvé Rendus trop

_____
(1) L'écriture de ce jésuite est la plus impossible que l'on puisse trouver, même en cherchant beaucoup et longtemps.

generalement sans aucune Recette ou depense speciale ; ayant fait assembler les marguilliers de ces années nous avons crû que nous pouvions les décharger sur le témoignage qu'on nous a donné de leur probité ; nous dechargeons pareillemt. Mr. beriau actuellemt. curé de St. Augustin de la somme de 907 liv. 14 s. dont l'employ omis sur les livres, a été prouvé parti par la depense de 516 liv. 16 s. qui excede la Recette et partie par les sommes emploiées pour des ornemts. et linges necessaires a l'Eglise de concert avec prisque maroist, marguillier de 1765.

Quant aux comptes de 1765 et 1766 Rendûs devant Mr. Beriau nous les approuvons et les allouons. Le 25 juillet 1767 dans le cours de nos visites.

Voici un mandement qui devra intéresser les messieurs du clergé et quelques laïques, vu les faits historiques et religieux qu'il renferme.

MANDEMENT DE MONSEIGNEUR BRIAND.

Jean Olivier Briand par la misericorde de Dieu et la grace du St.-Siege Evesque de Quebec etc, au Clergé seculier et regulier de notre diocese salut et benediction en Notre Seigneur J. Ch.

La translation des festes remises aux dimanches par notre illustre predecesseur a occasionné beaucoup de confusion dans l'arrangement de l'office divin et du Breviaire. Nous avons été souvent les temoins nos tr. ch. frs des plaintes de plusieurs d'entre vous a ce sujet, pour remedier a ces inconveniens et nous rendre a vos justes desirs, nous avions conçus le dessin (dessein) aussitôt que nous nous sommes vûs chargés de ce diocese de remettre les offices aux jours auxquels ils sont assignés dans le calendrier romain, retranchant absolument les solemnités, ce parti a sans doute excité les murmures du peuple toujours plus jaloux de retenir le nombre des festes que religieux a les observer, nous nous y fussions cependant determiné si on ne nous avoit suggeré un autre moyen remplissant les veux du clergé et remettant egalement l'ordre dans le breviaire laisse a l'ordinaire les fidels en possession de leurs solemnités.

A ces causes le St. Nom de Dieu invoqué après en avoir conferé avec nos venerables freres les chanoines, nos vicaires generaux plusieurs personnes de notre clergé et Mes. les Curés nous avons ordonné et ordonnons......

1. qu'a commencer le 1er de janvier 1768 on se conformera a l'ordre romain pour la recitation du breviaire et la celebration de la Ste. Messe et a notre rituel pour les festes particulieres a ce diocese.

2. que les solemnites demeureront attachés aux dimanches auxquels notre predecesseur les avoit fixées, pour la couleur des ornemens on aura soin quelle convienne avec l'office ; seulement les Eglises seront parées d'une maniere qui corresponde a la dignité de la feste. les jeunes qui precedent quelques unes de ces fetes s'observeront comme cy devant la veille des solemnités excepté quand la fete tombera le samedy au quel cas on ajournera le vendredy et l'annonce s'en fera le dimanche precedent de la maniere suivante.

" C'est samedy prochain la fete de M. de devotion on jeunera vendredy qui en est la vigile et dimanche nous en ferons la solemnité pour ne pas vous detourner de vos travaux ordinaires."

3. la fete des patrons de paroisse sera chaumée le jour meme qu'on en recite l'office et le jeune s'il y en a s'observera le meme jour que dans le reste du diocese.

4. Nous remettons aux dimanches aux quels elles sont assignées par le rituel les fetes de N. D. de la victoire et celles des Reliques, declarant a l'occasion de cette dernière fete que par le premier dimanche de 7bre. on doit entendre dans le rituel celuy qui est le plus proche des calandes.

5. Nous declarons que la Conception de la Ste. Vierge tombant le second dimanche de l'avent on en doit faire l'office vû quelle est de premiere classe dans tous le diocese. les fetes de N. D. de la victoire de St. fr Xavier, de Ste Anne et St Loüis sont double majeurs. St. Denis et St. Vincent de paul sont double mineurs. on se conformera au rituel et non au missel pour la fete de St. Marc. aucune fete renvoiee ne sera chaumée et nous derogeons en ce point au rituel.

6. on reformera ainsi qu'il suit la rubrique pour l'annonce des 4 tems de 7bre. le dimanche dit 3e. de Septembre ou bien le dimanche apres le 11e. 7bre. le curé dira *Mercredy* etc.

7. Rien n'etant plus conforme à l'Esprit de l'Eglise que l'uniformitée Nous vous ordonnons de suivre entout le rituel de ce diocese, même pour l'administration des sacremens, vous devés nos trés chers freres vous en faire gloire et meme un devoir. et comme quelqu'uns de Mrs les Curés ont paru ne pas approuver la forme dans laquelle le pretre demande le consentement des parties dans la celebration du mariage nous l'avons changé et changeons en celle qui suit :

" N. prenés Vous N, qui est ici présente pour femme et legitime Epouse. et en parlant a l'Epouse N. prenés vous N. qui est ici present pour Mary et legitime Epoux," retranchant ce qui suit depuis *Dites après moy* jusqu'à la bénédiction de l'anneau.

8. on ne lira point dans l'annonce de St. Loüis les huit

dernieres lignes ny les sept dernieres dans celle de celle de l'assomption ; chaque curé peut les—(mot illisible, probablement *raturer*) dans son rituel. il serait même convenable qu'on ecrivit avec soin toutes les corrections faites et annoncées par ce mandement. l'on changera aussi l'annonce pour la fete de N. D. de la victoire en celle qui suit :

" Nous remercierons en ce jour la très Ste. Vierge des secours quelle ne cesse de nous obtenir par son fils N. S. j. ch pour nous rendre victorieux des ennemis de Notre Salut, le monde, les demons et les passions. et nous la prierons de nous continuer sa puissante protection auprès de Dieu et en particulier d'être en ce pays la protectrice de la foi catholique, de nous obtenir la grace de conserver dans toute sa pureté et de vivre d'une manière qui réponde à la sainteté de ses maximes."

Vient ensuite une grande page qui ne concerne que les curés et dont voici une analyse succincte :

1. Défense de confesser les personnes du sexe "hors du confessionnal sans une grille ou jalousie ou dans cabinet fermé."

2. Injonction d'observer l'ordonnance de Mgr Dosquet défendant aux curés d'avoir des servantes, " si elles n'ont l'age prescrit par les canons."

3. Défense d'absoudre les complices des péchés contre le sixième commandement, " declarant nulles les absolutions données en pareil cas."

Le mandement se termine ainsi :

Nous ordonnons a Mrs. les curés d'ecrire sur les livres de comptes des fabriques les ordonnances qu'ils recoivent de notre part ou davoir ce qui conviendroit mieux un livre a part pour cet effet faute dequoy les ordonnances sont ignorées par les curés suivants. Mrs. les Curés nous enverront un temoignage par ecrit qu'ils ont reçu une copie dupresent mandement au grand Vicaire de leur gouvernement, et ainsi que nous l'avons ordonné.

donné a quebec sous notre seing le sceau de nos armes et la souscription de notre Secretaire le 1er. novembre 1767.

     Signé : J. Ol. Evêque de quebec,
et plus bas :   Par Monseigneur,
          Hubert ptre. Secr

(1768). Les actes de sépulture de cette année mentionnent deux accidents qu'il est bon de noter en passant.

Le 15 novembre, a été inhumé, dans le cimetière de cette paroisse, le corps de Julien Hubert " qui a été trouvé mort sur le rivage dans son canot."

Le 10 décembre, a été inhumé au même lieu le corps d'Antoine Moisan, âgé de 47 ans, " qui a été trouvé mort et tué par la chute d'un arbre en Buchant."

L'entretien de la bâtisse de l'église paraît avoir absorbé de l'argent presque tous les ans.

On voit encore, cette année : Pour le rétablissement de la couverture de l'église, 115 liv. ; pour 5 milliers de bardeaux, 30 l. 3 s. ; pour les ponts du clocher, 30 liv. Puis on a acquis une croix et une garniture de chandeliers, qui ont coûté 150 l.

Le document suivant démontre deux faits importants : que, premièrement, l'ivrognerie régnait dans le pays et qu'il y avait trop de cabarets ; deuxièmement, que, huit ans après la cession du pays, la plus grande harmonie n'existait pas entre " les anciens et les nouveaux sujets, " c'est-à-dire entre les enfants du sol, les véritables possesseurs, et les Anglais, les accapareurs, formant un élément disparate et hétérogène par la langue et la religion.

LETTRE DE MGR BRIAND AU SUJET DE LA LETTRE DU GOUVERNEUR CARLETON.

Messieurs,

Le zele de Son Excellence Mr. Carleton, notre digne et illustre gouverneur, pour le bonheur des peuples de cette Colonie, le fait gemir sur les malheurs qu'occasionent les cabarets ; il n'est pas possible de les retrancher entierement dans toutes les paroisses ; mais il nen permettra qu'autant que Mrs. les Curés le jugeront necessaire et ne donnera licence de les tenir qu'a ceux qu'ils lui marqueront devoir exercer cette dangereuse profetion (profession) en bon chretien.

Je viens de recevoir une lettre de Son Excellence en date du 12 de ce mois dans laquelle il me prie de vous recommander d'exhorter vos paroissiens a se bien accorder avec les nouveaux sujets de Sa Majestée demeurant parmi eux d'etre fidels au gouvernement au quel la providence les a assujetis, de ne point ajouter foy aux faux rapports ni se nourrir de vains et frivols esperances qui ne pourroient que troubler leur repos, les détacher de leurs devoirs, et les porter a des demarches préjudiciables a leurs interets spirituels et temporels ; il desire que vous leur fassiés comprendre qu'il est de leur devoir s'il parvenoit a leur connoissance qu'il se tramat quelque chose de contraire aux interêts de Sa Majesté le Roy de la grande Bretagne leur legitime souverain, den donner avis sur le champ soit au gouverneur ou commandant en chef de la province, soit a l'Eveque, et il espere surtout de vous Messieurs que vous serez exacts et prompts a executer cette commission, car il a une entiere confiance dans tout le clergé. Randons grace a Dieu de nous avoir donné un gouverneur si vigilant pour les interests de son prince, si zelé pour la conservation de la paix et la tranquilitée dans sa province, si bien prevenu en faveur des Ecclesiastiques, et si favorable a notre Ste. Religion.

Nous devons certainement soutenir les véritées de la foy, même au perils de notre vie, les precher et en instruire les peuples, mais il ne convient ny a la gloire de Dieu, ny au bien de la Religion, de le faire avec aigreur ou mépris : vous éviterés donc soigneusement de vous servir de termes offensants et injurieux pour ceux des sujets du Roy qui sont d'une autre Religion, ceux de protestants et de freres separés seront les seuls dont vous vous servirés lorsquil sera absolument nécessaire de le faire pour expliquer notre creance. (1) Une autre conduite ne feroit qu'aliener les Cœurs, troubler la bonne harmonie qui doit regner entre les anciens et nouveaux sujets, ne feroit pas de proselytes, et pourroit engager le gouvernement a retirer la protection et la libertée quil veut bien accorder a notre Ste Religion.

Vous accorderés au premier Baillif de votre paroisse le premier banc a l'Eglise et vous luy ferés rendre les mêmes honneurs qu'on rendoit cy devant aux Capitaines de Milice ; C'est un article sur le quel il me prie encore de vous marquer sa volonté.

le banc est le 1er. de la rangée du milieu du cotté de l'Epitre, s'il etait occupé la fabrique rendroit le prix de l'adjudication a ceux qui le possederoient, soit de tout tems, soit depuis que les Capitaines ont été retranchés.

Nous nous flattons Mrs. que vous entrerés avec zele dans

---

(1) Ce sont encore, aujourd'hui, les seuls termes dont se servent plusieurs curés.

toutes les vües de Son Exccellence et que vous ne négligerés rien pour le satisfaire sur tous ces points.

Je suis
avec un parfait attachement
Mrs.
votre très humble et
très obeissant serviteur

Signé : † J OL. Evêque de quebec.
Québec 15e. octobre
1768.

Le document ci-dessus prouve surabondamment que le gouvernement anglais, dans ce pays, a eu besoin, alors comme plus tard, du concours du clergé pour conserver cette colonie, et que la population de nos campagnes a mis de côté ses haines traditionnelles " contre l'Angleterre, " pour n'écouter que la voix de ses pasteurs et celle de sa conscience. Voilà ce qu'a pu faire un peuple essentiellement religieux, et l'Angleterre, et les Anglais d'aujourd'hui auraient dû ne jamais l'oublier.

(1769). Les actes des sépultures, depuis 1693 jusqu'à cette année, font voir que l'on mourait généralement à un âge avancé, dans la paroisse de Saint-Augustin. Au cours de 1769, on voit les sépultures de Jean-Fr. Dolbec, mort à 80 ans ; de Charles Dugal, à 82, et de Susanne Morin, morte à 98 ans. Elle était veuve de Philippe Gingras.

Le 20 de mars, Marie-Anne Jobin, femme de Joseph Marois, donne le jour à deux jumelles, baptisées sous les noms respectifs de Marie-Anne et de Marie-Joseph.

Le 9 de novembre, est inhumé le corps de " Joseph enfant inconnû. Baptisé le 9 du mois dernier, apporté a l'Eglise par genevieve Failli. "

Les dépenses de l'église furent : 243 livres " pour Louvrage des chandeliers donné aux le Vasseurs ; " puis 222 liv. " donné aux Religieuses pour les avoir archantés " (argentés).

(1770). Par la reddition des comptes de Jean-Baptiste Thibault, on voit que les 222 livres payées, en 1769, aux Religieuses, pour avoir argenté des chandeliers, ne formaient pas toute la somme, car on lit aux comptes de cette année : " Donné aux Religieuses de l'hôpital général pour parfait payement des chandeliers des chapelles de la Ste. famille et St. Michel 84 liv. 15 s., " ce qui faisait en tout : 306 liv. et 15 s. Il y a encore une dépense de 50 liv. " pour la dorure de la statue de St. Augustin et lavoir amuré," (1) (emmurer).

Le 24 février, on enterre le corps de Marie-Angéline Goulet, veuve de Pierre Trudel, morte de mort subite à l'âge de 60 ans.

Le 7 septembre, sépulture de Pierre Bernard, "écrasé dans le moulin." Six mois et demi après sa mort, Marie-Joseph Pajot, sa femme, donnait le jour à une enfant baptisée sous le nom de Scholastique.

DE 1771 A 1780.

(1771). Il manque au registre des baptêmes, mariages et sépultures de cette année, cinq mois et 8 jours, à partir du 24 juillet à aller jusqu'au 31 décembre.

Joseph Fiset rend ses comptes de marguillier.

Il y a une dépense de 489 livres, dont 300 payées aux Religieuses de l'Hôpital Général pour la dorure des deux tabernacles des chapelles latérales, et 189 liv. " pour L'or quelles ont achetés."

On voit ici, pour la première fois depuis l'existence régulière de la paroisse, un déficit : il n'est que de 30 livres.

(1772). François Ratté, marguillier, a fait disparaître le déficit de l'année précédente. Il y a un excédant de recette sur la dépense de *deux livres*.

Le 6 de juin, Mgr Briand fait sa visite pastorale à la paroisse, où il confirme 79 enfants. Le même jour, il approuve les comptes depuis la dernière visite jusqu'à 1771 inclusivement.

---

(1) Voilà encore un des nombreux termes marins de l'époque et dont quelques-uns nous sont restés, comme *embarquer* dans une voiture, *amarrer* un cheval, etc.

L'église, probablement mal construite, demandait, presque tous les ans, des réparations ou des travaux additionnels. Cette année encore, on paie 102 livres pour le crépi de l'église ; 182 l. 8 s. pour la boiserie, et 26 liv. pour réparations au dedans de l'église.

Dans le mois de juin, un nommé " Barthelemy Mace (Masse) veuf de Marie-Angélique Giroux, vient se marier dans la paroisse à Marie-Anne Galerneau. L'acte dit que ce Masse était " de la paroisse de Bertier dans le gouvernement de Montréal," (aujourd'hui Berthier d'en haut).

(1773). On voit à la date du 18 d'octobre l'acte d'inhumation, dans le cimetière de cette paroisse, d'un enfant de " dix à douze jours fils du Sieur Denechaud, chirurgien major de Quebec et de dame Gastonguay son épouse."

Le 28 novembre, sépulture de " Marguerite Cassegrain agée de dix sept mois fille de Jean-Baptiste Cassegrain et de Marguerite Cassan (ou *Cassau* ou *Cassar*) de Quebec."

Charles Martel, marguillier. On a payé 130 livres " pour les peintures " à l'église ; " pour etofe pour une chasuble et parment d'autel : 311 liv. ; " pour 2 ridaux d'indienne : 70 liv.

L'indienne est à meilleur marché de nos jours.

Il restait au coffre de la fabrique 1 liv. 10 s.

(1774). Dans les comptes de Pierre Riopel, marguillier, il est dit :

Payé pour la couverture du clocher.................... 150 liv.
"   "   l'achapt (achat) de galon et dantele d'or
            tafetas et soïe................................ 150 l.
"   "   la Cathedrale................................... 50 l.
"   "   dantele d'argent tafetas blanc et soïe...... 50 l.
"   "   damas verd...................................... 50 l.
Donné aux Sœurs pour façon de deux ornements...... 36 l.
Surplus de la recette sur la dépense :................. 3 l. 4. s.

Le 4 juin, Jean-Marie Boivin meurt subitement ; et, le 10 du même mois, Jacques Vermet meurt à l'âge de 94 ans.

(1775). Eustache Bourbeau, marguillier, règle les comptes de la fabrique pour cette année.

L'église d'alors était un véritable tonneau des Danaïdes, comme on peut le voir par ce qui suit :

Pour un encensoir d'argent............	386 liv.
" bardeau............	25 "
" la couverture de l'église............	50 "
" un devant d'autel violet............	70 "
Déficit pour l'année (le deuxième)............	107 livres.

Le 6 février, un nommé Montminy (le nom de baptême est indéchiffrable) " de St. Charles dans la coste du Sud " (1) vient prendre femme à Saint-Augustin : il épouse Marie-Rose Tapin.

Le 10 octobre, Charles Huot, de l'Ange-Gardien, vient épouser aussi une fille de la paroisse : Geneviève Trudel, fille de Louis.

Enfin, Jacques Bernard, veuf, de l'évêché d'Avranches, en Normandie, épouse Marie-Joseph Moran, fille de Jean-Baptiste.

(1776). Le 29 mars, sépulture de Pierre Favron, qui meurt subitement, à l'âge de 88 ans.

Le 10 de mai, " après avoir été seulement confessé," François Charpentier meurt et est inhumé ici, âgé d'environ 20 ans, " natif de Mascouche de la Chenay (Lachenaie), gouvernement de Montréal."

Encore un joli chiffre que présente le marguillier Juneau pour racommodage, achats, etc. Le déficit, cependant, est réduit à 3 livres que le curé a payées " par charitée pour perfectionner ledit compte."

(1777). Dans le chapitre de la recette de cette année, (Louis Jobin, marguillier) on lit : " Par charitée donné par un Allemand : 10 livres.

Pour la dépense, on voit : Un aune de drap d'or : 210 liv. ; pour une aube de mousseline brodée : 70 liv. ; un parement d'autel et ses fournitures : 100 livres.

---

(1) Saint-Charles de Bellechasse.

Recette et dépense de cette année s'équilibrent, chacune étant de 700 liv.

(1778. Le 24 avril, inhumation du corps de Charles Petitclerc, mort de mort subite, à l'âge de 92 ans.

François Racette, de " St. Pierre de l'Assomption, gouvernement de Montréal," vient épouser, à Saint-Augustin, Véronique Dussault, veuve de Philippe Girard.

Ces mariages faits avec des personnes prises en dehors de la paroisse se renouvellent souvent. Il y en a de Lorette, de Charlesbourg et de Saint-Nicolas, etc., que je n'ai point mentionnés.

De ce fait, il résulte l'une ou l'autre de ces deux alternatives : ou il y avait rareté de filles et de veuves à marier, dans les paroisses ci-haut nommées, ou il y en avait trop à Saint-Augustin.

Bonaventure, âgé de 5 semaines, est enterré dans cette paroisse. Il était "fils du Sieur Michel Berthelot d'Artigny, notaire a Quebec."

Les dépenses de cette année s'égalisent comme en l'année précédente.

On a payé : " Pour damas d'or, galon d'or, frange et doublure, 300 livres ; pour un porte dieu, 50 liv. ; pour premier payement d'un crucifix d'argent, 250 liv."

(1779). On a fait l'acquisition, cette année d'un devant d'autel de drap d'or et d'argent : 500 livres.

Le 15 de juillet, Pierre Moisan, orphelin de 18 ans, se noie dans la paroisse.

Le 15 septembre, baptême de deux jumeaux : Jean-Baptiste et Joseph, enfants de Jacques Savard et de Charlotte Gingras. Ces deux frères ont eu le bonheur de mourir quelques instants après avoir été baptisés.

Le 14 d'octobre, le sieur François Coté, "Capitaine de la seconde compagnie de la paroisse St. Augustin," tient une enquête sur le corps de Marguerite Paré, âgée de 80 ans passés, veuve de Pierre Laberge, trouvée morte dans un ruisseau de cette paroisse. Le résultat de l'enquête a été " qu'elle ne pouvoit etre morte que de mort naturel." Son corps a été inhumé le même jour.

En novembre, on enterre, "après procès verbal fait juridiquement," le corps de Thomas Briand, "âgé de cinquante cinq a six ans mort subitement dans un Bateau faisant route pour Montréal."

Le 8 novembre, Joseph Fugère, veuf de Marie Deblois, de Saint-François de Sales," en l'isle d'Orléans," vient épouser Céleste Cantin, orpheline de père et de mère.

(1780). Le 21 d'avril, on enterre *trois* jumeaux qui n'ont été qu'ondoyés, enfants de Louis Doré et de Madeleine Duboct (Dubeau).

Le 8 d'octobre, un autre habitant de Saint-Charles, "en la coste du sud," Pierre Doiron, vient se marier à une fille de la paroisse : Marie Julien, fille de Nicolas Julien et de défunte Angélique Cantin.

Après avoir vu des déficits dans les finances de la fabrique, le marguillier François Laperrière (Ouvrard) déclare un excédant de recette de 50 francs, après avoir payé 350 livres pour une chasuble de velours violet, et avoir " donnée aux Sœurs pour travaillé le linge nouveaux " 30 livres.

DE 1781 A 1790.

Les lacunes et les rats.

(1781). A partir de cette année jusqu'à 1795 inclusivement, formant quinze années consécutives, il n'existe point de registres des baptêmes, mariages et sépultures.

On a souvent attribué aux rats la cause des lacunes indiquées. Les rongeurs y sont certainement pour quelque chose, car quelques-uns des registres restants sont rongés, et, à certains endroits, les noms écrits à la marge ont disparu. Heureusement que l'on peut les retrouver (*quand on peut les lire*) dans le corps de l'acte.

A cette époque où l'on ne semblait avoir aucune idée de l'importance et de l'intérêt qu'auraient ces cahiers pour les générations suivantes, on écrivait les noms propres illisiblement et, souvent, sans aucune orthographe arrêtée. Il y a des noms auxquels on a donné jusqu'à cinq et six épellations différentes. C'est ainsi qu'on a fait du nom de *Dubeau* (orthographe moderne) : *Duboct, Dubo, Dubot, Dubau, Dubault* et *Dubaut.*

Quand on voit une telle négligence pour la partie la plus importante d'un acte : le nom patronymique, on ne peut être surpris que les rats aient eu beau jeu ; car on ne devait pas être plus soucieux de la conservation de documents aussi précieux qu'on l'était au sujet de l'écriture et de l'épellation des noms propres.

Nos descendants, heureusement, ne rencontreront point dans leurs recherches les difficultés que nous éprouvons à lire les vieux manuscrits ; ils ne trouveront pas, non plus, les lacunes regrettables que nous avons à signaler dans nos paroisses, vu que nos évêques et nos curés d'aujourd'hui comprennent l'importance de nos archives paroissiales, qui renferment une grande partie des matériaux nécessaires à notre histoire.

Pour nous guider, durant les quinze années comprises entre 1781 et 1795 inclusivement, il ne reste que le cahier des délibérations, dans lequel nous allons glaner.

L'année 1781 a donné le plus haut chiffre que la rente des bancs ait atteint jusqu'à présent, c'est-à-dire 400 livres.

On continue toujours d'appliquer à l'embellissement et l'ornement de l'église tous les fonds de la fabrique. C'est ainsi qu'on a payé 300 livres, prix de deux parements pour les autels des chapelles latérales ; 300 autres livres pour une statue de la sainte Vierge et une de saint Joseph, pour la dorure de ces deux statues et pour un tapis d'autel. On a déboursé de plus 100 livres pour réparations au cimetière.

La dépense et la recette s'égalisent, c'est-à-dire ni dette passive, ni deniers en caisse.

(1782). La rente des bancs s'élève à 600 livres. On est déjà loin du temps où cette source de revenus ne donnait que 150 livres.

On a dépensé 1,100 livres, dont 600 " pour un ornement complet de velour cramoisy chasube et parment d'autel garnis en argent; " 200 liv. pour 2 chandeliers d'argent, et 200 autres livres " pour une Echappe de drap argeant et or."

Encore équilibre entre la recette et la dépense.

Romain Racette est marguillier.

(1783). Ignace Valin, marguillier.

On a donné 600 livres " pour premier paiement de la lampe d'argeant."

(1784). Yves Verret (1) est le marguillier en charge pour cette année.(2)

On paie encore 600 livres " pour parfait et dernier payement de la lampe d'argent." C'est-à-dire que cette lampe coûtait, avec 600 livres données l'année précédente, 1,200 livres, à peu près $200 de la monnaie actuelle.

On a fait aussi un paiement de 120 livres en à-compte sur le prix d'un bénitier d'argent. (3) La recette et la dépense s'équilibrent.

(1785). Pour cette année, il y a 1,500 livres à la recette et 1,500 à la dépense.

On a déboursé 600 livres pour une grande croix d'argent; 50 liv. pour des fanaux; 200 liv. pour un dais et une bannière, et 100 liv. " pour dernier payement du Benitier d'argent."

Ce bénitier avait donc coûté 220 livres, ou $36 et une fraction.

---

(1) M. Bériau écrit : ive Veret.

(2) Ce nom paraît pour la première fois ici, et cette famille Verret devait venir de Charlesbourg, où l'ancêtre s'était établi peu de temps après s'être marié, à Québec, en 1669; et il se mariait une deuxième fois, à Charlesbourg, en 1683, à Marie Galarneau.

(3) Il est bien probable qu'on avait déjà remplacé, depuis quelques années, " la petite chaudière de fer blanc " qui au commencement, servait de bénitier.

(1786). Joseph Marois, marguillier.

La recette donne 830 livres.

On a déboursé 180 liv. " pour ornement noir, parment d'autel, chasube (chasuble) et drap mortuaire." Les autres dépenses, vin, hosties et luminaire, forment 100 livres, et il reste au coffre, vide depuis plusieurs années, une somme de 550 livres.

(1787). Le marguillier Joseph Ratté rend compte d'une dépense de 800 livres ou *francs*, (1) dont 500 pour chandeliers des acolytes et 96 francs " pour le petit jesus. " Il reste au coffre 100 fr.

(1788). Ignace Rochon est marguillier en charge.

La rente des bancs se maintient toujours à 600 fr. et paraît se payer au temps dit, car il n'est point fait mention d'arrérages.

Dépenses.—258 francs pour un chandelier pascal, et 3 fr. pour sa souche ; 8 fr. pour une étole " B. et violete ; " 46 fr. et 14 sous pour une aube, et 76 fr. pour les lambourdes. Excédant de la recette sur la dépense : 383 fr.

(1789). On fait des réparations à l'église, vieille, alors, de 66 ans. C'est ainsi qu'on a payé : 162 fr. pour façon du plancher ; 210 fr. pour les madriers, et une cinquantaine de francs pour peinture, clous et crampons de fer.

On a déboursé aussi 114 fr. pour deux pièces de toile et mousseline. Le surplus de la recette est de 1,000 livres.

Paul Racette, marguillier en charge.

(1790). La quête de l'enfant Jésus rapporte, cette année, près de 200 liv. C'est le plus haut chiffre jusqu'à présent.

Dépenses.—" Pour moire chasubes, crampes de fer et Galon de soye: 49 liv. 15 s. ; pour la robe du Bedeau: 55 l. 4 s.; (2) pour les reparations de la

---

(1) Depuis le commencement de cette décade (de 1781 à 1790) on se sert des deux mots : *livres* ou *francs*.

(2) C'est la première qui est mentionnée.

cloche : 36 l. 12 s.; pour les deux petites cloches : 7 l.; pour toile fine, Batiste et dantele de fil : 113 l. 13 s."

Il y a aussi une dépense de 7 livres et 4 sous pour un verre de lampe, que l'on achète, aujourd'hui, pour quelques sous.

D'après l'entrée suivante, il paraîtrait que l'évêque était à Saint-Augustin, en juillet de cette année; mais il n'est pas dit s'il y était en visite pastorale, s'il a confirmé, etc. Voici cette entrée :

"Vûs et alloués les comptes.
le 9 juillet 1789."

Signé : "† JEAN FRANC. Evêque de Québec.

DE 1791 A 1799.

(1691). Nicolas Dion est marguillier comptable.
On a payé 14 livres et 8 sous pour un coffre-fort.

Avec un coffre-fort dès le commencement de ce siècle (1700), on n'aurait pas, très probablement, les lacunes regrettables déjà indiquées.

(1792). (1) Les réparations à l'église continuent d'absorber une grande partie des fonds. On voit encore, cette année, 167 fr. et 3 sous pour ferblanc, clous, plomb et étain employés à la réparation du clocher, main-d'œuvre, etc.; pour façon de "hœiul" de bouc (œil de bouc), peinture, vitres (2) comprises : 72 fr.

On a acheté, pour 64 fr., 26 verges de toile, de la lisière, des broquettes, etc.; et l'on a payé seulement 10 fr. la façon de 4 surplis et d'une aube.

Je remarque que, cette année seulement, on se sert de la verge, comme mesure, au lieu de l'*aune*.

(1793). Louis Gaboury, marguillier comptable, présente sa reddition de comptes. Parmi les articles de la dépense, on remarque les suivants :

"Payé à Monsr. Germain pour luminaires et diverses

---

(1) J'omets les noms des marguilliers qui ont déjà été au banc de l'œuvre, afin d'éviter les répétitions.
(2) Les vitres mesuraient en pouces : 6 sur 7.

autres articles, y compris l'huile : 138 liv. 15 s. ; à Mr. Renvoizé pour six Douilles de chandeliers argent : 24 liv. ; aux Sœurs de la Pte. aux Trembles pour blanchissage : 60 liv. On met au coffre-fort 624 livres. (1)

(1794). Les quêtes de cette année, pour blé seulement, ont rapporté 197 fr., et celles de l'année, faites dans l'église, 80 fr. et 10 sous.

Point de dépenses pour réparations à l'église, achats d'ornements, etc. D'après ce que nous avons vu, l'église devait être munie richement de tout ce qui est nécessaire au culte ; aussi a-t-elle été considérée, dit M. l'abbé Sasseville, comme une merveille de cette époque.

En caisse : 778 l. 11 s.

(1795). Les deniers payés pour dépenses extraordinaires sont : 33 l. et 12 s. "pour un cordage pour la cloche," et 16 l. pour un voile de calice.

On met au coffre, toutes dépenses payées, la somme de 736 l. et 5 s.

(1796). Après une interruption de 15 années, comme il a déjà été dit, les registres des baptêmes, mariages et sépultures recommencent avec cette année, au 17 de janvier.

Le 30 d'août, inhumation du corps de Marie-Angélique Amiot, épouse de Jean-Baptiste Petitclerc, âgée de 30 ans, "décédée de mort subite."

Le 27 de novembre, enterrement de Rose Dion, femme de Godefroy Gingras, âgée seulement de 18 ans, "morte en couche et inhumée avec son enfant ondoyé."

Parmi les articles de la recette de cette année, on remarque le suivant : "Pour un millier de Bardeau

---

(1) Il est probable que M. Germain et M. Ranvoyzé étaient des marchands de Québec. Il est mort au Château-Richer, il y a une trentaine d'années, un M. Germain, ancien marchand de la ville, qui devait être le descendant de celui dont il est parlé ici.

Il y a eu un M. Ranvoyzé curé, et son frère, notaire, demeurait à Sainte-Anne de Beaupré. Descendants, sans doute, de M. "Renvoizé" ci-dessus, car il n'y avait point de colons de ce nom au 17me siècle. Cette famille est éteinte.

provenant du restant de la couverture de l'Eglise, vendu pour le Calvaire : 12 livres. (1)

On a payé à Charles Vermet, pour avoir couvert en bardeau le côté sud de l'église : 297 livres ; pour 16 milliers de bardeau à 12 liv. : 192 ; payé à Pierre Defoy pour 200 de pieux et 50 piquets pour la terre de l'église : 30 liv. ; payé à Charles Vermet, pour avoir blanchi l'intérieur de l'église et couvert et blanchi la chapelle des Morts : 50 liv.

Observons que c'est la première fois qu'il est fait mention d'une chapelle des Morts.

Argent en caisse : 194 liv. et 6 sous.

Le marguillier en charge est Jean-Marie Dagory. C'est la première fois que son nom paraît en cette qualité.

A partir de cette année (1796) on voit la signature de " F.-X. Larue Nre., " agissant comme témoin à la reddition des comptes. Cette signature paraît jusqu'en 1799 inclusivement. Nous aurons occasion de voir ce nom ailleurs.

(1797). La veille de Noël de cette année, on enterre Brigitte Rochon, femme de Joseph Martel, morte subitement à l'âge de 33 ans.

Raphaël Rochon, marguillier en charge, rend ses comptes. L'entretien de l'église prend une grande partie des deniers, comme suit : Pour la clôture de la terre de l'église qu'on a fait rétablir ; 19 l. 10 s. ; payé à Charles Villeneuve, forgeron, pour crochets des fenêtres et réparation du réchaud : 6 l. 18 s. ; (2) payé à Charles Vermet et à Louis Roberge, (3) pour réparations au clocher : 132 livres.

Au coffre-fort : 608 liv. et 8 sous.

(1798). Le 8 de janvier, Louis Peltier, de Beauport, épouse " Elisabele " (*Isabelle* ou *Elisabeth*) Caro

---

(1) Il sera parlé de ce calvaire, ayant *alors* 98 ans d'existence, au chapitre intitulé : " Souvenirs, légendes et monuments."
(2) Première mention d'un *forgeron*.
(3) Ce Louis Roberge est mentionné plus loin comme étant charpentier. Première mention d'un charpentier dans la paroisse.

(*Carreau*) " fille de défunt Caro et de Josete Vesina, " de Saint-Augustin.

Le 5 de février, Joseph Bussière, " de Saint henry " (très probablement Saint-Henri de Lauzon érigé en paroisse, en 1780) vient épouser une autre enfant de la paroisse : Françoise Gingras, veuve de défunt Joseph Langlois dit Traversy.

Un autre, Joseph Sauvageau, de la paroisse des Grondines, se marie, le 17 avril, à Marie-Josephte Alain, veuve de Joseph Gauvin, de cette paroisse.

Il est souvent fait mention de mariages contractés avec des personnes venant de Lorette, de la Pointe-aux-Trembles et de Charlesbourg, *les époux* venant, presque toujours, se marier ici.

Le marguillier Louis Jobin fait rapport de 736 liv. et 10 s., montant de la rente des bancs, cette année : c'est le plus haut chiffre jusqu'à présent.

Il a payé au magasin de M. Germain et ailleurs, pour diverses fournitures pour la dite fabrique, suivant comptes et reçus exhibés : 154 l. et 16 s.

Toutes dépenses payées, on met dans le coffre 685 livres et 17 sous.

A la date du 3 de juillet, on lit, dans le livre des délibérations et des comptes :

Vus et alloués les comptes, 3 juillet 1798.
Signé : † P. Evêque de Quebec.

Puis, au registre et à la même date, l'évêque a écrit : " Vus et approuvés dans le cours de nos visites."

On ne dit point si c'était une visite pastorale ou autrement, s'il y a eu confirmation, etc.

M. FRANÇOIS VÉZINA,
prêtre vicaire.

Avec le 5 de février de 1798, l'écriture de M. Bériau disparaît pour ne plus revenir qu'une seule fois : le premier octobre de l'année suivante. Au point de vue de la calligraphie, ce n'est certes pas une perte ; car il faut beaucoup de patience, de bons yeux et de grands tâtonnements avant d'être certain des noms propres qu'il a écrits, assez souvent de 3 et quatre manières différentes.

Avec le 5 de février (il y a eu deux actes le même jour) commence l'écriture de M. Frs. Vézina, écriture très facile à lire.

A partir de ce jour, M. Bériau signe les actes rédigés par M. Vézina jusqu'au 11 d'avril inclusivement ; après quoi M. Vézina commence à signer, *comme vicaire*, le 13.

On voit encore, de temps à autre, des actes revêtus de la signature de M. Bériau ; mais l'écriture en appartient aux vicaires. Le dernier signé par lui, comme curé de la paroisse, est l'acte de baptême de " Desanges, fille d'Augustin Gingras et de Josephte Dyon," à la date du 14 octobre, 1800, c'est-à-dire 4 mois et demi avant sa mort.

Le fait d'avoir accordé des vicaires à M. Bériau (M. Vézina, puis M. Bezeau), à une époque où les prêtres étaient fort rares, fait supposer qu'il était ou trop âgé, ou trop malade pour pouvoir remplir convenablement les fonctions de sa charge.

A la date du 20 de septembre, on trouve l'acte de sépulture de Clotilde, " fille de Joseph Laurencelle, *maître d'Ecole* en cette paroisse, et de Geneviève Pérault, son Epouse," etc.

Première mention d'un maître d'école faite dans les registres. Il y a eu, disent les anciens, des maîtres d'école ambulants ; mais était-ce avant ou à cette époque ? Il faut qu'il y ait eu des maîtres, ambulants ou fixes, avant l'année où nous sommes rendus, car on trouve, dans les registre et ailleurs, bien avant 1798, les noms de plusieurs personnes sachant signer.

Dans l'acte de baptême de Simon Audi (Audy) dit Roy, (1) fils de Simon, on ajoute, après le nom du père : " faiseur de chaises."

---

(1) Il y avait des *Audy* dit *Leroy* ou *Roy*, dit *Lapensée*, dit *Saint-Amour*, dit *Portelance*, dit *Poitevin* (et non pas *Potvin*) dit *Desjardins*, dit *Châtellereau*, etc.

De fait, faiseur de chaises devait être un métier lucratif à cette époque où l'on ne pouvait trouver une seule fabrique de meubles.

L'auteur a vu, dans quelques familles de Saint-Augustin, de ces chaises et autres meubles qui ont certainement un siècle. On n'y ménageait point le bois ; c'était fort, solide comme la génération de cette époque, et quelle différence avec les meubles faits à la colle, de nos jours !

(1799). François Amiot dit Villeneuve, marguillier comptable, déclare un excédant de la recette sur la dépense de 734 liv. et 17 sous.

On voit à l'acte de baptême de Joseph Desroches qu'il était le fils d'Ambroise Desroches dit Tinon, (1) " Cabaretier." Il est le premier que l'on indique comme étant chargé d'étancher la soit des buveurs de rhum de l'époque.

Le premier de mai, sépulture du corps de François Côté, " capitaine et agriculteur de cette paroisse." Nous avons déjà vu son nom au bas d'un acte public.

Le 20, une autre sépulture : celle de Charlotte Tapin, veuve de François Vermet, morte à l'âge de 94 ans.

Le 4 juin, on voit la signature de M. Poulin de Courval, curé de la Pointe-aux-Trembles, apposé à un acte de baptême ; puis, le 5 septembre, il signe un autre acte de baptême.

Le même jour, M. J.-D. Daulé, prêtre, signe l'acte de baptême d'Antoine Ouvrard, né à la Pointe-aux-Trembles.

Dans le cours de cette année, un " Voyageur, " du nom de Jean-Marie Cottin dit Dugal meurt à Saint-Augustin, et il est inhumé dans le cimetière de la paroisse. Il était âgé de 70 ans, et il n'est pas dit d'où il venait.

---

(1) C'est *Tinon* dit *Desroches* qu'on aurait dû écrire.

Le 29 de septembre de cette année, M. Vézina signe son dernier acte comme vicaire. (1)

M. Bériau rédige (le dernier qu'il a écrit) et signe l'acte de baptême de Louis Amiot l'Erpinière, à la date du premier d'octobre.

Le lendemain, Messire Mich. Bezeau rédige son premier acte comme vicaire en remplacement de M. Vézina : c'est l'acte de baptême de Louise Côté.

On voit encore, par les registres, qu'il y avait deux charrons dans la paroisse, en 1799 : Louis Constantin et Etienne Gingras.

Avant de quitter le siècle dernier et de tomber dans le nôtre, deux remarques.

Depuis 50 ans, on a vu les sommes considérables dépensées pour orner, embellir et réparer l'église. Nos Pères, ayant une foi inébranlable, un amour prononcé pour la majesté du culte et un respect sans borne pour leurs pasteurs, payaient sans murmurer et sans hésitation jusqu'au dernier sou, dès lors qu'il s'agissait de leur temple et que M. le curé l'avait dit. On a vu, en effet, par les redditions de comptes reproduites, que, souvent, le coffre-fort était à sec, sans un sou ; mais on donnait toujours et l'on était heureux, car Dieu bénissait, remettait au centuple.

C'est qu'alors, il n'y avait pas de *philosophes* dans nos paroisses ; on n'avait pas encore semé la défiance contre le curé dans le cœur des paroissiens, et les affaires n'en allaient que mieux. Hélas ! quand reverrons-nous ces jours où le curé, dans une paroisse ne voyait partout que des enfants aimants, pleins de confiance et de respect, et soumis ?

Maintenant, un mot sous le rapport de la pureté des mœurs.

De 1750 à 1799, on ne constate que 15 naissances d'enfants illégitimes, ce qui ne fait, en moyenne, que 3.5 par année. On voudra bien observer aussi que,

---

(1) Nous le verrons, plus tard, comme curé de la paroisse.

durant ce demi-siècle, la paroisse devait renfermer plusieurs soldats des deux armées, outre plusieurs personnes réfugiées ici avant, pendant et après le siége, et venues de la ville. De fait, à partir d'une dizaine d'années après le siége, après que les affaires eurent repris une assiette normale, on ne voit qu'une seule naissance illégitime.

Enfin, la plupart des 15 naissances indiquées plus haut venaient d'un rang situé en arrière de la paroisse et habité par des gens originaires de la ville et de ses environs et fort peu remarquables sous le rapport moral.

DE 1800 A 1810.

(1800). Michel Côté, marguillier en charge, rend compte des affaires de la fabrique, pour cette année, le 9 août, 1801. Il porte à l'avoir de la fabrique la somme de 600 francs.

Au bas de cette reddition de comptes, on lit ce qui suit :

Ce compte n'est pas dans toutes les formes qu'exigent la justice civile, par rapport à la maladie de M. Bériau et sa mort qui l'ont empêché de mettre tout en ordre. (1).

Signé :   Michel Bezeau ptre vic.
et plusieurs autres signatures.

Le 17 de mars, M. Dorval, curé de Saint-Pierre-les-Becquets, "à l'invitation de monsieur le curé " de Saint-Augustin, baptise Marie-Josephte Marois.

Le 28 d'avril, mariage de François Poitras, *sellier*, avec Charlotte Rochon, fille de Jacques.

C'est la première fois qu'il est fait mention d'un sellier " habitant cette paroisse. "

SÉPULTURE DE M. BÉRIAU.

(1801). A la date du 3 de mars de cette année, on voit l'acte de sépulture de Messire Bériau. Le voici textuellement :

---

(1) On voit que l'orthographe était déjà bien préférable à celle que nous avons vue jusqu'à présent. Il en est ainsi de l'écriture, à partir du premier acte de M. Vézina.

Le 3 mars mil-huit-cent-un par nous soussigné Evêque de Canathe et coadjuteur de Québec a été inhumé dans l'Eglise paroissiale le corps de Messire Michel Bériau curé de cette paroisse, décédé au presbytère d'icelle le premier du courant âgé d'environ soixante-treize ans, muni des sacremens et autres secours de l'Eglise. Présens Messieurs Desjardins Vicaire-Général, Deschenaux curé de Lorette Courval curé de Neuville Dubord du Cap-Santé, Daulé des Ecureuils et Bezeau Vicaire Barthelemi Hainse beau-frère et François-Xavier Larue (1) neveu du défunt, lesquels ont signé avec nous.

Signé : By. Hains.
Deschenaux.
Poulin de Courval ptre.
P. J. L. (ou P. H.) Desjardins.
J. Bte Dubord, ptre.
J. D. Daulé, ptre.
Mich : Bezeau ptre vic.
F. X. Larue.
† J. O. Ev. de Canathe.

Venu ici vers le milieu de l'été de 1765, M. Bériau avait été curé de cette paroisse l'espace de 36 ans et demi, ou deux ans et demi plus que M. Desnoyers ne l'avait été. (2)

Il y avait, cette année, dans la paroisse, un capitaine dont le nom n'a pas encore paru : Pierre Mecteau, marié à Madeleine Huot dit Saint-Laurent.

Le 29 d'avril, le capitaine Augustin Constantin, dont le le nom a été souvent mentionné, meurt à l'âge de 84 ans. Il avait donc été baptisé par M. Desnoyers, en 1717, et dans la chapelle de bois de l'Anse-à-Maheu.

Le 17 septembre, M. Bezeau, vicaire, signe son dernier acte dans la paroisse : c'est l'acte de baptême de Marie-Thérèse, fille de Guillaume Cantin et de Thérèse Amiot-Villeneuve. (3)

---

(1) Le même dont il a été parlé plus haut. Ce notaire La Rue était le grand père du Dr La Rue, dont le nom sera mentionné plusieurs fois au cours de cette *Histoire*.
(2) Voir le chapitre intitulé : " Missionnaires et curés," pour la notice biographique de M. Bériau.
(3) Voir le chapitre intitulé : " Missionnaires et curés," pour la notice biographique de M. Bezeau.

Le 21 du même mois, apparaît le nom de Messire E. Chenet, " prêtre curé missionnaire de cette paroisse." Le premier écrit qu'il signe est l'acte de mariage d'Augustin Desroches, menuisier de Québec, et Marie Letarte, fille d'Augustin Letarte et d'Angélique Ouvrard.

Le 9 d'octobre, baptême de Joseph-Louis et de Marie-Marguerite, *jumeaux*, enfants de Jacques Garneau et de Geneviève Vézina.

Sous la date du 13 novembre, on lit l'acte suivant :

Le 13 nov. etc. par nous prêtre, etc. a été inhumé dans le cimetière de cette église le corps de Thérèse Constantin, vieille fille dépourvue de jugement toute sa vie decedée hier âgée de soixante trois ans au rapport de Jean-Baptiste Constantin son frère laboureur chez qui elle résidait.

On trouve, à la date du 19 du même mois et pour la première fois, le titre de " marchand domicilié en cette paroisse, " appliqué à François Drolet, marié à Louise Fisette.

Les comptes de cette année font voir que, " du tems de M. Bezeau, " ont a fait blanchir l'église, qu'on lui a mis des châssis neufs qu'on a entourés de mortier, et que tout cela a coûté, y comprenant la peinture et les vitres des châssis : 509 liv. et 2 sous. L'excédant de la recette sur la dépense et de 1,060 liv. et 16 s.

Au bas de cette reddition de comptes, M. Chenet a écrit : " Le marguiller Joseph Vézina en rendant son compte à fait compter l'argent qui se trouvoit au coffre fort les marguillers Antoine Dorval son successeur Charles huot Nicolas coté Michel coté et Louis Jobin, il s'est trouvé en or, argent et cuivre la somme de cinq milles sept cens quatrevingt quinze schelings ou livres de vingt *coppres*—à la quelle somme le dit Joseph Vézina marguiller à joint au coffre la somme de mille francs—ce qui forme en tout au coffre la somme de six milles sept cens quatrevingt livres de vingt coppres."

Il paraîtrait que " ces livres de 20 coppres " n'étaient rien autre chose que des francs, puisqu'en ajoutant

1,000 francs, aux 5,795 livres, la fabrique se trouvait à avoir en caisse 6,795 livres de 20 *coppres*.

Ce qu'il y a de certain, c'est qu'on était à la veille d'abandonner l'ancienne monnaie française pour adopter les louis, chelins et deniers, que nous avons conservés jusqu'en 1857.

(1802). Le 18 de février, sépulture de Charlotte Vermet, épouse de Louis Ouvrard, " *cordonnier* de cette paroisse." C'est le premier cordonnier mentionné.

Le 29 de juillet, sépulture de " Pierre-Alexis qui étoit en nourrice en cette paroisse fils légitime de Jean Baptiste Oneille Barbier et Bedeau de la paroisse de Québec et de Thérèse Créqui, décédé avant hier agé de dix jours. (1)

Le 12 d'août, enterrement de Marguerite, fille de Jacques Garneau et de Geneviève Vézina, par " fr. ciquard ptre."

Le 30, sépulture de Marie-Anne Neptanne, Sauvagesse de St-François, veuve de Joseph Kigons, décédée à Saint-Augustin, en retournant de Québec à Saint-François, (probablement Saint-François du Lac, Trois-Rivières).

Le 12 de septembre, sépulture de " Josephte Verreau résidente en cette paroisse en qualité de maîtresse d'Ecolle, veuve de Joseph Bériau menuisier de Québec," à l'âge de 39 ans.

Il y a toute apparence qu'elle était, sinon la sœur, du moins une parente de M. le curé Bériau, et qu'elle était venue, avant la mort de celui-ci, faire l'école à Saint-Augustin.

Julien Bureau, époux de Catherine Guillot, fait baptiser, le 2 de décembre, deux jumelles : Marie-Angélique et Marie-Rosalie.

M. Vézina, ci-devant vicaire de M. Bériau, et, plus tard, curé de cette paroisse, paraît avoir été prendre la

---

(1) Cet Oneille, qu'on appelait *le père Onelle*, était, je crois, d'origine irlandaise, et, dans ce cas, son vrai nom devait être *O'Neil*. On raconte encore, à Québec, les bons mots et les espiègleries quelquefois risquées du père Onelle. Il était barbier de l'évêque et du séminaire.

curé de Sainte-Foy, car, dans l'acte de sépulture de Marie Rochon, rédigé et signé par lui, on voit qu'il prend le titre de "curé de sainte foy."

La rente des bancs de l'église a rapporté, cette année, le chiffre le plus considérable jusqu'à présent : 937 liv. 18 s. On est loin des 150 livres des premières années.

Le salaire du bedeau est porté à 100 livres : il avait été de 25 liv. puis de 50.

Les offrandes mises dans les troncs de l'église, les quêtes et les dons ont donné 761 liv. et 2 s. On donnait généreusement.

On achète, cette année, un dais à frange de soie, qui a coûté 351 liv. et 19 sous ; un instrument de paix : 36 l. ; chaînes et bouton d'encensoir : 73 l. 16 s.

Antoine Dorval, marguillier sortant de charge, remet à son successeur 7,653 livres, excédant de la recette sur la dépense.

(1803). Le 7 de février, le mariage de Michel Brousseau, fils d'Augustin et de Madeleine Tardif, et Marie-Louise Goulet, fille de Prisque et de Marie-Charlotte Côté.

Le 29 d'avril, on inhume le corps de Simon Audy, faiseur de chaises, "qui a toujours tombé du haut mal, et qu'on a trouvé noyé, il y a deux jours, sans avoir ni playe, ni blessure, mais qui a été jugé avoir tombé dans l'eau dans une de ses attaques d'Epilepsie, selon que porte le procès verbal cy annexé du major et du capitaine et autres témoins de cette paroisse."

Il y avait, en cette année, dans la paroisse, un journalier du nom de *John Horth*, marié à Josephte Maguy.

Le 11 décembre, apparaît, dans un acte de baptême, le nom d'André Robitaille, *meunier*, le premier de cet état mentionné jusqu'à présent.

On a acquis, cette année, un parement d'autel : 96 liv., et un bénitier d'argent : 246 liv.

Argent restant au coffre : 8,368 l. et 12 s.

(1804). Le deuxième marchand dont le nom paraît

dans les registres est Joseph Dessein (1) dit Saint-Pierre, qui était marié à Marie-Claire Beaudry. On voit, plus tard, en 1807, à son second mariage avec Marie-Anne Garneau, fille de Louis, qu'on lui donne le titre de cabaretier.

Le 24 d'avril, on trouve le nom d'un troisième marchand : Augustin Drolet, marié à Marie-Angélique Fiset.

Le dernier acte que signe M. Chenet porte la date du 2 juillet : c'est le mariage d'Augustin Martel avec Marie Josephte Rochon. (2) Il n'avait desservi la paroisse que l'espace de 3 ans moins 2 mois.

M. Vézina revient dans la paroisse comme curé. Le premier acte qu'il rédige et signe est l'acte de sépulture de Marie-Anne Juneau, fille d'Augustin, le 12 de juillet.

Le premier d'août, on enterre le corps de " Louis Favron, décédé subitement et trouvé mort dans un ruisseau, âgé environ de vingt-cinq ans. " Ce jeune homme, sujet à des attaques d'épilepsie, serait tombé dans ce ruisseau, pendant une de ses attaques et s'y serait noyé. Telle fut, du moins, l'opinion écrite du capitaine Vézina, Pierre Jobin et Louis Vézina, officiers de milice, qui firent l'enquête sur le cadavre.

Le 3 septembre, sépulture de Geneviève-Laurette, fille de Frédéric Glackmeyer, maître de musique, à Québec, et de Marie-Anne Oneille. (3)

La rente des bancs de cette année, d'après les comptes du marguillier comptable, Nicolas Côté, est de 932 livres et 6 sous.

Il a payé 89 l. et 16 s. pour un confessionnal.

La somme mise au coffre-fort est de 9,612 livres.

---

(1) Il y a des *Dessaint* dit Saint-Pierre, à Kamouraska, tous enfants d'un ancien marchand, encore vivant.
(2) Voir le chapitre intitulé : " Missionnaires et curés, " pour notice biographique de M. Chenet.
(3) Onelle, ou encore mieux : O'Neil. Voir le renvoi de la page 147.

(1805). TERRIBLE SINISTRE ! UNE AVALANCHE ÉCRASANT UNE MAISON.

Sept personnes de tuées.

Cette année porte encore le nom d'*Année de l'avalanche*. Dans une paroisse où la vie devait s'écouler paisiblement et sans incident remarquable, comme elle s'écoule encore à Saint-Augustin, la mort instantanée de sept personnes à la fois, retirées des débris d'une maison engloutie et écrasée par une avalanche, était un événement qu'on ne pourrait oublier de longtemps, tant il était pénible parmi une population où tous les membres se connaissaient et vivaient comme des frères.

A cette époque (il y a 79 ans), les demeures étaient presque toutes situées au pied de la côte, vu que l'église, le moulin à farine, les marchands, etc. y étaient établis. On pouvait y voir, le 13 février au soir, la demeure de Jean Villeneuve, de Marie-Anne Gingras, sa femme, et de leurs enfants, au nombre de six. Ce soir-là, la femme de Joseph Laurencelle (Geneviève Perrault) [1] recevait l'hospitalité sous ce toit, ne se doutant pas que cette maison devait lui servir de tombeau avec six autres infortunés.

Le 14 au matin, les voisins furent tout étonnés de ne plus voir à sa place accoutumée la maison de Jean Villeneuve. Elle disparaissait presque entièrement sous l'avalanche de la nuit qui l'avait à demi renversée et écrasée. L'alarme fut promptement donnée et tous les habitants du bas de la côte, accourus en toute hâte avec des pelles et des haches, se mirent à l'œuvre et eurent bien vite fini de dégager la maison de la neige qui l'enveloppait de toutes parts.

Ce travail, cependant, devenait inutile pour sept des

---

[1] Ce Laurencelle, disent les registres, était journalier. Les Anciens de la paroisse assurent, eux, que c'était un maître d'école ambulant, se trouvant, cette nuit-là, à coucher loin de l'église.

malheureux engloutis pendant la nuit et que l'on trouva étouffés. Voici leur noms et leur âge : Le père, Jean Villeneuve, âgé de 45 ans ; la mère, Marie-Anne Gingras, âgée d'environ 45 ans ; leur enfant Louis, âgé d'environ 15 ans ; leur enfant Pierre, âgé de 13 ans ; leur fille Marie-Anne, de 10 ans, et le plus jeune de la famille, Gaud, (?) âgé de 8 ans. Puis la femme Laurencelle, la plus âgée des 7 victimes : 48 ans.

Deux enfants de la famille, deux frères, couchaient dans la même chambre et dans le même lit adossé au pan du sud de la maison. Les poutres de cette partie de la bâtisse tinrent dans leurs mortaises et sauvèrent de la mort les deux enfants qui durent trouver bien long le reste de cette nuit, suspendus qu'ils étaient, pour ainsi dire, entre la vie et la mort. L'un des deux a été longtemps épicier au faubourg St-Jean de Québec, en face de l'église, et il doit se trouver encore quelques personnes, au faubourg, auxquelles il a raconté les terribles instants de ce drame lugubre de la nuit du 13 au 14 février de l'année 1805.

Le 2 de septembre, Marie Amiot, épouse de François Vermet et âgée seulement de 37 ans, mourait subitement.

Il y eut, au printemps de cette année, une assemblée de tous les anciens et nouveaux marguilliers, où il fut décidé :

Que Joseph Doré marguillier en charge de la présente année et à son défaut Joseph Martel second marguillier du banc et qui doit lui succéder achètera : 1o Huit pièces de toile ; 2o. fera raccommoder les ornements ; 3o fera dorer les tabernacles, les deux statues qui sont dans le cœur (sic) et les fera accommoder ; 4o. fera faire une corniche au tour de l'Eglise, et fera peindre la chaire avec la voute ; 5o. fera faire un banc d'œuvre, avec un tableau de Saint-Augustin, et de St François Xavier ; 6o. fera ajouter un second jubé au premier, en un mot il fera nettoyer, blanchir, laver et achètera pour l'Eglise selon son besoin, et la Décence convenable au temple de Dieu ; le tout soumis à la volonté de Monseigneur de Québec, de manière qu'à la première nouvelle que la dite délibération déplait à Sa Grandeur, le tout soit arrêté."

Il est digne de remarque que, pour les comptes de la fabrique, on abandonne les *livres, sous et deniers* et qu'on adopte les *louis, chelins et deniers*. (1)

Le 8 septembre, il est rendu compte des achats, réparations, etc. proposés au printemps en assemblée des anciens et nouveaux marguilliers, comme nous l'avons vu plus haut.

Il a été pris au coffre, dit le rapport, £231 ($924) pour payer huit pièces de toile ; pour quatre aubes ; de baptiste, (sic) avec deux surplis et leurs garnitures ; pour 8 pièces indiennes ; pour autels, avec une couronne pour le St Sacrement ; pour un jubé avec les bancs ; pour la façon d'un tableau de Saint françois Xavier ; pour la dorure de deux grands cadres ; pour le raccommodage du tableau de la Ste Famille, avec celui des trois tabernacles ; pour un ornement violet, avec quatre Etoles ; pour façon et faire argenter vingt chandeliers ; pour le raccommodage des ornements et pour huit pièces de toile, l'indienne et la baptiste ; pour avoir fait doré les deux statues du chœur ; pour façon de l'ouvrage qui a été fait dans l'Eglise ; pour le bois, le forgeron, le fer, le maçon, la chaux ; pour l'Evantail de la grande porte ; pour avoir fait blanchir et nettoyer l'Eglise ; et pour plusieurs autres effets qui sont portés dans le compte de la présente année, et qui ont été payés avec l'argent du profit de cette année, et avec celui qui a été pris au coffre.

On a fait aussi l'acquisition d'un " chariot " (corbillard) qui ne devait pas être un objet de grand luxe, s'il est permis d'en juger par le prix : 15 chelins.

Malgré toutes ces dépenses, il restait encore au coffre la somme de £166.15.0 ($667.)

(1806). On trouve, dans les registres de cette année, le baptême d'un enfant (Adam) d'un nommé Christian Becker, marié à Marie Lamontagne. A en juger par l'épellation du nom, *Becker* devait être Allemand.

Le 14 de juin, on enterre le corps d'un matelot noyé le 4 du même mois, " vis-à-vis les Grondines et trouvé sur le rivage de Saint-Augustin."

---

(1) Le louis du Canada valait $4 de notre monnaie actuelle, tandis que le louis sterling anglais a toujours valu $5. Il fallait 12 deniers pour faire un chelin, et 20 chelins formaient un louis.

Il y eut une enquête juridique dont voici le procès-verbal, copie textuelle :

Le douze juin, mil huit cent six a été trouvé mort sur le rivage de St Augustin Gabriel Veillet jeune homme matelot âgé de vingt quatre ans, fils de Michel Veillet cultivateur de la paroisse de Ste Geneviève (1) et de défunte Josephte Larmandin (probablement : *Normandin*) ; le sergent de milice Louis Gaboury, accompagné d'Augustin Gaboury, de Joseph Bussière, d'Augustin Bourbeau, s'étant transportés sur le lieu où le dit Gabriel Veillet a été trouvé mort, ont déclaré, après avoir bien examiné le cadavre, qu'ils n'ont trouvé aucune marque sur lui qui montrât qu'il eût été tué par quelqu'un ; en foi de quoi, etc.

Le 19 d'octobre, Louis Garneau, " ancien cultivateur de cette paroisse," époux de défunte Josephte Béland, mourait de mort subite, à l'âge de 82 ans, environ.

A voir les dépenses, (énormes pour cette époque) que l'on faisait pour l'église, il est permis de supposer que l'on ne se doutait point, alors, que cette église devait être abandonnée dans un avenir prochain.

Ainsi, cette année encore, on applique à la réparation, à l'ornementation, etc. de l'église, la somme de $464.60.

D'abord, en juin, il y eut une assemblée des anciens et nouveaux marguilliers pour ordonner à Joseph Martel, marguillier en charge, de faire faire telles réparations et achats qu'on lui indiquait.

Le 13 du mois suivant, il y eut une autre assemblée, et l'on prit au coffre " £116,3.0 pour payer l'ouvrage qui a été ordonné par l'assemblée du premier juin de la présente année. " En voici l'énumération :

1. pour un tableau de St Augustin ; 2. pour la peinture ; 3. pour l'huile ; 4. pour le mastic ; 5. pour le cloux ; 6. pour le forgeron ; 7. pour les peintres ; 8. pour la nourriture des peintres ; 9. pour les cordes ; 10. pour le fer ; 11. pour l'huile à frotter ; 12. pour les pinceaux ; 13. pour le bois ; 14. pour une chape et deux tapis ; 15. pour plusieurs autres effets, qui sont portés dans le compte de la présente année. En foi de quoi, etc.

---

(1) Sainte-Geneviève de Batiscan, sans doute, fondée en 1728. L'ancêtre de ce matelot noyé, Jean Veillet, s'était établi à Batiscan où il se mariait, en 1698, à Catherine Lariou.

Au compte détaillé, on voit, pour la première fois, qu'il est fait mention d'un charnier.

Il restait encore à l'avoir de la fabrique une balance de £50.

(1807). LA CHAPELLE DU VILLAGE OU DU RANG DES MINES.

Comme on va bientôt le voir par l'ordonnance de Mgr Plessis, cette grande et belle figure de notre histoire ecclésiastique, il y avait certainement une chapelle de pierre d'érigée dans le rang qui porte encore le nom de *Rang des Mines*. On désignait cette chapelle sous le nom de *chapelle du village*, village étant un autre nom du rang des Mines. (1)

Rien, dans les archives de la paroisse, n'indique l'année où cette chapelle fut bâtie. Voici, cependant, ce qu'en dit M. l'abbé Sasseville, déjà cité :

Les concessions situées en arrière, vers la montagne, se trouvaient séparées de l'église par une assez grande distance et des chemins impraticables. On forma le projet de diviser Saint-Augustin et d'en former deux paroisses distinctes. Ce plan paraît avoir été mis en avant, vers 1786, au temps de Mgr d'Esgly. On construisit un peu plus tard un grand édifice en pierre, sur le rang appelé *Rang des Mines*, et qui servit de chapelle pendant quelques années. Mgr Plessis, jugeant que ces deux paroisses seraient incapables de se soutenir, les réunit en une seule, fit fermer la chapelle d'*en haut*, ordonna la construction d'une nouvelle église, dont il fixa le site à l'endroit actuel, (2) pour accommoder les parties les plus reculées de la paroisse, et il fit cesser une division qui aurait eu pour effet d'affaiblir une des plus belles paroisses du diocèse.

Il ne faut pas croire, cependant, que cette mesure rigoureuse fût bien accueillie de tout le monde. Mais, comme disait un bon vieux de ces temps-là : " *Voyez-vous, Mgr Plessis, c'en était un homme ! on ne badinait pas ; fallut bien se soumettre.*"

(1) Ce nom de rang des Mines n'est point dû à l'existence de mines connues. Les vieux que j'ai consultés m'ont dit que ce nom lui est venu de ce que ses habitants étant tous ou presque tous relativement riches, on aurait dit, dès les commencements : " Dans ce rang, pas de pauvres ; c'est le rang des Mines, et cette appellation lui est restée.

(2) En 1884.

La chapelle d'*en haut*, comme on l'a toujours appelée, (1) existe encore et a été convertie en grange, depuis plusieurs années."

Ce qu'on vient de lire, corrobore ce que l'auteur de ce travail historique a pu recueillir lui-même de la bouche des anciens de la paroisse, entre autres de M. Jacques Jobin, habitant du rang des Mines, grand causeur, ayant conservé toute sa mémoire, partisan zélé de son rang, et né en 1809. Voici ce qu'il dit.

L'église du rang des Mines fut bâtie avec l'approbation de l'évêque du temps de sa construction, sans pouvoir en préciser la date, et elle fut fermée vers l'année 1815 ou 1816. Les raisons données par les habitants du rang, pour y avoir une chapelle, étaient qu'eux et les habitants du rang de Sainte-Catherine, situé en arrière, (2) avaient une trop grande distance à parcourir pour aller à l'église de l'Anse-à-Maheu, avec sa côte raide et impraticable, à certaines saisons de l'année, et des chemins, pour s'y rendre, qui ne valaient pas mieux. Quelques-uns de ces habitants avaient 3 lieues et demie, et d'autres jusqu'à quatre lieues de leurs demeures à la " vieille église."

Il y avait obligation pour les habitants du rang des Mines d'aller, à tour de rôle, chercher le curé et le remener, les jours de fêtes et les dimanches, jours où le curé binait, suivant la permission qui lui était accordée par l'évêque.

Les services, cependant, se chantaient dans la vieille église, et les sépultures se firent toujours dans le cimetière d'en bas. C'est encore en bas que se célébraient les mariages et que l'on baptisait.

Jusqu'au jour où cette chapelle fut fermée, les habitants d'en haut avaient toujours entretenu l'espoir

---

(1) Mgr Plessis, dans l'ordonnance que l'on va bientôt lire, l'appelle la "chapelle du Village," et pour qu'il la désignât sous ce nom, il fallait qu'elle fût connue sous un autre nom que celui de chapelle d'*en haut*.

(2) La paroisse de Sainte-Catherine n'existait pas alors : elle n'a été fondée qu'en 1832.

que l'évêque leur donnerait un curé à eux ; mais Mgr Plessis en décida autrement ; et l'on reconnaît, aujourd'hui, (on était loin de le reconnaître, *alors*) tout ce qu'il y avait de sage dans cette décision.

Malgré ce désir, bien naturel après tout, d'avoir une église et un curé, les habitants d'en haut, bien différents, sous ce rapport, d'autres paroissiens révoltés, (1) se soumirent : leur évêque avait décidé, et cela leur suffit, comme leur soumission fait le plus grand honneur à leurs sentiments religieux. Ils croyaient alors et croient encore, ces braves habitants de Saint-Augustin, à cet axiome qui doit être la règle de conduite, dans toutes les difficultés religieuses, des bons Catholiques : " *Roma locuta est, finita est causa.*"

C'est cet espoir d'avoir un prêtre quelque bon jour, qui avait engagé les habitants du rang des Mines et ceux de Bélair à bâtir leur chapelle, (assez grande pour servir d'église,) courageusement, généreusement et très rapidement : en un seul été.

On s'était, de plus, fortement cotisé pour meubler convenablement cette bâtisse, acheter les ornements et toutes les autres choses nécessaires au culte, faire des chambres propres, au-dessus de la chapelle, à l'usage du desservant.

Enfin, cette chapelle, objet de tant de déboursés, de travaux et de soucis, fut fermée sous M. le curé Lefrançois (nous verrons plus tard en quelle année et combien de temps elle avait été ouverte au culte).

Lorsqu'elle fut close, par ordre de l'évêque, tous les ornements, meubles, linge, etc., furent transportés à la nouvelle église et l'on donna la permission aux propriétaires de bancs, dit M. Jacques Jobin, de transporter ces bancs dans la nouvelle église d'en bas (l'église actuelle) où ils pourraient leur servir de sièges gratuitement. Tous profitèrent de cet avantage, *moins* deux ou trois propriétaires qui préférèrent laisser pourrir leurs bancs dans *leur* chapelle plutôt que de les voir servir dans l'église rivale.

---

(1) Trois-Pistoles, autrefois, et, aujourd'hui, Kamouraska.

Cette vieille relique est encore debout ; mais, hélas ! elle est convertie en grange après avoir vu se célébrer, dans son enceinte, le plus grand et le plus consolant des mystères de notre foi. Elle est devenue la propriété de M. Pierre Jobin, celui-là même qui a bâti le calvaire érigé dans le rang des Mines, à une petite distance de la chapelle, et dont il sera parlé au chapitre des *Souvenirs, légendes et monuments.* Voici comment cette construction lui est échue:

Lorsque cette chapelle fut bâtie, non pas en 1786, mais en 1804, le terrain du site, avec la terre dans laquelle il se trouvait enclavé, appartenait aux Dames de l'Hôtel-Dieu. Plus tard, elles vendirent cette terre à M. Pierre Jobin, qui, par cet achat, se trouva propriétaire non-seulement de la terre, mais des " bâtisses ci-dessus construites, circonstances et dépendances, " comme le veut le style des notaires.

L'ordonnance de Mgr Plessis trouve sa place ici, maintenant, et s'expliquera plus facilement au lecteur, après la lecture de ce qui précède.

L'évêque commence par approuver les comptes, depuis sa dernière visite épiscopale " et compris celui de Joseph Martel, marguillier en charge de 1806, puis il continue immédiatement :

" Avons permis et permettons aux habitans de la première et de la seconde concession (1) d'environner d'un mur de cinq pieds de haut le cimetière tel qu'il existe aujourd'hui et de couvrir en bardeau le rond point et le côté nord-ouest de l'église, pourvu que le tout se fasse à leurs frais et non à ceux de la fabrique et qu'ils ne puissent contraindre personne à y contribuer.

Nous avons aussi ordonné que les habitans des deux seules premières concessions rendroient (2) le pain bénit à l'église paroissiale, ceux des autres concessions ayant assez à le rendre à la chapelle du Village où l'office paroissial se fait alternativement.

---

(1) Le rang du bord du fleuve et le premier sur le haut de la côte.
(2) On se servait encore de l'ancienne orthographe pour les imparfaits des verbes et autres mots : j'avois au lieu de *avais*, et *anglois* au lieu de *anglais*.

Enfin nous avons permis à M. Vézina curé de dire deux messes tous les dimanches et fêtes d'obligation jusqu'à ce qu'il y ait au village (rang des Mines) une chapelle aussi vaste que l'ancienne église.

Fait à St-Augustin dans le cours de nos visites le 3 juin 1807.

Signé : † J. O. Ev. de Québec." (1)

Deux jours auparavant, le premier, Mgr Plessis avait confirmé 282 enfants.

Argent en caisse pour cette année : £33.

Remarquons en passant un nom qui paraît pour la première fois, le 19 de juin : celui de Louis Langevin, marié à " Josophte Frêné " (Fresnay).

Deux morts subites, cette année, dans le même mois et à deux jours de distance seulement : celle de Madeleine Laberge, épouse de Jean Tapin, le 6 d'octobre, à l'âge de 88 ans ; puis, le 8, celle d'Angélique Tessier, épouse de Joseph l'Erpinière, âgée de 72 ans.

(1808). Le 21 de janvier, Madeleine Girard, épouse de feu René Letarte, meurt à l'âge de 100 ans. Elle était très probablement la seule, dans la paroisse, qui pouvait se vanter d'avoir vu la première chapelle de bois de Saint-Augustin et d'avoir connu M. Descormiers, qui en fut le desservant de 1707 à 1710.

Le 29 de mars, Joseph l'Erpinière, âgé de 80 ans, meurt subitement.

Le 17 de mai, Louise Crépeau, (2) épouse de feu Ignace Dorval, meurt à l'âge de 91 ans.

Le 9 de juillet, Joseph Chatigny, époux de défunte Geneviève Gauvin, quitte ce monde après y avoir vécu près d'un siècle : 98 ans.

Le 14 de novembre, Louis Huot, marchand de Québec, se marie à Angélique Marois, fille de feu Prisque et de Véronique Racette.

Le 2 de décembre, M. le curé baptise " sous condition Louis, jeune enfant âgé environ de dix-huit mois, et

---

(1) Pour plus de renseignements au sujet de cette chapelle, voir la 2me partie : *Histoire civile*, sous le titre : *Troisième seigneur*.

(2) Ce nom paraît pour la première fois.

qui a été trouvé dans le parloir de l'hôtel-Dieu de Québec." Il mourait 12 jours après, à Saint-Augustin.

Le 5 du même mois, on inhume le corps d'un colporteur de la paroisse du nom de Jean-Baptiste Turcot, à l'âge de 55 ans et marié à Marguerite Morin.

Une seule mort subite pour cette année: celle d'Augustin Doré, à l'âge de 43 ans.

La recette de 1808 sur la dépense formait le chiffre de £57.7.9 ou $229.55.

(1809). La fabrique reçoit de Michel Kézel, (1) marguillier en exercice, la somme de £192.0.4, excédant de la recette sur la dépense.

Le 28 de janvier, naissait Jacques, fils de Louis Jobin et de Josephte Ratté. Il était baptisé le lendemain par M. Vézina. Ses parrain et marraine furent: Jacques Julien et Marie-Anne Jobin. (2)

Le lecteur a déjà vu le nom de F.-X. Larue, notaire. Le 19 de juillet, son nom paraît de nouveau, dans l'acte suivant :

Le dix-neuf juillet, mil huit-cent neuf par nous soussigné curé a été baptisé Adolphe, né ce matin du légitime mariage de françois Larue notaire de la pointe aux trembles et de magdeleine hains ; (3) le parain pierre Méthot, la maraine adélaïde Lacoursière qui, avec le père présent, ont signé avec nous.

Signé :   P. MÉTHOT,
ADÉLAÏDE LACOURSIÈRE,
F. X. LARUE,
VÉZINA ptre.

Cette famille LaRue, devenue nombreuse, est originaire de la Pointe-aux-Trembles.

On voit que, cette année, c'était un nommé Louis Bourbeau, qui était le meunier du moulin banal. Il se

---

(1) On écrit aussi : *Quézel* et *Quésel*.

(2) L'enfant de 1809 vit encore : c'est un vieillard alerte dont il a déjà été parlé. Nous le reverrons de nouveau au chapitre des *Souvenirs, légendes et monuments*.

(3) Ce nom paraît, d'après M. l'abbé Tanguay, s'être écrit de plusieurs manières : *Bernard dit Ance, Ainse, Hanse, Hains, Hens* et *Ance*.

mariait, le 8 d'août, à Thérèse Bourbeau, fille d'Augustin et de Thérèse Constantin.

Le premier enterrement de laïque, *dans l'église*, est celui d'Etienne, fils d'Etienne Garenne, menuisier, de Québec, et de Julie Vézina. C'était un enfant de 7 ans et 18 jours.

Ce fut en cette année (1809) que Mgr Plessis fit choix du site qu'occupe l'église actuelle. Les travaux commencèrent dans l'automne après la bénédiction de la première pierre par Messire Deschenaux, vicaire général et curé de l'Ancienne-Lorette.

(1810). En consultant les archives, on voit que, depuis 1720 à peu près, jusqu'à cette année, plusieurs enfants de Québec viennent mourir à Saint-Augustin, où quelques-uns étaient en nourrice.

On trouve, à la date du 6 de février, le mariage de Pierre Côté, *potier*, à Charlotte Carpentier. C'est la première fois qu'il est fait mention d'un potier demeurant dans la paroisse.

Ce métier a disparu du pays depuis plusieurs années; mais, il y a trois quarts de siècle et bien auparavant, le potier jouait un rôle important dans le commerce domestique, alors que nos Pères se contentaient, sur leurs tables, de vaisselle de terre. On se rappelle avoir vu les objets de poterie de cette époque, conservée dans quelques familles, comme les terrines, pots, cruches, etc.

Il y avait encore, dans ce temps-là (il y a comme un demi-siècle) un homme qui passait par les maisons avec sa boutique sur le dos : c'était le fondeur de cuillères, qui raccommodait aussi les chaudrons et la vaisselle cassés, ou fêlés. L'arrivée de cet humble ouvrier, sous le toit de nos campagnes, était saluée avec plaisir par les enfants, qui aimaient à suivre avec attention l'opération nécessaire à la formation de ces grosses cuillères auxquelles le fondeur donnait un certain poids fixe, car elles devaient aussi servir à peser la laine, la filasse, etc, dans les balances de bois d'alors. Ces balances n'avaient pas le fini, le lustre des balances d'aujourd'hui; mais elles avaient une qualité que celles-ci n'ont pas toujours : elles donnaient le poids.

Le dernier acte de M. Vézina, comme curé de la paroisse, porte la date du 30 de mars de cette année (1810). C'est l'acte de sépulture de Barbe, âgée de 4 mois et 12 jours, fille d'Alexandre Charron, cordonnier de Québec.

Viennent ensuite 4 actes signés de M. L.-J. Desjardins, chapelain de l'Hôtel-Dieu : deux du premier d'avril, et deux du lendemain. (1)

Puis, le 15 et le 22 du mois, viennent trois actes signés par M. Poulin de Courval, qui s'intitule : "Curé de Neuville, desservant Saint-Augustin et les Ecureuils."

Le 24 d'avril, M. D. Daulé signe un acte de baptême, puis apparaît, le 12 de mai, la signature de M. A. Lefrançois, qui devait être longtemps curé de la paroisse.

Il paraîtrait, d'après ce qui précède, que les paroissiens de Saint-Augustin furent un mois et trois jours sans curé, après le départ de M. Vézina, puisque M. le curé de Neuville, ou de la Pointe-aux-Trembles, en faisait les fonctions à titre de desservant.

Par une note écrite de la main de M. Lefrançois, on serait porté à croire que ce monsieur fut nommé curé de la paroisse le 4 de mai, quoique son premier acte ne date que du 12. Il peut se faire aussi que cette note : "4 mai 1810," ait été mise là pour indiquer le jour de son arrivée dans la paroisse. (2)

Un acte du 27 de juin fait voir que Christian Becker, dont il a déjà été parlé, était meunier à la place de Louis Bourbeau.

---

(1) Ce curé vénérable s'était réfugié dans la Nouvelle-France à la date des horreurs de la vieille France.
(2) Pour la notice biographique concernant M. Vézina, voir le chapitre intitulé : "Missionnaires et curés."

Le 7 de juillet, on enterre le corps de Paul Végia dit Labonté, âgé de 25 ans, journalier de Saint-Hyacinthe de Maska, "fils d'Antoine Végia dit Labonté et de Françoise Lépreu dit Mantois, décédé la veille en remontant de Québec, en canot avec Augustin Végia, son frère, de mort naturelle, comme il paroît par la déclaration du dit Augustin Végia et par le procès verbal de visite de Louis Gaboury, Lieutenant des Milices de Saint Augustin du six du courant, signé du dit Lieutenant et de Jean Moisan et François Dubeau témoins appelés à cet effet, etc."

A l'âge de 18 jours, le 17 août, un autre enfant de Québec mourait à Saint-Augustin. C'était le fils d'Isidore Rosa, calfat de la ville, et de Marie Curadeau, sa femme.

On a payé, cette année, £10.6.8 pour la clôture de la terre de l'église, et il restait au coffre une somme de £239.9.9 ou $957.95.

A partir de cette année, la rente des bancs augmente dans ses prix, vu sans doute les dépenses extraordinaires qu'entraînait la construction de la nouvelle église. C'est ainsi que le 27 de mai, le 4me banc de la rangée du milieu, au côté de l'Epitre, rentré à la fabrique par la mort de la veuve Vallière, a été adjugé à son fils Romain Valllière, à raison de 16 chelins et 3 sous de rente annuelle.

Le 8 Juillet, la fabrique rentre en possession du banc d'Augustin Gingras, décédé. Il est adjugé à Augustin Petitclerc, à raison de 23 chelins et 9 sous de rente annuelle.

DE 1811 A 1820.

(1811). On vient de voir qu'il avait été payé, l'année précédente, £10.6.8 pour la clôture de la terre de l'église.

Dans les dépenses de cette année, il y a encore £19.3.4 pour le même objet. Balance en main: £279.13. 3½, ou $1,118 et soixante et quelques centins.

Augustin Bourbeau était le marguillier comptable.

Le 2 de mai, sépulture de Pierre-Paul, fils de Jean-Baptiste Vézina, " Capitaine de Milices de Saint-Augustin."

Le 21, un nommé Joseph Lebœuf, de Sainte-Anne de la Pérade, meurt à Saint-Augustin et y est enterré.

Le 2 septembre, il naît deux jumeaux baptisés sous les noms de François et de Pierre. Père et mère: Louis Quentin (Cantin) et Marie-Angélique Côté.

Le cas suivant est assez rare pour mériter une mention.

Le 9 d'octobre, Joseph Drolet et Angélique Beaupré réhabilitent le mariage qu'ils avaient invalidement contracté, six ans auparavant, sans avoir déclaré l'empêchement du quatrième degré de consanguinité existant entre eux, et ils reconnaissent leur appartenir comme légitimes et habiles à leur succéder leurs trois enfants: Joseph, Jean-Noël et Marie. Avant cette réhabilitation ou *second mariage*, ils avaient dû se pourvoir d'une dispense de Mgr Joseph-Octave Plessis.

Au commencement de l'hiver, la fabrique rentre en possession du banc de Brigitte Vallière, veuve de Charles Cottin-Dugal, décédée. Ce banc est adjugé à Nicolas Drolet pour une rente annuelle de 20 chelins et 10 sous.

On voit encore le nom de Louis Barbeau mentionné comme "*meunier* de la paroisse," puis le nom de Louis Valin comme *colporteur :* c'est le deuxième colporteur nommé.

Plusieurs enfants, issus de parents de Québec, sont enterrés dans le cimetière de cette paroisse, sans que l'on puisse savoir au juste la raison de ces inhumations en dehors de la paroisse des parents; car il est évident que tant d'enfants ne pouvaient pas être tous en nourrice ici.

(1812). La paroisse n'avait pas eu de morts subites, depuis un certain nombre d'années; mais l'année 1812 en enregistre deux: celle de Charles Ratté, célibataire et journalier, âgé de 73 ans, et celle de Marie-Louise Grenier, âgée de 66 ans. C'était un vieux garçon et une vieille fille que la mort enlevait.

Le 28 de janvier, il y eut *quatre* mariages à la même messe : 1. mariage de Jean-Bte Fiset et Marie Denys ; 2. de Joseph Côté et Marie-Anne Côté ; 3. de Joseph Soulard et Marie-Judith Grenier, et 4. de Prisque Cantin et Madeleine Defoy.

Le 24 de mars, Louis Bourbeau, meunier, est " écrasé sous la grande roue du moulin " de la paroisse. Il était âgé d'environ 30 ans.

Le 30 d'août, la femme d'Antoine Lepage, " soldat du régiment canadien *Fencible*, " met au monde un fils baptisé sous le nom de Charles. Le père avait dû quitter sa femme subitement pour se rendre à Montréal et, de là, au siége de la guerre. Il n'est pas dit si ce soldat était de la paroisse.

Un des bancs du jubé rentre dans la possession de la fabrique par la mort de Joseph Gingras : il devient la propriété de son fils Joseph, moyennant une rente annuelle de 4 chelins et 2 deniers.

Charles Huot ayant quitté la paroisse, son banc retourne à la fabrique. Elle le vend à la criée, et il est adjugé à Ambroise Martel pour une rente annuelle de 23 chelins et 20 sous.

Cette année voit encore une dépense de £4.5 pour la clôture de la terre de l'église. On met au coffre une balance de £325.14.6½, près de $1,303, la plus forte somme encaissée à l'avoir de la fabrique jusqu'à présent.

L'évêque écrit ce qui suit au cahier des délibérations :

Vus et alloués les comptes de cette fabrique depuis la dernière visite jusques et y compris Augustin Bourbeau Marguillier en charge en l'année mil huit cent onze. Nous avons jugé à propos qu'il soit fait un autre ciboire de moitié grandeur de celui qui appartient actuellement à l'église, dans le cours de cette année : ce que nous recommandons au soin de Monsr. A. le François curé du dit lieu. Fait à St. Augustin dans le cours de notre visite, le 3 Juin 1812.

Signé : Bern. Cle Évêque de Salde.

L'évêque Mgr de Salde, coadjuteur, a confirmé en juin, 153 personnes des deux sexes.

(1813). Prisque Cantin produit ses comptes et montre une dépense de £11,10.9 " pour perches et piquets pour la terre de l'église." Il faut bien convenir que cette terre de l'église coûtait un joli denier par année.

L'excédant de la recette sur la dépense est de £371.6.6½ ; en chiffres ronds : $1,485.

Le 17 avril, Louis Cantin et Marie Letarte, " après avoir obtenu dispense du quatrième degré de consanguinité de Monseigneur Plessis Evêque de Québec le trois Mars dernier ont réhabilité le mariage qu'ils avoient contracté invalidement, pour avoir ignoré le susdit empêchement le vingt huit juillet mil huit cent douze." C'est la deuxième réhabilitation de ce genre, jusqu'à présent. (1)

Deux bancs rentrent à la fabrique par le décès de Marie-Angélique Ratté, veuve de Joseph Gingras, un dans la nef, et l'autre dans le jubé ; le premier est adjugé à Augustin Gingras. Rente annuelle : 27 chelins et 20 sous ; l'autre du jubé passe à Jean-Bte Thibault pour 25 chelins de rente annuelle.

Marie Poitras, veuve de Jacques Rochon, remet son banc à la fabrique. Mis à la criée, il est adjugé à Joseph Petitclerc pour une rente annuelle de 27 chelins.

Enfin, J. B. Thibault remet son banc de jubé. Adjugé à Jean-Bte Huot. Rente annuelle, 21 chelins.

(1814). On a vu déjà quand commencèrent les travaux de l'église actuelle ; et ils se continuèrent sans interruption, grâce à l'intervention de Mgr Plessis.

---

(1) On voit par l'extrait ci-dessus, donné tel quel, que l'on n'était pas encore fort en ponctuation, et que l'on écrivait les imparfaits des verbes avec un *o*, en 1813. Pourtant, il y avait déjà longtemps qu'on écrivait ces imparfaits avec l'orthographe moderne, en France.

Le document suivant est le premier à faire mention de la construction de cet édifice.

Le même jour (1) dans la susdite assemblée (2) les anciens et nouveaux marguilliers sont convenus d'une voix unanime, avec l'agrément de Monseigneur Plessis Evêque de Québec comme il paroit par sa Lettre du trois juin dernier à Moi prêtre sous-signé, de prêter à Louis Amiot dit Larepinière (l'Erpinière) cultivateur du lieu susdit, syndic de *la nouvelle Eglise en construction*, pour aider à payer la main d'œuvre des travaux à faire cette année, la somme de cent Livres du cours actuel de la province, des deniers de la susdite fabrique Saint-Augustin laquelle somme lui a été comptée sur le champ, et qu'il s'oblige par ces présentes à rendre à la susdite Fabrique dans l'espace de cinq années de la date des présentes.

fait à Saint Augustin le trois de juillet dans la susdite assemblée dont quelques uns ont signé en présence des témoins soussignés.

Signé : Louis † Amiot syndic.
sa marque
Pri. Quentin.
Romin Vallière témoins.
Guillaume Qantin.
A. Lefrançois ptre.

Le ciboire que l'évêque avait recommandé d'acheter, deux ans auparavant, a coûté £12.

On a payé £1.17 pour clôture et découvert.

La balance en main augmente toujours ; cette année, elle est de £407. 13. 3½. Dans cette somme sont compris les 100 louis prêtés à Louis Amiot l'Erpinière, comme on l'a déjà vu.

Durant cette année et les deux années précédentes, il meurt un nombre extraordinaire d'enfants en bas âge, depuis quelques jours d'âge jusqu'à 2 ans au plus.

On continue de faire inhumer ici plusieurs enfants nés de parents demeurant à Québec.

Le 23 janvier, on inhume le corps d'André-Charles, natif de Francfort, en Allemagne, faiseur de paniers,

---

(1) Le 3 juillet.
(2) Assemblée pour la reddition des comptes.

" n'ayant aucun domicile fixe, " et décédé dans la paroisse, à l'âge d'environ 67 ans.

Le 11 mars, une mort subite : celle de Louis-Joseph Amiot-l'Erpinière, âgé de 75 ans:

On enregistre, le 27 mai, le décès de Joseph-Louis Vézina, " milicien incorporé, " âgé de 20 ans et demi.

On remarque, à la date du 15 décembre, la mort de Madeleine Ratté, veuve de Charles Martel. Elle était âgée de 91 ans.

Par la mort de Geneviève Gingras, veuve d'Yves Verret, la fabrique rentre en possession du banc de la défunte et l'adjuge à son fils Augustin Verret, pour 21 chelins de rente annuelle : c'était un banc du jubé.

La fabrique rentre en possession d'un autre banc par le mariage de Geneviève Garneau, (veuve de Charles Gingras) à François Denys. Elle retrait ce banc au moyen d'une rente annuelle de 34 chelins.

(1815). En feuilletant les registres de cette année, on voit que Pierre Pélisson a remplacé l'infortuné Louis Bourbeau dans la charge de meunier.

LA ROUTE DE LA NOUVELLE ÉGLISE.

Le 2 juillet, il y eut une assemblée des anciens et nouveaux marguilliers, dont voici les noms : Jean-Baptiste Dion, Pierre Jobin, Jacques Rochon, Augustin Thibault, Jean-Bte Petitclerc, Antoine Dorval, Louis Jobin, Pierre Côté, Jean-Bte Constantin et Prisque Cantin. Il fut convenu " de supplier Sa Grandeur Monseigneur Plessis Evêque de Quebec de leur permettre de prendre au coffre-fort de la Fabrique de Saint-Augustin l'argent nécessaire pour faire la route de la nouvelle église du dit lieu."

Sous la date du 8 d'octobre, on lit :

Nous approuvons la délibération des marguilliers de la paroisse de Saint-Augustin du trois juillet dernier et la résolution qu'ils ont prise de faire la route de la nouvelle église paroissiale aux frais de la fabrique.

Donné à Québec le 14 8bre 1815.

Le présent écrit sera annexé au registre des délibérations.

Signé : † J.-O. Ev. de Québec.

La recette des comptes s'est accrue de £42.19.5 au moyen d'un legs fait à l'église par défunt Pierre Fiset, en son vivant, colporteur.

Au chapitre de la dépense, on remarque les sommes suivantes ; £96.12.9 "pour planches et madriers"; £12.12.6 "pour cloux"; £67.13.4 "pour les sculpteurs S. B. et D".

Dans le cours de cette année, la fabrique rentre en possession de 5 bancs, dont les propriétaires sont morts ou absents, etc.

Le premier a été remis par Jean-Bte Amiot-Villeneuve, forgeron, et adjugé à Augustin Drolet pour une rente annuelle de 27 chelins.

Le deuxième retourne à la fabrique par la mort de Marie-Louise Ratté, veuve d'Augustin Lavoix; retrait par son fils Augustin pour une rente de seize chelins par année.

Le troisième banc (dans le jubé) devient la propriété de la fabrique par la mort de Geneviève Vermet, veuve de Jean-Bte Girard; elle l'adjuge à François Côté, forgeron, pour une rente annuelle de une livre et 10 sous, ancien cours.

Le quatrième (dans le jubé) devient la propriété de la fabrique par l'absence d'Agathe Garneau, veuve Gingras; adjugé à Augustin Gingras. Rente annuelle: 17 livres de l'ancien cours.

Le cinquième revient à la fabrique par l'absence de Joseph Martel, et elle le vend à Augustin Vermet pour une rente de 27 chelins par année.

(1816). Dans les comptes que rend Pierre Jobin, le dernier marguillier en charge de l'église de l'Anse-à-Maheu, fermée dans l'automne de cette année, on remarque ce qui suit au chapitre de la dépense. Pour peinture, clous, mastic, etc. : £19. 5. 10 ; pour 150 " livrets d'or employés : " £38. 15 ; pour planches et madriers : £33. 10 ; pour ouvrages à l'église, fenêtres, sanctuaire en bois et en fer et maçonnerie :£28. 3. 3$\frac{1}{2}$; pour parfait paiement de la voûte, retable, chaire, banc d'œuvre, etc. : £466. 13. 3½. La fabrique se trouvait alors avec un déficit de £191. 10. 8½, que le successeur de Pierre Jobin, (Louis Amiot-l'Erpinière, le premier marguiller en charge de la nouvelle église) devra, lui et ses successeurs, payer à M. Pierre Langlois, marchand de Québec, sur les deniers de la fabrique, " tous les ans, jusqu'au parfait et entier paiement."

Au commencement de cette année, on voit que la fabrique rentre encore en possession de deux bancs : celui de Madeleine Dubuc, veuve de Louis Doré, décédée. Le fils retrait ce banc pour une rente annuelle de 15 chelins ; puis le banc de Pierre Petitclerc, absent : adjugé à Augustin Brousseau. Rente annuelle : 24 livres et dix sous, ancien cours.

L'ancienne église, deux ou trois ans avant de se fermer, avait aidé à la nouvelle construction au moyen de l'élévation de la rente de ses bancs. Aussi voit-on que cette source de revenus a produit un chiffre plus considérable qu'à l'ordinaire. Les bancs achetés au commencement de cette année devaient être transportés dans l'église nouvelle, comme nous le verrons bientôt.

L'église de pierre de l'Anse-à-Maheu n'avait donc pas servi 98 ans, comme on le croit généralement. Ouverte au culte en 1723, elle était fermée en 1816, ce qui lui faisait le joli service de 94 ans, même en comptant les années 1723 et 1816, chacune pour un an complet.

L'année 1816 s'ouvre par un baptême, suivi de trois mariages contractés le même jour, le 9 janvier. Ce sont les mariages de : Louis Fiset et Barbe Côté ; de Louis Bureau et Marie Pelletier, puis celui de Jean-Baptiste Gilbert et Josephte Girard.

Le 6 de février, encore trois mariages. Pierre Masson se marie à Marie-Louise Jobin, fille de Jacques ; Joseph Scipion dit Lalancette, cordonnier, fils de Jean-Bte, colporteur, épouse Louise Denys, fille d'Ignace, et Michel Moisan, de Lorette, se marie à Josephte Brousseau, fille d'Augustin, de Saint-Augustin.

Le 13 du même mois, trois mariages de plus. Se mariaient : Jean-Bte Drolet et Marguerite Marois, fille de feu Nicolas Marois ; Joseph Gilbert et Marie-Anne McCarthy, fille d'Augustin, puis Augustin Beaupré et Marie Carreau, fille de Louis.

Le dernier mariage béni dans la *vieille église* a été celui de Joseph Ouvrard dit Laperrière et Marie-Françoise Masson, le 23 juillet.

Le dernier baptisé, au même lieu, fut Joseph, fils de Joseph Soulard et de Judith Grenier, le 27 d'octobre ; et le dernier enterrement, celui de Charles Defoy, veuf de Marie Drouin, à l'âge de 91 ans, le 12 octobre.

Les registres de la nouvelle église s'ouvrent par l'acte de sépulture de "Pierre-Bruno, garçon illégitime de Québec," âgé d'un mois, et enterré le premier de novembre. (1)

Le premier baptisé dans la nouvelle église fut Joseph, fils d'André Plamondon et de Marie-Josephte Pâquet, tous deux de l'Ancienne-Lorette, le 4 novembre.

Le premier mariage fut celui de Jacques Julien et Marie-Anne Ouvrard, fille de feu Ambroise Ouvrard dit Laperrière.

Le cahier des délibérations renferme un document qui mérite d'être inséré ici.

Le trente Octobre mil huit cent seize par Monseigneur J. O. Plessis Evêque de Québec a été Bénie la nouvelle Eglise de Saint Augustin, désignée par mon dit Seigneur en mil huit cent neuf, commencée dans l'Automne après la bénédiction de la 1ere pierre par Messire Deschenaux Vic Gén. Curé de l'Ancienne Lorette ; Batie par les Habitants des deux premiers rangs, un certain nombre de ces rangs excepté, et ce en présence de MM. Deschenaux Vicaire General Curé de l'Ancienne Lorette Célébrant, Antoine Bedard Curé de Saint Ambroise, De Boucherville Curé de Charles-bourg, Poulain de Courval de la Pointe aux Trembles, Cadieux de Beauport, Parent prêtre du Séminaire de Québec, Gauvreau Clerc Sécretaire, d'un grand concours de peuple et du sous-signé.

Signé : A. LEFRANÇOIS ptre.

---

(1) L'église d'en haut fut ouverte au culte le 30 octobre, 1816.

A la date du 3 novembre, M. Lefrançois a écrit ce qui suit :

Des Bans

Les Bans (bancs) de l'ancienne Eglise de Saint Augustin ont été placés dans la nouvelle dans les places qu'ils occupoient, et les nouveaux ont été adjugés selon la forme ordinaire, le prix de l'adjudication faisant la rente annuelle payable au commencement de chaque année, entre les mains du marguillier en exercice.

Le trois Novembre mil huit cent seize ont été adjugés à la porte de l'Eglise de Saint Augustin les Bans dans la nouvelle Eglise, suivant l'ordre, le nombre et les rangs désignés ci-dessous.

Le prix est donné en livres et sous de l'ancien cours.

Le banc payant le plus haut chiffre est celui de Charles Gagnon : 39 livres, dans la 2me rangée, côté de l'Evangile, No. 8.

Ensuite, dans la 3me rangée, No. 2, du côté de l'Epître, le banc d'Augustin Bourbeau : 34 liv. ; puis celui de Pierre Jobin, mêmes rangée et côté, No. 3 : 30 livres.

Vendus à la criée, le 3 novembre : 18 bancs.

Le 10, on vend 22 bancs, dans la 3me rangée, contre la muraille, du côté de l'Evangile. Les plus hauts prix sont pour les bancs Nos. 7 et 9, adjugés à Charles Fiset et à Joseph Jobin, 28 liv. 10 sous chacun.

Le 17, on adjuge 9 bancs de la première rangée du côté de l'Evangile, et 9 de la 2me rangée, même côté ; 5 de la première rangée du côté de l'Epître, et 4 de la 2me rangée, même côté ; en tout : 27 bancs. Le plus haut prix fut pour le banc No. 12, adjugé à Louis Gilbert, fils.

Le 24, on vend les bancs des deux chapelles.

Chapelle du côté de l'Evangile, en remontant ; première rangée : 3 ; 2me rangée : 3 ; en tout : 6.

Chapelle du côté de l'Epitre, en remontant ; première rangée : 3 ; 2me rangée : 3 ; en tout : 6. Pour les deux chapelles : 12. Le plus haut prix de ces bancs est le No. 1, dans la première rangée de la chapelle du côté de l'Epître, adjugé à Charles Charland pour 28 livres et 5 sous.

C'était donc 79 bancs que l'on vendait à ces quatre criées ; et il devait y avoir, par-ci, par-là, des bancs de l'ancienne église, dans la position d'ordre qu'ils y occupaient, car les numéros des bancs adjugés ne se suivent pas tous et commencent généralement vers le No. 11, ce qui fait supposer que les anciens bancs étaient presque tous placés en avant des nouveaux.

(1817). Le 18 de mars, Jean-Bte Moisan et Marie-Olive Petitclerc réhabilitent leur mariage contracté le 21 janvier dernier. Ce mariage était invalide, vu qu'ils n'avaient point déclaré un empêchement (qu'ils ignoraient) du 4me degré de consanguinité existant entre eux, et pour lequel ils ont obtenu une dispense de Mgr Plessis, le 17 de ce mois.

Le 19 d'avril, sépulture de Marie-Louise Thibault, épouse de Jean-Bte Racette, morte subitement à l'âge d'environ 41 ans.

Le 17 décembre, Nicolas Lainez dit Laliberté, veuf de Louise Doré, meurt à l'âge avancé de 93 ans.

La rente des bancs a rapporté £116.1.3, et la vente de 2 ciboires et d'un ostensoir (probablement ceux de la vieille église), £28,10.

Au chapitre de la dépense, on voit : Pour le bedeau : £5.3.4 (c'est le même prix depuis plusieurs années) ; pour maçon et forgeron : £3.19 ; pour madriers et planches : £11.10 ; pour clous et cordes : £5.11 ; pour façon de 10 bancs : £11.5 ; pour balustrades et fenêtres boisées : £30.10 ; pour bénitier de pierre : £1.15 ; pour 2 échelles de cèdre : £1.10 ; pour peinture, colle, etc. : £2.10.2, et pour chaux, bois de chauffage, clôture : £2.7.9.

La fabrique a payé £109.18.6 à M. Pierre Langlois, marchand de Québec, (déjà mentionné) sur sa dette de £191.10.8½.

La dépense et la recette s'équilibrent ; mais il reste à la fabrique " 751 sols (sous) de nulle valeur."

Au cours de cette année, la fabrique revend plusieurs bancs qui lui reviennent par mortalités, absences ou comme bancs nouveaux.

(1818). Le 16 de mai, sépulture de " Louis Ouvrard dit Laperrière, époux de Marie Martel, mort le quatorze du courant, écrasé par la chute de sa cheminée en présence de Charles Amiot dit Villeneuve et de Joseph De Saint dit Saint Pierre, de Joseph Morel et de Louis Ouvrard dit Laperrière son fils ; âgé d'environ cinquante un an."

Le 16 d'août, sépulture de Josephte Porreau, fille de feu Michel et de Josephte Béland, à l'âge de 91 ans.

Le 27 d'octobre, Marguerite Defoy, âgée d'environ 31 ans et femme de Jean-Bte Trudel, meurt de mort subite.

Dans le mois de juin de cette année, Mgr Plessis visite la paroisse et il écrit ce qui suit au cahier des délibérations :

Vus et alloués les comptes de cette fabrique desquels nous déchargeons les marguilliers jusques et compris Pierre Jobin, qui était comptable en 1816. Ordonnons que, d'ici à deux ans, il soit placé dans le bas de l'église un baptistère hors duquel on ne puisse baptiser depuis le 15 avril jusqu'au 1er novre. de chaque année. Donné à St Augustin dans le cours de nos visites, le 6 juin 1818.

Signé :   † J. O. Ev. de Québec.

La rente des bancs a atteint le plus haut chiffre jusqu'à présent : £119.5.5

Le salaire du bedeau a été augmenté de 10 chelins : de £5.3.4 à £5.13.4.

La fabrique s'est acquittée de sa dette à M. Pierre Langlois, marchand de Québec. La balance due : £81.12.2½ lui a été payée cette année.

On a payé en outre pour perches et piquets : £14 ; pour plomb : £16.11.6 ; pour clous et carvelles : 17 chelins ; pour ouvrage au clocher : £1.2.6.

Balance à l'avoir de la fabrique : £30.11.3.

Les marguilliers vendent à la criée plusieurs bancs revenant à la fabrique par mortalités, absences, etc.

Le banc No 4, dans la première rangée, du côté de l'Epître, adjugé à Jean-Bte Roy-Audy, a donné le plus haut prix jusqu'ici : 60 livres de l'ancien cours, comme $10 de notre monnaie actuelle.

Mgr Plessis a confirmé, en juin (1818) 216 personnes des deux sexes.

(1819). Le 16 février, M. le curé bénit *six* mariages à la même messe. Ce sont les mariages de Michel Drolet et Marie-des-Anges Gingras, fille d'Augustin ; de Joseph Dolbec et Marguerite Sédillot dit Montreuil ; de Joseph Grenier et Louise Soulard, fille de Joseph ; de François Génois et Marie-Anmne Vézina, fille de Joseph ; de Louis Lépine, journalier de Québec, et Marie Gilbert, fille de Jean-Baptiste, de Saint-Augustin, et de Louis Vézina et Madeleine Génois, fille de François.

Le 5 de Juin, on inhume " le corps d'un Canadien catholique romain, noyé depuis plusieurs jours, de l'âge d'environ quarante ans, trouvé flottant sur le fleuve et conduit sur le rivage, à la rivière du Cap Rouge par les gens d'une chaloupe."

Il y eut enquête juridique sur le cadavre de ce noyé, par Louis Gaboury, "Lieutenant des Milices," assisté de Jacques et Ignace Gaboury, qui ont déclaré n'avoir trouvé aucun signe de mort violente.

Le 14 juillet, sépulture de Marie-Véronique Du Sault, veuve de François Rasset (Racette), "vivant cultivateur de l'Assomption, morte à l'âge de 93 ans."

Le sieur Amiot paie la balance due sur son obligation du 2 juillet, 1815 " : £33.6.8.

Un particulier (on ne le nomme pas) fait un don à la fabrique de £4.5.

Parmi les articles de la dépense, on remarque £12.-7.11½ pour plomb, clous, etc.

Il reste à l'avoir de la fabrique : £207.17.2.

Jean-Bte Roy-Audy remet le banc qu'il avait acheté, l'année précédente, au prix élevé de $10. Ce même banc, mis à la criée, est adjugé à Gabriel Rognon dit Rochette pour 36 livres, ou $6.

(1820). On trouve encore l'enregistrement de 3

mariages contractés le même jour : le premier février. Se marient: Antoine Ouvrard dit Laperrière et Thérèse Carreau, fille de Louis ; Basile Tardif et Angèle Amiot-l'Erpinière, fille de Jean-Baptiste ; Thierry Pelletier et Thérèse Trudel, fille de Charles.

Louis Petitclerc et Françoise Gagnon, son épouse, tous deux "de la Petite Rivière Saint-Charles dans la Banlieue de Québec," font baptiser à Saint-Augustin, le deux février, Françoise, née le jour précédent.

Le 21 juin, la veuve du meunier Louis Bourbeau (broyé à mort dans un engrenage, comme nous l'avons vu) se remarie avec Michel Tessier.

Le nom de Joseph Marois paraît pour la première fois comme *tisserand*, le 19 août, le jour où est inhumée son épouse, Marie-Angélique Nolin.

Le 25 septembre, sépulture, *dans l'église*, du corps d'Augustin Thibault, " capitaine de la première Compagnie des Milices" de Saint-Augustin, à l'âge de 79 ans.

Il y a eu, dans le cours de cette année, une seule mort subite : celle de François Prud'homme dit Failly, âgé de 15 ans.

Parmi les actes de baptême, on remarque celui de " Marguerite, née du légitime mariage de defunt Noël et de Geneviève, Sauvages Mickmacks, hyvernant à l'Ancienne Lorette."

Les quêtes de l'année ont produit £26.11.0.

On a payé £113.10.0 pour le jubé, et il restait au coffre 251.0.5, ou $1,004 et quelques sous.

Cette année, il n'est vendu que 2 bancs remis et revendus, l'un, 30 livres, et l'autre, 18 liv. et 10 sous, ancien cours.

DE 1821 À 1830.

(1821). Au printemps de cette année, les anciens et nouveaux marguilliers se réunissent sous la présidence de M. le curé, pour prendre en considération la réponse de Mgr Plessis à une lettre qu'ils lui avait écrite, dans laquelle ils demandaient à Sa Grandeur la permission " de prendre au coffrefort de leur fabrique les deniers nécessaires pour réparer en partie le crépi extérieur des murs de l'Eglise, de la sacristie, du pignon du presbytère et le haut des cheminées. "

L'évêque accorde cette demande " si la somme nécessaire à cette réparation n'excède pas le tiers de l'argent que possède au moment la dite Fabrique. "

Les marguilliers, en vertu de cette permission, décident unanimement de prendre, sur les £251 et 5 deniers qu'elle possède, jusqu'à concurrence de £30.

On a payé les sommes suivantes : Pour dernier et parfait paiement du jubé : £69.10.0 ; pour le retable, en âge : £133.6.8 ; pour le tableau de saint Jean-Baptiste : £12.10.0 ; pour divers ouvrages à l'église : £7.5.6½. Reste en main : £176.7.7½.

Il s'est vendu à l'enchère une cinquantaine de bancs. Le chiffre le plus élevé de ces bancs a été 36 livres, ancien cours.

Il est fait mention d'une seule mort subite, durant cette année : celle de Julien Bureau, époux de Catherine Guillot, âgé de 68 ans.

Le mois de janvier voit encore trois mariages célébrés le même jour, le 30. Ce sont les unions de Nicolas Bureau et d'Angélique Quentin (Cantin) fille de Jean-Baptiste ; de Louis Bélan (Béland) et de Marie-Anne Cantin, fille de Jean-Baptiste ; de François Dubect (Dubeau) et de Madeleine Gingras, fille d'Augustin.

On voit que Jean-Baptiste Cantin mariait ses filles Angélique et Marie-Anne ce jour-là.

Le 28 d'avril, baptême de Godefroy et de Domitille, jumeaux, enfants de Gabriel Rognon dit Rochette et de Françoise Girard.

Le 14 de juillet, il mourait dans la paroisse, un homme âgé de CENT DEUX ANS : Philippe Drolet était le nom de ce patriarche, le seul qui pût alors, en 1821, dire qu'il avait été baptisé dans la chapelle de bois de l'Anse-à-Maheu, et qu'il avait déjà deux ans lorsque les cérémonies de la vieille église de pierre, en 1723, furent faites, sous M. Desnoyers.

Le 21 d'août, sépulture de Paul Rasset (Racette), veuf de Catherine Jobidon. (1)

Le 8 novembre, sépulture de Patrick, " fils de Dennis Dunn, Irlandais cultivateur de l'Etablissement Saint Patrick sur la Rivière Jacques-Cartier, et de Jeane Manifold, son épouse." Leur enfant décédé avait 4 ans, 3 mois et 8 jours.

Le 4 décembre, un autre Irlandais, Cornelius, âgé de 15 ans et du même établissement de la rivière Jacques-Cartier, était inhumé dans le cimetière de la paroisse. Ses parents étaient : Michael Mauher (2) et Bridget Ready.

Il y eut, en 1821, 86 baptêmes, 32 enterrements, dont la grande moitié d'enfants en bas âge, et 16 mariages.

(1822). Le 11 janvier, sépulture de Joseph Vézina, à l'âge avancé de 90 ans.

Le 15, est inhumé, *dans l'église*, au côté de l'Epître, le corps de Jean-Bte Moisan, à l'âge de 65 ans.

Le 24 février, sépulture de Mary, fille de " James Lewis, cultivateur de l'etablissement Saint Patrick sur la Rivière Jacques Cartier, et de Mary McIncKerny, son épouse."

Le 13 mars, " a été baptisé sous condition, à l'âge de trois ans, sept mois et trois jours, Flavien Léon, né à Québec, le dix Aoust mil huit cent dix huit, de parents inconnus."

Le 14 mars, " a été baptisé sous condition, à l'âge de cinq ans et quatre jours, Pierre Lécuyer, inconnu de Québec."

---

(1) Les premiers missionnaires écrivaient ce nom tel qu'il doit l'être (nous l'avons déjà vu) : BIDON. D'un nommé Bidon quelconque, ayant pour prénom : *Job*, on a fait : JOBIDON. Il en est de même pour les Gastonguay, formé erronément des deux noms de *Gaston* et de *Guay* : c'est Guay qui est leur vrai nom.

(2) Probablement Maher.

Le premier d'avril, " a été baptisé sous condition, à l'âge de cinq ans, trois mois et quelques jours Martin garçon né à Québec de parents inconnus."

Le 2 avril, " a été baptisé, sous condition, à l'âge de cinq ans, six mois et cinq jours, Antoine, né à Québec de parents inconnus."

Le 22 avril, " a été baptisée sous condition à l'âge d'environ cinq ans, cinq mois et vingt deux jours, Josephte, fille née en quelqu'une des paroisses circonvoisines, de parents inconnus. "

Le 6 mai, baptême de Catherine, fille de " Dennis Dunn, Irlandais, cultivateur du nouvel établissement sur la rivière Jacques-Cartier, et de Jeanne Manifold." Parrain et marraine: Patrick Walsh et Emilia Carroll.

Le 8 mai, baptême de " Marguerite, fille de William Walsh, cultivateur du nouvel établissement Irlandois sur la Rivière Jacques Cartier, et de Margaret Cœsar." Parrain et marraine : Thomas Doyle et Mary Carroll.

Le 19 mai, est baptisé " Pierre Jackson, garçon illégitime né à l'Ancienne-Lorette, le 10 du courant. "

Le 3 juin, baptême sous condition de " Marie, fille illégitime de Québec, âgée d'environ huit ans et cinq mois, présentée dans le doute de son Baptême par son Nourricier, Jean Desroches cultivateur de Saint Augustin. " (1)

Le 20 de juillet, Augustin Lainez (Laîné), époux de Marguerite Saint-Michel, meurt subitement, âgé de 57 ans.

C'est la seule mort subite de cette année.

Le 22 septembre, Barbe Côté, épouse de Louis Fiset,

---

(1) Ces baptêmes d'enfants illégitimes, adoptés par les paroissiens de Saint-Augustin, sont rapportés dans le but de relever une erreur presque certaine qu'ont pu commettre involontairement les curés qui ont précédé M. Lefrançois, et voici comment. Ils ne mentionnaient pas où étaient nés les enfants illégitimes baptisés par eux, ce qui a induit l'auteur à porter au compte de la paroisse un nombre d'illégitimes certainement plus considérable que le nombre réel. Il faudra donc tenir compte de ceci en voyant le nombre déjà donné et baptisé avant l'arrivée de M. Lefrançois à Saint-Augustin.

donne le jour à deux jumeaux, baptisés sous les noms de Thomas et de Narcisse.

Le 21 novembre, Josephte Boutin, épouse de Jean-Bte Brisson, met au monde deux jumeaux, un garçon et une fille, qui reçoivent au baptême les noms de Godefroy et d'Archange.

Le 28 novembre, sépulture de James, âgé de 9 ans, "fils de Patrick Keyhoe Irlandois Cultivateur du nouvel établissement de Fossembault sur la Rivière Jacques Cartier, et de Catherine Phelan, son épouse."(1)

Il semble que la paroisse de Saint-Augustin était devenue, depuis plusieurs années, le refuge des enfants naturels que pouvaient produire Québec et les localités environnantes.

Le 28 décembre, Joseph-Louis Vézina reçoit la sépulture dans le cimetière de la paroisse, en présence d'un grand nombre de personnes. Il était " capitaine des milices de Saint-Augustin," et âgé d'environ 65 ans.

La rentes des bancs donne le plus haut chiffre jusqu'à cette année : £133.1.10½.

On a déboursé pour dernier paiement du retable : £26.13.4 ; pour maçonnerie extérieure de l'église : £24.10.0 ; pour idem à l'intérieur : £22.1.9 ; pour le baptistère : £2.14.0 ; pour peinture et huile : £3.17.0.

A l'avoir de la fabrique : £257.5.5, ou $1,029 et quelques sous.

On vend encore à la criée plusieurs bancs. Le plus haut prix est de 33 livres, ancien cours, pour le premier banc, 4me rangée, côté de l'Evangile, remis par Jean-Bte Roy-Audy, et adjugé à Augustin Bourbeau, fils.

(1823). La rente des bancs rapporte £137.14.7½.

---

(1) Ce brave M. Lefrançois paraît avoir tenu à ce que la postérité sût qu'il n'ignorait pas l'anglais ; car il a écrit à la marge de cet acte : "*Burial of James Keyhoe.*" Cette maladie de l'anglais faisait donc déjà des victimes, il y a 62 ans?

Les registres ne font mention de cet établissement de la rivière Jacques-Cartier que depuis l'année précédente (1821). Si ce sont les premiers colons irlandais établis là, ou à peu près les premiers, cet établissement aurait de 60 à 70 ans d'existence.

On a fait les dépenses extraordinaires suivantes :
Pour bois et huile : £10.12.4 ; pour une chasuble :
£13.10.0 ; pour réparations à l'église et au presbytère :
£27.3.11, etc. Le salaire du bedeau est porté de
£5.13.4 à £7.

Il reste un excédant de la recette sur la dépense de
£356.1.9, ou $1,424.35.

Il s'est encore vendu plusieurs bancs. Le plus haut
chiffre de rente annuelle est pour le banc remis par
Augustin Faucher et adjugé à Joseph Jobin pour 30
livres. C'était le 10me banc, 2me rangée, côté de
l'Evangile.

Mgr Plessis écrit au cahier des délibérations :

Vus et alloués les comptes de cette fabrique desquels nous
déchargeons les marguilliers jusqu'à et compris Michel Côté
sorti d'exercice le 1er janvier 1822.

Ordonnons 1. qu'il soit fait une douzaine de corporaux et
autant de palles. 2. que l'ornement de soie noire et un autre
de moire de laine blanche avec croix de soie rouge, soient
immédiatement réparés ou renouvelés.

Donné à Saint-Augustin, dans le cours de nos visites, le 6
juillet 1823.

Signé : † J. O. Ev. de Québec.

Le document suivant donne des renseignements qui
méritent d'être consignés ici :

Le treize juillet mil huit cent vingt trois, les Anciens et
Nouveaux Marguilliers de la Fabrique Saint-Augustin légalement assemblés après les Vêpres à la Sacristie, pour délibérer
sur la proposition faite à leur paroisse de réparer le Batiment
du Calvaire, ont résolu d'une voix unanime 1. que les offrandes
de leur paroisse et des Fideles en général, employés suivant
leur intention, suffisant et audela pour cette réparation, ils ne
peuvent et ne doivent se porter à la dite réparation qu'a condition que le dit Calvaire soit abandonné à leur Fabrique, ou
les offrandes à venir remises entre les mains du Marguillier en
exercice pour en rendre un compte exacte et séparé tous les
ans, et être employées à ses réparations et décorations nécessaires ; 2. que le Marguillier Augustin Verret soit chargé de
porter copie de la présente délibération à qui il appartiendra.
De plus, ils ont résolu de prendre d'après la permission de
Mgr J. O., Plessis du 22 mars 1822 sur les deniers de la

Fabrique pour l'achat du Bardeau, des cloux et autres nécessaires objets, pour réparer la couverture de l'Eglise et le payement de la main d'œuvre et autres réparations.

Fait dans la dite assemblée, etc.

L'année s'ouvre par l'acte de baptême d'un Irlandais de l'établissement de la rivière Jacques-Cartier, puis viennent immédiatement les actes de trois mariages célébrés le même jour, le 21 janvier.

1. Augustin Rasset (Racette) se marie à Louise Rocheron (Rochon), fille de Jacques.

2. Pierre Jobin, fils de Pierre, s'allie à Marie Côté, fille de Louis.

3. Antoine Benoît dit Livernois épouse Marie Mathieu, fille de Nicolas.

Le 28 janvier, " a été baptisé sous condition Joseph Délaissé, garçon légitime abandonné par ses parents dont on ignore les noms, à Québec, et porté à l'hotel Dieu du dit lieu, âgé d'environ six ans et trois mois."

Le 4 février, un nommé François Masselin, domicilié à l'Ancienne-Lorette et " fils de Nicolas Masselin, cultivateur, et de Thérèse Lafosse, de la paroisse de Tordoué, du canton Dorbec, au Département de Calvados, évêché de Bayeux en Normandie, province de France, " épouse, à Saint-Augustin, la fille de François Génois : Angélique.

Le 21 de février voit mourir un ancien et respectable paroissien, âgé de 77 ans : Louis Gaboury, veuf de Brigitte Constantin, lieutenant des milices de Saint-Augustin, etc.

Le 29 de mai, encore deux jumeaux, enfants de Jean-Bte Rognon dit Rochette et de Susanne Grenier.

Nous avons vu que, depuis au moins 1812, il devait y avoir un établissement irlandais sur la rivière Jacques-Cartier. Il paraîtrait que ces frères par la foi s'unirent à quelques-uns des nôtres, car on remarque, dans un acte de baptême du 28 de juin, que la mère de l'enfant est Marie-Louise Masson, et le père un " Irlandois de l'Etablissement de Fossembault sur la Rivière Jacques Cartier. "

Puis, par un acte de baptême du 27 d'octobre, on voit qu'il y avait aussi des Canadiens d'établis parmi cette population irlandaise, car on fait baptiser, à cette date, Simon, fils d'Augustin Gagnon, " du nouvel Etablissement de Fossembault, sur la Rivière Jacques Cartier," et de Marie Gautier.

Cet établissement a donné naissance, en 1821, à la paroisse de Sainte-Catherine de Fossembault, et il fut desservi, jusqu'à cette dernière année, par le curé de Saint-Augustin. (1)

La personne qui meurt, cette année, à l'âge le plus avancé, est Marie-Louise Letarte, veuve de Joseph Morin, à 93 ans.

Mgr Plessis a confirmé, en juillet, 73 garçons et 95 filles.

(1824). Encore *trois* mariages le même jour : le 3 de février. Se marient : Augustin Robitaille, de la Pointe-aux-Trembles, à Cécile Quézel, fille de Michel, de Saint-Augustin ; Nicolas Jobin à Louise Fiset, fille de Charles, et Joseph Bédard, de Sainte-Foye, à Josephte Verret, fille d'Augustin, de Saint-Augustin.

Le 8, sépulture de Patrick Fitzpatrick, époux de Sarah McEvoy, " cultivateur du nouvel Etablissement Irlandois de Fossembault à la Rivière Jacques-Cartier, âgé d'environ trente trois ans, trouvé le cinq du courant au matin mort gelé sans aucun signe de violence, par William Barry, Nicholas Parl, Martin Meehan, James Meehan et John Meehan. (2)

L'acte de mariage de Jean-Bte Masson et Marie Trudel, fille de Nicolas, donne au marié le titre de " chartier." C'est le premier charretier dont le nom apparaisse dans les registres.

Le 18 mai, " a été baptisé Thomas, né le quinze du

---

(1) Canoniquement, cette paroisse ne fut érigée qu'en 1832.

(2) M. Lefrançois a écrit à la marge de cet acte : " *Burial of Patrick Fitzpatrick.*" C'était le commencement de la plaie de l'anglomanie, lèpre hideuse, qui devait nous faire tant de mal tout en nous rendant fièrement ridicules.

Dans un autre acte, au lieu d'écrire le mot *fermier*, il a bravement mis : *Farmer*. Admirons un tel courage, en 1824.

courant, de parents Irlandais inconnus, au nouvel Etablissement de Fossembault, à la Rivière Jacques-Cartier."

Le 15 juin, François Fiset, marchand de Québec, épouse Louise Côté, fille de Louis, de Saint-Augustin.

Le 4 de juillet décède, à l'âge de 16 jours, et est enterré dans le cimetière de la paroisse, Marie-Sophie, fille de Patrick Ward Handy, marchand de Québec et de Marie-Rosalie de Saint-Félix, son épouse.

Le 10 novembre, sépulture de Pierre âgé de 4 ans, 8 mois et 4 jours, fils de Louis Vésina (1) et de Madeleine Génois, " noyé dans leur puits."

Le 20 décembre, Messire Lefrançois donne la sépulture au corps de Jane " fille de Jacob Murphy, cultivateur du nouvel Etablissement de Fossembault à la Rivière Jacques Cartier, et de Mary Black, son épouse, *presbytériens.*"

On doit supposer que, pour être inhumé dans un cimetière catholique, cette enfant (âgée d'un mois et dix jours) née de parents presbytériens, fut préalablement baptisée.

Le 22, sépulture de Patrick Coyle, âgé de 17 ans et 9 mois, " fils de John Coyle, cultivateur du nouvel établissement de Fossembault à la Rivière Jacques Cartier, et d'Helena Curtney, son épouse, jeune homme épileptique, trouvé mort et gelé le quinze du courant, sur la route du Moulin à la dite Rivière, sans aucun signe de violence."

La reddition des comptes de Joseph Rognon dit Rochette indique, entre autres dépenses, £6.13.10 pour rente, ligne et fossé de la terre de la Fabrique, et £7.19.8 pour l'achat d'un crucifix.

La balance en main est de £480.0.11½, de laquelle, cependant, il faut déduire £1.18.10½ pour " des sols (sous), monnoie françoise de nulle valeur." Il reste

---

(1) L'origine de ce nom, d'après M. l'abbé Tanguay, étant *Voisine*, l'orthographe ancienne, avec un *s*, *Vésina*, doit être préférable à l'orthographe actuelle, avec un *z*, *Vézina*.

donc un avoir de £478.2.1, ou $1,912.40 c. et une fraction.

Il se vend encore plusieurs bancs, dont le No. 1, 4me rangée, du côté de l'Evangile, dans le jubé, est adjugé à Augustin Bourbeau, pour 28 liv. 10 sous, ancien cours. C'est le plus haut prix des bancs vendus cette année.

(1825). Depuis une couple d'années, la rente des bancs a diminué d'une dizaine de louis.

On achète 2 chasubles et une robe de bedeau, qui ont coûté £12.2.10.

Argent au coffre : £606.19.9, " dont il faut distraire dix shellings et onze sols (1) en vingt sols de l'ancien cours qui avaient cours au commencement de mil huit cent vingt-cinq (2) et qui, maintenant, n'ont aucune valeur dans le commerce."

La Fabrique de Saint-Augustin avait donc en caisse, à la fin de cette année, toutes dépenses et dettes acquittées, une balance de £606.8.18 ou $2,425.76, le plus haut montant à son avoir, depuis sa fondation.

Le banc vendu le plus cher, aux criées de cette année, a été le 3me de la 2me rangée, côté de l'Epître, dans la nef, adjugé à Gabriel Huot, pour 36 livres, ou $6.

Cette année a vu trois morts subites : le 4 février, celle de Charlotte Poreau, veuve de François Ratté, à l'âge de 82 ans ; celle de Félicité Petit, épouse de François Duboct (Dubeau), agée de 42 ans, et celle d'Augustin Gaboury, à l'âge de 21 ans.

Il se célèbre, le 8 février, trois mariages : celui de Joseph-Abraham Tardif et Judith Amiot-l'Erpinière, fille de Jean-Baptiste ; celui de Jean-Bte Beaupré et Catherine Masson, fille de feu Louis, et celui de Jean-Bte Dorval et Marie-Josephte Bertrand, fille de Jean-Baptiste.

Avec cette année (1825) disparaît, dans les actes, la

---

(1) Ce que nous appelons *deniers*.
(2) Les comptes de l'année courante se règlent toujours l'année suivante. Les comptes ci-dessus devaient donc se régler en 1826.

dénomination de *Nouvel établissement irlandais de Fossembault, à la rivière Jacques-Cartier*, remplacée, à partir du 29 de mai, par le nom de *Sainte-Catherine de Fossembault.*

A partir de cette année aussi, on voit qu'il y avait, à Sainte-Catherine, plusieurs colons canadiens, venus en grande partie de Saint-Augustin, et le nom d'établissement *irlandais* n'était plus de mise, dans cette localité, où la race française, si prolifique, devait bientôt dépasser par le nombre la race hibernienne.

On voit encore, par les actes des mariages des jeunes Irlandais de Sainte-Catherine de Fossembault, que quelques-uns de ceux-ci et tous leurs parents étaient nés en Irlande, et ce fait engage à croire que les premiers colons irlandais de la rivière Jacques-Cartier, dont il est fait mention, pour la première fois, en 1821, ne pouvaient pas s'être établis, à cet endroit, beaucoup d'années auparavant.

Le 13 décembre, fut baptisé Thomas, fils de Patrick-Churchill Foy, " maître d'école à Sainte Catherine de Fossembault, et de Mary Carmichael, " son épouse.

Les Irlandais de Sainte-Catherine avaient le pas sur nos compatriotes de Saint-Augustin, qui ne devaient s'occuper d'une école digne de ce nom, que deux ans plus tard.

(1826). Trois couples se marient le 31 janvier : Augustin Paradis, marchand de Québec, et Marie-Louise Picher, fille de Joseph, de Saint-Augustin ; Charles East, menuisier, domicilié à Saint-Augustin, fils majeur de Thomas East et de défunte Elisabeth, de Wiltshire, en Angleterre, et Hélène Rocheron, (Rochon) fille de Jacques, puis Joseph Vézina de Sainte-Catherine de Fossembault, et Charlotte Beaupré, fille de défunt Noël, du même lieu.

J'interromps ici mon récit pour faire une digression à l'égard d'un des trois mariés ci-haut nommés :

M. CHARLES EAST.

Avant que la tombe ne se ferme sur ce vénérable vieillard, enregistrons ici quelques souvenirs que ses descendants et ses amis aimeront à conserver.

Charles East naissait avec la première année de ce siècle : 1800, dans le Wiltshire, en Angleterre.

Il n'avait que 11 ans lorsqu'il vint à Québec, en qualité de jeune matelot, sur un navire marchand. C'était en 1811.

L'année suivante, 1812, il faisait un second voyage à Québec, sur un navire marchand encore, du nom d'*Agnès*, ou *Agnis*, ou *Agnus*. Le jeune matelot d'alors, paralysé aujourd'hui, ne saurait préciser quant au vrai nom.

Quoi qu'il en soit, ce navire à voile, *Agnès*, *Agnis* ou *Agnus*, fut envoyé de Québec à Portneuf pour y prendre un chargement de bois, et c'est là que Charles, âgé de 12 ans, dit adieu à son navire avec deux de ses jeunes camarades, dont l'un demeura quelque temps à Saint-Augustin.

Quant à Charles East, il abjurait le protestantisme, à la Pointe-aux-Trembles, après avoir été instruit dans les vérités de la religion catholique par M. Lefrançois. C'est M. Poulin de Courval qui reçut son abjuration, en 1814. Il s'établit à Saint-Augustin, définitivement, la même année.

En 1826, il se mariait, à Saint-Augustin, à Hélène Rocheron ou Rochon. Il eut 8 enfants, 5 garçons et trois filles. Il perdait sa femme, en 1845, et ne se remaria point.

En quittant son navire, à Portneuf, Charles s'était réfugié chez Jean Constantin, dans le haut de la paroisse, où il fut reçu et grandit comme l'enfant de la maison.

Plus tard, il apprit la sculpture avec M. Leprohon, de Québec, et il devint très habile dans cet art. C'est lui qui a fait les trois quarts des travaux de sculpture que l'on voit dans l'église de Saint-Augustin.

La Providence, en faisant déserter de son navire cet enfant anglais, en 1812, avait des desseins, alors impénétrables, mais qui se révèlent aujourd'hui. Il devait non-seulement faire souche ici à une famille nombreuse, toute catholique et n'ayant plus d'anglais que le nom ; mais il devait tout probablement, lui, l'enfant protestant de 1812, devenir le grand-père d'un prêtre dans la personne de M. Ulric East, ecclésiastique attaché au collège de Lévis, et fils de son deuxième enfant, Félix, un des citoyens les plus respectables de Saint-Augustin.

Reprenons le récit de l'histoire.

Le 4 avril, Bonaventure Paré, marchand de Québec, et dont les parents étaient de Sainte-Anne de la Pérade, se marie à une fille de Saint-Augustin : Angèle Jobin, fille mineure de Nicolas Jobin et de Thérèse Ouvrard dit Laperrière.

Le 20 juin, Louis Jobin, " capitaine des Milices de Saint-Augustin," veuf de Josephte Ratté, se marie à Madeleine Falardeau, veuve de Guillaume Tardif, en son vivant, de l'Ancienne-Lorette.

Le 19 septembre, fut baptisé l'enfant de " Thomas Everall, cabaretier résidant à Saint-Augustin."

Le premier cabaretier de la paroisse avait ouvert sa boutique aux partisans de Bacchus, à l'Anse-à-Maheu, (nous l'avons vu) et le deuxième fut un nommé Dessaint dit Saint-Pierre. Everall était donc le troisième cabaretier de Saint-Augustin.

Les comptes de Louis-Grégoire Amiot-l'Erpinière, comptable de cette année, n'offre qu'un seul article de dépense extraordinaire : l'achat d'un " poile " (poêle) : £4.

La Fabrique avait en caisse : £748.10.4, ou $2,994 et quelques sous.

Le plus haut prix des bancs vendus cette année, a été 27 livres et 10 sous. C'était le 9me banc de la 3me rangée, côté de l'Evangile, remis par Pierre Laliberté et adjugé à Etienne Goulet.

Il y a eu 81 baptêmes, en 1826, et un grand nombre de décès parmi les jeunes enfants.

(1827). Le 16me banc de la première rangée, côté de l'Evangile, a été adjugé à Jean Martel pour 29 liv. et 10 sous. C'est le plus haut prix de cette année.

Joseph Côté, marguillier en charge, rend ses comptes. On y remarque les sommes suivantes, au chapitre de la dépense : £10 pour le maître d'école ; (1) pour deux tableaux : £28.5.0.

Balance à l'avoir de la Fabrique : £850.3.9½, ou $3,400.75 et une fraction, le plus haut montant jusqu'à cette année.

L'ÉCOLE DE LA FABRIQUE.

Le document suivant nous fait voir les premières démarches entreprises au sujet de cette école.

Le sept Octobre mil huit cent vingt sept les nouveaux Marguilliers de la Fabrique St. Augustin, Joseph Côté, Nicolas Côté et Jacques Garneau, et les anciens Louis Jobin, Capitaine, Jean-Baptiste Constantin, Charles Huot, Augustin Drolet, Prisque Quentin, Pierre Jobin, Antoine Petit Clair, Joseph Marois, Jean-Baptiste Dion, Jacques Rocheron, Michel Côté, Jean-Baptiste Petit Clair et Louis Amiot, convoqués au prône de la messe paroissiale et assemblés pour délibérer sur les moyens de répandre l'éducation dans leur paroisse, ont résolu à l'unanime d'informer Sa Grandeur Monseigneur Panet Evêque de Québec, qu'ils ont acheté un Lopin de terre suffisant, qu'ils y ont bati une maison à deux étages en pierres et qu'ils les ont donnés à leur Fabrique, pour servir de maison d'Ecole, et que sans le quart du Revenu annuel de la dite Fabrique, qu'ils sont autorisés à demander par le dernier Statut provincial de la quatrième année du Regne de sa Majesté George Quatre, il seroit impossible d'y maintenir un Maitre d'Ecole et ils ont résolu en conséquence de supplier Sa Grandeur de leur accorder cette grace.

Fait à St. Augustin les jour et an susdits, dans la dite assemblée, dont les Membres, un seul excepté, ont déclaré ne savoir signé.

Signé :   Prisque Quentin,
A. Lefrançois ptre.

---

(1) Cette dépense s'expliquera plus loin.

Maintenant, voyons ce qu'a écrit l'évêque de Québec en réponse à cette demande.

Vû la délibération en assemblée des Marguilliers anciens et nouveaux de la paroisse de St. Augustin, et en même temps leur requête ci-dessus pour obtenir de nous la permission de prendre tous les ans sur les revenus annuels de la fabrique une somme qui n'excèdera pas le quart du revenu annuel pour le soutien d'une école élémentaire dans leur paroisse, où il a été bâtie et donnée à la fabrique une maison et un terrain suffisant pour la dite école.

En conséquence nous autorisons chaque Marguillier devenant en charge de livrer pour la dite fin à qui il appartiendra, sur le revenu annuel de la dite Fabrique le quart chaque année du du dit revenu, et ce seulement par quartier chaque année, en par lui retirant chaque fois un reçu de chaque somme livrée pour le soutien de la dite école, qu'il portera dans son compte de dépenses. Les présentes seront mises au rang des Archives de la fabrique dans le coffrefort, ensemble copie certifiée du contrat d'acquisition et de donation de la maison et terrain donnés à la fabrique pour y avoir recours au besoin.

Donné à Québec sous notre seing le treize octobre mil huit cent vingt sept.

Signé : † Bern. Cle. Evêque de Québec.

Cette maison d'école et le terrain y appartenant sont encore les mêmes immeubles dont on se sert aujourd'hui pour l'école du village, à un arpent à peu près au nord de l'église.

Quant aux mariages, ils ont été plus nombreux qu'à l'ordinaire, et il y en a eu jusqu'à *cinq* le même jour.

(1828). Le 14 de mars, sont baptisées sous condition deux jumelles, Julie et Madeleine, nées à Lorette, de parents inconnus.

Le 18, deux autres jumelles, Victoire et Justine, enfants de Jean-Romain Ouvrard dit Laperrière, reçoivent le baptême.

Le 13 septembre, on enterre, après en avoir reçu la permission du coroner Panet, le corps d'un inconnu trouvé sur le rivage mort sans marque de violence. Son corps a été placé dans la partie du cimetière de Saint-Augustin destinée aux enfants morts sans baptême.

Les dépenses extraordinaires de l'année sont : £5.0.3 pour peinture, huile et peintre ; £4.18.3 pour ouvrages en fer et bois, etc. ; £21.13.0½ pour le maître d'école. Balance à l'avoir de la fabrique : £960.14.5¼.

Il y a eu vente de plusieurs bancs. Le plus haut prix remporté l'a été par la vente du banc abjugé à Joseph Defoy : 33 livres et 5 sous, ancien cours. C'était le 11me de la première rangée, du côté de l'Epître.

(1829). La somme de 33 livres a été la plus haute à la vente des bancs, cette année. C'était le 2me banc de la première rangée, du côté de l'Epître, devenu la propriété de la fabrique par la mort d'Augustin Gingras. Acheté par M. Joceph Vézina, il fut retrait par Frs.-Xavier Gingras.

Jacques Garneau, marguillier comptable, présente les comptes de son année de gestion (1829).

La vente des bancs a rapporté : £130.14.1½.

Les dépenses à remarquer sont : £3 pour le maître d'école ; £1.16.0 pour livres de chant, et £4.14.0 pour ornements réparés.

La balance à l'avoir de la fabrique forme le plus haut chiffre jusqu'à ce jour : £1,105.14.9, on $4,422.55.

Le 16 juillet, Mgr Panet écrit au cahier des délibérations.

Vus et alloués les comptes de cette fabrique dont nous déchargeons les Marguilliers jusques et compris Joseph Rognon dit Rochette Marguillier en charge en l'année 1824. Nous avons ordonné et nous ordonnons que les Marguilliers des années 1825, 26, 27 et 28 aient à rendre leurs comptes d'ici à la fin de la présente année, faute de quoi il sera tenu une assemblée des Marguilliers pour autoriser par acte devant un Notaire le Marguillier en charge de l'année prochaine 1830, ou tout autre à poursuivre dans la Cour du Banc du Roi de ce district les dits Marguilliers qui n'auront pas alors rendu leurs comptes, et toute autre personne redevable de quelques droits à la fabrique. Mr. Lefrançois curé de cette paroisse lira une fois à son prône la présente ordonnance.

Donné à St. Augustin dans le cours de nos visites le 16 Juillet 1829.

Signé : † Bern. Cle Evêque de Québec.

Le 14 d'août, on découvre, sur le rivage, le corps d'un inconnu trouvé mort sans aucune marque de violence. Après l'enquête juridique, on l'enterre dans la partie du cimetière réservée aux enfants morts sans baptême.

Sainte-Catherine de Fossembault a fait baptiser deux enfants illégitimes, cette année, et un l'année précédente.

En juillet de cette année, il est confirmé 223 personnes, tant garçons que filles, par Mgr Panet et par Mgr Signay, son coadjuteur ; le premier jour, par Mgr le coadjuteur, et les deux autres jours (le 16 et le 17) par l'évêque de Québec, Mgr Panet.

A partir de cette année, (1830) nous omettrons le détail des dépenses de la fabrique, qui ne peuvent intéresser qu'un bien petit nombre. Nous ne donnerons que le montant de ces dépenses.

(1830). Le 7 avril, sépulture, dans l'église de Saint-Augustin, d'Ursule Gingras, âgée seulement de 24 ans, épouse de Joseph-Abraham Amiot-l'Erpinière, menuisier de Québec.

Une Sauvagesse abénaquise de Bécancourt, femme de Joseph-Louis, meurt à Saint-Augustin, le 6 septembre et y est inhumée, le 8, à l'âge de 75 ans.

Le 26 de novembre, sépulture, à Sainte-Catherine de Fossembault, de Patrick Howlat, cultivateur du lieu, tué par la chute d'un arbre, le 20.

C'est depuis cette année seulement que l'on enterre les morts de Sainte-Catherine dans son cimetière ; car il n'en était pas fait mention auparavant.

M. Lefrançois, qui paraît avoir pris un soin particulier de donner à chaque localité ce qui lui appartenait, ne manque pas de dire dans l'acte de baptême d'un enfant illégitime : " Né à Sainte-Catherine de Fossembault de parents *irlandais* inconnus. "

Il y a une diminution de 15 dans le nombre des baptêmes de cette année comparé à celui de l'année précédente : 84 au lieu de 99.

Le 9 de mai, il se tient à la sacristie de la paroisse

une assemblée des anciens et nouveaux marguilliers, dans le but de " délibérer sur les Réparations à faire à l'Eglise et au presbytère ; " et ils " ont résolu à l'unanime :

  1. Qu'il est d'une urgente nécessité d'en réparer les couvertures et lambrisser leurs parties exposées au vent de Nord-Est.

  2. Que vu la pauvreté, à laquelle les a reduits la détresse des années précédentes et les travaux presque continuels, aux quels ils ont été exposés depuis plus de vingt ans ils ne sauroient contribuer au dela du Bardeaux, des Planches et des Madriers nécessaires à ces réparations.

  3. Qu'il leur falloit s'adresser à Sa Grandeur Monseigneur Panet Evêque de Québec pour obtenir de prendre au coffre de leur Eglise, pour la main d'œuvre, les cloux, les,—(un mot illisible) la peinture et l'huile, l'argent nécessaire pour l'achat et le payement de ces effets.

Fait au dit lieu, etc.

Voici la décision de l'évêque à ce sujet ;

Vû les résolutions ès autres parts passées dans une assemblée des Marguilliers de la Paroisse de St Augustin, nous avons permis et permettons de prendre au coffre de la Fabrique les deniers nécessaires pour subvenir aux dépenses mentionnées dans les dite résolutions, les habitants s'obligeant à fournir les bardeau madriers, planches et autres bois nécessaires.

La présente demeurera attachée au livre de comptes de la Fabrique pour être sujette à l'inspection de l'Evêque dans le cours de ses visites.

          Signé :   † Bern. Cle. Evêque de Québec.
Québec, 11 mai 1830.

A la vente des bancs, cette année, le plus haut prix a été de 33 liv. et 10 sous, toujours l'ancien cours.

Les dépenses extraordinaires, pour cette année seulement, ont été de £199.12.5½.

En ajoutant à ce montant, celui des dépenses ordinaires pour hosties, vin, bois, bedeau, etc, c'est-à-dire £26.15.8½, on trouve une dépense totale de £226.8.2 ; et la recette générale étant de £1,276.9.0, il reste encore au coffre de la fabrique : £1,050.0.10, ou $4,200 de la **monnaie** actuelle.

DE 1831 A 1840.

(1831). La mortalité, cette année, a été considérable, surtout parmi la population irlandaise de Sainte-Catherine. Le chiffre des décès, pour toute la paroisse, est égal à celui des naissances, *moins* 12, ce qui est une disproportion remarquable.

Le 18 avril, ont été baptisées Thérèse et Marie, jumelles, enfants de Thierry Pelletier et de Thérèse Trudel, de Sainte-Catherine.

Le 21 juillet, sépulture de Daniel, "fils de Daniel Leary et d'Helena Smolen, Irlandois montant au Haut Canada, et décédé à Saint Augustin le dix neuf du courant à l'âge d'environ quinze mois."

Le 23 d'octobre, baptême sous condition de Michael et de William, frères jumeaux, enfants de William Taffey et de Johanna Fitzgerald, de Sainte-Catherine.

Un acte de mariage du 25 fait voir que M. Cooke était alors curé de Saint-Ambroise. Il fut aussi curé de Caraquette, dans la Baie-des-Chaleurs, du côté du Nouveau-Brunswick, avant de devenir premier évêque de Trois-Rivières.

Le plus haut prix des bancs a été 31 livres; et la rente totale a rapporté £132.4.11.

La reddition des comptes par le marguillier comptable Jean-Bte Marois montre une dépense totale pour l'église et le presbytère, de £492.4.9.

À part ces déboursés pour l'église et le presbytère, on avait fait faire des travaux à la sacristie pour £6.6.3.

Malgré toutes ces dépenses, la fabrique avait encore au coffre £699.15.9=$2,799.15.

(1832). Le prix des bancs vendus, cette année, s'est élevé jusqu'à 36 liv. et 15 sous.

La rente annuelle des bancs a produit £135.

Les dépenses extraordinaires ont été considérables, en tout: £590.7.0½. La balance en main de l'année précédente est réduite à £272.5.2.

Cette année encore, la moyenne des sépultures dépasse de beaucoup l'ordinaire, si on la compare à la moyenne des naissances. Nous étions à l'année du choléra.

Quant aux mariages : 27, ils forment à peu près la moyenne annuelle ordinaire.

Il se célèbre *quatre* mariages le 7 de février. Se mariaient alors : Ambroise Desroches et Apolline Gaboury, fille de Louis ; Louis Denys et Marie Quentin (Cantin), fille de Louis, tous deux de Sainte-Catherine ; Charles Drolet, de la Pointe-aux-Trembles, et Marie Trudel, fille de Joseph, de Saint-Augustin ; Nicolas Valin, veuf de Josephte Ménard, et Madeleine Brousseau, fille de défunt Augustin.

Le 6 novembre, sépulture de Jean Bureau, fils de Joseph et âgé de près de 12 ans. Cet enfant s'était noyé, le 3, dans la rivière du Cap-Rouge, au troisième rang.

Le 26, on inhume, dans la nef de l'église de la paroisse, au côté de l'Evangile, le corps de Marie-Perpétue Miville-Dechêne, épouse de François-René Ponsy, navigateur de Québec, " décédée en la dite ville, à l'âge de cinquante neuf ans, six mois, munie des secours de l'Eglise."

En parcourant les registres de cette année, on voit, par des certificats de publication de bans, qu'un " Monsieur Lévêque " était vicaire à Saint-Roch de Québec, et " Monsieur Baillargeon " (plus tard évêque) était le curé de la ville.

Il n'est fait mention d'aucun décès par le choléra, qui fit tant de victimes à Québec.

(1833). Les personnes mortes octogénaires, au cours de cette année, sont : Antoine Dorval, veuf de Marie Drolet, à 87 ans ; Joseph Petitclerc, mort le 15 juillet, à 83. Sa femme Françoise Maret dit Lépine, mourait 3 mois après lui, le 14 octobre, aussi à 83 ans ; puis Louis Jobin, veuf de Thérèse Trudel, mourait à 81 ans.

L'année s'ouvre par un décès : celui de Charlotte Gingras, décédée le premier de l'an. Onze jours après, son mari, Ignace Denys, la suivait dans la tombe. Ils étaient tous les deux domiciliés à Québec, mais ils furent enterrés à Saint-Augustin, d'où ils étaient originaires.

Après avoir passé plusieurs années sans une seule mort subite, nous en trouvons une à la date du 9 janvier : celle de Catherine Plamondon, épouse d'Ambroise Martel, décédée à l'âge de 66 ans.

Le 17 d'août, sépulture de François-Médéric, " fils de François-Jérome Ponsy, Maitre d'école de la paroisse, et de Marie-Adélaïde Routier, son épouse." (1)

L'année se termine par la sépulture, dans la partie du cimetière destinée aux enfants morts sans baptême, du corps d'un homme inconnu, trouvé mort dans le bois de Jacques Robitaille, au second rang, sans aucune marque de violence, d'après le certificat du coronaire.

La rente des bancs forme la somme de £138.2.2½.

On a encore déboursé £27.14.7½ pour l'église.

Le salaire du bedeau a été porté de £7 à £11.

Argent au coffre, déduisant £2.16.3½ pour mauvaises dettes : £407.5.4.

Le plus haut prix offert à la vente des bancs, cette année, a été 32 livres.

(1834). Trente-quatre livres et 10 sous forment le plus haut chiffre de la rente annuelle des bancs.

Les dépenses extraordinaires se sont élevées à £93.8.0.

A l'avoir de la fabrique : £446.14.6½.

La personne la plus âgée, morte en 1834, fut Marie-Angélique Soulard, veuve de François Côté, morte à l'âge de 90 ans.

Il y a à enregistrer, cette année, deux morts subites : celle de Jean-Baptiste Cantin, âgé de 72 ans, époux de Marie-Anne Drolet, et celle de Madeleine Marois, fille de Jean-Baptiste, à l'âge de 19 ans.

---

(1) Il y a eu longtemps, à la basse ville de Québec, des demoiselles Ponsy, qui tenaient une maison de pension.

Le 27 septembre, baptême de Marie et d'Adélaïde, jumelles, filles d'Alexis Loriot et Marie Meunier.

Les décès sont au nombre de 52, dont les deux tiers, à peu près, d'enfants en bas âge.

(1835). Le 13 de janvier, est enregistré le mariage de Jacques Jobin, fils majeur des défunts Louis Jobin et Marie-Josephte Ratté, à Angèle Gaboury, fille majeure de Jean-Marie Gaboury et de Marguerite Thibault.

Ce Jacques Jobin, qui demeure au rang des Mines, est le même qui a fourni à l'auteur les plus beaux souvenirs consignés dans ce livre. Il est souvent parlé de lui. Il y aura donc 50 ans que ce couple respectable s'est uni aux pieds des autels de leur église ; il y a un demi-siècle que leur curé bien-aimé, M. Lefrançois, bénissait leur union, et Dieu a ratifié cette bénédiction de son ministre, car M. et Mme Jobin ont vécu heureux et ils attendent en paix et sans crainte le jour où la mort les unira dans un monde où il n'y aura plus de séparation.

M. Jobin et sa digne compagne devraient célébrer leurs noces d'or, le 13 de janvier, 1885. Il est certain, alertes comme ils le sont, qu'ils pourraient encore se rappeler et danser le menuet que l'on dansait en 1835, cette danse si belle et si polie de nos pères et que l'on a remplacée, *dans cette ère de progrès*, par la valse et la polka, aux allures fantasques et indécentes. (1)

Le jour où M. et Mme Jobin se mariaient, il y avait aussi un autre mariage : celui de Louis Cantin et Louise Garneau, veuve majeure de Pierre Estiambre dit Sanfaçon.

---

(1) Nous pouvons ajouter ici que M. et Mme Jobin ont célébré leurs noces d'or au jour indiqué ci-dessus. Plusieurs prêtres honoraient de leur présence cette fête si belle de deux personnes qu'un demi-siècle a unies, que la mort a respectées et qui ont, à elles deux, tenu tête aux orages surgis au cours de cette longue union. Cette cérémonie religieuse, suivie du dîner traditionnel et, quelquefois, de quelques-unes des danses du temps des Mariés, est essentiellement canadienne.

Le 18 avril, inhumation de Marguerite Drolet, épouse de Pierre Marois, charretier de Québec, morte subitement en ville, à 21 ans.

Le 30 mai, sépulture " de Joseph Côté, âgé de 43 ans, époux de Madeleine Jobin, mineur de Québec, écrasé sous un monceau de pierres et décédé à l'instant, suivant le certificat de Bernard-Antoine Panet," coronaire.

Le 15, le 16 et le 17 de juillet, Mgr Signay, évêque de Québec, et Mgr Turgeon, coadjuteur, confirment 104 hommes et 115 femmes, en tout : 219.

Le 10 novembre, sont baptisés deux enfants jumeaux: Charles et André, enfants de Jean-Bte Rocheron (Rochon) et Louise Carpentier. André mourait le 15 du même mois, et Charles, le 25.

Nombre de baptêmes, en 1835 : 68 ; de décès : 42.

Le chiffre le plus élevé, pour rente de bancs, est 30 livres, cours ancien.

On continue d'appliquer des sommes assez rondes pour l'embellissement et les réparations de l'église.

Le bedeau voit augmenter son salaire de £1.10.0, formant £12.10.0. Balance en main : £554.12.5½.

En juillet, Mgr l'évêque de Québec approuve les comptes de la fabrique et en décharge les marguilliers jusqu'à 1831 inclusivement. Puis Sa Grandeur ajoute

Nous avons ordonné 1o. que les marguilliers des années 1832 et 1833 fassent toute diligence possible pour rendre les comptes des dites années d'exercice, au plus tard, dans quatre mois, de cette date, et que celui de l'année dernière, 1834, rende les siens, au plus tard à la fin de la présente année. 2o. Que le plus grand des deux ciboires, soit redoré dans sa coupe. 3o Qu'il soit acheté un registre pour y faire, à l'avenir, l'entrée des actes d'adjudication des bancs, et un jeu de cartons d'autel, pour les jours de fêtes les plus solennelles.

Donné à St Augustin dans le cours de nos visites le 16 juillet 1885.

Signé : † Jos. Ev. de Québec.

Le 31 octobre, Mgr Signaï adressait la lettre suivante à M. le curé de Saint-Augustin :

198   HISTOIRE DE LA PAROISSE

INDULGENCE.　　　　　　　Québec 31 Octobre 1835.

Monsieur,

Dans la vue de seconder la piété de vos paroissiens, j'accorde, par la présente, à votre paroisse de Saint Augustin, en vertu d'un indult du St. Siége en date du treize janvier mil huit cent trente trois, adressé aux Evêques de Québec et qui doit valoir à perpétuité, une Indulgence plénière, applicable *per modum suffragii* aux ames du Purgatoire : laquelle pourra être gagnée les jours de la Toussaint et de la Commémoration des Morts, ainsi que le Dimanche dans l'Octave de la Toussaint, par tous les Fidèles vraiment contrits, qui s'étant confessés et ayant communié, visiteront, l'un de ces trois jours, l'Eglise de la dite paroisse, et y prieront, pendant quelque tems, avec ferveur, pour la propagation de la Foi.

La présente, après avoir été lue au prône de votre messe paroissiale, sera transcrite sur le livre de la Fabrique, et ensuite sera déposée dans les Archives de la dite Fabrique pour qu'on puisse y recourir au besoin.

Je suis bien sincèrement,
Monsieur,
Votre très humble
et obéissant serviteur,
Signé :　　† Jos. Ev. de Québec.

(1836). L'église actuelle, telle qu'elle est aujourd'hui, a dû coûter un montant très élevé, car, depuis plusieurs années avant l'époque où nous sommes rendus (en 1836), elle avait déjà pris plusieurs milliers de piastres à la paroisse ; mais les habitants de Saint-Augustin, dignes descendants de ceux qui construisirent, au prix de tant de sacrifices généreusement faits, l'église de pierre de l'Anse-à-Maheu et l'embellirent, donnent toujours les yeux fermés, quand il s'agit de la gloire de Dieu et de l'ornement de son temple. Et ce même Dieu leur remet au centuple, car c'est la paroisse, dans tout le pays, où il y a moins de pauvres.

Cette année encore, on a payé £129.10.2 dont £30 pour 2 grands tableaux, saint Philippe et saint François ; £30 pour un grand saint Augustin, et £30 pour 2 écoles, etc.

Il reste en main le joli denier de £530.3.1.

La personne la plus âgée, morte en 1836, a été Joseph Rocheron, (Rochon) veuf de Marie-Madeleine Martel.

Un certificat de publication de bans montre que M. Têtu était alors curé de Saint-Roch de Québec.

Le 12 d'août, sépulture de Léocadie, fille de Joseph Alain et de Marie Clément. C'était une enfant de 2 ans qui s'était "noyée dans le puits de Louis Petitclair, son voisin, près du chemin, sur les cinq heures de l'après-midi et retirée sur les six heures par sa mère."

L'année 1836 n'a donné que 50 baptêmes contre 35 décès. Il y a eu 7 mariages seulement.

(1837). On trouve plusieurs actes signés par des prêtres étrangers.

Les deux premiers de l'année, l'acte de baptême d'Hilaire Jouineau (Juneau) et celui d'Edouard Dupille, portent la signature de M. " Jos. D'Estimauville, Ptre."

Vient ensuite un acte de mariage signé par M. " C. F. Cazeau Ptre, " et suivi d'un acte de sépulture signé par M. " F. J. Rivard ptre. " Puis tous les actes, à partir du 7 février à aller jusqu'au 4 avril inclusivement, portent la signature de M. " Frédéric Caron Ptre. "

M. Caron agissait comme vicaire de M. Lefrançois, pendant une maladie prolongée que fit celui-ci.

Il y a aussi un acte de mariage revêtu de la signature de M. N.-T. Hébert, le curé actuel de Kamouraska et, en 1837, vicaire de Québec.

Il est fait mention pour la première fois, cette année, d'un curé à Sainte-Catherine de Fossembault, quoique M. l'abbé Tanguay indique cette paroisse comme tenant registres dès 1832.

Le 6 de septembre, est enterré, dans l'église, du côté de l'Epître, le corps de Marie Josèphe Alain, âgée de 67 ans, épouse de Joseph Sauvageau, cultivateur de Saint-Augustin, décédée subitement, le trois du courant, d'une chute accidentelle de calèche en revenant de nuit à la maison. " Il y eut enquête par le coronaire Panet.

Le 9 de novembre, est inhumé, aussi dans l'église, le corps d'Augustin Bourbeau, âgé de 84 ans, veuf de Thérèse Constantin.

Jacques Julien, marguillier en charge, présente une dépense totale de £59.16.1.

(1838). L'église continue de prendre une grande partie des fonds pour dépense en dehors des dépenses ordinaires. C'est ainsi que François Ratté, le marguillier comptable, donne au chapitre des déboursés extraordinaires de 1838 : £86.2.3½.

Cette année, on a enregistré 62 baptêmes, 7 mariages et 27 sépultures, dont un grand nombre d'enfants.

On remarque que plusieurs des personnes de la paroisse, domiciliées à Québec, jeunes et vieux, viennent chercher le lieu de leur dernier sommeil dans le cimetière de la paroisse natale. Belle et touchante pensée est celle qui engage le mourant à demander d'aller porter ses restes mortels à côté des cendres de ses Pères ! Ce désir, si naturel au cœur bien né, rappelle les paroles que le poëte met dans la bouche d'un de ses héros dont la dernière pensée est pour la patrie absente : " *Et dulcis moriens reminiscitur Argos.*"

Le 17 de février, la sépulture d'Adélaïde Tessier, âgée de 38 ans, fille de François Tessier, sellier, et d'Elisabeth Barbeau, domiciliés à Québec, " décédée en la dite ville, après huit ans de maladie." Elle aussi, avant de fermer les yeux à la lumière du jour, avait voulu être inhumée dans le cimetière de sa paroisse.

Par un acte du 25 de mai, on voit que François-Jérôme Ponsy, ci-devant maître d'école, est devenu *aubergiste*. Ce monsieur Ponsy descendait au lieu de monter ; car il y a une grande distance entre la profession si noble de l'intituteur et l'occupation infime de vendeur de rhum.

Les personnes les plus âgées mortes, en 1838, furent

Jean-Marie Gadoury, (1) époux de défunte Brigitte Lainez, à 87 ans, et Joseph Rochette, veuf de Madeleine Godin, à 84 ans.

(1839). Il est mort encore trois anciens de la paroisse, nés vers le milieu du siècle précédent et baptisés dans la *vieille église*, en supposant qu'ils fussent tous nés à Saint-Augustin : Simon Chamberland, veuf de Marie Parent, domicilié à Sainte-Catherine, à 89 ans et 9 mois ; Marie-Catherine Côté, veuve de Jean-François Rocheron (Rochon), à l'âge de 87 ans, et François Morache, garçon, âgé de 84 ans.

Le premier était donc né vers 1750 ; la deuxième, en 1752, et le troisième, en 1755. Le premier et le deuxième auraient pu être baptisés par M. Dunière, et l'autre par M. Brassard.

M. Lefrançois bénit trois mariages le même jour, le 9 avril : celui d'Augustin Gaboury et de Marie Moisan, fille de Jean-Baptiste ; celui d'Augustin Bussière, de Sainte-Anne de la Pérade, et de Josephte Dorval, fille de Jean-Baptiste, de Saint-Augustin ; celui de Fabien Rochette, forgeron, de Sainte-Catherine, et de Marie Denys, fille d'Etienne, de Saint-Augustin.

Le 17 d'avril, on enterre, dans l'église, du côté de l'Evangile, le corps de François-Jérôme Ponsy, ci-devant maître d'école, puis aubergiste, époux de Marie-Anne-Adélaïde Routier, mort à l'âge de 45 ans.

On a payé, en 1839, toujours pour l'église : £267.-15.1½.

On a encore augmenté le salaire du bedeau, en le portant de £12.10 à £13.

Malgré toutes ces dépenses extraordinaires, le marguillier en charge, Jean-Bte Drolet, remet à son successeur, Joseph Côté, la somme de £314.10.10, formant la balance à l'avoir de la fabrique, après toutes dépenses payées.

(1840). Cette année peut s'intituler " l'année des mariages contractés le même jour."

---

(1) On voit ces deux noms dans les registres : *Gadoury* et *Gaboury*.

1. Trois le 14 de janvier : celui d'Augustin Vallières et de Sophie Ratté, fille de François ; celui d'Edouard Gaboury et de Rose Petitclerc, fille d'Augustin, puis celui de Louis Anger, de Bourg-Louis, (1) et de Julie Trudel, fille de défunt François.

2. A la date du 4 de février, on voit les actes de mariage de Jacques Gaboury et Marie Côté, fille de Joseph ; celui de Joseph Lefebvre et Madeleine Valin, fille de Joseph, puis celui de François Côté et Ursule Huot, fille de Michel.

3. Le 11 de février se mariaient : Hyacinthe Desroches à Marie-Geneviève Dion, fille d'Ambroise ; Damase Thibault, de Québec, à Justine Rochette, fille de Joseph ; Edouard Garneau à Angélique Albœuf dit Boutet, fille de Pierre, puis Louis Jobin à Thècle Marois, fille de Prisque. Quatre mariages le même jour.

4. Le 18, trois autres mariages : celui de Michel Tardif et Louise Gingras, fille de François ; celui de Louis Quentin (Cantin) et Bibiane Drolet, fille de Jean-Baptiste, et celui de Jean-Baptiste Thibault et Marie Quentin, fille de défunt Louis.

Le 11 avril, on enterre, dans l'église, "au côté de l'Epître, dans le bas," le corps de Marie Valin, fille âgée d'environ 73 ans.

Le 30 juin, sépulture d'un enfant de 8 ans, 1 mois et 18 jours, Jean, fils de Jean-Baptiste Lainez (Laîné), charpentier. Cet enfant, dit l'acte, s'était *noyé en jouant*.

Un certificat de publication de bans, du 27 juillet, indique que M. Huot était curé de Sainte-Foye, en 1840.

Le 25, le 26 et le 27 de juillet, Mgr Signay confirme 134 personnes des deux sexes.

Il y a, le premier septembre, la sépulture d'un homme noyé à Québec : Joseph Gadoury, batelier de Québec, mais originaire de Saint-Augustin.

Dans un acte de mariage du 15 septembre de cette

---

(1) Bourg-Louis est situé entre Sainte-Catherine et Saint-Raymond, au nord de Saint-Augustin. La paroisse de Saint-Raymond, à laquelle appartient Bourg-Louis, n'existe que depuis 1844.

année, on voit, pour la première fois, le nom du curé de Sainte-Catherine de Fossembault : " Messire Paisley."

Le 3 décembre, Luc Gilbert, cordonnier, et Cécile Martel, après avoir obtenu dispense du 3me et 4me degré de consanguinité et du temps de l'Avent, de Mgr Signaï, réhabilitent le mariage qu'ils avaient contracté le 20 d'octobre précédent et déclaré nul, depuis, à cause de l'empêchement ci-dessus indiqué et qu'ils ignoraient alors.

Le 15 du même mois, est enterré, dans l'église, sous la chapelle de la sainte Famille, le corps de Prisque Marois, commerçant et célibataire, mort à 81 ans.

Ce n'était pas le plus âgé qui mourait dans la paroisse, cette année. Etienne Doré, veuf de Charlotte Vermet, l'avait précédé dans la tombe, à l'âge de 84 ans.

Cette année, Mgr Signaï fit sa visite pastorale dans la paroisse : c'était sa deuxième.

Après avoir confirmé, comme nous l'avons déjà vu, Sa Grandeur examine et alloue les comptes de la fabrique rendus depuis sa première visite du 16 juillet 1835, " jusques et compris ceux de Sr. Jacque Julien marguillier en exercice de 1837, " desquels comptes sont déchargés les marguilliers qui les ont rendus. Puis Monseigneur ajoute :

Nous avons ordonné 1. Que les marguilliers de 1838 et 1839 se mettent en devoir de rendre les comptes de leur année d'exercice au moins dans le cours d'octobre prochain ; 2. Que ces mêmes marguilliers dont l'un a dans ses mains un montant de £60 et l'autre un de plus de £25 courant, déposent au plus tôt ces sommes au coffre fort, après les avoir renfermées dans des sacs séparés avec une étiquette portant le nom du marguillier qui les y a déposées, mode que nous recommandons pour l'avenir, à l'égard de tout marguillier qui se trouvera dépositaire de quelque somme assez considérable, en attendant qu'il puisse rendre les comptes de son année de gestion.

Donné à St Augustin dans le cours de notre seconde visite, le 27 juillet 1840.

Signé :   † Jos. Ev. de Québec.

On affecte encore plusieurs centaines de piastres à l'ornement de l'église.

Balance à l'avoir de la fabrique : £330.7.4½, ou $1,321 et quelques sous.

À partir de cette année, le salaire du bedeau est de £15.

DE 1841 A 1850.

(1841). Jean-Bte Moisan, marguillier en exercice, rend compte de dépenses extraordinaires pour le montant de £136.10.6.

Balance au coffre : £354.8.6½.

Il y a deux morts subites à enregistrer en 1841 : celle de Joseph Grenier, époux de Marie-Louise Martin. Il était âgé de 98 ans, et très probablement le seul, dans toute la paroisse, qui eût connu M. Desnoyers, ayant déjà 5 ans à la mort de ce curé, en 1748.

L'autre personne frappée de mort subite, fut Louise Dubuc, épouse de Pierre Drolet, à l'âge de 68 ans.

On voit, pour la première fois, le 12 de mai, le nom de Louis-François Laroche, " Notaire de Saint-Augustin " et marié à Éléonore Grenier.

Le nom d'un autre notaire, Daniel Watters, paraît aussi le 7 d'octobre.

Il y a eu 74 baptêmes.

(1842). On a enregistré 76 baptêmes, 44 décès et 14 mariages.

Cette année, la Mort semble avoir voulu visiter les patriarches de la paroisse. Nommons-en quelques-uns, par ordre d'âge.

1. Françoise Vallières, veuve de Charles Racette, morte le 31 mai, à 96 ans.

2. Marie-Louise Martin, veuve de Joseph Grenier, morte le jour de Noël, à 95 ans.

3. Charles Huot, mort le 18 février, à 92 ans.

4. Marie-Louise Gilbert, veuve de Louis Grenier, inhumée dans l'église, sous la chapelle de saint François-Xavier, âgée de 92 ans et morte le 25 juin.

5. Augustin Gaboury, mort le 31 juillet, à 91 ans.
6. Joseph Dubuc, le 24 janvier, à 90 ans.
7. Etienne Gilbert, mort subitement le 11 mars, à 88 ans.
8. Marie-Louise Racette, fille, le 14 novembre, à 83 ans.
9. Augustin Gingras, mort le 20 mai, à 82 ans.
10. Jean Dorval, le 17 mars, à 81 ans.
11. Marguerite Verret, veuve de Jacques Jobin, morte le 6 août, à 79 ans.
12. Louis Côté, le 14 octobre, à 78 ans.
13. Madeleine Vallières, épouse de Michel Côté, morte le 7 février, à 75 ans.
14. Romain Racette, garçon, le 19 février, à 75 ans.

Le 11 janvier, baptême de deux frères jumeaux: Alexandre et André, enfants de Daniel Watters, notaire, et Marie-Anne Rousseau. Alexandre mourait 15 jours après, et André 21 jours après son baptême.

Le 20 mars, Marie-Josephte Hébert, épouse d'Augustin Garneau, meurt subitement, à l'âge de 72 ans.

Il est fait mention, le 4 septembre, pour la première fois, d'un boulanger dans la paroisse : Ambroise Desroches, mort le 24 novembre de cette année, à 47 ans.

Le 24 décembre, on inhume, dans l'église et sous la chapelle de saint François-Xavier, le corps de Marie-Anne Moisan, âgée de 49 ans, fille des défunts Jean-Baptiste Moisan et Félicité Galerneau.

Le bedeau de cette époque devait être un homme qui croyait à l'augmentation rapide des salaires. On a vu que ses services, dans les commencements de l'église, se payaient à raison d'un prix annuel de £5. Voici l'échelle ascendante de son salaire, depuis cette époque : £5.3.4, £5.13.4, £6, £6.10, £7.10.0, £10, £11, £12.10.0, £15, puis, cette année (1842) : £20.

Le bedeau d'alors, père du bedeau actuel, était Augustin Gaboury. Il avait une sœur qui a eu l'honneur de former le sujet d'un livre : " LA PREMIÈRE CANADIENNE du Nord-Ouest, ou biographie de Marie-Anne Gaboury, arrivée au Nord-Ouest en 1806, et décédée à Saint-Boniface, à l'âge de 96 ans," par M. l'abbé G. Dugast. Le lecteur qui désirerait lire la vie de cette femme extraordinaire par le courage et les vertus, peut se procurer ce livre intéressant publié par MM. Cadieux et Derome, à Montréal.

Les dépenses de l'église sont loin d'être aussi considérables que celles des années précédentes : elles ne s'élèvent qu'à la somme de £20.

Argent au coffre-fort : £448.8.3, ou $1,793.65.

Jean-Romain McCarthy était le marguillier en exercice de cette année.

(1843). Les dépenses extraordinaires de cette année, sans compter celles des écoles, qui est toujours de £30, ne forment qu'un petit montant. Pour peinture et pinceaux : £1.12.4 ; pour 2 registres : £2, et pour bois, clous, etc ; £3.19.9.

Balance en main remise par Michel Huot à son successeur, Ambroise Côté : £706.5.5½.

Le corps de Marie-Angélique Beaupré, épouse de Joseph Drolet, est inhumé, le 24 janvier, " dans la chapelle Sainte Famille, à l'Evangile de la nef de l'Eglise." La défunte était de Sainte Catherine de Fossembault et elle avait 66 ans.

Le 17 février, inhumation, (aussi dans l'église, " dans la nef, au côté de l'Evangile, au bas,") du corps de Marie-Louise Dorval, épouse de Louis Ouvrard dit Laperrière, morte à 37 ans.

Le 24 mars, il se fait un autre enterrement " dans l'Eglise de Saint-Augustin, au côté de l'Evangile." C'est celui de Marie-Rose Rocheron (Rochon), veuve de Louis Gaboury, à l'âge de 68 ans.

Les actes de cette année donnent le nom d'Edouard Constantin comme marchand de la paroisse. Son épouse : Ursule Fiset. Ils font baptiser, le 10 de mai, un enfant : Théodore.

Le 7 d'août, sépulture de deux enfants anonymes de

Lazare Gaboury et de Cécile Thibault. Ces enfants étaient nés, ondoyés et morts le 4 de ce mois.

Le dernier jour de l'année, baptême de Philomène, fille d'Olivier Boisvin et de Josephte Brousseau, domiciliés au lac Sergent. (1)

(1844). Depuis quelques années, il était de mode, dans la paroisse, de se faire inhumer dans l'église. L'année 1844 fournit plus de ces enterrements que les années antérieures. Voici les noms que l'on trouve aux registres.

Le 22 janvier, Angélique Doré, épouse de Prisque Cantin, inhumée du côté de l'Evangile, " aux Bans du troisième rang." Elle était âgée de 70 ans.

Le 13 février, Jean-Baptiste Constantin, dans la nef, du côté de l'Epître. Age: 88 ans.

Le 22, Joachim Petitclerc, au côté de l'Evangile. Il était âgé de 45 ans.

Le 18 avril, Daric Rocheron ou Rochon, charretier de Québec, " décédé en ville " à l'âge de 22 ans. Inhumé au côté de l'Epître.

Le 30 mai, Ursule Gingras, fille d'Olivier et de Thérèse Thibault, enterrée au côté de l'Epître, près du mur. Age: 21 ans.

Le 8 juillet, Obéline Bertrand, épouse d'Edouard Godin, inhumée au côté de l'Evangile, âgée de 33 ans.

Le 18, Barbe Julien, épouse de Joseph Marois. Placée au côté de l'Evangile. Age: 65 ans.

Le 30 octobre, Joseph Sauvageau, " au bas du troisième rang de l'Evangile," mort subitement à l'âge de 66 ans.

Le curé de la première partie de ce siècle avait un vaste rayon à parcourir, et si l'on prend en considération les chemins affreux de cette époque, il faut convenir que son ministère était difficile et laborieux. On voit, dans les registres de cette année, des actes relatifs

---

(1) Le lac Sergent est une belle nappe d'eau que longe le chemin de fer de Québec au lac Saint-Jean. Les habitants de cette localité appartiennent à la paroisse de Saint-Raymond.

à des habitants de Saint-Raymond, (1) à 8 lieues en arrière. Ajoutez à cette localité déjà si vaste le territoire occupé par Sainte-Catherine, Bourg-Louis, le lac Sergent, etc., et vous aurez une idée de l'étendue qu'avait à parcourir le curé de Saint-Augustin, dans des chemins assez souvent impraticables pour la voiture, même pour la charrette la plus solide.

Le 9 juin, M. Lefrançois supplée les cérémonies du baptême à un enfant d'Hyacinthe Desroches, et une partie de cet acte est *en anglais !*

Le 17 octobre, sépulture de Rosalie, fille de Louis Laberge, morte à l'âge de 14 ans, " avant l'usage de raison."

L'acte de sépulture suivant donne le nom du maître d'école de Saint-Augustin.

Le 25 d'octobre, a été inhumé dans le cimetière, etc. le corps de Louise Parrot, " épouse de Benjamin Blumhart, maître d'école " de la paroisse.

On a dépensé pour l'église la somme de £98.7.6½.

Il restait encore en caisse la jolie somme de £733.-16.9, ou $2,935.35.

(1845). Jean-Bte Racette, marguillier comptable, rend ses comptes, qui n'offrent aucune dépense extraordinaire.

La balance du coffre était : £845.6.3 = $3,381.25.

Il paraît, par les actes des baptêmes, mariages et sépultures, que plusieurs des incendiés de Saint-Roch de Québec se réfugièrent à Saint-Augustin, après avoir tout perdu dans les deux grands incendies de cette année et qui se suivirent à un mois de distance.

Le 7 janvier, la mort enlevait une des personnes les plus âgées, (sinon la plus âgée) de la paroisse : Françoise Constantin, fille, décédée à l'âge de 96 ans.

Elle était née un an seulement après M. Desnoyers, mort en 1748, et avait reçu le baptême de M. Dunière.

Il se célèbre deux mariages, le 14 janvier : celui de

---

(1) Saint-Raymond a été formé en paroisse vers cette année (1844).

Pierre Bédard, de Charlesbourg, et Marie Brousseau, fille de Michel, de Saint-Augustin; celui d'Olivier Gingras et Marguerite Jouineau (Juneau), fille de Michel, puis, le 21, celui de Romain Rasset (Racette) et Flore Germain, fille de Joseph, originaires, lui et sa femme, du Cap-Santé.

Le 9 juin, inhumation, dans l'église, "au côté de l'Evangile, contre le mur," du corps de Catherine Côté, veuve d'Ambroise Desroches, morte à 65 ans.

Le 2 de juillet, est baptisée Marie, fille de Jean Piton, "charpentier de Québec réfugié à Saint-Augustin à l'occasion de l'incendie de Québec, et de Marie Dasilva Portuguais," (dit *le Portugais*). (1)

Le 2, le 3 et le 4 d'août, Monseigneur Blanchet, évêque de Drasa, vicaire apostolique de la Colombie, Mgr Signay, archevêque de Québec, et Mgr Turgeon, évêque de Sydime, coadjuteur, confirment 129 personnes, dont 57 garçons et 72 filles.

Le 4 du même mois, l'archevêque écrit au cahier des délibérations :

" Vus et alloués les comptes de cette fabrique rendus depuis notre précédente visite du 27 juillet 1840 jusques et compris celui du Sieur Jean-Romain McCarthy, marguillier en exercice de l'année 1842, desquels nous déchargeons les marguilliers comptables.

Nous enjoignons aux Sieurs Michel Huot et Ambroise Côté, marguilliers en charge pour les années 1843 et 44 de rendre leurs comptes sous trois mois au plus tard, à dater de ce jour.

Nous avons ordonné : 1. une étole de soie portant les couleurs requises pour l'administration du baptême ; 2. un ornement rouge de 1ère classe ; 3. un ornement vert pour les dimanches ; 4. que l'on place au maitre autel une pierre plus grande et plus commode que celle dont on y fait usage, laquelle pourra être placée à l'autel de l'une des chapelles.

Nous avons recommandé aux Sieurs marguilliers, comme un moyen propre à accélérer le recouvrement des rentes de bancs et par suite la reddition des comptes de chaque marguillier comptable, la pratique généralement suivie dans les

---

(1) L'ancêtre signait : *Pedro* (Pierre) Dasilva. Plus tard, on a vicié l'orthographe de ce nom en l'écrivant : *Dasylva* et *Daseylva*.

fabriques de ce diocèse, c'est à dire, celle de faire prendre des contrats notariés à chaque adjudicataire de bancs.

Donné dans la paroisse de St. Augustin, dans le cours de nos visites, le quatre d'août, 1845.

Signé ; † Jos. Archev. de Québec.

Le 7 du mois d'août, M. Charles East, dont il a déjà été parlé, perd son épouse, Hélène Rocheron, ou Rochon, morte à 40 ans.

Le 14, inhumation d'Angèle Marois, fille de Jean et âgée de 17 ans. Son corps fut placé dans l'église, au côté de l'Epître, troisième rangée, sous le banc seigneurial.

Le 4 septembre, François Claimer, âgé d'environ 13 ans, est baptisé *sous condition*. Cet enfant était né de parents protestants.

Prisque Quentin (Cantin), veuf d'Angélique Doré, est enterré dans l'église, le 5 de novembre, " au côté de l'Epître, dans le troisième rang de la nef, contre la muraille." Il était âgé de 75 ans.

Le premier de décembre, Toussaint Gingras, meublier de Québec, (1) meurt subitement, mais de mort naturelle, d'après le certificat du coronaire.

Le 7, Marie-Louise Ratté, veuve de Louis Doré, meurt à l'âge de 71 ans. On inhume son corps dans l'église, " au côté de l'Epître, contre la muraille."

Les baptêmes de 1845 : 74 ; les décès : 29 ; les mariages 10.

(1846). Le 22 janvier, Michael McCann, journalier de la paroisse, fils de Patrick McCann et d'Elizabeth Flynn, des Etats-Unis, est inhumé à l'âge de 22 ans. Il était mort chez Jean-Bte Constantin.

Le 7 février, inhumation, avec la permission du coronaire, du corps de Pierre Giroux, époux de Charlotte Savard, " dérangé en son Esprit depuis quelques mois, trouvé pendu dans le grenier de son étable." Son âge n'est pas indiqué.

---

(1) Probablement un des incendiés réfugiés ici.

TROISIÈME VICAIRE.

Il n'y avait pas eu de vicaire, dans la paroisse, depuis 44 ans. Le deuxième (et le dernier jusqu'à présent) fut M. Bezeau, qui avait signé son dernier acte le 17 septembre, 1801

A la date du 3 de mars de cette année (1846) apparaît le nom de Messire M. Duguay, formant le troisième vicaire de la paroisse. Le premier document qu'il signe (le 3 mars) est l'acte de baptême de Jean Ouvrard, fils de Joseph.

Le 3 d'avril, est baptisée par M. le vicaire, Catherine, enfant de Peter Gollstrom, (1) " Irlandais, homme de chantier, maintenant dans la partie ci-devant Haut Canada, et de Catherine Wilson Irlandaise maintenant à Saint Augustin que Jean Doré parain et Marie Alain ainsi que ceux qui l'ont présentée m'ont déclaré catholiques et légitimement mariés."

Le nom du regretté M. Charest est mentionné, dans un certificat de publication de bans, le 21 de juillet de cette année.

Geneviève Baudoin, épouse de François Soulard, commerçant de Québec, est enterrée dans l'église, à l'âge de 47 ans et le 13 août.

Le 18, enterrement de Julie, fille d'André Mac-Allum, (2) journalier domicilié à Saint-Augustin, et d'Olympe Léveillée, son épouse.

Le 4 octobre, M. Duguay, vicaire, signe l'acte de baptême de Joseph-Augustin, fils de Pierre Dugal, forgeron, et de Luce Demouth.

C'est le dernier acte que M. Duguay signe ici comme vicaire. (3)

Le 30 novembre, enterrement de Marie Germain, épouse de Joseph Constantin, barbier, du Cap Santé, morte à 55 ans.

---

(1) Probablement *Goldstream*.
(2) Probablement *McCallum*.
(3) Voir le chapitre intitulé: "Missionnaires et curés," pour notice biographique de ce vicaire.

Le 29 décembre, est inhumé, dans l'église, Ambroise Dion, époux de Marie-Geneviève Huot, mort à 71 ans.

Les dépenses extraordinaires de cette année ne sont pas très considérables : elles se sont élevées en tout à £66.17.6.

Le marguillier rendant compte, Louis Côté, remet à son successeur, Louis Dorval, la somme de £905.13.3 ($3,622.65) montant de la balance en main, toutes dettes, messes de fondation, etc., acquittées.

(1847). On a payé un montant relativement minime pour dépenses en dehors de l'ordinaire. Pour fourniture d'une chasuble et d'une étole : £3.2.6 ; pour échelles : £1 ; pour deux tableaux : £40.

Argent à l'avoir de la fabrique : £987.16.0, ou $3,951.20.

Voici les noms des personnes inhumées dans l'église, en 1847 :—Augustin Vermet, mort le 6 janvier à l'âge de 87 ans. Jean-Olivier Gingras, époux de Thérèse Thibault, mort le 6 juin, âgé de 45 ans. Marie-Madeleine Rocheron (Rochon) veuve de Pierre Jobin, morte à l'âge de 71 ans, le 20 juillet. Marguerite Roberge, veuve de Joseph Gingras, décédé le 2 d'août, à l'âge de 60 ans et quelques mois. Geneviève Vidal, épouse de défunt Michel Quézel, décédée le 5 d'août, âgée de 79 ans.

Il y eut, le 19 janvier, trois mariages : celui de Joseph Trudel à Hélène Carreau, fille de Jean-Baptiste ; celui de Basile Thibault à Esther Côté, fille de Michel, puis celui d'Alexandre Lainez (Laîné) à Adélaïde Houlde, fille de feu Eustache.

Le 11 d'avril, fut baptisée Adèle, fille du notaire Laroche et de Marie-Eléonore Grenier.

Le 17 d'août, Geneviève Gingras, veuve de Joseph Langlois-Traversy, charretier de Québec, morte à 54 ans. Cette pauvre femme s'était réfugiée dans la paroisse.

Il y avait, cette année, à Saint-Augustin, un marchand du nom de Louis Martel, marié à Angèle Robitaille.

Un boulanger, Isidore Laberge, marié à Flavie Pâquet, faisait baptiser, le 15 novembre, Emilie, morte le 28 du même mois.

Les naissances de 1847 : 85 ; les décès 32, et les mariages : 12. Les naissances sur les décès ont donné un surplus de 53.

(1848). La personne la plus âgée, morte cette année, fut Françoise Morin, épouse de feu François Masson, inhumée le 6 avril, à l'âge de 94 ans. Elle avait donc été baptisée par M. Brassard, et il n'y avait peut-être pas, dans toute la paroisse, une seule autre personne qui pût en dire autant.

Le 26 de juin, M. Lefrançois écrit et signe un acte de baptême. Après avoir donné le nom du père, il change de langue et écrit : " *Labouring man living in Saint Augustin parish age twelve months,*" puis il continue en français. Evidemment, ce brave curé avait une forte attaque d'anglomanie.

Le 6 juillet, sépulture d'un " vieillard de pays étrangers, trouvé mort dans une grange sur le bord de la petite Rivière du Cap Rouge, comme le porte le certificat *ad hoc.*"

Joseph Rochette et son épouse, Marcelline Anger, perdaient trois enfants à quelques jours de distance. L'un mourait le 24 juillet, l'autre le 26, et le troisième, le 20 du mois suivant. Leur âge respectif était de 5 ans pour le premier, 6 jours pour le deuxième, et près de 9 mois pour le troisième.

Le dernier acte signé par M. Lefrançois (Alexis), le 7 octobre de cette année, fut l'acte de baptême de Médéric, fils de Pierre Mercure, forgeron, et de Louise Hamel. M. Lefrançois fut curé de Saint-Augustin 38 ans, 5 mois et 4 jours, du 4 de mai 1810 au 7 octobre 1848. (1)

L'acte de sépulture de Joseph, fils de François Côté et d'Ursule Huot, forme le premier acte signé par M. Augustin Milette, le *neuvième curé* de la paroisse.

(1) Pour notice biographique, voir le chapitre intitulé : " Missionnaires et curés."

Cet acte porte la date du 11 octobre, 1848.

Dans un acte du 30 novembre, on voit que Jean-Bte Bertrand était meunier, à Saint-Augustin.

Les naissances, en 1848 : 62 ; décès : 37, et mariages : 10.

On a déboursé, cette année, pour réparations au cimetière : £1.2.6 ; pour achat de deux anges : £10.-10.0 ; pour aubes, nappes d'autel, surplis et bouquets : £16.10.0 ; pour cantique et cahier de musique : £1.13.6.

M. Lefrançois n'avait jamais voulu permettre que l'on mît des poêles dans l'église. Cette année, on a déboursé £54.5.1 " pour poêles, tuyaux et main d'œuvre."

Benjamin Dolbec remet à son successeur au banc de l'œuvre la balance de £1,014.14.10 ($4,058.80), représentant l'avoir de la fabrique pour 1848.

Le 10 décembre, il y eut une assemblée des anciens et nouveaux marguilliers. Il fut résolu :

> Que pour se conformer au désir de Mgr l'Archevêque de Québec et pour venir en aide à la Fabrique de St-Raymond, il soit prêté à la dite Fabrique de St-Raymond la somme de cent cinquante livres pour terminer le presbytère de la dite paroisse. Laquelle somme de cinquante livres à être remise à la Fabrique de St-Augustin par somme annuelle de vingt-cinq livres, et pour effectuer le dit prêt, l'assemblée a autorisé M. Benjamin Dolbec, marguillier de l'œuvre, à passer les titres nécessaires pour la garantie et sureté du susdit prêt.

On sera peut-être curieux de lire, aujourd'hui, les noms des marguilliers d'il y a 36 ans. Voici leurs noms. LES NOUVEAUX : Benjamin Dolbec, marguillier de l'Œuvre, Charles Martel, marguillier au ban (*sic*). LES ANCIENS : Augustin Drolet, Joseph Côté, Augustin Petitclerc, Louis Fiset, Jacques Julien, Louis Côté, Jean Macardy (McCarthy), Jean Moisan, Louis Dorval, Jean Constantin, Michel Huot et Jean-Baptiste Drolet.

(1849). La rente des bancs s'est élevée à £155.12.5, le plus haut chiffre produit jusqu'à présent.

Le bedeau reçoit pour son salaire annuel : £30.3.4.

" On a payé pour un sept (1) de chandeliers au grand
autel : £36." Les dépenses totales de l'église forment
le chiffre de £97.15.9.

ÉRECTION DU CHEMIN DE LA CROIX A SAINT-AUGUSTIN.

Ce chemin de la croix fut érigé soit en avril, soit en
mai de cette année ; on ne saurait le dire au juste, vu
que M. Milette n'a pas mis de date aux deux écrits que
nous allons lire. Le document latin autorisant le curé
à établir un *via crucis* dans l'église porte la date du 13
avril, et il est fort probable que l'érection en eut lieu,
sinon dans le même mois, au moins dans le mois suivant.

Voici le premier de ces écrits sans date et intitulé :
" Erection solennelle du chemin de la croix, en l'Eglise
paroissiale de St Augustin."

Nous, Augustin Milette, curé soussigné, jaloux d'associer de
plus en plus notre troupeau à la passion du Sauveur, et de lui
prouver le bienfait des Indulgences, avons sollicité de l'Ordinaire qu'il lui plût nous obtenir le pouvoir d'ériger le chemin
de la Croix.

Notre supplique a été accueillie favorablement comme il
apparoit (2) par le Bref dont la teneur suit :

Vient le bref de l'archevêque contresigné par " *Ed-
mundus Langevin, Pter Sub. Secretarius.*"

Au bas de ce bref, on lit :

En conséquence, nous, Augustin Milette, avons invité le
Révérend (3) Messire Louis Edouard Parent, curé de St-
François de Sales de la Pointe aux Trembles, à établir le
chemin de la Croix, en la dite Eglise, conformément au bref
ci-joint et il l'a établi en présence de Messieurs Joseph Laberge,
François Boucher, Etienne Payment, et de nous soussigné
avec les messieurs ci-dessus nommés.

Signé : Jh. Laberge ptre.
Frs. Boucher, ptre. Et. Payment, ptre.
Aug. Milette, ptre. L. E. Parent, ptre.

---

(1) Oui ! un *sept*, ou un *set*, anglicisme favori de nos jours employé
même par nos journalistes.

(2) Encore l'ancienne orthographe pour les verbes : *il apparoit* au
lieu de *apparaît*.

(3) Ce titre d'honneur ne se donne qu'aux prélats, aux religieux et
religieuses. Les ministres protestants ont accaparé ce titre. Pour les
prêtres séculiers, on doit dire : Messire... ou M. l'abbé... Ce mot *abbé*
s'applique à tout homme revêtu de l'habit ecclésiastique.

Un certificat de publication de bans fait voir que, cette année, Messire Tanguay était le curé de la nouvelle paroisse de Saint-Raymond.

Théophile Brunet était un autre aubergiste de la paroisse, dont le nom paraît pour la première fois, dans l'acte de baptême de Joseph-Zénophile, (1) son enfant, né le 4 juillet.

Le 29 de juillet, un homme inconnu est enterré dans cette partie du cimetière réservée aux enfants morts sans baptême.

— (1850). Le corps d'Angélique Moisan, épouse de Joseph Petitclerc, est enterré dans la nef de l'église, le 17 janvier. Elle était âgée de 72 ans.

Une des plus anciennes personnes de la paroisse, sinon la plus ancienne, mourait le 26 d'avril : c'était "Brégite," (Brigitte) Côté, épouse de Charles Desroches. Elle était âgée de 98 ans. Elle était donc née au temps où M. Dunière était le curé de la paroisse, et c'est probablement lui qui l'avait baptisée dans la *vieille église*.

Le 12 juillet fut remarquable par l'abjuration que firent deux Protestants des erreurs de leur secte. Le premier Jean-Guillaume Pryor, âgé de 25 ans et fils

---

(1) On commençait déjà à trouver que les noms donnés par nos Pères à leurs enfants, n'étaient pas assez beaux, quoiqu'ils fussent tous empruntés aux noms des saints. Le pauvre aubergiste Brunet, il est fort probable, aurait été bien en peine de donner la signification du nom de Zénophile, que M. Milette écrit : *Zénofile*. Pourquoi cet amour ridicule de *Zénon*, qui, il est vrai, fut un philosophe grec célèbre, mais qui n'était, après tout, qu'un païen ? Ce goût bâtard indique un manque ou de cœur, ou d'intelligence.

Déjà, depuis quelques années, les registres font voir que la manie des noms en *a* se répandait jusqu'ici. On y lit : *Avilda, Paméla, Léda*, etc. Prenons ce dernier nom, et voyons si un père devrait le donner à sa fille.

"LÉDA. Fille de Thestieus et femme de Tyndare, roi de Sparte. Jupiter en étant devenu amoureux, se changea en cygne pour la séduire ; au bout de 9 mois, Léda accoucha de deux œufs, de l'un desquels sortirent Pollux et Hélène, et de l'autre Castor et Clytemnestre, etc."

Est-il possible que des Catholiques rejettent des noms de saints pour donner à leurs enfants *baptisés* des noms aussi sales de la mythologie païenne ?

de Guillaume William (1) Pryor et d'Elizabeth Edwards. Le père était absent, et les parrain et marraine furent : Joseph Juneau et Josephte Racette.

L'autre abjuration fut celle de Jean-Baptiste Thomson, (2) âgé de 18 ans et fils de Jacques Thomson et de Marie Morel. (3) Le père était absent aussi. Le parrain : Augustin Vallière ; la marraine : Sophie Ratté.

Angélique Vidal, épouse de Louis Constantin, mourait à Québec, le 24 juillet. Elle fut inhumée dans la nef de l'église de Saint-Augustin, le 27. Elle était âgée de 78 ans.

Deux Irlandais catholiques, domiciliés dans la paroisse, font baptiser leur enfant Marguerite, le 19 août. Leurs noms étaient : John Skeahan et Honora Callenan. (4)

Basile Jouineau ou Juneau et son épouse, Julie Tardif, font baptiser, le 3 septembre, un enfant auquel ils donnent le nom de Simon-Dina. (5)

On voit, par un certificat au sujet d'un mariage, que M. Proulx, prêtre si distingué, était curé de Québec, en 1850.

A partir de 1800 à venir jusqu'à cette année inclusivement, un demi-siècle, on rencontre les actes de baptême de 17 enfants illégitimes. Il y a là une erreur qui a déjà été indiquée ailleurs, et cette erreur est due

---

(1) M. Milette a pris *Guillaume* et *William* pour deux noms différents, tandis qu'ils ne sont que la traduction l'un de l'autre.
(2) Probablement *Thompson*.
(3) Probablement *Morrill*.
(4) Plutôt *Callaghan* ou peut-être *Coleman*.
(5) La maladie des noms en a devait donc engager les gens à donner des noms de filles à des garçons ?
Dina fut le nom de la fille de Jacob avec Lia, et l'on ne voit pas bien comment on peut affubler un garçon de ce nom.
Mais voici qui surpasse tout ce que l'on peut voir en fait de noms ridicules.
Le 10 octobre, Louis Martel, *marchand*, et Angèle Robitaille font baptiser un enfant auquel ils ont le courage de donner les noms de *Psalmold-Ethiwold ! ! !* Où ce marchand avait-il pêché ces noms ? Supposez que cet enfant soit mort octogénaire, quel supplice que de porter Psalmold-Ethiwold quatre-vingts ans !

à ce que les curés, avant M. Lefrançois, ne disaient pas, dans les actes, l'endroit de naissance des enfants naturels qu'ils baptisaient, et c'est ainsi qu'il est porté au compte de la paroisse plusieurs naissances d'enfants illégitimes nés soit à Québec, ou dans ses environs.

M. Lefrançois, jaloux de sauvegarder la bonne réputation de ses paroissiens, ajoutait toujours, après le nom de l'enfant : " Né ou née de parents inconnus de Québec, " ou " de Lorette, " ou d'ailleurs. Quand l'enfant naturel était de la paroisse, il avait le soin d'ajouter, après le nom : " Né ou née de parents inconnus *de Saint-Augustin.* "

Or, ce curé a desservi la paroisse le long espace de 38 ans, 5 mois et 4 jours, et, durant tout ce temps, il n'y a eu que *cinq* naissances d'enfants illégitimes. La proportion arithmétique entre 38 ans et 12 qui restent pour former le demi-siècle, ne donne pas deux enfants naturels pour ces 12 ans. De cette manière, ce n'est pas 17 qui est le chiffre des naissances d'enfants illégitimes, de 1800 à 1850, mais à peine 7, ou 10 de plus que le nombre indiqué par les registres et par l'omission regrettable des prédécesseurs de M. Lefrançois.

Maintenant, on pourrait demander comment il se fait que ces enfants illégitimes soient venus à Saint-Augustin, pour y être baptisés ? La réponse est bien simple à donner.

Les habitants de la paroisse, généralement fort charitables, ont adopté plusieurs de ces enfants que les curés baptisaient sous condition. Ceci est tellement le cas, que quelques-uns de ces enfants d'adoption, mariés, plus tard, dans la paroisse, portent encore, dans les registres, leurs noms de baptême seulement, quelquefois suivis du mot : *Délaissé.* (1).

Il est fait mention, pour la première fois, de l'orgue, comme nous le verrons bientôt.

---

(1) Voir ce qui a déjà été dit à ce sujet.

La rente des bancs a encore rapporté le chiffre de £155.12.5.

On a déboursé pour les 2 chapelles, le presbytère et la salle publique des habitants : £350.3.10 ; pour le jubé de *l'orgue* ; £25, et il restait encore au coffre : £265.7.8. Ajoutez à cela la balance due par la fabrique de Saint-Raymond (elle a payé, cette année, £25 sur son emprunt de £150) £125, et vous aurez à l'avoir de la fabrique de Saint-Augustin, en 1850 : £390.7.8.

DE 1851 A 1860.

(1851). Les dépenses extraordinaires de l'année sont de £305.19.0, dont £231.10.8 pour la peinture des bancs de l'église et pour l'orgue. Il ne restait plus au coffre, après avoir payé toutes les dépenses ordinaires, que £78.11.3, sans compter les £125 dûs par la fabrique de Saint-Raymond, formant un avoir de £203.11.3, ou $814.25.

Les actes de 1851 nous apprennent que le curé de Sainte-Catherine était M. O'Grady.

Le trois mars, Pierre Mercure, âgé de 70 ans, époux de Louise Ouvrard, meurt subitement. Le procès-verbal de l'enquête tenue sur le corps, écrit par M. *Panet* et adressé à M. *Milette*, est rédigé *en anglais !...* Pas de commentaires.

Le premier de mai, Madeleine, fille de Jean-Baptiste Moisan et de Félicité Galarneau, est enterrée dans l'église. Elle était morte le 29 d'avril à l'âge de 70 ans.

Le 20 d'août, est baptisé Charles-*Chrisante* (Chrysanthe), fils de Charles Huot, Instituteur, et d'Olive Légaré.

Le 23 septembre, Michel Gauvin, marchand de l'Ancienne-Lorette, se marie à Julie Petitclerc, fille de Joseph, de la paroisse de Saint-Augustin.

(1852). Les registres de cette année font mention de M. Bédard comme curé de Saint-Raymond. Remarquons en passant que cet excellent prêtre, mort jeune, a fait un bien immense à cette nouvelle paroisse, et comme curé et comme ami de la colonisation. Il peut à bon droit être considéré comme le fondateur de cette paroisse devenue si prospère.

Le 19 avril, Marie-Olive Moisan, épouse de Pierre Marois, forgeron, donne le jour à deux jumelles. Elles reçoivent au baptême les noms respectifs de Philomène et d'*Enriette* (Henriette).

Le 28, sépulture d'un homme trouvé noyé sur le bord du fleuve. Le procès-verbal de l'enquête tenue par M. *Panet* est encore rédigé *en anglais !*

Le 15 de mai, Henriette Jobin, âgée de 19 ans, est inhumée dans la nef de l'église. Elle était fille de Charles Jobin et d'Angélique Drolet, de la Pointe-aux-Trembles.

Charles Fiset, époux d'Angélique Laperrière, meurt le premier de juin, à l'âge de 89 ans. C'est la personne la plus âgée décédée en 1852.

Le nom de Messire Auclair, curé actuel de Québec, paraît, pour la première fois, dans un certificat de publication des bancs de Louis Drolet, qui se mariait, le 6 juillet, à Marie Marois, fille de Pierre.

Il se célébrait *cinq* mariages, le 27 juillet.

1º Philippe Rochette se mariait à Julie Gilbert, fille de François.

2º George Cantin, de l'Ancienne-Lorette, à Apolline Laberge, fille de Louis, de Saint-Augustin.

3º Jean-Bte Moisan, domicilié à Québec, épousait Julie Côté, fille de feu Joseph, de Saint-Augustin.

4º Jean-Bte Bertrand, des Ecureuils, se mariait à Luce Petitclerc, fille d'Augustin, de Saint-Augustin.

5º Olivier Petitclerc, domicilié à Saint-Raymond, se mariait à Flavie Cantin, fille de Prisque, de Saint-Augustin.

Le 24 d'août, Jean Rochette, marchand de la paroisse, épouse Emilie Meunier, fille de Joseph.

La fabrique de Saint-Raymond a payé £25 en à-compte sur son emprunt de £150.

Il est fait mention, pour la première fois, cette année,

du salaire de l'organiste. Il avait un prix bien modeste : £12.10.0 pour l'an.

On a payé pour les chandeliers des 3 autels et du banc des marguilliers : £38 ; pour 2 tapis et pour faire accorder l'orgue, etc. : £4.0.7.

Joseph Jobin, marguillier en charge, remet à son successeur la somme de £432.1.3, laquelle, ajoutée à £100 dûs par la fabrique de Saint-Raymond, forme le montant de £532.1.3 ($2,128.25) comme avoir de la fabrique de Saint-Augustin, en 1852.

(1853) ÉTABLISSEMENT DES QUARANTE HEURES.

Voici, au sujet de cette dévotion, le diplôme de l'archevêque de Québec.

PIERRE FLAVIEN TURGEON

par la miséricorde de Dieu et la grâce du saint Siége apostolique, archevêque de Québec, etc., etc., etc.

A tous ceux qui les présentes verront savoir faisons que, vu la demande à nous faite par Monsieur Augustin Milette, curé de S. Augustin, tendant à ce qu'il nous plaise établir, dans la dite paroisse, la dévotion des Quarante-Heures, nous avons accordé et accordons par les présentes, en vertu d'un indult du 8 juillet 1852, jusqu'à révocation, l'indulgence plénière avec exposition du St. Sacrement, qui aura lieu les lundi, mardi et mercredi qui suivent le second dimanche du carême, à tous les fidèles qui, s'étant confessés et ayant communié, visiteront, l'un de ces jours, l'église de la dite paroisse de S. Augustin et y prieront à l'intention du Souverain Pontife.

Sera le présent diplôme lu au prône de la messe paroissiale de S. Augustin le premier dimanche après sa réception.

Donné à Québec sous notre seing, le sceau de nos armes et le contre-seing de notre secrétaire, le seize de février, mil huit cent cinquante-trois.

Signé : † P. F. Archev. de Québec.
Par Monseigneur,
EDMOND LANGEVIN P
Secrétaire.

Augustin Gaboury rend ses comptes.
La rente des bancs s'est élevée à la somme de £162.-

11.2 : c'est le plus haut chiffre produit par cette source de revenus jusqu'à ce jour.

Les dépenses sortant de l'ordinaire ont été de £102.19.1 dont £1.19.1 " pour avoir fait accorder l'orgue, pour le souffleur, etc., et £80 pour les cloches chez M. Hamel."

On peut encore ajouter £12.10.0 payés à l'organiste pour son salaire de cette année (2me paiement), quoique cette dépense appartienne maintenant à la catégorie des dépenses ordinaires.

D'après ce que nous avons vu, il y a un orgue, dans l'église, depuis l'année dernière : 1852.

Toutes dépenses payées, il restait à la fabrique une somme de £537.7.11, y compris les £100 encore dûs par la fabrique de Saint-Raymond.

Le 11 janvier, Hubert East, fils de Charles, dont nous avons déjà dit l'histoire, se mariait à Julie Quézel, fille de Joseph. Né en 1827, Hubert avait donc à peu près 26 ans à l'époque de son mariage.

Il est mort, cette année, plusieurs personnes âgées ; mais la plus avancée en âge était Louise Lefebvre, épouse de Joseph Soulard, morte le 24 janvier, à 94 ans. Née en 1759, elle avait été baptisée par M. Brassard, le quatrième curé de la paroisse.

On rencontre encore le nom d'un autre aubergiste de la paroisse : Jean Paradis.

La paroisse de Saint-Augustin, qui a eu plusieurs débits de boissons enivrantes, n'en a pas un seul aujourd'hui, en 1884. Espérons que, dans un siècle, on pourra en dire autant.

(1854). Quatre personnes ont été inhumées dans l'église, dans le cours de cette année. Ce sont : Michel Moisan, époux de Charlotte Bédard, mort à 78 ans, le 3 janvier ; Jean-Romain Marois, époux de Marie Fiset, mort le 19 février, à 73 ans ; Jean-Marie Gaboury, époux de Marguerite Thibault, mort le 15 d'août, à l'âge de 68 ans ; et, le 19 de décembre, était inhumé dans la nef de l'église le corps d'Emilie Tessier, épouse de Sévère Marchildon, marchand de Québec, morte, le 19 décembre, à l'âge peu avancé de 33 ans. (1)

Il y avait *cinq* mariages, le 24 janvier. C'était celui de Godefroy Rochette et d'Angèle Côté, fille de feu Joseph; celui de Louis Côté, et de Séraphine Côté, fille de feu Joseph, de sorte que les deux sœurs se mariaient à la même messe; celui de Narcisse Drolet et de Cécile Doré, fille de Jean-Baptiste; celui de Jean-Guillaume Pryor (2) et d'Ursule Gilbert, fille de Joseph, et celui de George Ouvrard dit Laperrière et de Rose Masson, fille de Pierre.

La mort enlevait, cette année, la personne la plus âgée de la paroisse: Catherine Rouset (Rousset), épouse de François Deschamps. Elle était âgée de 99 ans, et avait été baptisée, en 1755, par M. Brassard, étant en toute probabilité la dernière qui eût vu cette époque reculée.

Le 3 octobre, Charles East marie sa fille aînée, Honorine, à Louis Drolet, charretier de Québec. Née le 22 décembre, 1834, elle avait tout près de 20 ans, lorsqu'elle quittait la maison paternelle.

Le 12 de février, il y eut une assemblée des anciens et nouveaux marguilliers, dans la sacristie, où il fut décidé à l'unanimité d'associer la fabrique de cette paroisse à l'*Assurance mutuelle des Fabriques des diocèses de Québec et des Trois-Rivières*, incorporée par un acte de la législature provinciale, (16me Vict. chap. CXLIX). Il fut résolu en outre que M. le curé et MM. les marguilliers du banc signent, au nom de cette fabrique, l'acte d'agrégation à cette société d'Assurance,

---

(1) M. Sévère Marchildon tenait son magasin de quincaillerie sur la rue Saint-Pierre. Il était le frère de M. Marchildon, député du comté de Champlain, à Québec.

Un de ces actes mortuaires, celui de Jean-Romain Marois, est signé par M. Belcourt, ancien missionnaire de la Rivière-Rouge, sous Mgr Provencher, puis curé de Rustico, au nord de l'île du Prince-Edouard (l'île Saint-Jean, du temps des Français), où ce prêtre dévoué fit un bien incalculable. Il mourait à Gédaïque (Shédiac), il y a déjà plusieurs années.

(2) On a vu que Pryor avait abjuré, en 1850.

et qu'ils fassent toutes les démarches nécessaires pour obtenir au plus tôt une police d'assurance de la dite société.

Il est encore résolu que ces messieurs feront assurer les propriétés de la fabrique au montant de £2,000 ; pour l'église : £1,500 ; pour la sacristie : £200, et pour le presbytère : £300.

Enfin, il est résolu " que les mêmes messieurs s'obligent pour et au nom de notre fabrique à payer aux directeurs de la dite Association une somme proportionnelle à notre assurance, dans le cas où le feu endommagerait ou détruirait quelqu'une des propriétés assurées des Fabriques nos co-associées, afin de couvrir les pertes causées par tel incendie. "

Les immeubles des fabriques, en vertu des règlements de la société d'Assurance, n'étaient pas assurés pour plus des trois quarts de leur valeur ; et, en assurant pour £2,000 seulement l'église, la sacristie et le presbytère, on était loin de prendre les trois quarts de la valeur de ces propriétés.

Le 26 novembre, il y eut une assemblée des paroissiens, dans le but de prendre en considération l'opportunité d'aliéner la terre de la fabrique.

Après mûre délibération, il a été résolu unanimement qu'il serait plus lucratif à la Fabrique de vendre la dite terre par vente publique à la porte de l'Église, à la criée et adjudication du dernier enchérisseur ; et à cet effet le marguillier alors en exécution est par ces présentes autorisé à consentir au nom de la dite Fabrique bon et valable titre.

La rente des bancs a donné à la fabrique : £166.19.5.

Dépenses extraordinaires de l'année : 20 aubes, ceinturons et frange d'or, deux encensoirs et la ferrure de trois cloches : £25.18.10 ; le petit clocher du rond-point : £25.8.0 ; les trois cloches (2me paiement) chez M. Hamel : £67.10.0 ; réparation du calvaire : £3 ; l'assurance de l'église : £1 ; pour faire accorder l'orgue : (1) £2.6.0 ; une bourse, habits pour les enfants de chœur, pour le souffleur de l'orgue, etc. : £17.5.0.

---

(1) Cet instrument était souvent désaccordé.

François-Xavier Drolet, le marguillier comptable, remet à son successeur, Paul Ouvrard, la somme de £448.2.3, ce qui fait £548.2.3, en comptant les 100 louis dûs par la fabrique de Saint-Raymond.

(1855). La paroisse a eu encore un autre marchand dans la personne de Pierre-Narcisse Rinfret, marié à Marie-Adèle Lacroix. Ils faisaient baptiser leur fille, Marie-Olive-*Emma*, (1) le 4 de février.

Le 15 de mai, Séraphin Caouette, originaire de Saint-Jean-Port-Joli, épouse *Délina* Moisan, fille de Joseph.

Il est fait mention, sur un acte du 26 juin, de M. Dunn, comme étant, alors, curé de Sainte-Catherine.

Le 19 septembre, était enterré, dans la nef de l'église, Louis Fiset, cordonnier, époux de Marie-Josephte Jobin, mort à 67 ans.

Le 25, inhumation, dans la nef de l'église, du corps de Marie-Josephte Thibault, épouse de Jean-Bte Dion, âgée de 79 ans.

Le 27, Messire Z. Gingras, prêtre dont le nom paraît à plusieurs actes, baptise " sous condition John, âgé d'environ vingt-six ans, enfant légitime de Peter Murray, Capitaine de frégate anglaise, et de Rosanna Gill, du nord de l'Angleterre. Parrain : Joseph Juneau ; marraine : Marie-Josephte Racette."

Le même jour, John Murray, qui demeurait dans la paroisse, avait abjuré les erreurs de l'Eglise d'Ecosse à laquelle il appartenait, et c'est encore Messire Z. Gingras qui reçut son abjuration d'hérésie, après y avoir été autorisé par Mgr Baillargeon, administrateur du diocèse.

Un certificat de publication de bans indique que, au mois de novembre de cette année, M. Poiré, curé actuel de Sainte-Anne de la Pocatière, desservait alors la paroisse de Deschambault. (1)

---

(1) M. Miletto écrit *Aima*, comme il écrit *Laida* pour *Léda*. Ce n'était pas un grand mal de massacrer l'orthographe de tous ces noms en *a*.

(2) M. Poiré est aussi un des anciens missionnaires de la Rivière-Rouge.

Vers la fin de l'année, le 15 décembre, il est fait une autre inhumation dans la nef de l'église : celle de Madeleine Falardeau, épouse de Louis Jobin, morte à l'âge de 78 ans.

Au cours de cette année, il s'est élevé une difficulté entre la fabrique, d'une part, et Régis Lapointe et Ambroise Côté, de l'autre part. Ceux-ci réclamaient un certain montant que celle-là ne reconnaissait point leur devoir. Cette difficulté, portée devant les tribunaux, semble avoir originé comme suit :

Lapointe et Côté avaient commencé des travaux à l'église qu'ils ne livrèrent pas au temps dit. Ces travaux, paraît-il, devaient se payer au moyen de souscriptions volontaires par les habitants, la fabrique n'ayant pas voulu en prendre la responsabilité, et " la fabrique, dit un écrit des archives, n'a pas fourni un seul denier de ces ouvrages, et n'était pas obligée de le faire."

Au sujet de cette difficulté légale, il y eut, le 16 décembre de cette année, une assemblée des marguilliers, qui autorisèrent le marguillier comptable d'entrer une défense à la poursuite de Régis Lapointe et Ambroise Côté, et d'employer, à cet effet, M. Ul. Tessier, avocat.

L'année 1855 n'a pas eu de dépenses extraordinaires.

La balance au coffre était de £567,19.5.

(1856). Le 14 d'avril, est inhumée, dans la nef de l'église, Félicité Moisan, fille de Jean-Baptiste, morte à l'âge de 78 ans.

Le 13 de mai fut un jour de deuil pour les habitants de cette paroisse. Le corps de leur ci-devant curé, M. Lefrançois, était inhumé dans l'église. On verra les détails de cette belle, mais triste cérémonie, dans la notice biographique consacrée à cet ancien curé. (Voir le chapitre intitulé : " Missionnaires et curés."

Le 23 mai, c'était Marie Côté, épouse de Baptiste Constantin, de Québec, que l'on enterrait dans la nef de l'église. Son âge n'est point donné.

Le 18 juin, une autre inhumation dans la nef de l'église : celle de Madeleine Rochette, épouse de Louis Cantin, morte à 73 ans.

Le 8 juillet, le Père M.-J. Royer, O. M. I., baptise sous condition Alexandre, âgé de 18 ans, enfant légitime d'André Keachie et de Marguerite Kelly, né en Écosse, dans la ville de Dumfries. Parrain : Michel Rochette, marraine : Éléonore Laberge.

Le 25 juillet, Jérôme Garneau, âgé de 28 ans, mourait d'une attaque violente d'épilepsie. Le certificat du coronaire *Panet*, après enquête faite, est encore rédigé *en anglais*. C'est le troisième document de cette nature où M. Panet fait montre de ses sentiments de mépris à l'égard de la race d'où il sortait.

L'année se termine par le décès de Geneviève Lamothe, épouse de Jean Tessier ; elle était âgée de 84 ans. Son corps fut inhumé dans la nef de l'église.

Le document suivant est le premier que l'on trouve aux archives et écrit de la main de Mgr Baillargeon.

Vus et alloués les comptes de cette Fabrique rendus depuis la dernière visite pour les années 1850, 51, 52, 53 dont nous déchargeons les marguilliers comptables.

Recommandé à MM. les marguilliers de faire en sorte que les comptes du marguillier en exercice soient rendus au moins dans les six mois après la fin de son année.

Recommandé à MM. les marguilliers de passer une règle générale, en vertu de laquelle tous les bancs qui seront vendus à l'avenir reviendront de plein droit à la fabrique, si la rente n'en est payée dans les quinze jours qui suivront son échéance ; et cela afin de mettre un terme à la négligence de payer la rente des bancs qui jusqu'ici a causé tant de trouble aux marguilliers en exercice et porté tant d'embarras aux affaires de la fabrique.

Fait au presbytère de St Augustin le 12 juillet 1856.

Signé : † C. F. Évêque de Tloa.

Le 7 décembre, les anciens et nouveaux marguilliers, réunis en assemblée, résolurent de mettre à exécution la recommandation ci-dessus de Mgr de Tloa.

La rente des bancs a donné £188.11.7.

Les dépenses extraordinaires sont comme suit :

£19.10.0 pour armoire de la sacristie ; £92.12.5 (3me paiement) pour les trois cloches ; £25 pour aider à la construction de la chapelle du Cap-Rouge ; £10 pour façon d'un confessionnal ; £4.10.0 pour deux tuyaux à trois branches ; £8 pour façon de 6 bancs dans l'église, et £10 pour deux paratonnerres, rideaux, etc.

Argent au coffre : £575.12.7, ou £676.12.7, en comptant la balance due par la fabrique de Saint-Raymond.

(1857). Cinq personnes ont été inhumées dans l'église. Voici leurs noms : Pélagie Juneau, à l'âge de 57 ans, fille d'Augustin Juneau, morte le premier d'avril ; Charlotte Bédard, épouse de Michel Moisan, morte le 4 du même mois, à 76 ans ; Monique Delisle, épouse d'Augustin Thibault, décédée à 71 ans, le 8 du même mois d'avril ; Marguerite Thibault, veuve de Jean-Marie Gaboury, morte le 2 d'août, à 70 ans, et Pierre Drolet, époux de Louise Carpentier, de Sainte-Catherine, décédé le 10 novembre, à l'âge de 59 ans.

TRANSLATION DES OSSEMENTS DU CIMETIÈRE DE L'ANSE-A-MAHEU.

C'est dans le mois de juillet de cette année qu'eut lieu cette cérémonie funèbre, qui dut réveiller de bien tristes souvenirs dans le cœur de plus d'une mère, d'un père et d'un enfant. Une note, perdue dans un coin des archives de cette année, au 141me feuillet, écrite de la main de M. Milette, dit que ces ossements étaient " abandonnés " là, dans le vieux cimetière, depuis " quarante ans environ. "

En prenant ce chiffre avec le mot *environ*, on trouve que ce serait *vers* 1817 qu'on a cessé d'enterrer dans le vieux cimetière.

L'acte rédigé et signé par M. Milette, le jour de ce déménagement des Morts, mérite d'être rapporté textuellement.

Le vingt sept Juillet mil huit cent cinquante sept, nous prêtre curé soussigné avons chanté un service solennel sur les ossements des corps de l'ancien cimetière de la paroisse de Saint Augustin et les avons déposés dans le nouveau cimetière de la sus dite paroisse de Saint Augustin avec les cérémonies requises ; ce après avoir obtenu la permission de Monsieur Cazeau Vicaire Général de Sa grandeur Monseigneur de Tloa Administrateur du Diocèse de Québec, ainsi que la permission des juges de la cour civile. Présens Augustin Gaboury, Ambroise Desroches, etc. etc.

Signé : Aug. Milette ptre curé.

A la date du 24 d'août, se trouve l'acte de baptême de Marie-Anne, fille de Joseph Petitclerc, *marchand*, et de Justine Martel.

Il semblerait qu'il y avait plus de marchands, dans la paroisse, alors, qu'il y en a aujourd'hui. Cela peut être dû à l'établissement de chemins mac-adamisés, ce qui permet aux habitants d'aller beaucoup plus facilement et fréquemment porter leurs denrées à la ville, où ils font presque tous leurs achats.

Le lecteur n'a pas oublié la difficulté survenue entre la fabrique et deux personnes du nom de Régis Lapointe et d'Ambroise Côté. Le 8 février de cette année, il y eut une autre assemblée des anciens et nouveaux marguilliers au sujet de cette affaire. Il fut résolu que la fabrique devait prendre les moyens légitimes de défendre ses droits dans la cause intentée contre elle par Ambroise Côté, représentant Régis Lapointe ; qu'à cette fin, il était à propos de porter cette cause en appel, et que le procureur de la fabrique fût chargé de procéder à cet effet.

Ce qui précède indique que la fabrique avait perdu cette cause en première instance. Voici comment se termina ce litige. Sur représentation des anciens marguilliers, Mgr l'archevêque fit abandonner les procédures. Cette affaire coûta un joli denier à la fabrique.

A cette occasion, il se produisit un acte de générosité qui fait le plus grand honneur aux paroissiens. Il avait d'abord été question, en 1856, d'augmentation d'améliorations à l'église : on voulait construire deux tours et pour cet objet M. Milette obtint, au moyen de souscriptions volontaires, $2,400 payées sur-le-champ. Ceci n'empêcha pas Mgr l'archevêque de modifier le projet, et les travaux furent limités à la construction d'une sacristie neuve, du clocher principal et d'autres travaux de moindre importance. Ces travaux furent confiés à Régis Lapointe, comme nous l'avons vu, et les syndics refusèrent de payer la balance qui lui était due pour les raisons déjà données. De là poursuites en loi qui cessèrent par l'intervention de Mgr l'archevêque.

Le premier de novembre, il y eut une assemblée de la fabrique et de la paroisse, aux fins de considérer de nouveau la décision prise par l'assemblée du 6 novembre, 1854, touchant l'aliénation de la terre de la fabrique, située au premier rang de la paroisse, et contenant 11 perches de front sur 30 arpents de profondeur.

L'assemblée, après délibération, a confirmé et ratifié la décision de l'assemblée de 1854, disant qu'il serait plus avantageux d'aliéner cette terre et de la mettre en vente, à la criée, à la porte de l'église.

L'assemblée a autorisé M. le curé et Joseph Juneau, le marguillier en exercice, à opérer cette transaction aux conditions qui leur sembleront les plus avantageuses.

Jacques Jobin, (du lac) fut élu marguillier, cette année.

Les déboursés faits pour dépenses en dehors des dépenses ordinaires, ont été : £8.10.0 pour l'horloge de la sacristie ; £20 pour le chemin couvert, et £7.3.0 pour nettoyer et frotter l'argenterie.

Balance à l'avoir de la fabrique : £669.10.1.

(1858). Les personnes inhumées dans l'église, cette année, furent : Le 16 mars Marie-Josephte Juneau, veuve de Jean-Bte Paradis, morte à l'âge de 62 ans ; le 17 du même mois, Angélique Fiset, épouse d'Augustin Drolet, à 79 ans ; le 18 juin, Marie Côté, épouse de Pierre Jobin, à 62 ans ; le 19 octobre, Marie Marois, fille de Jean, morte à l'âge de 51 ans ; le 29 du même mois, Ignace Gaboury, époux d'Ursule Gingras, mort à 68 ans.

L'année finit par l'acte de baptême d'un enfant d'Ignace Cantin et d'Esther *Père*. Ce nom de *Père* est-il bien le vrai nom de la mère ? Ne serait-ce pas plutôt *Perrée* ou *Paré* ? Mais ce n'est pas tout.

On a baptisé l'enfant sous le nom de *Mérégil* : c'est tout probablement *Herménégilde* que l'on a voulu dire ; mais ça n'empêche pas que *Mérégil* portera un nom massacré toute sa vie.

Les comptes de la fabrique, présentés par Nicolas Côté, font voir, au chapitre de la recette : £193.13.0 pour la rente des bancs.

On voit, au chapitre des dépenses extraordinaires : £20 pour le grand autel et le tabernacle ; £31.12.0 pour la peinture de la sacristie et l'imitation ; £13.5.0 pour les tuyaux, et £20.4.0 pour faire accorder et réparer l'orgue, pour le souffleur, etc.

Le salaire annuel de l'organiste a été porté de $12.10.0 à £25.

(1859). Le 2 de mai, le docteur Praxède Larue, domicilié à Saint-Augustin, épousait Henriette Couture, fille mineure de François Couture, cultivateur de la paroisse, et de Louise Valin. Le marié était fils de feu Damase Larue, notaire, et de Marie des Anges Lefebvre, de la paroisse de Saint-Antoine de Tilly, paroisse à laquelle se rattachent de beaux souvenirs historiques.

C'est Messire P.-O. Drolet, qui, sur l'invitation de M. le curé, bénit cette union. Un grand nombre de parents et d'amis furent présents et signèrent à l'acte avec M. Drolet (1).

---

(1) Il sera fait mention du Dr Larue, dans la partie civile de cette histoire ; car cet excellent homme a rendu de grands services à la paroisse, comme médecin habile, comme député zélé et comme citoyen dévoué à toutes les bonnes causes. Il arrivait à Saint-Augustin en 1844, et était le premier médecin établi dans la paroisse.

Le 15 de mai, François Tardif et sa femme, Marcelline Côté, font baptiser Jean-Désiré et François-Victor, frères jumeaux.

Le 14 septembre, sépulture d'Augustin Petitclerc, époux de Marie Gingras, mort subitement à l'âge de 77 ans.

Le certificat d'enquête, portant permission d'inhumer, rédigé par M. le coronaire *Panet*, est écrit *en anglais*.

A une assemblée de la fabrique, tenue le premier de l'an, les messieurs dont les noms suivent, furent élus directeurs de l'*Association d'assurance mutuelle des Fabriques des diocèses de Québec et des Trois-Rivières*, savoir : Messires Ferland, Laberge, Déziel, Payment et Edmond Langevin. Cette élection était pour cinq années, à partir du premier de février suivant.

La rente des bancs, cette année, s'est élevée à un chiffre qu'elle n'a pas encore donné : £204.4.3.

Le salaire de l'organiste a augmenté de £5 : de £25, on l'a mis à £30.

On a dépensé £110 pour l'autel et le tabernacle, et £5 pour réparation des murs du cimetière.

Jacques Jobin, marguillier en charge, laisse à son successeur, George Juneau, comme avoir de la fabrique : £832.15.7.

(1860). La paroisse de Saint-Basile, située dans le comté de Portneuf, avait pour curé, cette année, Messire Sasseville, aujourd'hui curé de Sainte-Foye. Ce monsieur s'est occupé beaucoup de l'histoire de la paroisse de Saint-Augustin et des autres paroisses du comté. Le lecteur a vu que nous avons puisé largement dans les notes précieuses écrites par ce prêtre, amateur distingué de nos vieilles archives et des souvenirs du passé.

La paroisse de Saint-Basile, située à $6\frac{1}{2}$ lieues de Saint-Augustin, dans l'intérieur, fut fondée vers 1847.

Un des paroissiens de Saint-Basile, Thomas Rochon, originaire de Saint-Augustin, épousait, le 21 d'août,

Marguerite Rochette, fille de feu Jacques, de la paroisse de Saint-Augustin.

Le premier de septembre, le Dr P. Larue faisait baptiser son premier enfant : FRANÇOIS-XAVIER-*Harturr* (Arthur) (1). Le parrain : François Couture, et la marraine : Louise Valin, aïeuls maternels de l'enfant.

Un marchand de la paroisse (combien y en avait-il à cette époque ?) Dominique Martel, marié à Humbéline (Ombéline) Ouellette, fait baptiser, le 24 octobre, son enfant Charles-Praxède.

Le 4 décembre, sépulture de Jean-Baptiste Genesse, (2) " mort asphyxié par le froid, " à 62 ans. Le certificat d'un autre M. *Panet*, (L.-Eug.) est écrit *en français*, ce qui prouve qu'il est possible de porter le même nom sans avoir les mêmes sentiments.

Quatre personnes ont été enterrées dans l'église, en 1860. Augustin Drolet, veuf d'Angélique Fiset, décédé le 31 mars, à 83 ans ; Ambroise Côté, (3) fils de Nicolas, mort le 9 juin, à 62 ans ; Augustin Bourbeau, époux de Théotiste Gaboury, mort le 13 du même mois, à 67 ans, et Marie Fiset, épouse de feu Jean-Romain Marois, morte le 21 août, âgée de 75 ans.

La terre de la fabrique, au sujet de laquelle il y avait eu deux assemblées, dont il a été fait mention, fut vendue, cette année, pour la somme de £203 : c'est François Tessier qui en devint l'acquéreur.

La rente des bancs a rapporté £204.4.3.

Les dépenses extraordinaires forment la somme de £187, dont quelques louis pour faire accorder l'orgue. (4)

Argent au coffre de la fabrique : £1,172.7.1.

---

(1) Il faut bien convenir malgré soi que l'on se montrait d'une négligence impardonnable dans l'épellation des noms propres, comme on le voit par *Harthur* au lieu de *Arthur*.

(2) Ce nom se trouve écrit de différentes manières : *Genesse, Geneste*, etc. Ne serait-ce pas plutôt Genest, que l'on aurait dû écrire, vu qu'il n'y a eu qu'un soldat du nom de *Genesse*, mort sans postérité, aux Trois-Rivières, en 1700 ?

(3) Le même qui avait poursuivi en loi la fabrique, avec Régis Lapointe, en 1856.

(4) L'accord de cet orgue coûtait bien cher.

DE 1861 à 1870.

(1861). Il y a eu quatre mariages en janvier, dont trois le même jour, le 22. Se mariaient : Godefroy Côté à Adélaïde Trudel, fille de François ; François Julien à Philomène Côté, fille de Louis ; Hilaire Desroches à Adélaïde Rochette, fille de Charles.

Le 29 : Louis Gaboury épousait Delphine Thibault, fille de Joseph. Ce mariage fut béni par Messire P. Dionne.

Furent inhumés dans l'église, en 1861 : Marie-Thérèse Thibault, veuve de Jean-Olivier Gingras, morte le 2 d'avril, à 66 ans ; Prisque Fiset, fils de Prisque, âgé de 70 ans et décédé le 10 mai ; Agathe Fiset, épouse de Thomas Jobin, morte le 5 d'août, âgée seulement de 28 ans ; Edouard Constantin, marchand, époux d'Ursule Fiset, mort le 7 de novembre, à 49 ans.

Le 9 d'avril, est inhumée Françoise Paradis, épouse de John Murray, de Québec, morte le 7, à l'âge de 25 ans.

Nous avons vu que John Murray, capitaine de frégate anglaise, abjurait les erreurs du protestantisme, le 25 de septembre, 1855.

Le 22 du mois d'août, le Dr P. Larue perdait son premier enfant, enlevé à l'amour de ses parents à l'âge de 11 mois et 22 jours. Il était né le premier septembre de 1860.

Le 11 juillet, Mgr Baillargeon approuve les comptes rendus depuis sa dernière visite jusqu'à 1860 inclusivement, puis il ajoute : " Approuvé la résolution de MM. les marguilliers concernant le payement de la rente des bancs.

" Fait au presbytère de St-Augustin le 11 juillet 1861."

Signé : " C. F. Evêque de Tloa."

On a vu quelle était cette décision des marguilliers dont parle ici l'évêque.

Parmi les dépenses extraordinaires mentionnées

depuis plusieurs années, on a vu invariablement (sauf une année) la phrase suivante : " Pour faire accorder l'orgue : " tant. Il y a encore, en 1861, la somme de £3 payée pour cet orgue continuellement désaccordé.

On voit aussi, pour la première fois, l'entrée suivante : Pour le notaire, teneur de livres de la fabrique, cette année : £12.10.0. On a aussi payé £1.10.0 pour service d'un connétable (1).

L'avoir de la fabrique est représenté par £1,198.11.9.

Tous ces détails au sujet des dépenses de la fabrique paraîtront peut-être fastidieux aux yeux d'une certaine classe de lecteurs ; mais il ne faut pas oublier que cette histoire est écrite avant tout pour les paroissiens de Saint-Augustin, qui, eux, s'intéresseront à tous ces détails, à tous ces achats, à toutes ces entreprises, etc. auxquels ils ont été mêlés, pour lesquels ils ont généreusement fourni, eux ou leurs auteurs.

D'un autre côté, ces sommes, relativement considérables, feront voir au lecteur étranger à la paroisse que les habitants d'ici et de ce siècle ressemblent aux habitants des deux siècles précédents : semblables à leurs Pères sous le rapport religieux et social, ils ne se lassent jamais d'ouvrir leurs bourses, quand il s'agit de la maison du Seigneur ou de quelque œuvre de charité. (2)

D'ailleurs, quel est celui qui n'est pas curieux de connaître l'emploi des deniers qu'il a donnés ?

Il y a encore une autre considération qui a induit l'auteur à faire ce travail *surérogatoire :* c'est que, au moyen de tous ces chiffres qu'il trouvera d'année en année, l'habitant de Saint-Augustin, curieux d'aller au fond des choses de cette nature, pourra se faire une idée approximative du denier qu'a coûté l'église actuelle.

(1) Première mention de cet officier de la paix à gages.
(2) Messire Blanchet, l'assistant du curé actuel, M. Pilote, disait à l'auteur dernièrement que les habitants de la paroisse ont donné, cette année (1884) : $226 pour la propagation de la Foi ; $110 pour le denier de saint Pierre, etc.

Toutes ces considérations engagent à continuer les recherches commencées dans les comptes de la fabrique, quoique ces recherches coûtent à l'auteur un travail long et difficile. C'est pour le même motif : celui de satisfaire une curiosité très légitime, que le document suivant a été copié.

C'est un inventaire des meubles de l'église, etc. Ce travail semble avoir été fait par M. Lefrançois, mais d'une écriture indiquant une main tremblante et fatiguée. Il est bien fâcheux qu'il n'ait point pensé à mettre une date à ce document. En dépit de cette lacune, on peut voir, cependant, par les effets qui y sont mentionnés, que cet inventaire dut être pris vers 1846.

Ce document a pour tout titre le mot MEUBLES.

BOIS PEINT, ARGENTÉ ET DORÉ.

41 pots de fleurs, argentés et dorés.
2 châsses dorées pour reliques des SS. Clément et Modeste. } Authentiques.
2 châsses au tabernacle des SS. Patien et Amable.

ORNEMENTS SOIE ET MOIRE.

CHASUBLES.—Chasubles blanche, première classe.
2 blanches S, (1)
2 rouges S.
1 blanche et rouge S 2me cl.
1 blanche et rouge quotidienne.
1 violette S.
1 verte S.
1 verte et violette M.
1 noire S.

PAREMENTS D'AUTEL.

Grand autel :

2 blancs S.
1 rouge S.

---

(1) S signifie : soie, et M : moire.

1 blanc et rouge S.
1 vert S.
1 violet S.
1 noir S.

Petits autels.

2 blancs et rouges S.
2 verts et violets M.
2 noirs M.
1 de cuir peint et doré, au grand autel.
1 jaune pour processions S.

AUTRES ORNEMENTS.

2 dais S.
1 dais M.
2 chapes S.
1 écharpe S.
13 étoles S.
6 garnitures de crédence.
3 bonnets carrés.
3 tapis.
2 draps mortuaires M.

LINGES.

10 aubes.
18 surplis.
4 alumelles.
3 douzaines d'amicts.
9   "   purificatoires.
7   "   lavabo.
27 corporaux.
10 nappes grand autel.
6   "   petits autels.
2 jeux de nappes de communion.
10 serviettes.
6 cordons d'aube.

LIVRES.

4 missels.
3 grands livres de chant.
Plusieurs Graduels.

Plusieurs Antiphonaires.
      "   Processionnaux.
1 cantique.
1 livre des Epîtres et des Evangiles.
1 ancien Rituel.
2 nouveaux Rituels.

FONDATION.

Trois messes basses de fondation à perpétuité en faveur des Amiot, Bailleurs du fonds sur lequel étaient bâtis le Presbytère et l'Ancienne Eglise, par Donation au profit des Missionnaires desservant la paroisse Saint Augustin, en mil six cent quatre vingt dix huit—1698.

TARIF.

Grande messe...............................	£0. 6.8
" sépulture...........................	0. 5.0
Petite "	0. 1.3
Service et enterr......................	0.13.8
" simple...............................	0. 5.8

(1862). Le 4 de février, baptême de Damase-*Lusippe-Hernesse* (Eleucippe-Ernest), deuxième enfant du Dr Larue, né le même jour.

Le 25, il se célébrait quatre mariages : celui de Joseph Fiset et d'Adélaïde Denys, fille d'Augustin ; celui de Louis Fiset (frère du précédent) et d'Eléonore Rochette, fille de Charles ; celui d'Ignace Denys et de Luce Julien, fille de Jean-Baptiste ; celui de Jean Boiteau, de l'Ancienne-Lorette, et de Marie Laberge, fille de défunt Louis, de Saint-Augustin.

Le 10 mars, sépulture, dans l'église, de Thérèse Bourbeau, épouse de Michel Tessier, de Québec, morte à l'âge de 70 ans.

On voit encore, dans les actes de cette année, les noms de deux nouveaux marchands dans la paroisse : Jean Rochette, marié à Emilie Meunier, et Narcisse Lauriot, qui se marie, le 8 juillet, à Cécile Constantin, fille d'Augustin.

Le 21 juillet, Narcisse Parre, juge de paix et marchand, et Marie-Elisabeth Anger, tous deux de Saint-Casimir de Portneuf, viennent se marier dans la paroisse. L'époux était veuf d'Emilie Delisle.

Le lendemain, Messire Jh. Laberge reçoit l'abjuration de Jacques Tye, (1) journalier, âgé d'environ 26 ans. L'acte dit : " Nous l'avons absous de l'hérésie et baptisé sous condition dans la paroisse de Saint-Augustin, en vertu d'une permission accordée par Sa Grandeur Monseigneur de Tloa, administrateur du diocèse de Québec." Jacques Tye était le fils légitime de Jean Tye et de Kezia (?) Tye, de la paroisse de Saint-Pancras, Londres, Angleterre. Parrain : François Couture ; marraine : Louise Valin.

Edouard Barbeau et Sophie Meunier, de Saint Félix de Valois, dans le comté de Joliette, (probablement en promenade ici), font baptiser, le 8 d'août, une enfant sous le nom de Rose de Lima.

Cette enfant était inhumée ici, le 20 du même mois.

Le 4 octobre, on enterre le corps de Louis-Misaël Rochette, âgé de six ans et fils de Michel Rochette et d'Eléonore Laberge. Cet enfant fut inhumé le jour même de son décès, " à raison d'une maladie contagieuse."

Le 29 novembre, sépulture de George-Joseph, enfant de deux ans, fils de Zéphirin Charland et de Domitilde Béland. D'après le certificat du coronaire, cet enfant était mort d'empoisonnement.

On trouve, à la date du 15 décembre, l'acte de baptême suivant : c'est celui de Joseph-Ferdinand, né la veille, du légitime mariage de *Ferdinand* Côté et de *Daric* East.

A l'élection d'un nouveau marguillier, pour cette année, Jacques Jobin, du rang des Mines, est élu.

Les dépenses extraordinaires de l'année, approuvées préalablement par Mgr Baillargeon, sont de £335.15.8.

___
(1) Plutôt *Tighe*.

Dans ce montant se trouve £1 pour accorder l'orgue !

Balance à l'avoir de la fabrique : £986.19.4.

(1863). Le 3 de février, on voit un nouveau nom d'*aubergiste :* celui de Patrice Doyle. Il mariait, ce jour-là, sa fille Catherine à *Tharsile* Ouvrard dit Laperrière.

Le 17 mars, inhumation, dans l'église, de Jean-Bte Martel, de Québec, époux de Thérèse Brousseau, mort à l'âge de 67 ans.

Le 3 de juillet, M. le curé réhabilitait deux mariages déclarés nuls pour cause de consaguinité inconnue le jour où ils avaient été contractés. C'était le mariage de Pierre Masson et Rosalie Drolet, puis celui de Jean Drolet et Sophie Masson.

Justine Vésina, épouse de Pierre Fiset, est enterrée, le 27 d'août, dans l'église. Elle était âgée de 55 ans.

Depuis quelques années, il est fait mention, au chapitre de la recette des comptes, de certaines sommes revenant à la fabrique pour intérêt sur argent prêté. Il n'est pas dit, cependant, à qui ces deniers étaient prêtés. On ne peut savoir, non plus, ce que sont devenus, jusqu'à présent, les 100 louis formant la balance due par la paroisse de Saint-Raymond, qui devait payer le montant de son emprunt, £150, par versements annuels de £25. On a seulement vu qu'il avait été donné, en à-compte, et en deux fois, £50.

La recette de cette année fait mention d'un denier qu'on aurait dû ne pas percevoir. Le voici : "Pour affermage du vieux cimetière : £1.3.9." Une paroisse riche comme l'est, comparativement, la paroisse de Saint-Augustin, pouvait, avec un peu de mémoire du cœur, laisser en paix ce terrain consacré par les prières de l'Église, par les corps qui y avaient reposé, par les larmes qu'y avaient répandues des mères sur la tombe de leurs enfants, des pères sur la tombe de leurs épouses, et des enfants, sur celle de leurs parents chéris. Ce terrain, ce coin de terre maintenant isolé sur le bord du grand fleuve, était de plus un lieu sacré par tous les souvenirs qui s'y rattachaient.

Mais il se trouve, dans ce monde, des gens qui ne savent pas se ressouvenir; puis ce coin de terre, qui avaient bu le sang des morts et les larmes des vivants, on l'affermait pour £1.3.9 ! Il paraît que c'était une considération puissante, puisqu'on n'a pas eu honte de le dire par écrit aux générations qui devaient suivre.

On a encore payé, cette année, £53,15.1 pour le presbytère et pour le chemin couvert; £2.19.10 pour cordes des lampes et pour les mèches; £17.1.3 pour réparations à l'orgue et pour autres objets achetés pour l'église; £66.5.0 pour un ostensoir et un reliquaire; £6 pour rente de l'église (1); £51.5.2 pour poteaux placés à la porte de l'église et servant à y attacher les chevaux.

Cette dernière dépense a été autorisée par l'évêque.

Argent restant au coffre: £1,035.9.8.

(1864). Le 22 février, Flavie Garneau, épouse de Joseph Côté, donne le jour à deux jumeaux. Ils sont baptisés, le même jour, sous les noms respectifs d'Israël et de Marie-Rébecca.

Le 2 mars, sépulture de Clément Petitclerc, époux de Marie-Anne Bordeleau. Il dut mourir subitement, ou des suites d'un accident, puisqu'il y eut enquête du coronaire; mais on ne dit point la cause de la mort.

Un autre *aubergiste*, Théophile Brunet, enterrait, le 13 d'avril, son enfant Joseph-Ulric, âgé de 10 mois et 4 jours.

La personne la plus âgée, morte cette année, fut Geneviève Garneau, veuve de François Gingras. Elle mourait le 3 de mai à l'âge de 92 ans.

Le 30, était inhumé, dans l'église, le corps de Christine Prud'homme, veuve de Joseph Carpentier, à l'âge de 66 ans.

---

(1) C'est la première fois que cette dépense paraît dans les comptes, et l'on aurait dû en donner la cause motive.

Deux lignes et demie d'écriture, placée sur le couvert du registre consacré aux années comprises entre 1850 et 1867, nous apprennent que, le 18 de septembre, 1864, il se commençait une retraite prêchée par le Rév. Père *Beaudy* (Beaudry ?). Cette retraite dura 5 jours.

Le 20, c'est-à-dire au cours de cette retraite, le Rév. P. Beaudry baptisait, " avec l'autorisation de Messire Augustin Milette, curé," Narcisse-Théophile, enfant de Thomas Jobin et de Philomène Paradis. Fut présent à ce baptême et a signé avec le P. Beaudry, Messire Jérôme Sasseville, alors curé des Ecureuils.

Un certificat de publication de bans indique que, le 4 d'octobre, M. Drolet était curé à Saint-Félix du Cap-Rouge.

Le jour des Morts, jour bien approprié, Josephte Trudel mourait à l'âge de 88 ans. Elle était veuve d'Augustin Verret, et son corps fut inhumé dans l'église, le 5 de novembre.

Le chiffre des mariages, cette année, est le plus petit qui soit donné depuis l'établissement de la paroisse, c'est-à-dire depuis un siècle et trois quarts près : il n'a été que de 3.

Au mois de novembre de cette année, les anciens et nouveaux marguilliers s'assemblèrent pour prendre en considération le besoin qu'il y avait de bâtir une grange et ses dépendances pour le service du curé.

Il fut résolu de prier Sa Grandeur Mgr de Tloa de vouloir bien permettre de prendre au coffre de la fabrique environ $400 pour aider aux habitants à faire cette bâtisse.

Le 16 décembre, Mgr Baillargeon envoyait une autorisation écrite permettant aux marguilliers de prendre sur les fonds de la fabrique, pour la construction de la grange, une somme ne devant pas excéder $400.

On a déboursé, cette année, £18.6.0, payés à la Cie d'assurance pour l'incendie de Saint-Joseph. Quel

Saint-Joseph ?... de Lévis ? de la Beauce ? On ne le dit pas.

On a payé £1.10.0 pour chaises de la sacristie; £9.7.5 pour lisses de fer à la porte de l'église, et £160 pour la grange dont il a déjà été parlé.

Balance à l'avoir de la fabrique : £1,022.0.10.

Fabien Drolet était le marguillier comptable.

(1865). L'année précédente n'avait donné que *trois* mariages, et le mois de janvier *seul* de cette année en produit 7.

C'est, d'abord, le 17, le mariage de Damase Brousseau et de Marcelline Moisan, fille de Jean-Baptiste.

Le 24, il y a 5 mariages à la même messe. Se mariaient : 1. Narcisse Moisan à Marie-Geneviève Paradis, fille de Pierre ; 2. Louis Gaboury, sacristain, à Marie Cantin, fille de Louis ; 3. Dieudonné Cantin, laitier, de St-Roch de Québec, à Angèle Desroches, fille de Germain ; 4. Amable Drolet à Flavie Fiset ; 5. Joseph Bussière, menuisier, de la Pointe-aux-Trembles, à Sophie Drolet, fille de Jean-Baptiste, de St-Augustin.

Enfin, le 31 janvier, Edouard Ouvrard dit Laperrière, de Sainte-Catherine, se mariait à Ursule Côté, fille de François, de Saint-Augustin.

C'est M. Blais qui avait remplacé M. Bédard comme curé à Saint-Raymond. Ceci paraît par le certificat de la publication des bans de Thomas Tardif, qui, le 21 février, se mariait à une fille de la paroisse : Henriette Beaumont, fille de feu Louis.

Le 29 d'avril, le Dr P. Larue fait baptiser Marie des Anges-L. Parrain : Alexandre Couture ; marraine : Vitaline Cantin.

Le 28 de mai, sépulture de Joseph-Edmond-Arthur, âgé d'environ 22 mois, fils du Dr P. Larue. C'était le deuxième enfant que la mort enlevait dans cette famille.

Le 10 juillet, "Manuel" (Emmanuel) Bazelli, colporteur, originaire de Plaisance, en Italie, se marie à Marcelline Grenier, fille majeure de Joseph, de Saint-Augustin.

Le même jour, les deux époux légitiment l'enfant qu'ils avaient eu avant leur mariage, le 15 de mai de cette année, et qui fut baptisé sous le nom de Joseph.

Un *marchand* de la paroisse, Narcisse Loriot, (1) marié à Cécile Constantin, faisait baptiser une enfant, Marie-Cédulie, le 2 d'août.

Le 12 de septembre, Abraham Simoneau, de Saint-Jean-Chrysostôme (dans le comté de Lévis), se marie à Félicité Gagnon, fille de Charles, de Saint-Augustin.

M. Beaumont était alors curé de Saint-Jean-Chrysostôme, paroisse dont la fondation ne remonte qu'à 1830.

Le 20 d'octobre, sépulture de Joséphine Fiset, fille de Louis, morte accidentellement. On ne dit pas, sur le certificat du coronaire, la nature de l'accident.

Le 27 novembre, est inhumé, dans la nef de l'église, le corps de Michel Tessier, époux de Rose Huot, de Québec, décédé le 23, à 70 ans.

Le 13 décembre, Marcel Laperrière et son épouse, Victoire Drolet, font baptiser Joseph et Marie-E., enfants jumeaux.

Au mois de juin de cette année, les nouveaux et les anciens marguilliers s'assemblent pour prendre en considération le besoin qu'il y a de parachever la grange et ses dépendances commencées l'année précédente. Ils décident de s'adresser de nouveau à Mgr Baillargeon, pour le prier de leur permettre de prendre une autre somme d'environ $120, sur les fonds de la fabrique, afin d'aider aux habitants à finir cette construction.

M. Jacques Jobin, marguillier en charge, rend ses comptes.

On y voit, au chapitre de la recette, £31.2.6 pour argent prêté, ce qui fait, à 6 pour cent, un capital excédant £500. On a aussi retiré £4.19.8 pour escompte sur deniers déposés à la banque.

---

(1) L'ancêtre de ces Loriot, établi à la Pointe-aux-Trembles de Québec, écrivait aussi son nom : *Loriot ;* tandis qu'un autre, établi à Montréal, en 1681, écrivait *Lauriot*.

La rente des bancs a rapporté £212.2.5, le plus haut chiffre jusqu'à ce jour.

D'un autre côté, on a payé, pour diverses dépenses de l'église : £74.10.9, et £3.5.0 pour faire peinturer le Calvaire.

L'avoir de la fabrique, en 1865, sans compter l'argent prêté, se montait à £1,132.0.3, ou $4.528.05.

L'organiste a retiré pour son salaire : £40.

(1866). Au commencement de janvier (le quantième n'est pas donné) le notaire Daniel Watters marie sa fille Caroline à Jean Bonaventure dit Beaumont, de l'Ancienne-Lorette.

Le 16 février, on enterre, dans l'église, le corps de Marie Fiset, épouse de Jean-Baptiste Marois, morte à 69 ans.

Le 30 mai, est baptisé Joseph-Bruno, fils d'Emmanuel Bozelli, *journalier*, et de Marcelline Grenier.

Cet enfant mourait le 13 juillet suivant.

Le 10 juillet, le Dr P. Larue perd son troisième enfant, Marie des Anges L., morte à environ 14 mois.

Le 10 novembre, madame Larue, épouse du docteur ci-haut nommé, donnait le jour à son quatrième enfant, Marie-Louise " Hermestine " probablement *Ernestine*, baptisée, le lendemain. Parrain : Charles Larue, seigneur ; marraine : Julie Larue, tous deux de la Pointe-aux-Trembles.

Au cours de cette année, les marguilliers, anciens et nouveaux, s'adressent à Mgr Baillargeon pour le prier de leur permettre de céder autant de terrain qu'il en faut pour élargir la côte connue sous le nom de *Côte de la vieille église*. La demande de ce terrain avait été faite aux marguilliers par les habitants restant établis sur le bord du fleuve. La côte des anciens jours, faite comme on faisait alors les chemins, était trop étroite et presque impraticable avec des voitures, à certaines saisons de l'année.

Le 5 de juillet, Mgr Baillargeon, en visite épiscopale à Saint-Augustin, faisait la réponse qui suit à cette demande des marguilliers :

Nous permettons à MM. les marguilliers de céder sur l'ancien cimetière autant de terrain qu'il en faut pour refaire la côte et le chemin qui sert aux habitants établis au bord du fleuve.

Le même jour, Sa Grandeur écrivait ce qui suit sur le cahier des délibérations :

Vu et alloué les comptes ci-dessus (c'est-à-dire jusqu'à 1865 inclusivement) réglés et clos depuis notre dernière visite, et desquels nous déchargeons les Marguilliers comptables.

Nous sommes heureux de voir que la Fabrique possède une somme considérable, et nous ne pouvons que louer M. le Curé et les Marguilliers du soin qu'ils apportent dans l'administration des affaires de leur fabrique.

Fait au presbytère de St-Augustin, ce 5 juillet 1866, dans le cours de notre visite épiscopale.

             Signé :   † C. F. Evêque de Tloa.

Les comptes rendus, cette année, par le marguillier comptable, Michel Rochette, font voir que les affaires de la fabrique étaient toujours de plus en plus prospères, quoique les dépenses extraordinaires continuent d'être représentées par un chiffre considérable.

Les intérêts de cette année sur l'argent prêté à différentes fabriques (Saint-Antoine de Tilly, Saint-Barnabé de Trois-Rivières, (1) etc.,) formaient la somme de £36.8.11, ce qui fait, à 6 pour 100, un capital prêté de plus de £600.

En 1864 et cette année, on voit que la fabrique a retiré quelque chose de son capital prêté ; et, cette année, il est dit : " Reçu en capital des argents prêter " : £75. Est-ce en à-compte ou pour dernier paiement de la somme prêtée à Saint-Raymond, ou ailleurs ? On n'a pas eu le soin de le dire.

Le salaire de l'organiste a été porté à £50. Il n'est pas plus élevé aujourd'hui, en 1884.

On a payé pour un tapis : £1.19.6 ; pour chaînes reliant les piquets ou poteaux placés sur la devanture

---

(1) Saint-Barnabé, fondé en 1862, était alors une nouvelle paroisse ; Saint-Antoine prend rang parmi les anciennes paroisses, ayant été établi dès le commencement du siècle dernier, vers 1702.

de l'église : £3.10.6 ; pour livres de chant : £1.5.0 ; pour dépenses contingentes : £15.19.11.

On a encore déboursé £77.10.0, payés à M. le curé Milette pour un terrain vendu par lui à la fabrique.

A une assemblée des anciens et nouveaux marguilliers, tenue le 12 de mai de l'année suivante, cette vente, faite par M. Milette à la fabrique, fut confirmée. Le terrain en question était contigu à celui de la fabrique ; et M. le curé l'avait acquis d'Augustin Bourbeau. L'achat de ce morceau de terre donnait la facilité d'éloigner de la porte de l'église et de celle du presbytère la clôture de fer à laquelle les paroissiens attachaient leurs chevaux. En un mot, sans cette acquisition, on était trop à l'étroit, et l'on était loin d'avoir, avant cette année, la jolie et vaste avenue qu'on admire aujourd'hui.

Il restait au coffre de la fabrique, à la fin de l'année 1866 : £1,138.13.3, ou $4,554.65.

(1867). L'année s'ouvre par une sépulture : celle de Françoise Jobin, fille de défunt Louis, morte le jour des Rois, à l'âge d'environ 67 ans. Son corps fut inhumé dans l'église.

Il se célébrait trois mariages, le 19 février. Voici les noms des époux et des épouses: Albert Carpentier et Adéline-Adélaïde Gaboury, fille de Jacques ; Pierre Légaré et Ursule Masson, fille de défunt Louis ; Napoléon Fiset et Marie Gaboury, fille de Jacques. Jacques Gaboury mariait donc, ce jour-là, deux filles.

Le 25 février, le Dr P. Larue perdait son quatrième enfant : Marie-Louise " Hermestine " (Ernestine). L'acte dit qu'elle mourait à l'âge de 3 mois et 20 jours : c'est 3 mois et 15 jours qu'il fallait dire, étant née le 10 novembre de l'année précédente.

Le 23 mars, on enterre, dans l'église, le corps de Louis Martel, mort à l'âge de 67 ans. Il était marié à Rose Cantin.

Louis Gaboury, marié à Marie Cantin et *bedeau* de la paroisse, fait baptiser deux jumeaux, sous les noms de

Louis-Joseph-Théodore et Louis-Joseph-Jean-Baptiste. Ils étaient nés le 24 mars.

Un autre *marchand* de la paroisse, Zéphirin Charland, fait baptiser un enfant : Ferdinand-P., le 13 de mai.

Nous trouvons, à la date du 28 de mai et pour la première fois, le nom de l'organiste: Albert Rochette, marié à Marie-Zoé Milette, tous deux de Québec (1). Ce M. Rochette jouait de malheur : dans l'espace d'un mois, il perdait 3 enfants. 1o. Marie Anne-Elisabeth, morte à l'âge de 13 mois, le 18 de mai ; 2o. Marie-Adrienne-Stella, morte le premier de juin, âgée de 4 ans et 5 mois ; 3o. Etienne-Evariste, mort à l'âge de 8 ans moins 7 jours, le 18 juin.

Le 19 Juillet, inhumation, dans l'église, du corps de Jean-Baptiste Rochette, époux de Brigitte Martel, mort à 61 ans.

Ce décès provoqua une enquête de l'autorité civile ; mais on ne dit, ni dans le certificat du coronaire, ni dans l'acte mortuaire, de quelle nature fut la cause de cette mort.

On enterrait encore dans l'église, le 7 d'août, le corps de Jean-Baptiste Constantin, garçon, âgé de 75 ans et fils de Jean-Baptiste Constantin et de Marguerite Soulard.

Emmanuel Bozelli, dont il a déjà été parlé, fait baptiser son deuxième enfant, le 16 d'août, sous le nom de Marie " Alfoncine " (Alphonsine). Voici le nom d'un nouvel *aubergiste :* Dominique Amiot, qui, le 5 septembre, faisait baptiser un enfant sous le nom de

---

(1) L'auteur a connu, autrefois, à Saint-Michel de Bellechasse, un organiste de ce nom. C'est celui-là même qui est nommé ici.

Puis, il y a 3 ans, l'auteur a encore rencontré, à Lewiston, Maine, un docteur Rochette, musicien distingué et médecin fort habile. Il mourait, quelques mois après cette rencontre, des fièvres typhoïdes contractées au chevet de ses patients. Sa mort causait de profonds regrets parmi la population canadienne de Lewiston, qui l'aimait pour ses belles et nobles qualités du cœur et de l'esprit.

Ce docteur Rochette était le fils de l'organiste de Saint-Augustin de 1867.

Delphine. Il demeurait dans les rangs du nord de la paroisse.

Le 14 de décembre, était baptisé *Marie*-Jules-Emile, cinquième enfant du Dr P. Larue et de Marie-Henriette Couture. Les quatre autres, comme nous l'avons vu, étaient tous morts en bas âge. Les parents seront-ils plus heureux avec celui que Dieu leur envoyait pour remplir la place laissée vide au foyer domestique par les aînés ? La suite le dira.

On commence seulement cette année à tenir les comptes d'après le système décimal si facile qu'on a fini par adopter partout, dans le pays. Il semble qu'on aurait dû abandonner, depuis plusieurs années, le système duodécimal, si difficile, si compliqué et... si anglais, des livres, chelins et deniers (*pounds, shillings and pence*). La population de cette paroisse est essentiellement conservatrice, ce qui est souvent une belle qualité ; mais entre un système de tenue de livres et de calcul, qui est ce qu'il y a de plus parfait, et un autre système lent, rempli de difficultés et, de plus, imposé par une main étrangère, qui se convertit souvent, pour nous, en une main de fer, il semble qu'il n'y avait pas à hésiter, et l'on aurait dû, aussitôt que la loi le permit, reléguer, parmi les ferrailles d'un autre siècle, ce système d'importation britannique.

La dernière, au moins l'une des dernières, à abandonner la livre tournois de 20 sous, la paroisse de Saint-Augustin fut aussi en retard avec les autres paroisses dans l'adoption du système décimal. C'était la conséquence du défaut d'une de ses nombreuses qualités.

La rente des bancs s'est élevée à $870.45.

Les plus fortes dépenses extraordinaires de l'année se sont élevées à $153.87.

Marcel Meunier, marguillier en exercice, déclare une balance en faveur de la fabrique de $4,792.32.

(1868). Il y a eu, dans le cours de cette année, quatre inhumations dans l'église : celle de Marie-

Madeleine Cloutier, veuve d'Ignace Fiset, morte le 23 janvier, à 77 ans ; celle de Marie-Elisabeth Jobin, à l'âge de 21 ans, fille de Joseph Jobin, morte le 18 février ; celle de Mathilde (Mectilde) Meunier, épouse d'Etienne Cantin, morte le premier de mars, à 39 ans, et celle de Marie-Virginie Constantin, fille de défunt Edouard Constantin, marchand, morte le 20 mai, à l'âge de 8 ans et 9 mois.

Dans un acte de baptême du premier de mai, on remarque le nom de Narcisse Loriot, marchand. Cet ancien marchand de la paroisse est, maintenant, huissier à Québec.

Au commencement de cette année, il y eut une assemblée des marguilliers de la paroisse, pour prendre en considération la nécessité de faire élire les nouveaux marguilliers par les paroissiens ou par les anciens et nouveaux marguilliers.

Et vu que, par une lettre de Monseigneur l'évêque de Québec, les marguilliers sont parfaitement libres de continuer l'ancien usage de cette paroisse, c'est-à-dire d'élire les marguilliers par le corps seulement des anciens marguilliers ;

En conséquence, il a été décidé unanimement que l'on suivrait l'ancienne coutume, c'est-à-dire que les marguilliers seront nommés et élus par le corps des anciens marguilliers seulement, sans appeler à ces élections les paroissiens.

Le jour de la Toussaint, il fut convoqué une autre assemblée des anciens et nouveaux marguilliers pour prendre en considération le besoin de bâtir un hangar pour le service de M. le curé.

Il fut résolu de prier Sa Grandeur Mgr de Tloa, archevêque de Québec, de vouloir bien permettre qu'il fût pris au coffre de la fabrique, pour cet objet, une somme d'environ $500.

Enfin, le 8 décembre, il y eut une autre assemblée des anciens et nouveaux marguilliers pour prendre en considération un projet médité depuis longtemps, c'est-à-dire d'ériger, sur le terrain de la fabrique et en face de l'église, un monument en l'honneur des saints Anges gardiens.

Après délibération, il fut résolu de prier Mgr l'archevêque de Québec de bien vouloir permettre de prendre au coffre de la fabrique la somme de $400 pour la construction de ce monument.

La réponse de l'archevêque à cette demande fut qu'il permettait de prendre, pour l'érection de ce monument, non-seulement $400, mais $500.

La rente des bancs, en 1868, a rapporté $898.32.

Les dépenses extraordinaires ont donné le chiffre de $809.47, dont $212.50 pour le monument des saints Anges.

Balance en main : $4,843.02, montant déclaré par François Couture, marguillier comptable.

(1869). Six personnes ont été enterrées dans l'église, cette année.

1. François Gilbert, époux de Julie Juneau, mort le 8 de janvier, à 68 ans ; 2. Louise Jobin, épouse de Louis Fiset, morte le 21 de mai, à 66 ans et 6 mois ; 3. Louis Fiset, veuf de Louise Jobin, (morte le 21 mai, comme il vient de l'être dit) mort le 28 juillet, à 77 ans ; 4. Thomas Tardif, menuisier, époux de Cécile Petitclerc, mort le 25 octobre, à 59 ans ; 5. Alphonse Loriot, fils d'Alexis, décédé le 14 novembre, à l'âge de 24 ans ; 6. Olivier Doré, époux de Basilice Quézel, mort le 8 de décembre, à 74 ans.

Le docteur P. Larue fait baptiser, le 3 décembre, Marie, née le premier de ce mois. Parrain : Alfred Couture ; marraine : Alphonsine Brunet.

Dans le mois de mars de cette année, il y eut une assemblée des anciens et nouveaux marguilliers dans le but d'élire cinq directeurs de la Compagnie d'Assurance Mutuelle des fabriques. Furent élus : Messires C.-F. Cazeau, V. G., Joseph Laberge, curé de l'Ancienne-Lorette, Boucher, curé de Saint-Ambroise, Beaudry, curé de Charlesbourg, et Tremblay, curé de Beauport.

Cette élection était pour cinq ans, à compter du premier d'avril suivant.

Joseph Côté rend ses comptes.

On a déboursé $115.41 pour le hangar de la fabrique, ce qui fait un montant de $561.71, en comptant $446.30 pris pour le même objet, en 1868.

On a payé pour le monument des saints Anges : $230.80, formant $443.30, en ajoutant $212.50 pris en 1868.

On a pris de plus, au coffre, $225 pour le même objet, ce qui fait jusqu'ici, pour le monument : $668.30.

Les autres dépenses extraordinaires de l'année se répartissent ainsi : Pour caveaux de Messieurs Lefrançois et Milette : $77.31 ; pour l'incendie de l'église de Saint-Stanislas (comté de Champlain) : $68.60 ; pour peinturer le presbytère et la sacristie : $189.44 ; pour secours aux incendiés du Saguenay : $100, etc.

Malgré toutes ces dépenses, il restait encore à l'avoir de la fabrique : $4,802.87.

(1870). Il y a eu, cette année, quatre inhumations dans l'église : celle de Flavie Martel, fille de Charles, morte le 25 janvier, à l'âge de 54 ans ; celle de Marie-Emilie Tardif, épouse d'Esprit Marois, morte le 2 juin, à l'âge de 62 ans ; celle de Joseph Petitclerc, époux d'Angélique Moisan, décédé le 11 septembre, à 82 ans, et celle d'Ambroise Desroches, époux d'Apolline Gaboury, mort le 10 décembre, à 71 ans.

Le 7 février, on lit l'acte qui suit :

Le sept Février mil huit cent soixante-dix, Nous soussigné Vicaire général, administrateur de l'Archidiocèse, avons inhumé dans le sanctuaire de l'église de cette paroisse, dans une tombe en brique du côté de l'Evangile, près de la chapelle de la Ste Vierge, le corps du Révérend Monsieur Augustin Milette, décédé le deux du même mois, après sept jours de maladie, à l'âge de cinquante-huit ans, après avoir été curé de cette paroisse pendant vingt-un ans. Présents les Révérends Messieurs Joseph Laberge, L.-E. Parent, P.-O. Drolet, ainsi qu'un grand nombre de confrères, de parents et amis qui ont signé avec nous.

Voici les noms des prêtres qui ont signé l'acte mortuaire du neuvième curé de Saint-Augustin : MM.

Laberge, Parent, Drolet, Beaudry, Provancher, Lemieux, Clarke, Bernard, Godbout, Soucy, Dionne, Laverdière, Baillargé, Harkin, Racine, (Ant.) Boucher, (Ans.) Plamondon, Tremblay, Gauthier, Blais, O'Grady, Chavigny de la Chevrotière, Chs.-S. Richard, Sasseville, Auclair, Gosselin, Gauvreau, Guertin et le G. V. C.-F. Cazeau, officiant ; en tout : 29 confrères du regretté défunt curé de Saint-Augustin.

Voici les noms des laïques qui ont signé au même acte : P. LaRue, M. D. et M. P. P., A. Milet, M. D., J.-D. Brousseau, M. P. F., J.-B.-C. Hébert, notaire, Adolphe Hamel, organiste à Saint-Patrice de Québec, J.-D. Milette, M. D., Joseph Marcoux, chantre, et Albert Rochette, organiste.

Le dernier acte signé par M. Milette fut l'acte de sépulture de Flavie Martel, fille de Charles, à la date du 27 de janvier. Il dut tomber malade le même jour où il faisait cet enterrement, puisque son acte de sépulture dit qu'il mourut le 2 de février, après *sept* jours de maladie. (1)

Le jour du décès de M. Milette, il y eut une sépulture, qui fut faite par Messire Ant. Gauvreau, alors aumônier de l'archevêché, et curé, aujourd'hui, de Notre-Dame de Lévis : c'était l'enterrement de Louise Saint-Antoine, épouse de feu Ignace Drolet.

Le lendemain de la mort de M. Milette, il y eut encore, par M. Gauvreau, une autre inhumation : celle de Marie-Adéline Dorval, âgée de 26 ans et fille de défunt Raymond Dorval, du faubourg Saint-Jean de Québec.

Messire Charles-S. Richard remplaça M. Milette jusqu'à l'automne. Son premier acte porte la date du 22 février : c'est l'acte de mariage de Joseph Ouvrard dit Laperrière et de Vitaline Drolet.

Le dernier document qui porte sa signature est

---

(1) Pour notice biographique de M. Milette, voir le chapitre intitulé : " Missionnaires et curés."

l'acte d'inhumation de Joseph Petitclerc, enterré dans l'église. (1)

Le 22 de septembre, Messire Amable Blanchet, assistant de Messire François Pilote, curé, signait l'acte de baptême de Marie-Hermine Carreau, fille de Louis.

M. Blanchet avait été nommé assistant le 19 de ce mois et était arrivé à Saint-Augustin le même jour, à 9 heures du soir.

Le 26 octobre, M. François Pilote, le dixième curé de cette paroisse, signait son premier acte, qui fut l'acte d'inhumation de Marie-Audélie Dubuc, âgée de 3 mois et demi, fille de Jean-Bte Dubuc.

M. Pilote avait été nommé curé de Saint-Augustin vers le milieu d'août de cette année, et il arrivait dans la paroisse le 19 de septembre suivant, dans l'avant-midi.

L'année 1870 compte deux morts subites : celle de Joseph-Praxède Lauriot, enfant d'Alexis et mort le 11 septembre, à l'âge de 17 mois ; puis celle de Madeleine Doré, fille, trouvée morte dans son lit, le 24 décembre. Elle était âgée de 80 ans.

Le même jour (le 24), dans un acte de baptême, il est fait mention de Léon Hardy comme meunier. Il faisait baptiser, ce jour-là, son enfant Marie-Hermine.

Le 30 décembre, inhumation de Marie-Jules-Emile, âgé de 3 ans et 2 mois, enfant du Dr P. Larue. C'était le cinquième enfant qu'il perdait.

Dans le mois d'octobre, il fut résolu, à une assemblée des anciens et nouveaux marguilliers, de faire remise pure et simple à la fabrique de Saint-Félix du Cap-Rouge de la somme de $200 prêtée pour aider à la construction de son église, en 1859 ; et de lui donner de plus une autre somme de $82 dues pour intérêts accumulés.

---

(1) Voir le chapitre intitulé : "Missionnaires et curés," pour la notice biographique de M. Richard.

Ce don fut fait à la demande de Messire Drolet, curé de Saint-Félix du Cap-Rouge, et " en considération de la part de contribution que la paroisse de Saint-Augustin peut être considérée comme redevable en équité à la formation de la nouvelle paroisse de Saint-Félix, dont une partie des habitants étaient autrefois de Saint-Augustin."

A la même assemblée, il fut encore résolu de donner à la paroisse de Sainte-Jeanne de Neuville $50 " en considération de la pauvreté de cette jeune paroisse dont plusieurs des habitants sont originaires de Saint-Augustin."

La demande de ce don avait été faite par Messire A. H. Gosselin, curé de cette nouvelle paroisse formée en 1868, en arrière de la Pointe-aux-Trembles.

Au cours de cette année, on a reçu $140 que devait à la fabrique de Saint-Augustin la paroisse de Saint-Sévère, dans le district de Trois-Rivières ; et une autre somme de $246 de la fabrique de Saint-Barnabé, dans le même district.

On a encore reçu $500 du shérif de Québec, au nom de Marcel Gingras, pour argent prêté ; puis $131.94 pour intérêts sur capital prêté.

Au chapitre des dépenses, on remarque : $40 pour aider à la société de colonisation No 1 du comté de Portneuf ; $137.27 pour 1 dais et pour 1 bannière ; $10.78 pour le monument des saints Anges, (ce qui constitue, jusqu'à présent, pour cet objet : $679.08).

Il restait à l'avoir de la fabrique : $6,184.26.

Le marguillier comptable était : Etienne Cantin.

DE 1871 à 1880.

(1871). Le 19 février, Jean-Baptiste Gaboury, marié à Marguerite Lamontagne, fait baptiser Jean-Baptiste et Théodore, frères jumeaux.

Le 12 avril, inhumation, dans l'église, du corps de Clément Juneau, cultivateur, mort à l'âge de 58 ans et 5 mois.

Le 2 septembre, Marie Trudelle, fille âgée de 74 ans, est trouvée morte dans son lit.

On enregistre, à la date du 21 septembre, l'acte d'inhumation, dans l'église, de Jean-Baptiste Brousseau, rentier, époux de Nathalie Doré, mort à l'âge de 77 ans.

M. Brousseau était le père de M. J.-D. Brousseau, député actuel de Portneuf, de M. Léger Brousseau, éditeur, etc.

Edouard Lizotte, aujourd'hui décédé, faisait baptiser son enfant Marie-Delphine, le 26 septembre. Ce Lizotte, marié à une fille de Saint-André de Kamouraska, Delphine Michaud, fut un des derniers aubergistes de la paroisse, établis au 5me rang.

Le premier d'octobre, on trouve mort dans un bateau, vis-à-vis de l'église de Saint-Augustin, Pierre Hamel, de Sainte-Emélie de Lotbinière, âgé de 51 ans.

Il fut enterré, le 7, dans le cimetière de la paroisse, après avoir obtenu la permission de l'autorité civile.

Lors du décès de ce pauvre malheureux, il n'avait avec lui, sur le bateau, qu'un jeune garçon, son enfant.

Le jour de Noël, il y eut une autre mort subite : celle de Joseph Drolet, à l'âge de 48 ans. Il était, paraît-il, de Charlesbourg ; mais il fut enterré à Saint-Augustin.

Le chiffre des mortalités est encore, comme l'année dernière, considérable, et il égale le chiffre des naissances : 49 contre 49.

Cette augmentation, dans le nombre des décès, fut causée par des fièvres malignes, qui, en 1870 et 1871, régnèrent dans la paroisse et y firent un grand nombre de victimes.

Dans le mois de mai, il fut résolu, à une assemblée des anciens et nouveaux marguilliers :

Qu'il était nécessaire d'agrandir le cimetière d'alors, devenu trop petit.

Qu'il fallait, à cette fin, acheter l'emplacement contigu au cimetière et aux conditions proposées par Louis Martel, le propriétaire ;

Que le marguillier en charge soit autorisé à prendre toutes les formalités requises pour que la fabrique possède ce terrain de manière à ce qu'il n'y ait, plus tard, ni réclamation, ni difficulté au sujet de cette acquisition.

En décembre, le 10, il y eut encore une assemblée des anciens et nouveaux marguilliers au sujet de l'orgue. Voici le procès-verbal de cette assemblée :

M. le curé Pilote a dit qu'il avait fait examiner l'orgue par M. Mitchell, facteur d'orgues de Montréal, et par M. Albert Rochette, organiste. M. Mitchell a déclaré que cet orgue est dans un si mauvais état, qu'il en coûterait au moins $300 pour le réparer et sans garantie même d'en faire un instrument de quelque valeur, et que, laissé sans réparations, cet orgue ne pouvait guère durer plus de deux ans. M. Mitchell a ajouté que, dans le cas où il serait chargé d'en faire un neuf pour la fabrique, il prendrait celui qu'elle a maintenant en déduction du prix de l'orgue à faire et pour la somme de $500.

M. le curé fait plusieurs considérations sur la convenance, l'utilité et même la nécessité d'avoir un bon orgue pour nos fêtes religieuses, afin d'en rehausser l'éclat et exciter la piété des fidèles ; puis il a ajouté :—Que la fabrique avait en caisse plus de $6,000 au mois de janvier dernier ; que M. Mitchell lui avait laissé un devis d'orgue calculé sur la grandeur de notre église, et que ce devis avait été soumis à M. Dessane, premier organiste de Québec ; que ce devis était, à peu de chose près, le même que celui de l'orgue de Saint-Romuald, que M. Mitchell vient de construire.

Après cet exposé de M. le curé, il est résolu unanimement :

Qu'une somme de $1,600 soit payée à M. Mitchell en deux termes égaux : moitié quand l'orgue sera placé dans l'église, le printemps prochain, et l'autre moitié, un an après ;

Que l'orgue actuel lui soit remis comme complément du prix d'achat et coût total du nouvel orgue.

Si le vieil orgue, d'après l'estimation même de M. Mitchell, valait $500, c'est donc $2,100 qu'a coûtées l'orgue actuel de l'église de Saint-Augustin.

A la même assemblée, il fut question d'un règlement à faire au sujet du cimetière agrandi. (1)

Les dépenses extraordinaires sont considérables, d'après les comptes rendus de Gilles Meunier, marguil-

---

(1) On verra, plus loin, ce règlement en entier.

lier comptable. Voici quelques chiffres : $300 pour l'achat du terrain nécessaire à l'agrandissement du cimetière; $53.36 payés au notaire Pruneau pour frais de licitation de ce terrain ; $72.75 pour avoir exhaussé le grand jubé, avoir fait des piliers de pierre et pour soupiraux à l'église ; $130.30 pour voile du tabernacle et robe du bedeau ; $6.40 pour part d'assurance à payer dans l'incendie du presbytère de Saint-Jean-Chrysostôme ; $120.62 pour 1 pompe ; $31.75 pour statues au monument des saints Anges. (Ce souvenir jusqu'à présent, a coûté $710.83 : M. Milette a donné, outre cette somme, au moins $100 ;) $85.60 pour part d'assurance à payer dans l'incendie de l'église de Saint-Gervais ; $200.63 pour matériaux des nouveaux jubés ; $50 en à-compte de l'ouvrage fait aux petits jubés, par M. Félix East, etc.

Malgré toutes ces dépenses en dehors de l'ordinaire, il restait encore à la fabrique une balance de $5,777.32.

Les comptes de cette année, (1871) furent rendus en juillet de 1872.

A la même assemblée, convoquée pour la reddition des comptes de cette année, on passa les résolutions suivantes :

1. Que la somme de $8,000, montant de l'assurance de l'église, de la sacristie et du presbytère, est bien au-dessous de la valeur réelle de ces immeubles ;

2. Que la somme de $4,000 doit être ajoutée aux 8,000 ci-dessus mentionnées ;

3. Que M. Félix East agisse, conjointement avec M. le curé, comme estimateur du surplus de la valeur de ces bâtisses ;

4. Que M. le curé et les trois marguilliers de l'œuvre sont autorisés à signer, au nom de cette fabrique, l'acte d'agrégation à la Compagnie d'assurance mutuelle des fabriques, et à faire toutes les démarches nécessaires pour en obtenir une police d'assurance ;

5. Que cette assemblée accepte avec reconnaissance l'offre de 2,600 pieds en superficie de terre pour agran-

dir le nouveau cimetière, faite par M. François Couture de cette paroisse, ancien marguillier, à la seule condition d'une réserve de 4 lots de 10 pieds carrés chacun, pour la sépulture de sa famille.

Il est décidé que M. Couture possèdera ces lots ou en disposera suivant le règlement du cimetière, tel qu'approuvé par Mgr l'archevêque de Québec.

Voici ce règlement définitivement adopté le 31 de décembre de cette année, (1871).

RÈGLEMENT DU CIMETIÈRE DE SAINT-AUGUSTIN, COMTÉ DE PORTNEUF.

I.—*Lots de famille.*

1. Les lots ordinaires sont de 10 pieds carrés, formant une superficie de cent pieds, mesure anglaise.
2. Chaque lot est entouré d'un passage de dix-huit pouces de large, lorsque la régularité du terrain le permet.
3. Il ne sera pas vendu de demi-lot.
4. Il ne sera pas permis de s'associer deux ou plusieurs personnes pour acheter le même lot.
5. Les lots ne serviront qu'à l'inhumation des Catholiques romains morts dans la communion de l'Eglise, de quoi l'archevêque de Québec, ou son grand-vicaire, sera le seul juge.

II.—*Membres de la famille ayant droit de sépulture sur le même lot.*

6. Ce sont 1º l'acquéreur et son épouse, 2º l'époux ou l'épouse de l'un ou de l'autre en secondes noces, leurs enfants, leurs gendres et brus, 3º les père et mère, beau-père et belle-mère de l'acquéreur, 4º ses grand-père et grand'mère, et pas au delà.

III.—*En quel cas l'acquéreur pourra disposer de son lot.*

7. L'acquéreur pourra léguer ou donner son lot à l'un de ses enfants, lequel pourra en jouir de la même manière que l'acquéreur lui-même, ainsi de suite à perpétuité.

8. Si l'acquéreur n'a pas disposé de son lot par testament ou donation, le dit lot passera de droit à l'aîné de ses garçons, et, à défaut de garçons, à l'aînée de ses filles, laquelle en usera et disposera comme il est dit plus haut.

L'acquéreur qui n'a pas d'enfant, ou qui est célibataire, pourra léguer ou donner le dit lot de terre à qui bon lui semblera, aux conditions qu'il le possède lui-même.

9. L'acquéreur pourra néanmoins faire inhumer dans son dit lot de terre, les corps d'autres personnes que celles mentionnées ci-haut, article 6, (suivant les rites de l'Eglise catholique romaine), en payant à la Fabrique de Saint-Augustin, pour chaque inhumation, le prix établi par le tarif pour les fosses séparées.

IV.—*Obligations et devoirs.*

10. Le propriétaire d'un lot de famille devra mettre des bornes ou poteaux solides, en pierre, en fonte ou en fer, aux angles dudit lot, le plus tôt possible après la prise de possession.

11. Il lui sera permis d'entourer le susdit lot d'une balustrade ou d'une chaîne, pourvu que ce soit en matière impérissable, et que cet entourage n'ait pas plus de trois à quatre pieds de haut, et qu'il soit approuvé par M. le curé de Saint-Augustin, et entretenu à perpétuité en bon ordre par le dit acquéreur, ou ses représentants, à leurs frais et dépens.

12. Il ne pourra construire sur le susdit lot de terre aucun monument, tombeau ou autre bâtisse, à moins qu'ils ne soient faits et couverts avec des matériaux incombustibles et impérissables.

13. Il ne pourra couper ni détruire aucun arbre, ni racine, ni branche ou plante, sans la permission du susdit curé.

14. Il ne pourra faire aucune exhumation sans son agrément.

15. Il aura droit de planter et cultiver des arbres, arbrisseaux, plantes ou fleurs, mais il ne pourra pas, sans la même permission, détruire, ni couper, ni enlever ce qu'il y aura mis ou planté.

16. Il ne pourra jamais vendre son lot ni l'hypothéquer, ni en disposer de quelque manière que ce soit par donation, testament ou autrement, excepté dans les cas prévus par les articles 7 et 8 ci-dessus, à peine de nullité de son acte d'achat.

17. Il sera tenu, dans le cas où il ferait bâtir quelque monument, tombeau ou autre chose semblable, de faire enlever à ses propres frais tous décombres et matériaux restés sur la place après les ouvrages finis, soit sur le lot, soit ailleurs, afin que tout y reste dans un parfait état de propreté.

18. Il sera tenu de se conformer strictement à tous les règlements maintenant existants, ou qui pourront être établis dans la suite, soit par la Fabrique de cette paroisse, soit par toute autre autorité compétente pour la régie des cimetières. La susdite Fabrique se réserve formellement le droit de changer, ou modifier les règlements, maintenant en force, suivant les temps et les circonstances.

19. Le propriétaire d'un lot payera à la Fabrique de Saint-Augustin, à la fin de chaque période de cinq années à perpétuité, un chelin courant de rente foncière, perpétuelle, non rachetable. Si le dit propriétaire ou détenteur du dit lot de terre manquait de payer la susdite rente foncière pendant trois termes consécutifs, après avoir été dûment averti par la Fabrique, soit par lettre, s'il réside dans la province de Québec, ou par trois avis dans un journal français ou anglais, suivant la langue que parle ledit propriétaire

ou détenteur, publié dans la cité de Québec, s'il est absent de la province, l'acte de vente sera nul et résolu de plein droit du jour même que le troisième terme de payement sera expiré, et la Fabrique redeviendra propriétaire absolu dudit lot de terre, de même que s'il n'eût jamais été vendu. Elle pourra, en conséquence, si bon lui semble, y étant par le présent règlement autorisée, en prendre paisible possession sans être tenue d'observer aucune formalité de justice, et en disposer en pleine propriété, comme si ledit lot de terre eût été abandonné ; et ce, par convention expresse faite et acceptée par les parties, sans quoi l'acte de vente n'eût jamais été fait, et sans que la présente condition puisse être réputée comminatoire.

20. Il est expressément défendu par le présent règlement de placer aucun monument, tombeau, épitaphes, croix ou autre chose en bois, sur les lots de famille.

21. Le propriétaire d'un lot de famille payera comptant au notaire sept chelins et demi courant pour le coût de son acte d'achat, avec deux copies, l'une pour la Fabrique et l'autre pour l'acquéreur.

V.—*Prix de vente.*

22. Le prix de chaque lot de famille de 100 pieds en superficie, dix pieds sur dix, est de $50 pour les paroissiens de Saint-Augustin, et de $80 pour les étrangers, c'est-à-dire pour ceux qui ne résident pas dans la paroisse. Si l'une des deux susdites sommes n'était pas payée aux termes fixés par l'acte de vente, après avis préalable donné par la Fabrique, ledit lot de famille retournerait à ladite Fabrique, qui pourra en disposer en toute propriété, sans être tenue de rembourser à l'acquéreur l'argent par lui payé à-compte du prix de vente.

23. Le coût du creusage d'une fosse sur un lot de famille sera d'*une piastre* en été, et d'*une piastre et demie* en hiver, pour un adulte, et moitié prix pour un

enfant. Le temps de la saison d'été sera réputé entre le 1er mai et le 1er novembre.

VI.—Fosses séparées.

24. Le prix des fosses à part est de *quatre piastres* pour les adultes et de *deux piastres* pour les enfants.
25. Il ne sera pas permis de mettre des croix ou épitaphes en bois sur les fosses séparées.

VII.—Droits et réserves de la Fabrique.

26. Dans le cas où quelques arbres ou arbrisseaux, plantés sur un lot de famille, nuiraient, en quelque manière que ce soit, aux lots voisins ou aux allées, ou qu'ils seraient dangereux ou nuisibles aux passants, alors la Fabrique se réserve le droit de les ôter, en tout ou en partie, selon qu'elle le jugera à propos.
27. Dans le cas où il serait mis sur un lot de famille un monument, épitaphe, statue ou autre objet réputé inconvenant pour le lieu, la Fabrique se réserve formellement le droit de faire enlever tout ce qui serait jugé peu convenable ou offensant à la piété chrétienne et au respect dû au séjour des défunts.
28. La Fabrique de Saint-Augustin ne sera pas responsable envers le propriétaire d'un lot de famille, des faits et gestes des autorités constituées, religieuses ou civiles, présentes ou futures, relativement au cimetière de Saint-Augustin, et à tout ce qui peut s'y rapporter, non plus que des voies de fait et dommages causés par autrui, par le vent ou autres accidents de force majeure. Elle ne répondra que des dommages causés aux tombes par ses propres employés.

VIII.—Croix et épitaphes en bois sur les tombes ordinaires.

29. Celui qui voudra placer, sur une tombe, une simple croix de bois ou une tablette en bois ornée de

sculptures portant une inscription sépulcrale, pourra le faire sans rien payer à la Fabrique ; mais, pour avoir droit de renouveler les susdites croix ou épitaphes quand elles seront usées et hors de service, tel que prévu ci-après, il faudra payer à la Fabrique deux piastres, chaque fois.

IX.—*Croix ou épitaphes en pierre.*

30. Pour avoir le droit de faire placer une tablette en pierre portant sur une maçonnerie ou sur une pierre servant de base, il faudra payer à la Fabrique quatre piastres par pied linéaire courant, sans égard à l'épaisseur qui, dans tous les cas, ne devra pas dépasser huit pouces.

31. Si le monument funéraire est une pyramide, colonne ou autre objet, portant sur une base en maçonnerie, et occupant une superficie de soixante-trois pieds (9×7 pieds), il faudra payer *cinquante piastres*.

X.—*Conditions.*

32. 1º Le plan des monuments, comme les inscriptions et la place qu'ils doivent occuper dans le cimetière, seront approuvés par M. le curé de St-Augustin, qui veillera à ce que les corps soient placés avec ordre et symétrie, afin que de petites allées puissent être pratiquées tout autour du cimetière pour donner un accès facile aux parents et amis qui voudront aller prier sur les tombes des défunts.

2º La Fabrique se réserve le droit de reprendre le terrain occupé par les croix, épitaphes ou monuments en pierre ou en bois, toutes les fois que cela sera jugé nécessaire par Mgr l'archevêque de Québec, soit pour agrandir l'église, soit pour en construire une nouvelle, ou pour d'autres fins jugées utiles, sans que les intéressées puissent s'en plaindre, ni réclamer aucune indemnité. Dans ce cas, tous les matériaux des susdits monuments seront rendus aux parents qui pourront les replacer dans un autre endroit du cimetière désigné par M. le curé.

3o Les croix ou épitaphes en bois, une fois usées, ou tellement détériorées qu'elles ne pourront plus servir convenablement à rappeler le souvenir des défunts, ne pourront pas être renouvelées, ni remplacées par d'autres ; M. le curé les fera enlever.

4o L'entretien des susdits monuments, croix ou épitaphes sera à la charge des intéressés.

XI.— Visiteurs.

33. Les visiteurs doivent se rappeler que le cimetière est le séjour de la Mort, et que l'on doit y observer strictement toutes les convenances dues à un semblable lieu.

XII.— Règles de régie.

34. Les enfants ne seront pas admis dans le cimetière sans être accompagnés de leurs parents ou d'une personne raisonnable qui s'en chargera.

35. Il est défendu de prendre des fleurs sauvages ou cultivées dans le cimetière, de couper ou casser des branches, racines ou plantes, d'écrire sur les monuments, effacer ou endommager les inscriptions, ni quoi que ce soit.

36. Tous ceux qui troubleront le bon ordre, ou qui enfreindront le règlement de ce cimetière, seront poursuivis suivant toute la rigueur de la loi.

(1872). Le 9 avril, le Dr P. LaRue faisait baptiser son enfant : Joseph-Henri-Alexandre. Parrain : Alexandre Couture ; marraine : Julie Jobin.

Le 9 de juillet, Hildevert Racette, fils du capitaine Jean-Baptiste Racette, se mariait à Léda Cantin, fille d'Isidore.

Le même jour, Pierre Drolet se mariait à Angèle Janois (ou *Génois*) fille de feu Jean Janois.

Le même jour encore, Elzéar Martel, fils de Charles, de Québec, épousait Marie-Aurélie Jobin, fille d'Augustin.

Il n'y a eu qu'une mort subite : celle de Charlotte Robitaille, épouse de William Sloan, morte à l'âge de 53 ans.

En mars, était inhumé ici Théodore Jobin, avocat, âgé seulement de 26 ans et 11 mois. Il était fils de Joseph Jobin.

Le 17 mars, il fut convoqué une assemblée des anciens et nouveaux marguilliers, dans le but d'examiner l'opportunité de déplacer l'orgue et de construire deux petits jubés.

Vu que la place qu'occupe l'orgue, derrière l'autel, est de beaucoup trop restreinte pour le nouvel orgue en construction ; et vu encore qu'il n'y a pas assez de bancs dans l'église pour tous ceux qui désirent et peuvent en acheter, il est résolu :

De construire deux jubés, l'un dans la chapelle de saint François-Xavier, pour y placer l'orgue et quelques bancs ; l'autre dans la chapelle de la sainte Vierge, qui sera tout rempli de bancs.

Il fut aussi résolu de consulter un architecte, au sujet de ces jubés, afin que la régularité et la beauté de l'église ne souffrent pas trop de cette construction.

M. François Couture, un des marguilliers présents, dit qu'il trouve trop petit l'espace réservé aux lots de famille, au sud du petit ruisseau, et il offre de vendre à la fabrique 20 pieds de terre sur la longueur du cimetière, à cet endroit. Il ne demande que $30 pour ce morceau de terre formant une superficie de 1660 pieds.

L'assemblée a accepté avec empressement et reconnaissance cette offre généreuse, qui permettra de former 15 lots de 10 x 10 pieds, ou 100 pieds en superficie, (y compris les allées et l'épaisseur des murs), ce qui, d'après le chiffre du règlement : $50 le lot, formera à la fabrique un revenu de $750.

M. Couture a dit qu'il ajouterait quelque chose à ce terrain, plus tard, et sans autre considération que celle de lui donner en retour un petit espace pour sa sépulture et celle de sa famille.

Le 11 d'août, il y eut une autre assemblée des marguilliers, anciens et nouveaux, pour entendre le rapport de M. le curé et de M. Félix East au sujet de la valeur additionnelle de l'église, de la sacristie et du presbytère.

Ils déclarent tous les deux sur leur honneur que ces immeubles valent au moins $4,000 de plus que le montant pour lequel ils sont assurés : $8,000, sans comprendre, dans cette estimation, les tableaux, tabernacles, bancs, argenterie, orgue, ornements, chaire et confessionnaux.

Il est décidé que ce surplus à être ajouté au montant de l'assurance, devrait être réparti comme suit : $3,000 pour l'église ; $600 pour la sacristie, et $400 pour le presbytère.

On voit par la police d'assurance annexée au cahier des délibérations, que, le 22 d'août, onze jours après l'assemblée qui vient d'être mentionnée, l'église était assurée pour $9,000 ; la sacristie pour $1,400, et le presbytère pour $1,600, formant $12,000.

Les assemblées se multiplient : on voit que la paroisse a pour curé un homme d'entreprise et de progrès.

Le 29 de décembre de la même année, il y eut une autre réunion des anciens et nouveaux marguilliers, au sujet d'une élection, etc.

Olivier Girard fut d'abord élu marguillier ; puis, sur recommandation de M. le curé, il fut résolu de faire assurer l'orgue neuf pour $3,000.

M. le curé propose aussi de prendre une autre assurance de $10,000 pour tout le mobilier de l'église.

Deux exemples récents d'églises consumées par le feu, dit M. le curé, celles de Saint-Gervais et de Saint-Michel, doivent inspirer des craintes bien fondées. Cette assurance de $10,000, ajoutée à celle de $12,000, suffirait pour aider à la fabrique à se relever d'un désastre, dans le cas où il aurait lieu, sans faire d'appel à la paroisse.

Séance tenante, M. le curé est autorisé à faire assurer tout le mobilier de l'église pour la somme de $10,000, en payant une prime de $100 pour trois ans.

Après cette question réglée, M. le curé dit qu'il a cru devoir faire ajouter à l'orgue quatre jeux, pour le rendre plus complet et en faire un instrument de première classe pour une église de campagne.

Cette amélioration coûtera $510, et l'assemblée admet ce surplus au coût original de l'orgue.

COUT TOTAL DE L'ORGUE.

Prix convenu avec le facteur en 1871...	$1,600 00
Surplus pour le buffet....................	250 00
Surplus pour 4 jeux additionnels.........	510 00
	$2,360 00

Ajoutez à cela $500, valeur du vieil orgue donné au facteur, vous avez pour prix total de cet instrument : $2,860.

Les dépenses extraordinaires de 1872 forment un chiffre élevé, comme suit :

Aide à la société de colonisation No 1, comté de Portneuf : $20 ; terrain acquis de Frs Couture pour agrandir le cimetière : $30 ; travaux au cimetière, pierre, bois, etc : $643.69 ; les jubés des chapelles, menuiserie, bois, etc : $341.87 ; l'incendie de l'église de Saint-Michel, part d'assurance à payer : $82.40 ; transport de l'orgue de Montréal à Québec et de Québec à Saint-Augustin : $50 ; coût de l'orgue, en à-compte : $1,883.10 ; assurance du mobilier de l'église, pour trois ans : $100 ; etc.

Avoir de la fabrique, le 31 de décembre, 1872 : $3,401.84.

(1873). Il n'y a eu qu'un seul enterrement dans l'église : ce fut celui de Josephte Hamel, épouse de

Jacques Jobin, (du lac), morte le 29 de juin, à l'âge de 30 ans et 9 mois.

Le 24 de juin, Mlle Marie-Célina Dion, fille de François Dion, de Saint-Anselme, (dans le comté de Dorchester) et institutrice à Saint-Augustin, se mariait à Laurent Gilbert, de la paroisse.

Le 28 décembre, les anciens et nouveaux marguilliers se réunirent pour délibérer sur une question épineuse. Voici les faits :

M. le curé Milette avait autorisé Norbert Milette, son neveu, à retirer $200 que la fabrique de Saint-Barnabé devait à celle de Saint-Augustin, et cette somme, il devait la remettre à Albert Rochette, organiste de la paroisse, auquel cette somme était due.

Norbert Milette retira cette somme de la fabrique de Saint-Barnabé, sans en faire remise à qui de droit, et, plus tard, fit banqueroute et obtint quittance de ses créanciers.

M. le curé Milette s'était tenu responsable *verbalement* de cette dette de son neveu : mais Jean-Baptiste Hébert, l'un de ses exécuteurs testamentaires, qui avait en main une somme plus que suffisante pour payer cette dette, devint, lui aussi, insolvable et ne put s'acquitter envers la fabrique.

Il n'est que juste de faire observer ici que M. le curé Milette avait payé $100 en à/c des 200 retenues par son neveu, et qu'il se proposait de rembourser, au printemps de 1870, la balance. La mort le surprit avant qu'il pût accomplir cet acte de réparation de ses propres deniers et pour son neveu.

L'assemblée, ayant pris en considération la bonne foi des marguilliers de Saint-Barnabé en payant ces $200, quoique l'autorisation présentée n'eût pas les formes légales, décida unanimement d'offrir à l'organiste, M. Rochette, le plus haut montant qu'il pourrait trouver de cette dette.

Les comptes que nous verrons bientôt, donnent le chiffre de $180 pour règlement final de cette affaire litigieuse. Si l'on tient compte des $100 payées par M. le curé Milette, on trouve que la fabrique de Saint-Augustin ne perdit que $80 dans cette transaction.

La rente des bancs a rapporté le plus haut chiffre connu jusqu'à présent : $1,027.88.

On a fait le dernier paiement pour l'orgue : $476.90.

On a donné au R. P. Lacombe, missionnaire du Nord-Ouest : $22.60.

Il est parlé, cette année, pour la première fois, de la chapelle mortuaire ; voici comment : " Payé pour achat du bois de charpente, de madriers, planche pour la chapelle mortuaire : $36.26. "

On a payé en a/c. du coût du paratonnerre de l'église : $5.94 ; et à Albert Rochette, organiste, pour les années 1872 et 1873 : $180.

Cette année, Isidore Valin était le marguillier comptable.

(1874). On voit, pour la première fois, le 11 février, le nom d'un hôtellier dans la paroisse : c'est celui de Théophile Brunet, qui, ce jour-là, mariait sa fille Marie-Elzire à Augustin Constantin.

Le 6 d'avril, on inhume, dans l'église, le corps de Cécile Martel, épouse de Luc Gilbert, morte à 50 ans.

Le 20 mai, Hildevert Racette fait baptiser son premier enfant : Joseph-Hildevert-Hildéric (Uldéric ?). Cet enfant mourait le 29 juillet suivant.

Voici 5 mariages, dont 3 le même jour et 2 le lendemain. Se mariaient, le 14 juillet : Victor Tardif, menuisier, domicilié à Québec, et Marie-Louise Rochette, fille de Joseph, de Saint-Augustin ; Philippe MacCarthy et Louise Laperrière, fille de Louis ; George-Alfred Dorval, charretier, de Québec, et Victoire Tardif, fille de feu Joseph, de Saint-Augustin.

Le lendemain, Lazare Marois, menuisier, domicilié à Québec, se mariait à Philomène Marois, fille de défunt Jean, de Saint-Augustin ; et Onésime Marois, frère du précédent, épousait Marie-Elise Fiset, fille de défunt François.

Le 19 octobre, deux sœurs : Marie des Neiges et Léda Cantin, filles d'Ignace, se mariait, l'une à Pierre Beaulieu, veuf, de Saint-Ambroise, et l'autre à Joseph Verret, journalier, de Stoneham.

Le corps d'Ursule Gingras, veuve d'Ignace Gaboury, fut inhumé dans l'église, le 26 d'octobre. Elle était âgée de 79 ans.

La personne la plus âgée, morte cette année, fut Susanne Grenier : 93 ans. Elle était l'épouse de feu Jean-Baptiste Rochette, et elle mourait le 11 novembre. Elle avait été baptisée par M. Bériau, dans la vieille église.

Naissances, en 1874 : 47 ; décès : 36 ; mariages : 20.

Dans le mois de juin, il y eut réunion des anciens et nouveaux marguilliers, dans le but de prendre en considération l'état du crépi de l'intérieur de l'église, qui se détache à plusieurs endroits.

On lit les offres faites par M. E. Martineau, peintre décorateur, de Québec. Ces offres ou propositions sont comme suit : De faire tomber tout le vieux crépi qui menace de se détacher et de le remplacer par du crépi neuf ; de mettre 3 ou 4 couches de peinture sur tous les murs de l'église ; de faire 20 figures ou tableaux pour les châssis et les vestibules, en dedans de l'église ; de peinturer le plancher du chœur ; d'orner le tombeau du grand autel ; de laver et de vernir tous les grands tableaux, de peindre les cadres en blanc, 3 couches, et y mettre des moulures dorées, afin de mieux faire ressortir les tableaux, et de peinturer les tablettes des châssis ; et pour tout ce travail, il demande $400, la fabrique fournissant la nourriture de ses ouvriers, et, lui, tous les objets nécessaires à ces travaux. Cette somme de $400 sera payable sur les revenus de l'année 1876, et sans intérêt jusqu'à cette année de 1876.

L'assemblée, trouvant ces conditions avantageuses, les accepte sur-le-champ. On accepte avec d'autant plus d'empressement que l'on désire faire faire ces réparations avant la visite de l'archevêque, l'année prochaine.

Je cite textuellement les dernières lignes du procès-verbal de cette assemblée :

Les marguilliers ont pensé que Sa Grandeur n'aurait pas manqué de leur faire un reproche bien mérité, si les murs de l'église eussent été laissés dans cet état dégoûtant.

Le 27 décembre, il y eut une autre assemblée des marguilliers, anciens et nouveaux, afin d'élire un nouveau marguillier, et l'on fit choix de Joseph Gaboury.

A la même assemblée, M. le curé rendit compte des dépenses encourues pour les châssis et pour les ouvrages additionnels faits à l'intérieur de l'église.

Cette dépense a été couverte par une souscription formée comme suit :

M. le curé..	$ 12 00
Messire Jobin, prêtre,...........................	12 00
Le cap. Fabien Drolet............................	12 00
Le Dr P. LaRue	12 00
Louis Saint-Pierre.................................	12 00
Joseph Jobin, anc. marg........................	12 00
Marie Jobin..	12 00
Veuve Louis Falardeau..........................	12 00
Une personne qui ne veut pas être connue	12 00
Joseph Rochette, anc. marg..................	12 00
Félix East...	12 00
Zéphirin Dion.......................................	6 00
Basile Thibault.....................................	6 00
Isidore Valin..	6 00
Veuve Paul Laperrière..........................	6 00
Joseph Juneau.....................................	6 00
Veuve George Juneau..........................	6 00
Luc Gilbert..	6 00
Joseph Jobin (Calvaire)........................	6 00
Joseph Gaboury...................................	6 00
Télesphore Gaboury.............................	6 00
Michel Côté...	2 00
Le cap. J.-B. Racette............................	2 00
Joseph Côté..	2 00

Louis Laperrière.............................	2 00
Jean MacCarthy.............................	2 00
Laurent Gilbert..............................	2 00
Alfred Rochette.............................	2 00
Pierre Côté....................................	2 00
	$208 00

Les 17 châssis, à $10 chacun, ne formant que $170, on a employé la balance de la souscription pour le paiement des vitres, moins $12, que M. le curé a données pour faire la somme nécessaire : $50.

Outre les $400 dues à M. Martineau pour ouvrage spécifié, il y avait un compte de $100 pour les ouvrages additionnels suivants : Au banc d'œuvre, le peinturage de la chaire, au balustre, aux six colonnes imitées en marbre, le peinturage des escaliers et des deux tambours d'entrée, à l'intérieur et à l'extérieur, ouvrage aux bénitiers et les noms des apôtres.

M. le curé fait rapport qu'il s'est chargé du paiement de ces $100. Il a payé, en outre, à M. Martineau $5.50, en reconnaissance du tableau de l'Annonciation que ce Monsieur a voulu placer dans le grand jubé, sans y être tenu par son contrat.

Après l'audition de ce rapport, l'assemblée a décidé :

1o. Que le compte des ouvrages additionnels ne doit pas être payé par M. le curé, mais par la fabrique ;

2o. Que le marguillier comptable remette à Messire Pilote les $100 qu'il a payées à M. Martineau ;

3o. Que des remerciements soient votés à M. le curé pour la peine et le trouble qu'il s'est donnés, afin de conduire les travaux à si bonne fin.

Les dépenses extraordinaires forment le chiffre considérable de $1,272.34, dont $3, moitié des frais d'emprisonnement de Charles Martel, qui avait menacé de faire brûler l'église.

Louis Saint-Pierre, marguillier en charge, déclare une balance en faveur de la fabrique de $2,276.23.

(1875). Il y eut trois mariages le 2 février : celui de Maurice Ouellet, de Saint-Raymond, et Victoire Huot, fille de feu Célestin, de Saint-Augustin ; celui de Misaël Rochette et Marie-Célestine Roy, fille de feu Alexandre, puis celui d'Edouard Cantin et Marie-Philomène Doré, fille de Joseph.

L'acte suivant est reproduit en entier :

Le treize juin, mil huit cent soixante-quinze, nous prêtre soussigné, curé, avons baptisé sous condition Johan (Jean-Augustin) Erig, âgé de vingt-un ans, né de parents protestants, dans un petit village, près de Stockholm, en Suède, domicilié en cette paroisse depuis environ deux ans, et qui a fait son abjuration le même jour, dans cette église, en présence de toute la paroisse. Son parrain a été Augustin Constantin, sa marraine, Elzire Brunet, son épouse, qui ont signé avec nous, lecture faite.

Le parrain et la marraine, M. et Mme Constantin, personnes fort charitables, avaient recueilli cet étranger sous leur toit, et leur bonne action fut récompensée par l'abjuration de leur protégé.

Johan (Jean-Augustin) Erig a quitté la paroisse un an après son abjuration.

Le 5 d'octobre, le Dr P. Larue recevait la visite de la Mort sous son toit. Non contente de lui avoir ravi 5 enfants, elle venait, cette fois, le frapper dans ce qu'il avait de plus cher au monde. Sa compagne, encore à la fleur de l'âge, 34 ans, le quittait, emportant dans sa tombe l'affection de tous ceux qui la connaissaient. Elle repose sous le gazon vert du cimetière, ombragé par un joli monument. Ses enfants, qui l'avaient précédée, dorment à côté d'elle.

Le 9 novembre, Dieudonné Grenier et Louise Charland, son épouse, font baptiser Marie-H. et Thomas-Alfred, enfants jumeaux.

Olivier Girard, marguillier comptable, rend ses comptes.

Total des dépenses extraordinaires $839.76.

Balance en main : $2,642.27.

A une assemblée tenue le 26 décembre, il fut décidé :
1. De faire doubler le plancher de l'église en madriers d'épinette de 2 pouces, et d'élever les bancs de 4 pouces au-dessus du plancher ; 2. de continuer de faire assurer l'église, pour trois années, à raison de $100 pour une police d'assurance de $10,000.

Sa Grandeur, Mgr l'archevêque, était en visite pastorale à Saint-Augustin, au milieu de juin de cette année.

(1876). Le mois de janvier s'ouvre par trois sépultures, ainsi que le mois de février. Il y avait, dans la paroisse, des fièvres malignes et la petite vérole (picote), qui emportèrent plusieurs personnes.

Le premier acte de sépulture est celui de Marie Marois, épouse de Louis Ouvrard dit Laperrière, qui mourait le 3 janvier, à l'âge de 69 ans. Son mari la suivait dans la tombe 11 jours après, le 14 janvier.

Il y a déjà quelque temps que nous n'avons pas eu à enregistrer de morts subites. Il y en eut une, cette année : celle de Louis Denys, veuf de Marie Cantin, " trouvé mort sur son lit," le 30 janvier.

Dans les mois de juin et juillet, Messire Ls.-E. Quézel, enfant de la paroisse, rédige et signe quelques actes.

Le 28 de novembre, Michel Blondeau, de l'Ancienne-Lorette, épouse Elise Grenier, institutrice de la paroisse.

Louis Côté, marguillier en exercice, produit ses comptes.

Les dépenses extraordinaires s'élèvent à $661.85.

Montant à l'avoir de la fabrique : $2,677.49.

Le 31 décembre, les anciens et nouveaux marguilliers assemblés ont résolu à l'unanimité de faire l'échange suivant avec le Dr P. Larue.

Qu'une petite parcelle de terre, de 10 pds de large sur environ 100 pds de profondeur, ayant la forme d'un triangle, soit détachée du terrain de la fabrique, le long de la ligne qui le sépare de l'emplacement du

Dr Larue, et que ce morceau de terrain soit échangé pour le terrain nécessaire à l'ouverture d'un chemin d'environ 4 pds de large à être fourni par le Dr LaRue, sur le bord de l'étang formé au sud du presbytère.

Cet échange fut fait sans retour d'un côté ou de l'autre, et le Dr LaRue était tenu à faire et entretenir toute la clôture qui sépare son emplacement du terrain de la fabrique, et tenu, en outre, à faire la clôture du nouveau chemin, de manière à décharger la fabrique ou le curé, propriétaire de l'étang, de toute obligation ou servitude quelconque à cet égard, en qualité de voisin.

Le Dr P. LaRue s'obligeait de plus à tous les travaux nécessaires à l'ouverture du chemin projeté.

Le chemin en question était une amélioration importante, d'un intérêt général et réclamé par les paroissiens, depuis la construction d'une chaussée retenant les eaux du ruisseau de l'église et formant cette jolie nappe d'eau qui donne tant de charme aux abords de l'église et du presbytère.

(1877). Il se célébrait, le 6 février, trois mariages Les époux et les épouses étaient : Michel Huot, de Saint-Ubalde, et Marie-Elzire Grenier, fille de feu Joseph, de Saint-Augustin ; Alexis Loriot, veuf de Sophie Côté, et Adélaïde Girard, fille d'Olivier; Théodule Drolet, charretier, du faubourg Saint-Jean de Québec, et Éléonore Angers, fille de feu Joseph.

Le 24 avril, Albert Rochette, ci-devant organiste de la paroisse, mourait au faubourg Saint-Jean, à l'âge de 45 ans. Il était marié à Marie-Zoé Milette, nièce de M. le curé de ce nom, et tous ses enfants étaient nés ici.

Furent présents à l'inhumation : Hildevert Racette, Louis Gaboury, Alfred Couture, A. Lavigne, marchand d'orgues, pianos, etc, à Québec, N. Le Vasseur, alors rédacteur adjoint de *L'Evénement*, Cyr. Duquet, horloger, J.-B. Plamondon et Jos.-A. Rochette, plus tard médecin, fils du défunt et mort à Lewiston, Maine, comme il a été dit ailleurs.

Mme Ve Rochette demeure, aujourd'hui, à Saint-Sauveur de Québec, avec son gendre, M. le Dr Fiset.

Le 2 de mai, Alphonsine Goulet, fille de François, âgée de 3 ans, mourait après quelques jours de souffrances horribles. La pauvre enfant était tombée, par accident, dans un grand chaudron rempli de savon en ébullition.

Le 10 de juillet, Amable Marois, veuf de Félicite Janot, se mariait à Obéline Marois, fille de feu Jean, après avoir obtenu dispense du troisième et du quatrième degré de consanguinité et d'affinité existant entre eux.

A la date du 20, dix jours après la célébration de ce mariage, M. le curé a écrit ce qui suit à la marge de l'acte : " Un nouvel empêchement du 3e au 3e degré de consanguinité ayant été découvert après célébration du mariage ci-contre, sur dispense obtenue, le consentement des époux a été de nouveau donné en présence de Louis Gaboury et de Canut Marois."

Un hononyme de M. le curé, Achille Pilote, marié à Emilienne Brassard, faisait baptiser son enfant Joseph-Arthur.

Achille Pilote est venu ici du comté de Charlevoix, le berceau des ancêtres de la famille Pilote. Le premier colon de ce nom, venu au pays, demeura d'abord à Beauport, puis alla se fixer dans la paroisse des Eboulements, établie en 1732.

Le 26 du mois d'octobre, Joseph-Elzéar Voyer, enfant de Ferdinand Voyer, forgeron, se noyait accidentellement dans l'étang du presbytère.

De 10 juin, il fut convoqué une assemblée des anciens et nouveaux marguilliers, auxquels M. le curé exposa le projet suivant :

Plusieurs demoiselles de Québec, dit M. Pilote, voulant se consacrer à Dieu et aux œuvres de charité, ont formé le dessein de construire une maison à Saint-Augustin pour l'instruction des jeunes filles et pour leur apprendre la couture et tous les ouvrages qui peuvent leur servir à gagner leur vie.

Ce serait un ouvroir servant d'apprentissage à plusieurs jeunes filles qui désireraient devenir couturières, modistes, etc.

Ces pieuses demoiselles tiendraient un pensionnat et visiteraient les malades. Leur maison serait construite à leurs frais. Elles ne demandent qu'un emplacement près de l'église et des corvées pour transporter les matériaux nécessaires à leur bâtisse ; rien de plus.

Elles ne feront pas de quêtes dans la paroisse ; car elles se suffiront à elles-mêmes par le produit de leur travail et par leur école.

Le projet de cette fondation a été approuvé préalablement par Mgr l'archevêque.

L'assemblée accueillit ces explications favorablement.

M. le curé a ajouté qu'il céderait volontiers l'usufruit de l'emplacement de la nouvelle bâtisse, dans sa prairie, entre le cimetière et la grange de la fabrique, aux deux conditions suivantes :

1. Que, si les fondatrices ou leurs successeurs abandonnent leur œuvre ou veulent en changer la destination contre la volonté de Mgr l'archevêque ou celle du curé de Saint-Augustin, leur maison et ses dépendances rentreront de plein droit à la fabrique.

2. Que les fondatrices et leurs successeurs n'auront pas le droit de vendre, ni d'hypothéquer, ni d'aliéner en aucune manière leur maison et l'emplacement sur lequel elle sera construite.

Toute l'assemblée accepta ces conditions, sujettes, néanmoins, à l'approbation de Mgr l'archevêque.

Il fut résolu que M. le curé et le marguillier en charge seraient autorisés à signer l'acte à faire avec les fondatrices de l'établissement projeté.

Le 16 de septembre, il y eut encore une assemblée des anciens et nouveaux marguilliers, au sujet d'une difficulté que M. le curé explique comme suit :

La fabrique, a dit M. Pilote, est exposée à des difficultés provenant de l'entretien de la côte de la *Vieille église*, où elle possède deux lopins de terre formant, autrefois, le site de la *Vieille église*. Ces difficultés proviennent du refus obstiné du nouveau propriétaire d'une terre voisine de contribuer à sa part d'entretien de la côte suivant l'usage des propriétaires de cette même terre, de temps immémorial. Cet entretien est coûteux, surtout en hiver.

Cette affaire, réglée d'abord dans l'intérêt de la fabrique par le conseil municipal de cette paroisse, a été portée devant le conseil du comté et perdue avec dépens.

Pour couper court à toute difficulté ultérieure et à toute chicane, M. le curé a proposé de vendre ce terrain à Godefroy Rochette pour la somme de $133.33⅓, formant le capital d'une rente annuelle de $8, à 6 pour 100.

Une fondation de trois messes par année, pour la famille l'Erpinière, est attachée à ce terrain.

L'usufruit de ce terrain a toujours été partagé entre le curé et la fabrique. Depuis longtemps, il est en location, à raison de $7 par année revenant au curé, avec charge par ce dernier d'une part d'entretien de la côte, et $5 revenant à la fabrique et sans obligation à l'entretien de la même côte.

La fabrique, en vendant ce terrain, restera chargée des trois messes de fondation mentionnées plus haut.

L'assemblée autorise M. le curé et le marguillier en exercice à signer l'acte de vente à Godefroy Rochette, d'après les conditions qui viennent d'être indiquées.

La reddition des comptes par Joseph Gaboury, marguillier comptable, fait voir que la rente des bancs, en 1877, a donné le chiffre le plus élevé jusqu'à présent : $1,065.12.

Les dépenses extraordinaires ont encore pris plusieurs centaines de piastres.

Balance à l'avoir de la fabrique : $2,852.28.

(1878). Le 21 d'avril, on enterrait le corps d'un enfant de 6 ans moins quelques jours : Louis-Léandre, fils de Louis Jobin. Cet enfant avait trouvé la mort en tombant dans une cuve remplie d'eau bouillante.

L'acte suivant est copié textuellement :

Le vingt-quatre juillet, mil huit cent soixante-dix-huit, Nous soussigné, Prélat Domestique de Sa Sainteté, Vicaire Général de ce Diocèse, avons inhumé dans l'église de Saint-Augustin, dans le sanctuaire, du côté de l'Epître, auprès du mur de refend, le corps de Messire Napoléon-Honoré Constantin, fils de feu Sieur Antoine Constantin et de Dame Marie-Anne Rhéault, prêtre de ce diocèse, en dernier lieu, curé de Notre-Dame du Portage, décédé à l'Hospice de Notre-Dame de Lévis, le vingt-un courant, âgé de trente-neuf ans, quatre mois. Furent présents à la sépulture Messires Pilote, curé de Saint-Augustin ; Blanchet, assistant ; Frédéric Caron, ancien curé ; Napoléon Laliberté, curé de St-Michel, et plusieurs autres ecclésiastiques amis du défunt, ainsi qu'un grand nombre de parents et d'amis, et une foule de peuple, dont quelques-uns soussignés, lecture faite.

Ont signé : P.-M. Meunier, ptre, v., St-Jean de Québec ; Nap. Laliberté, curé de S. Michel, Exéc. testam. ; F.-X. Côté, curé de l'Ancienne-Lorette ; A. Blanchet, ptre asst.-curé ; Fred. Caron, ptre ; N.-Alph. Leclerc, ptre ; J. Sasseville, curé de Ste-Foye ; U. Rousseau, ptre ; F.-Xavier Bélanger, ptre ; P.-O. Drolet, ptre curé de St-Félix du Cap-Rouge; Hyacinthe Gagnon, curé de Ste-Catherine ; Ls.-E. Quézel, ptre vicaire de St-Joseph de Beauce ; F. Pilote, ptre curé de Saint-Augustin, et C.-F. Casault, V. G.

Les aïeuls de M. le curé Constantin étaient de la paroisse, et il avait voulu, sans doute, dormir son grand sommeil à côté d'eux.

Il se célébrait, le premier octobre, trois mariages. Les mariés étaient : George Moisan et Mathilde Lacasse, fille de feu Joseph, de Québec ; Jean-Baptiste Brousseau, menuisier, du faubourg Saint-Jean de Québec, et Euphémie Roy, fille de Joseph, cordonnier, du même faubourg ; David Rouleau, de Saint-David de l'Aube-Rivière, et Marie-Léda Rousseau, fille de Narcisse, de la même paroisse.

Mgr l'archevêque Taschereau était en visite pastorale, dans le mois de juillet de cette année, et il approuve les comptes rendus depuis sa dernière visite, en 1875.

Chry. East rend ses comptes. On a payé pour dépenses extraordinaires $524.78, dont $100 pour une chasuble noir en or fin.

La balance à l'avoir de la fabrique, le 31 de

décembre, 1878, était de $2,901.32, dont $1,144 prêtées à 6 pour 100.

(1879). Il est venu au monde, cette année, deux jumeaux et deux jumelles : Joseph-Arthur et Joseph-Gaudiose, enfants de Chrys. Jobin et de Sophie Côté, nés le 24 de juillet ; Marie-D. et Marie-E., enfants de Théodule Simard et de Marie Laperrière.

Le 13 d'août, on enterrait Charlotte Gaboury, veuve de Michel Gingras, morte à 92 ans. C'était la personne la plus âgée que la mort enlevait, cette année.

Le 17 d'août, le Dr Laroque, sergent d'armes de l'Assemblée législative de Québec, époux d'Asilda Davignon, faisait baptiser, à Saint-Augustin, son enfant Marie-Ludovine-Jeanne.

Albert Baril, cordonnier, du faubourg Saint-Jean de Québec, mourait subitement ici. Il y eut enquête du coronaire, et le corps fut inhumé dans le cimetière de la paroisse.

Le 17 novembre, Alfred Rochon, boulanger, domicilié dans la paroisse et veuf de Georgianna Pleau, épousait Marie-Honorine Poitevin, institutrice de la paroisse, fille de feu Joseph Poitevin et de Marie-Angélique Ouellet, de Sainte-Anne de la Pocatière.

Voici le chiffre des dépenses extraordinaires présentées par Narcisse Fiset, marguillier comptable de 1879 : $445.20.

Balance à l'avoir de la fabrique, le 31 décembre, 1879 : $3,093.80.

LE COUVENT DE SAINT-AUGUSTIN.

Nous avons vu déjà que M. le curé et le marguillier en exercice de 1877 avaient été chargés de faire les démarches nécessaires à l'établissement d'un ouvroir avec pensionnat sur le terrain de l'église.

Pour des raisons qu'il serait inutile de donner ici, cette institution ne réussit pas, quoique la bâtisse eût été construite et que les habitants se fussent montrés zélés et généreux.

Il était donc nécessaire d'utiliser la bâtisse qui avait coûté un joli denier. M. Pilote pensa, dans les circonstances, que le meilleur parti à tirer de cette maison était de la convertir en couvent. Il y eut, à ce sujet, une assemblée des anciens et nouveaux marguilliers, le 29 décembre de cette année, 1879. Voici un résumé du procès-verbal de cette assemblée.

François Goulet, nouveau marguillier en charge, propose de venir en aide, à même les deniers de la fabrique, au couvent ou à l'académie que l'on veut avoir dans la paroisse.

Deux marguilliers proposent de convoquer une assemblée de toute la paroisse, pour lui soumettre cette question du couvent. Tous les autres marguilliers s'opposent vivement à cette proposition, parce que jamais, de temps immémorial, on n'a eu recours aux assemblées de paroisse pour les affaires de cette nature.

Ainsi, lorsqu'il s'est agi de donner de l'argent aux fabriques de Sainte-Jeanne de Neuville et du Cap-Rouge, ou de souscrire, durant cinq ans, à même les fonds de la fabrique, en faveur des colons de Saint-Ubalde, établis sur la rivière Batiscan, les paroissiens de Saint-Augustin n'ont pas été consultés : tout s'est fait par l'entremise des marguilliers de concert avec l'autorité ecclésiastique. Pendant assez longtemps, l'école du village a été soutenue par la fabrique sans le concours des paroissiens assemblés. Une assemblée de la paroisse, pour une affaire de cette nature, serait donc une chose inouïe dans Saint-Augustin.

Après avoir délibéré mûrement, l'assemblée, convaincue que l'établissement d'un couvent sera un grand bienfait pour la paroisse, en vint à la décision de demander à Mgr l'archevêque la permission de prendre sur les revenus de la fabrique, cent piastres par année durant 5 ans, et de représenter à Sa Grandeur ce qui suit, en considération et à l'appui de cette demande :

Que, par la reddition des comptes de cette année,

on voit que l'actif de la fabrique est de $3,093, sans un sou de dette passive ; que le revenu annuel est, en moyenne, de $1,400 ; que, depuis 3 ans, il y a, chaque année, un surplus de $100 ou environ, malgré plusieurs dépenses extraordinaires, et que, par conséquent, la somme demandée ne gênerait nullement la fabrique.

Mais il fut bien entendu que cette somme de $100 servirait à éteindre la dette de la bâtisse et non pas au soutien du couvent, qui devra se soutenir par d'autres ressources.

Il y avait à l'assemblée 21 marguilliers sur 24, formant leur nombre total, et tous agréèrent cette décision, moins Jacques Jobin (du lac).

Au bas du procès-verbal de cette assemblée, Mgr l'archevêque a signé, deux jours après, l'approbation suivante :

Vu et approuvé la résolution ci-dessus en date du 29 Décembre 1879, à la condition toutefois que la fabrique de S. Augustin n'en soit pas liée et pourra la révoquer ou la suspendre, si elle juge que les circonstances le requièrent,
Donné à Québec, le 31 Décembre 1879.
Signé : E. A, Archev. Québec.

(1880). Le 14 mai, Hector Gendron, ferblantier, marié à Caroline Renaud, fait baptiser son enfant Marie-Hermina. C'est la première fois qu'il est fait mention d'un ferblantier dans la paroisse.

Le 18, Clément-Alphonse-Philéas Roy, organiste, domicilié à Saint-Augustin, fils de Régis Roy, employé civil, de Saint-Roch de Québec, épouse Marie-Isabelle-Angéline Côté, domiciliée dans cette paroisse, fille de défunt Narcisse Côté, en son vivant relieur, demeurant au faubourg Saint-Jean de Québec.

Le marié était organiste de la paroisse depuis 1877.

Sont inhumés, le même jour, le corps de deux jumeaux, anonymes, enfants de Césaire Quézel et de Théotiste Bourbeau.

Ils mouraient le 16, et la mère les suivait dans la tombe quatre jours après, à l'âge de 42 ans.

Les personnes les plus âgées mortes, cette année, furent Brigitte Rochon, veuve de Michel Tardif, morte le 24 d'août, à 98 ans ; puis Jean-Baptiste Soulard, veuf de Susanne Doré, mort le 5 juillet, à 96 ans.

Le 12 d'août, Mgr l'archevêque Taschereau accordait, en vertu d'un bref à M. le curé, la permission d'ériger un chemin de croix dans le cimetière de la paroisse.

Le 5 du mois de septembre suivant, Messire Amable Blanchet, assistant-curé de la paroisse, bénissait ce chemin de la croix.

Voici l'acte de cette cérémonie, qui faisait du cimetière de Saint-Augustin, non-seulement un des beaux du pays, mais un de ceux qui inspirent le mieux la dévotion et le souvenir des Morts, et qui fait mieux comprendre cette touchante et consolante vérité : le rapport existant entre l'Eglise militante et l'Eglise souffrante ou triomphante. Cette pensée que nous pouvons, même quand ils ne sont plus, soulager par nos prières l'âme de ceux que nous avons aimés sur cette terre, est bien la plus belle de la religion à laquelle nous avons le bonheur d'appartenir.

Acte d'érection du chemin de la Croix dans le cimetière de Saint-Augustin, comté de Portneuf.

En conséquence du bref adressé à M. le curé de la paroisse, en date du 12 du mois d'août dernier, nous, prêtre soussigné, sur l'invitation de M. le curé de cette paroisse, délégué *ad hoc* par Mgr l'archevêque de Québec pour l'érection susdite, après une instruction appropriée donnée par le Révd. P. Lagier, O. M. I., de Saint-Sauveur de Québec, avons béni les 14 croix dans l'église et érigé les stations du chemin de la Croix dans le cimetière susdit, conformément au bref ci-dessus, en présence du curé de cette paroisse et de tous les paroissiens réunis pour l'office de vêpres, le 5 septembre, 1880.

Signé : A. BLANCHET, Ptre.

François Goulet, marguillier en charge, rend ses comptes.

Le salaire de l'organiste a été porté de $200 à $220.

La rente des bancs a donné bien près de $1,100, chiffre qu'elle n'avait pas encore atteint.

On a payé $150 au couvent ; $78.75 pour un ornement blanc et une chasuble ; $32 pour réparation au paratonnerre ; $26.50 pour la grotte de Notre-Dame de Lourdes ; $24.19 pour érection du chemin de la croix dans le cimetière et pour peinturage des Anges Gardiens ; $30, candélabres pour saluts ; $56.40 pour un crucifix.

La balance à l'avoir de la fabrique était de $3,317.55.

Le 26 décembre, dans une assemblée des anciens et nouveaux marguilliers, M. le curé est autorisé à vendre les lots de famille, dans le cimetière, à signer tous les actes nécessaires à cet effet.

DE 1881 A 1884 INCLUSIVEMENT.

(1881). Le 3 d'août, on enterrait un ancien serviteur de l'église : Augustin Gaboury, qui avait été bedeau de la paroisse une cinquantaine d'années. Il était âgé de 93 ans.

Le premier bedeau dont ont voit le nom aux archives, fut un nommé Tessier ; le deuxième, *Cayen* Morache ; le troisième, Augustin Gaboury, et le quatrième (le bedeau actuel), Louis Gaboury, fils d'Augustin, mort le premier d'août et enterré le 3, comme on vient de le voir.

Un vieux mendiant, du nom de George Cooper, venait mourir à Saint-Augustin le 9 du même mois. Il était âgé d'environ 83 ans.

D'après les comptes de Pierre Côté, marguillier en exercice, en 1881, on voit qu'il a été fait une souscription pour le calvaire et la statue de Notre-Dame de Pitié, placés dans le cimetière. Cette souscription a rapporté $392.01.

On a payé au couvent $100 pour le transport des statues du cimetière, et pour frais de douane : $121.15.

Ces statues, belle œuvre d'art, sont au nombre de cinq : Le Sauveur, le bon larron, à droite, le mauvais larron, à gauche, et, au pied, Notre-Dame de Pitié et saint Jean.

Ces statues, qui forment un groupe remarquable sous le rapport de l'exécution, sont de bronze et furent achetées à Paris.

La balance, formant l'avoir de la fabrique, était de $3,236.25

(1882). Il y eut, le 13 février, trois mariages à la même messe. Celui d'Odina Rochette et Olivine Girard, fille d'Olivier; Thomas Julien et Joséphine Dorval, fille de François-Xavier, et Louis Beaupré, de Sainte-Jeanne de Neuville, épousait Alphonsine, sœur de Joséphine nommée plus haut.

Le 25 de mars, Louis Gaboury, bedeau, perdait son épouse, Marie Cantin, âgée seulement de 40 ans et quelques mois.

Le 2 de mai, Messire Jean-Baptiste Thiboutot, nommé vicaire, la veille, arrivait dans la paroisse. Le premier acte qu'il a signé, porte la date du 4, deux jours après son arrivée. C'est l'acte de baptême de Joseph-George-Ernest Roy, fils de Philéas Roy, marchand et organiste.

Le 11, le seigneur Descheneaux-Larue, de la Pointe-aux-Trembles, fait baptiser ici son enfant Joseph-Henri-Laval. Cet acte forme le deuxième de M. Thiboutot, le baptême d'un fils de seigneur après celui d'un fils de marchand.

Le 4 juillet, Messire Joseph Valin, originaire de la paroisse, bénissait le mariage d'Alfred Valin, son frère, avec Emma Hardy, fille de Léon Hardy, meunier.

Le 11 de juillet, M. le notaire Daniel Watters, époux de Marie-Anne Rousseau, mourait à l'âge de 72 ans. Il était le père des deux médecins de ce nom, dont l'un est établi dans la paroisse et l'autre au faubourg Saint-Jean de Québec.

Adélard Pelletier, télégraphiste de la station Bélair, faisait baptiser, le 26 de juillet, son enfant Joseph-Adélard, qui mourait le même jour.

Le 14 de septembre, Messire Faguy, dont les aïeuls

étaient de la paroisse, bénissait le mariage d'Irénée Rochette avec sa cousine, Zoé Prud'homme dit Faguy.

Vers le milieu de juillet de cette année, Mgr l'archevêque Taschereau était en visite pastorale à Saint-Augustin. Il écrivait ce qui suit au cahier des délibérations :

Vu et alloué les comptes ci-dessus rendus pour les années 1878, 1879, 1880 et 1881.

A la demande unanime de Messieurs les marguilliers assemblés au nombre de vingt et un, nous permettons à la fabrique de donner mille piastres, en sus de ce qui reste à payer sur la somme votée en décembre 1879, pour aider le couvent à sortir de ses embarras financiers, à la condition toutefois que le dit couvent sera confié à une communauté régulière avec notre approbation.

Donné à S. Augustin au cours de notre visite pastorale, le 13 juillet 1882.

Signé : † E. A. Arch. de Québec.

La " communauté régulière " choisie, fut celle de la Congrégation Notre-Dame, cette belle et grande institution fondée par la sœur Bourgeoys au commencement de la colonie.

Trois religieuses de cette maison, ayant pour supérieur la sœur Marie des Anges, arrivèrent dans la paroisse le 31 d'août et prirent possession de leur couvent le lendemain.

C'est de cette date que compte l'établissement du couvent de Saint-Augustin sous la direction des Sœurs de la Congrégation. Cette institution a été l'objet de faveurs particulières de la part de Sa Grandeur Mgr l'archevêque, de l'honorable M. Gédéon Ouimet, surintendant de l'Education, de Messire Pilote, le fondateur, de Messire Blanchet, son assistant et son bras droit dans toutes les bonnes œuvres.

L'exemple venant d'aussi haut, les paroissiens et plusieurs parents, pris en dehors de la paroisse, ont encouragé cette maison qui n'a cessé de marcher de progrès en progrès, et qui est assise, aujourd'hui, sur des bases solides. (1)

---

(1) Il sera encore parlé de cette maison, plus loin.

Louis Rochon, marguillier en excercice, le 31 décembre.

Il a payé $1,686.56 dont la plus grande partie pour frais du nouveau cimetière et du couvent.

Il restait en caisse : $2.027.64.

(1883). Le 9 janvier, Messire Ls.-E. Quézel, enfant de la paroisse et curé de Saint-Honoré de Shenley, (Beauce) signe l'acte de mariage de Zénophile Brunet, fils de Théophile Brunet et de Martine Quézel, qui se mariait à Malvina Gaboury, fille de Lazare et de défunte Rose Thibault. L'époux est le neveu du prêtre qui l'a marié.

Le 23 janvier, célébration de trois mariages : celui de Pierre Carreau, de Saint-Sauveur de Québec, et Marie-Célina Tardif, fille de François ; celui d'Onésime Côté et Marie-Rosanna Tardif, sœur de la précédente, et celui de Louis Jobin et Célina Watters, fille de feu le notaire Watters.

Ce dernier mariage fut béni par Messire A.-D. Jobin, curé de Saint-Honoré d'Armand et enfant de la paroisse.

Le 13 de mai, le Dr George Watters faisait baptiser son enfant Arthur-Avila. Le parrain fut : Michel Côté, le grand-père maternel de l'enfant et menuisier du faubourg Saint-Jean de Québec ; la marraine : Elise Paradis, tante de l'enfant et de l'Ancienne-Lorette.

Le 18 septembre, Louis Gaboury, bedeau, veuf de Marie Cantin, se mariait à Angèle Delisle, fille de feu Joseph.

L'excédant des naissances sur les décès, en 1883, est considérable, si on le compare à la moyenne des autres années. Ce surplus a été de 33, c'est-à-dire 59 naissances contre 26 décès. Il y a eu 12 mariages.

La rente des bancs fournit le plus gros chiffre jusqu'à ce jour : $1,114.78.

Télesphore Gaboury, marguillier comptable, déclare avoir payé $433.25 de dépenses extraordinaires, dont $108 pour part d'assurance à payer dans l'incendie de l'église de la Rivière-du-Loup, (en bas.)

La fabrique avait à son avoir $2,335.76, dont $550 placées à un intérêt de 6 p. 100.

Les comptes furent rendus le 30 décembre, 1883.

(1884). Le 12 de février, O.-Adjutor East, fils de Félix et petit-fils de Charles East, dont il a déjà été parlé, se mariait à Mathilde Fiset, fille de défunt Louis Fiset et de défunte Eléonore Rochette. Mons. J.-Ulric East, ecclésiastique, du collége de Lévis, assistait au mariage de son frère.

Le 19 juin, Messire A.-D. Jobin était dans la paroisse et présidait à la cérémonie d'inhumation de Joseph Dion, célibataire âgé de 76 ans. M. Jobin était alors desservant de Sainte-Luce d'Israëli, dans le diocèse de Sherbrooke.

Le 17 de février, il y eut une assemblée des trois marguilliers de l'Œuvre et fabrique : Louis Charland, marguillier en charge, Clément Vésina et Louis Petitclerc, et il fut décidé d'engager, comme organiste de la paroisse, M. Lévis Dussault, ci-devant organiste à l'église de Saint-Jean-des Chaillons, aux conditions suivantes :

L'engagement est pour cinq ans, à compter du premier de mai de cette année, à raison de $200 pour la première année, et $220 pour les quatre années suivantes.

M. Dussault remplaçait M. Philéas Roy, devenu l'organiste de Saint-Roch de Québec.

Le 9 de mars, il y eut une assemblée des mêmes marguilliers, moins un, dans le but de passer le règlement qui suit :

Il a été décidé que, pour éviter les inconvénients qui résultent du retard de l'heure des services avec sépulture, il sera de règle, à l'avenir, que l'heure de ces offices sera 8 heures, en hiver, et 7½ heures, en été, et que ceux qui voudront venir après ces heures payeront une piastre pour chaque heure de retardement.

MISSIONNAIRES et CURÉS, Etc.

DE

SAINT-AUGUSTIN.

(Notices biographiques.)

(1) Nous avons déjà vu que trois missionnaires établis à la Pointe-aux-Trembles, ont desservi Saint-Augustin, la côte Saint-Ange, etc.

Le premier de ces missionnaires fut M. Germain Morin, fils de Noël Morin et d'Hélène Desportes, veuve de Guillaume Hébert. Il fut baptisé à Québec le 15 janvier, 1642, et ordonné prêtre le 29 septembre, 1665. Après avoir été secrétaire de Mgr de Laval, il desservit, comme missionnaire et curé, les paroisses de la Pointe-aux-Trembles de Québec, Saint-Augustin, Chateau-Richer, Sainte-Anne de Beaupré, etc. Il fut chanoine de la cathédrale de Québec.

Il mourait à l'Hôtel-Dieu de Québec, le 20 août, 1702, et fut inhumé dans le chœur de la cathédrale. Il était âgé de 60 ans, 7 mois et 6 jours.

M. Morin était le premier prêtre canadien. (2)

---

(1) J'ai emprunté une grande partie des renseignements contenus dans ces notices biographiques au *Répertoire général du clergé canadien* de M. l'abbé Cyp. Tanguay et aux notes que m'a fournies avec bonté M. l'abbé Sasseville, curé de Sainte-Foye.

(2) Le *deuxième prêtre canadien* fut M. Charles-Amador Martin, baptisé à Québec par le P. le Jeune, le 7 mars, 1648. Il était donc né six ans après M. Morin. Il était fils d'Abraham Martin dit l'*Ecossais*, pilote renommé et propriétaire des terres connues, depuis, sous le nom de *Plaines d'Abraham*.

La côte d'Abraham, qui relie le faubourg Saint-Jean à Saint-Roch, a tiré son nom de ce même Martin, dont la terre finissait à peu près là, vers le nord-est.

2. M. Jean BASSET, le deuxième missionnaire établi à la Pointe-aux-Trembles et desservant Saint-Augustin, était né à Sainte-Croix, évêché de Lyon. Il fut ordonné à Québec, le 21 décembre, 1675. Il desservit en qualité de missionnaire, en 1678, les paroisses de la Sainte-Famille, de Saint-Pierre et de Saint-Laurent, île d'Orléans. En 1680, il devint missionnaire, puis curé de la Pointe-aux-Trembles, où il demeura jusqu'à sa mort, le 21 de novembre, 1716. Il était âgé de 70 ans, et il fut inhumé dans l'église de cette paroisse.

M. Basset bâtit le couvent de la Pointe-aux-Trembles qu'il confia aux Dames de la Congrégation et auxquelles il donna la terre qui dépend de ce couvent.

3. Le troisième missionnaire venant de la Pointe-aux-Trembles à Saint-Augustin, pour y faire la desserte, fut M. Jean PINGUET, prêtre canadien né à Québec, en 1655, le 8 décembre. Il était fils de Noël Pinguet et de Marie-Madeleine Dupont. Il fut fait prêtre le 21 décembre, 1680, nommé chanoine à l'érection du chapitre, à Québec. Il desservit successivement plusieurs paroisses, entre autres : la Pointe-aux-Trembles, le cap Saint-Ignace, l'Islet, de 1689 à 1692, et Beaumont, de 1698 à 1704. Il revint au séminaire dont il était membre, et y mourut le 20 mars, 1715, à l'âge de 60 ans. Ses restes reposent dans la cathédrale de Québec.

M. Pinguet fut un des premiers élèves du petit séminaire de Québec, à l'ouverture des classes.

Ce troisième missionnaire de Saint-Augustin disait la messe, à cet endroit, dans la maison " du Sieur Amiot-Villeneuve," qui devait se trouver dans les environs de la *première* chapelle.

4. Le premier curé fut M. Jean-Daniel TESTU, né à Québec, le premier d'août, 1670. Il était fils de Pierre Testu du Tilly, marchand, et de Geneviève Regnault. Ce fut le gouverneur de Courcelles qui le nomma sur les fonts baptismaux. Il fut ordonné prêtre à Québec, le 25 octobre, 1693. On le trouve

curé de Saint-Augustin, de 1694 jusqu'à la fin de l'année 1700. En 1703, il était missionnaire chez les Choctas, Sauvages de la Louisiane. Il fut massacré par ces Sauvages, sur le Mississipi, le 16 août, 1718.

5. Pour premier missionnaire, après l'établissement de la paroisse, nous avons M. Philippe RAGEOT, né à Québec, le 11 juin, 1678. Il était fils de Gilles Rageot et de Madeleine Morin. Il fut ordonné le 24 juillet, 1701. Il n'a laissé à Saint-Augustin que deux actes portant sa signature, en 1702. (Voir la liste nominale).

Après avoir desservi, en 1704, le cap Saint-Ignace, et, en 1707, le Cap-Santé, il fut nommé, en 1709, curé de Kamouraska, où il mourait le 21 septembre, 1711. Il n'était âgé que de 33 ans. (1)

6. Le deuxième missionnaire : Frère Hilaire HILAIRE, récollet. M. Tanguay lui donne les noms de : Hilaire *de Saint-Hilaire*. Les actes qu'il a laissés à Saint-Augustin ne portent que : *F. Hilaire Hilaire*. Ces actes sont de 1703 et 1704.

Ce fr. récollet arrivait au pays en 1690, le 24 juin. En 1698, il était missionnaire à Sorel ; en 1701, à Saint-Michel de Bellechasse ; en 1703, au Cap-Santé, puis cette année et l'année suivante, à Saint-Augustin. Il mourait à Québec, le 16 août, 1720, à l'âge de 56 ans.

7. M. Nicolas-Michel BOUCHER fut le troisième missionnaire. Il était né à Boucherville, le 15 novembre, 1672, fils de Pierre Boucher, gouverneur de Trois-Rivières. Il reçut la prêtrise à Québec, le 6 juin, 1696. En 1698, il était curé de Sainte-Anne de Beaupré. En 1706 et partie de l'année suivante, il était missionnaire de Saint-Augustin ; vers la fin de la même année (1707), il devint curé de Saint-Jean, île d'Orléans. Il était encore curé de cette paroisse lorsqu'il mourait à l'Hôtel-Dieu de Québec, le 30 de juillet,

---

(1) Il avait un frère qui fut curé du Cap-Santé en 1708, et mourait à Montréal, en 1729. Celui-ci signait tantôt Charles *Rageot*, et tantôt Charles *Morin*, nom de sa mère.

1733, à l'âge de 60 ans. Il fut inhumé dans la cathédrale. (1)

8. M. Michel Devaux-DESCORMIERS, quatrième missionnaire, arrivait en Canada le 18 juillet, 1706. Il desservit Saint-Augustin de 1707 à 1710, ou 3 ans, 2 mois et 2 jours. En 1711, il exerçait les fonctions curiales à Lorette, où il mourait le 9 mars de la même année, âgé seulement de 29 ans et 6 mois. Il fut inhumé dans la cathédrale de Québec.

Il signait ordinairement : *Des Cormiers*.

Il a déjà été dit qu'il n'y a point de registre pour l'année 1711. Il paraît, cependant, d'une manière certaine, que ce fut M. BUISSON de SAINT-COSME qui desservit Saint-Augustin, durant cette année. Ce prêtre mourait à Sainte-Foye, le 19 février 1712, à l'âge de 30 ans, à peu près. Il fut inhumé dans la cathédrale. Il avait aussi un frère de prêtre : M. Jean-François de Saint-Cosme, qui fut massacré par les Sauvages de la Louisiane, en 1718.

9. M. Pierre-Joseph-Thierry HAZEUR-DELORME (il signait : *Hazeur*, et quelquefois, mais rarement : *Thierry Hazeur*) fut le cinquième missionnaire à Saint-Augustin.

Il était né à Québec, le 25 juin, 1680 : son père était François Hazeur, et sa mère, Anne Soumande. Il fut fait prêtre le 21 juillet, 1706. En 1707, il était curé de la paroisse de Champlain, puis il devint supérieur des Ursulines des Trois-Rivières ; il desservit, en 1712 et 1713, trois mois et 18 jours en tout, la paroisse de Saint-Augustin. En 1722, il devint grand pénitencier du chapitre ; et, le 20 juin, 1740, il prit possession du siége épiscopal de Québec pour Mgr de l'Auberivière.

Il mourut à l'Hôpital-Général de Québec, le 3 avril 1757, âgé de 77 ans, et fut inhumé dans le chœur de la cathédrale.

(1) Il avait un frère né en 1665 et curé de Saint-Joseph de Lévis, de 1690 jusqu'au 8 avril, 1721, jour de sa mort. Il était âgé de 55 ans.

Messire Hazeur était, conjointement avec son frère, seigneur de la Grande-Vallée des Monts, dans la Gaspésie, comme il appert par un acte de concession rapporté dans les Edits et Ordonnances.

Il est fort probable que ce M. Hazeur, frère du grand-pénitencier, était celui-là même qui vendit à la sœur Bourgeoys l'emplacement nécessaire à l'établissement du couvent qu'elle érigeait, vers 1696, sur la rue Saint-Pierre, à la Basse-Ville, là où se trouvent, aujourd'hui, les magasins de MM. Garneau et Shehyn. On sait que ce couvent fut transporté à Saint-Roch de Québec, en 1844.

10. Le deuxième curé de Saint-Augustin fut M. Pierre AUCLAIR-DESNOYERS, grand-oncle de M. le curé actuel de Québec. Vu les immenses travaux qu'il a faits dans cette paroisse, les manuscrits précieux qu'il a laissés et sa longue desserte : 33 ans, 3 mois et 13 jours, on peut considérer ce prêtre, remarquable par son zèle et sa piété, comme le fondateur principal de Saint-Augustin.

Il naquit en 1688, de Pierre Auclair et de Madeleine Sédillot, cultivateurs de Charlesbourg. Il fut ordonné prêtre le 8 octobre, 1713, et, 6 jours après, le 14, il signait son premier acte, à Saint-Augustin, comme *missionnaire* de cette paroisse. Le 31 août de 1714, il signait son premier acte comme *curé fixe*, charge qu'il conserva tout le reste de sa vie, moins un an, passé à l'île Jésus, du mois d'octobre de 1721 au même mois de l'année suivante, comme nous l'avons vu ailleurs.

Le 4 février, 1748, il mourait dans sa paroisse, à l'âge de 60 ans. Il fut inhumé dans son église, son œuvre à lui, objet de tant de sacrifices de tous genres de sa part. (1)

---

(1) M. Auclair-Desnoyers avait un frère aîné du nom d'Etienne, qui était né le 1er mars, 1682. On le voit missionnaire des paroisses échelonnées, à cette époque, entre Kamouraska et Rimouski, de 1713 à 1717 ; puis, à partir de cette dernière année, il devint curé de Kamouraska et mourait le 3 novembre 1748, 9 mois après son frère Pierre.

11. Le sixième missionnaire de la paroisse fut M. Louis MAUFILS.

Il naquit en 1697 et fut ordonné prêtre le 11 octobre, 1721. Le premier novembre suivant, il signait son premier acte à Saint-Augustin, où il était venu remplacer M. Desnoyers, nommé curé à l'Île Jésus. Au retour de celui-ci à Saint-Augustin, M. Maufils se retira de la paroisse qu'il avait desservie un an moins 10 jours. En 1730, il desservait Sainte-Anne de Beaupré. Il fut fait chanoine du chapitre, puis mourut à l'Hôtel-Dieu, le 8 avril, 1743, à l'âge peu avancé de 46 ans. Il fut inhumé dans le chœur de la cathédrale de Québec.

M. Maufils avait été missionnaire dans l'Acadie, plusieurs années.

12. Le troisième curé, M. Gaspard DUNIÈRE, (1) est né à Québec, le 20 janvier, 1719. Il était fils de Louis Dunière et de Marguerite Durant. Il fut fait prêtre le 22 septembre, 1742. Six ans plus tard, il était curé à Saint-Augustin : le 15 mars, 1748. Il demeura ici 4

Coïncidence digne de remarque, ces deux frères étaient faits prêtres le même jour et mouraient la même année, à l'âge de 66 ans.

Etienne était venu mourir, étant encore curé de Kamouraska, à l'Hôtel-Dieu de Québec, et il fut inhumé dans la cathédrale.

Il signait : *Auclair*, tandis que son frère Pierre signait : *Desnoyers*.

La maison paternelle de ces deux prêtres remarquables existe encore : c'est une de ces anciennes constructions de pierre et solides comme on savait les faire aux 17me et 18me siècles. Elle est située près du moulin de la Rivière-des-Mères. Il y a là, dans cette relique du passé, un coffre contenant des papiers précieux et des objets qui ont appartenu au curé de Saint-Augustin. Parmi les papiers, il y a une lettre, entre autres, du curé de Kamouraska à son frère Pierre, dans laquelle il lui annonce qu'il bâtit une église (à Kamouraska), lui en donne les dimensions, etc. Il y avait aussi, dans ce coffre, une calotte qui avait appartenu à Mgr de Laval : ce souvenir est aujourd'hui la propriété du séminaire de Québec.

Le coffre et son contenu appartiennent aux maîtres actuels de la propriété-Auclair, dont ils sont les descendants en ligne collatérale.

Pourquoi la fabrique de Saint-Augustin n'achèterait-elle pas ces reliques précieuses de son ancien curé, pour les conserver dans ses archives ?

(1) Le nom propre, en France, dit M. l'abbé Tanguay, est *Guionnière*. Il a été travesti, au Canada, en celui de *Gunière*, puis est devenu *Dunière*.

ans, 5 mois et 22 jours. En 1754, on le retrouve curé à Beaumont, où il mourait le 2 février, 1760, à l'âge de 41 ans.

13. M. BRASSARD (François-Xavier-Nicolas-Marie) est le quatrième curé. Son jour de naissance fut le 2 de décembre, 1721. Il reçut les ordres le 19 décembre, 1744.

Avant de devenir curé de Saint-Augustin, M. Brassard était, au printemps de 1749, dans les missions de l'Acadie ; c'est, du moins, ce qui ressort des *Actes du Conseil de la Nouvelle-Ecosse*, où il est désigné sous le nom de *Brossard*. Il ne put y demeurer ; et, le 8 de mai (1749), un ordre de bannissement lui fut signifié de la part de ce conseil, et il dut revenir au Canada.

En 1752, il fut fait curé de Saint-Augustin, position qu'il occupa jusqu'à sa mort, arrivée subitement, le 26 de juillet, 1765. Il n'avait que 44 ans et avait desservi la paroisse 17 ans, 4 mois et 10 jours.

Il fut inhumé dans l'église de Saint-Augustin, dans le sanctuaire et du côté de l'Evangile.

14. M. Louis-Michel BÉRIAU est le cinquième curé de la paroisse.

Il était fils de Joseph Bériau et de Jeanne Bernier, de Québec, où il voyait le jour le 29 avril, 1728.

Devenu prêtre le 17 novembre 1753, il fut nommé immédiatement curé de la paroisse des Ecureuils, où il demeura jusqu'à 1765. Dans l'été de cette même année, il vint à Saint-Augustin comme successeur de feu M. Brassard. Il mourut ici, le 1er mars, 1801, après avoir desservi la paroisse 35 ans, 6 mois et 21 jours. Il était âgé de 73 ans, et son corps fut inhumé dans le chœur de l'église.

15. M. François VÉSINA, le premier vicaire de cette paroisse, (sous M. Bériau) était né à Québec, le 10 mai, 1771, du mariage de François Vésina et de Marie Rode. Il fut fait prêtre le 24 mars, 1798, et signait son premier acte comme vicaire de Saint-Augustin, le 13 avril de la même année. Vers la fin de septembre

de l'année suivante, (1799) il quittait la paroisse. En 1800, il était curé de la Rivière-du-Loup (en bas) ; puis, en 1804, il revenait à Saint-Augustin, comme curé de cette paroisse et Sainte-Foye simultanément, et signait son premier acte le 12 juillet, dans les registres de la première paroisse nommée.

Le 30 de mars, 1810, il signait son dernier acte à Saint-Augustin, et, le lendemain, son dernier à Sainte-Foye.

De Saint-Augustin, où était sa résidence, il se rendit au séminaire de Baltimore, aux Etats-Unis. Plus tard, il allait dans le diocèse de Saint-Louis, Missouri, sous Mgr Rosati, qui lui donna une cure dans l'Illinois, à un endroit nommé Kahokia, à une courte distance de la ville de Saint-Louis, mais à l'est du Mississipi. Il demeura à Kahokia jusqu'à 1826. Cette année, il abandonna le diocèse de Saint-Louis pour se rendre dans la Louisiane, à un endroit nommé *Saint-Charles du Grand-Coteau*.

C'était la dernière étape de ce vaillant soldat du Seigneur, qui mourut loin de son pays. La date de sa mort n'est point connue positivement. M. l'abbé Sasseville, curé actuel de Sainte-Foye, avait suivi son prédécesseur, dans sa marche aux Etats-Unis, jusqu'à Saint-Charles de la Louisiane. Disons, en passant, que M. Sasseville a recueilli des notes précieuses sur tous ses confrères canadiens.

En 1882, M. le curé de Sainte-Foye, voulant savoir où M. Vésina était mort, écrivit à M. l'abbé Jobard, curé de Saint-Charles, qui lui répondait, le 4 juillet, même année :

Mon cher monsieur,

Je n'ai pas répondu jusqu'ici à votre lettre demandant des renseignements sur M. Vésina : je cherchais toujours à en avoir de précis ; mais je n'ai pu réussir.

Malheureusement, les registres de la paroisse, les plus anciens de la Louisiane, ont été perdus dans un incendie du presbytère, qui a eu lieu au mois de mai de 1877. Toutes recherches de ce côté-là seraient donc inutiles.

Après Pâques, j'ai demandé aux marguilliers s'ils avaient quelque souvenance du Père Vésina. J'ai fait la même demande à plusieurs anciens de la paroisse : personne n'a pu me dire autre chose que ce qui suit :—Qu'il était curé de l'église rouge (une église de Saint-Charles), à peu près à l'époque que vous marquez dans votre lettre ; qu'il est mort soudainement, et que l'on croit qu'il a été inhumé dans l'église, devant l'autel.

Si j'ai, plus tard, quelques renseignements plus satisfaisants, je ne manquerai pas de vous en faire part.

Recevez, cher Monsieur, etc.

Signé : G. JOBARD, ptre.

D'après cette lettre, il est à peu près certain que M. Vésina, vicaire puis curé de Saint-Augustin, est mort à Saint-Charles de la Louisiane ; mais on ne saurait dire en quelle année. Il est bon d'observer qu'à l'année de son arrivée à Saint-Charles, en 1826, il n'avait que 55 ans et qu'il pouvait vivre encore plusieurs années.

M. Vésina a desservi la paroisse de Saint-Augustin, comme vicaire et comme curé, l'espace de 7 ans, 2 mois et 6 jours. Il en fut le septième curé.

16. Le deuxième vicaire de Saint-Augustin (encore sous M. Bériau), fut M. Michel-Charles BEZEAU : il succédait à M. Vésina, vicaire.

Il était né à Québec, le 8 janvier, 1775, et il était fils de Jean Bezeau et de Geneviève Poitras. Il fut ordonné prêtre le 11 d'août, 1799, et il signait son premier acte, à Saint-Augustin, le 2 octobre de la même année.

A la mort de M. Bériau (le 1er mars, 1801), il remplaça le curé défunt jusqu'au 17 septembre de la même année (1801). En partant d'ici, il fut chargé de la desserte de la Rivière-du-Loup (en haut). L'année suivante, en 1802, il desservait l'Isle-Verte et Trois-Pistoles ; en 1805, il était curé de Saint-Nicolas. On le voit ensuite, en 1820, curé de Lavaltrie et de Lanoraie, et, en 1827, il était curé de Lanoraie seulement, où il mourait subitement le 2 juin, 1828, à l'âge de 52 ans et quelques mois.

M. Bezeau avait eu un pressentiment que sa fin

était prochaine. Le jour même où il mourait (c'était la 2me fête de la Penteôte), il avait donné un sermon sur la Mort, quoique ce jour ne fût pas bien propre à ce sujet, et il prédit clairement qu'il serait le premier que la mort frapperait dans la paroisse. Rien, dans l'état de sa santé, n'annonçait son prochain décès.

Dans l'après-midi de ce jour, il se retirait dans sa chambre qu'il fermait à clef. Le soir, on l'appelait pour son souper ; mais, ne recevant point de réponse, on crut tout naturellement que, fatigué de son travail du jour, il s'était retiré pour la nuit.

Le lendemain matin, on frappa de nouveau à sa porte, un peu après l'heure ordinaire de sa basse messe ; mais on ne reçut pas plus de réponse que la veille. On enfonça alors la porte et l'on trouva avec stupeur son cadavre déjà froid, sur un sofa de sa chambre à coucher. C'était là que la Mort était venue le saisir et peu de temps, comme on le voit, après son sermon prophétique de la veille.

17. M. Esprit-Zéphirin CHENET fut le sixième curé de la paroisse : il succédait à M. Bériau, que M. Bezeau avait remplacé temporairement.

M. Chenet était le fils d'Antoine Chenet et de Josephte Demers, de Montréal. Il naissait dans cette ville, le 16 février, 1763. Il fut ordonné prêtre le 11 mars, 1786. Il fut curé de Saint-Vincent de Paul en 1790, et il signait son premier acte, comme curé de Saint-Augustin, le 21 septembre, 1801. Son dernier acte, ici, porte la date du 2 juillet, 1804, lui donnant une desserte, dans la paroisse, de 2 ans, 9 mois et 11 jours.

En quittant Saint-Augustin, il se rendit à Varennes en qualité de curé. Ayant reçu en partage une faible santé, il mourait dans cette paroisse le 23 décembre, 1805, à l'âge de 42 et 10 mois.

18. Le huitième curé fut M. Alexis LEFRANÇOIS, fils d'Ignace Lefrançois et de Félicite Cazeau. Il naquit à Québec le 22 décembre, 1767, et fut ordonné prêtre

le 28 d'octobre, 1795. Sa première cure fut celle des Grondines, en 1796 ; en 1800, il était curé de Lotbinière ; en 1801, on le voit à Bonaventure, dans la Baie-des-Chaleurs. Il était curé de l'Isle-aux-Coudres, en 1804, et à cette cure était attachée la desserte de Percé, le chef-lieu du comté de Gaspé, sur les bords du golfe Saint-Laurent. Cette cure et sa desserte, comprenant non-seulement Percé, mais toutes les missions environnantes, n'étaient certainement pas une sinécure.

Le 4 de mai, 1810, il succédait à M. Vésina, et signait son premier acte, comme curé de Saint-Augustin, le 12 du même mois. Son dernier acte est daté du 7 octobre, 1848. Il fut donc curé ici 38 ans, 5 mois et 4 jours.

C'est lui qui eut l'honneur de finir l'église actuelle, en 1816, commencée par M. Vésina, en 1809.

De 1824 à 1832, il eut, outre la cure de Saint-Augustin, la desserte de Sainte-Catherine de Fossembault.

En 1848, dans l'automne, il abandonna le ministère pour se retirer à l'Hôtel-Dieu de Québec : il avait alors 81 ans. Il était bien temps qu'il se reposât, après 53 ans de prêtrise.

M. Lefrançois avait des idées à lui. C'est ainsi qu'il ne voulut jamais souffrir que l'on plaçât des poêles dans l'église, sous le prétexte que l'amour de Dieu devait seul suffire à réchauffer les paroissiens, même dans les plus grands froids de l'hiver. Malgré cette prétention, il y a encore, dans la paroisse, de bien dignes personnes qui se rappellent avoir grandement souffert du froid, du temps de M. Lefrançois.

Cet excellent curé avait encore une grande horreur du luxe : il voulait voir ses paroissiens *tous* et *tout* habillés d'étoffe du pays. En cela, il n'avait pas tout à fait tort, quoiqu'il ait poussé les choses jusqu'à l'exagération ; car on sait que, depuis des années, le luxe est devenu la plaie la plus affreuse de nos campagnes.

D'ailleurs, excellent prêtre, qui n'a pas une seule tache sur son caractère sacré et qui a laissé un beau souvenir de son zèle pour les âmes et de sa grande piété.

Les Anciens de la paroisse racontent encore ce qui suit au sujet de ce curé regretté.

Vers 1840, un incendie éclata, le soir, dans la sacristie. Les progrès du feu étaient tellement rapides que tout secours paraissait inutile. On rapporte que M. Lefrançois, agenouillé au pied de l'autel, arrêta le désastre imminent par ses prières. Le feu s'arrêta d'une manière miraculeuse.

Le 10 de mai, 1856, M. Lefrançois décédait à l'Hôtel-Dieu, où il s'était retiré en 1848 : il était âgé de 89 ans. Ses restes mortels furent remis à ses paroissiens de Saint-Augustin et inhumés dans le chœur de l'église, tel qu'il a été rapporté ailleurs.

19. Le troisième vicaire de la paroisse fut M. Frédéric CARON, fils de Louis-Marie Caron et de Marie-Josephte Fortin. Il naquit à Saint-Jean-Port-Joli, le 19 mars, 1806. Le 2 février, 1837, il était fait prêtre à Québec. Il fut envoyé immédiatement ici, où il signait son premier acte le 7 du mois de son ordination, ou 5 jours après. Il venait à Saint-Augustin pour relever M. Lefrançois devenu incapable de remplir les fonctions de son ministère par suite d'un accident, une chûte de voiture, où il s'était cassé une jambe.

M. Caron ne fut ici que l'espace d'un mois et 26 jours : son dernier acte porte la date du 4 d'avril.

La même année et l'année suivante, il était vicaire aux Trois-Pistoles et à Saint-Roch-des-Aunaies ; en 1839, il était à Saint-Joseph de Lévis et à Saint-Henri de Lauzon. Il devint curé de Saint-Isidore, en 1840, et 3 ans après, en 1843, il était curé de l'Isle-aux-Coudres. En 1847, on le voit curé de Saint-Joseph de la Beauce ; en 1852, de Saint-Frédéric de la Beauce, formé d'une partie de Saint-Joseph. Mgr Baillargeon donna à la nouvelle paroisse le nom de baptême de M.

Caron, vu qu'il pouvait à juste titre en être considéré comme le fondateur par ses travaux, etc. alors qu'il était curé de Saint-Joseph.

En 1856, M. Caron, ayant alors 50 ans, se retira du ministère et alla résider sur une propriété qu'il s'était acquise à Saint-Henri de Lauzon. De Saint-Henri, il alla demeurer au collége de Sainte-Anne de la Pocatière, qu'il quittait, en 1878, pour rentrer dans sa paroisse natale, Saint-Jean-Port-Joli, où il voulait mourir et où il mourait, en effet, le 28 avril, 1882, à l'âge de 76 ans.

20. M. Moïse DUGUAY fut le quatrième vicaire de la paroisse. Il était fils de Jean-Baptiste Duguay et de Josephte Grammont, de la Baie-du-Febvre, où il naissait le 31 décembre, 1820.

Il fut ordonné prêtre le 5 septembre, 1845. Il était vicaire dans sa paroisse natale et au Cap-Santé, la même année. En 1846, il agissait en la même qualité à Saint-Augustin, où il signait son premier acte le 3 de mars. Il était le vicaire de M. Lefrançois, qui se faisait vieux, ayant alors 79 ans.

M. Duguay ne fut ici que 7 mois et 3 jours ; son dernier acte porte la date du 4 d'octobre, 1846. De Saint-Augustin, il alla comme vicaire à Yamachiche ; en 1847, il desservit quelque temps la Baie-du-Febvre, puis il alla avec tant d'autres prêtres à la Grosse-Isle, pour y secourir les pauvres immigrés irlandais qui mouraient du typhus par centaines. Il prit généreusement, avec ses confrères, sa part de travail apostolique, de risques et de mérite.

En 1848, on le voit missionnaire à Saint-Norbert d'Arthabaska ; en 1849, il desservait Bécancourt, puis il devint le fondateur et le premier curé de Sainte-Flavie, dans le comté de Rimouski, où il a laissé les meilleurs souvenirs. C'est là qu'il mourait le 14 d'août, 1870, à l'âge de 50 ans.

21. M. Augustin MILETTE fut le neuvième curé de la paroisse. Il était fils de Joseph Milette et de Judith LeBlanc. Il naquit à Yamachiche le 10 septembre,

1811. Il fut fait prêtre le 12 septembre, 1842 : il avait alors 31 ans. Il fut d'abord vicaire dans sa paroisse natale. En 1846, il était curé de Maskinongé. Sa dernière cure fut celle de Saint-Augustin, qu'il conserva jusqu'à sa mort, c'est-à-dire 21 ans, 3 mois et 23 jours. Il mourait ici, le 2 février, 1870, à l'âge de près de 59 ans. Il n'avait été que 4 ou 5 jours malade d'une enflammation des poumons prise au service funèbre d'un de ses paroissiens. On lui a reproché de s'être exposé imprudemment dans cette occasion, vu qu'il était déjà indisposé, lorsqu'il présidait aux cérémonies de cette inhumation par un temps mauvais et froid ; mais son zèle lui faisait peut-être ambitionner la gloire de mourir victime de son devoir, belle et noble ambition, qui va bien à un soldat du Christ.

M. Milette fut un prêtre de grandes vertus : il a laissé derrière lui un joli monument : celui des Anges gardiens, dont il est parlé ailleurs.

Ce prêtre, plein de zèle et doué d'un grand cœur, n'avait qu'un ennemi qui l'accompognait partout. Cet ennemi, il le disait lui-même, c'était son caractère violent et irascible, qui, lorsqu'il n'était pas sur ses gardes, s'emparait de lui et lui causait, l'instant d'après, un chagrin sincère.

Il était un administrateur de première force, et, sous lui, les affaires de la fabrique ont prospéré plus que sous aucun de ses prédécesseurs.

On ne peut pas dire qu'il fut remarquable sous le rapport littéraire, et, chose étrange, il prêchait très bien. Ses sermons ont toujours été fort goûtés, même par ses confrères les plus lettrés.

En un mot, on peut dire sans crainte de se tromper, que le souvenir de ce curé vivra longtemps dans cette paroisse, qui conserve avec amour, dans le chœur de son église, ses restes mortels, placés à côté de ceux de M. Lefrançois, son prédécesseur immédiat. Leurs portraits, de grandeur naturelle et dûs au pinceau habile de M. Antoine Plamondon, de la Pointe-aux-

Trembles de Québec, sont dans la sacristie, en face l'un de l'autre.

22. Premier curé provisoire ou par intérim : M. Charles-Stanislas RICHARD.

Il naquit, le 11 avril, 1832, à Sainte-Anne de la Pocatière, du mariage de François Richard, menuisier et charpentier, et de Josephte Gagnon.

Il fut ordonné prêtre, à Québec, le 18 septembre, 1858, puis nommé vicaire aux Eboulements ; en 1860, il était vicaire à Notre-Dame de Lévis. Il devenait curé de Sainte-Anne du Saguenay, en face de Chicoutimi, en 1862. En 1867, il fut nommé vicaire à Saint-Roch de Québec. (1)

23. Le dixième curé de la paroisse de Saint-Augustin est M. François PILOTE.

Ce vétéran du sacerdoce canadien est né à Saint-Antoine de Tilly (comté de Lotbinière), le 4 d'octobre, 1811 ; de sorte qu'il a atteint ses 73 ans le 4 d'octobre de cette année (1884).

Son ancêtre, Léonard Pilote, venait de Saint-Nicolas, évêché de La Rochelle, France. Le *Dictionnaire généalogique* de M. Tanguay ne dit pas en quelle année il arrivait au pays ; mais l'époque de son arrivée dans la Nouvelle-France ne put être que peu d'années après la fondation de Québec, puisqu'il mourait, dans cette ville, le 3 décembre, 1665. Il était habitant de Beauport. Il n'est pas fait mention non plus de l'époque de son mariage avec Denise Gauthier.

M. Pilote, le curé actuel de Saint-Augustin, appartient à la sixième génération de ce Léonard Pilote. Il est fils unique d'Ambroise Pilote et de Marguerite Coulombe.

Il fut fait prêtre le 9 d'août, 1835. Il pourra donc,

---

(1) Nous devons nous borner à cette esquisse imparfaite au sujet de ce digne prêtre, vu que sa modestie, suivant nous *exagérée,* ne lui a pas permis de nous donner les renseignements dont nous avions besoin, de 1870 à 1884.

le 9 d'août de l'année prochaine (1885), célébrer ses noces d'or.

L'année où il fut ordonné, son évêque (c'était alors Monseigneur Signay) l'envoya au collége de Nicolet comme professeur de théologie, où il demeura en cette qualité jusqu'à la fin de l'année suivante : 1836.

Vers la fin de 1836, M. Pilote devint le vicaire du grand vicaire Cadieux, alors curé de la Rivière-Ouelle.

A cette époque, le collége de Sainte-Anne, cette œuvre d'amour d'un prêtre distingué, M. Painchaud, n'avait encore que neuf années d'existence. Cet homme si justement regretté était alors le supérieur de cette belle institution, son œuvre à lui, appelée à produire tant de bien et d'où est sortie une foule d'hommes remarquables dans tous les genres.

En 1836 donc, M. Painchaud demanda à Mgr Signay la permission d'agréger à son institution naissante le jeune vicaire de la Rivière-Ouelle, qui n'avait alors que 25 ans. Cette permission lui fut accordée et, le 27 de décembre de cette année (1836), M. François Pilote devenait le directeur adjoint et professeur de théologie dogmatique du collége de Sainte-Anne. Il devait y passer 34 ans de sa vie, après avoir occupé les plus hautes charges que peut conférer cette grande et belle institution. L'Histoire *impartiale* dira que M. Pilote peut et doit être considéré comme le deuxième fondateur du collége de Sainte-Anne et comme une des plus belles figures parmi toutes celles qui ont illustré cette maison.

En 1870, M. Pilote quittait le collège de Sainte-Anne. Vers le milieu d'août, Mgr Baillargeon le nommait curé de Saint-Augustin, dont il prenait possession le 19 septembre suivant. Le 31 décembre de cette année (1884), il était le curé bien-aimé de cette paroisse modèle, depuis 14 ans, 4 mois et demi.

Une coutume presque générale, dans notre pays, veut que l'on ne dise que peu de bien des vivants, mais que l'on ne se gêne pas pour les calomnier, les noircir et les jalouser. C'est un malheureux penchant particulier à la race française et qui nous a fait beaucoup de tort. Je ne me soumettrai pas à cette loi injuste et tyrannique de nos écrivains généralement, pour deux raisons : parce que, étant opposée aux principes de la justice et de la charité chrétiennes, elle ne peut produire rien de bon ; puis, parce que la carrière suivie par M. Pilote, carrière du prêtre sans tache, ne laisse rien à la malveillance et absolument rien à celui qui veut être juste.

Sous le rapport de l'intelligence, M. Pilote est beaucoup plus qu'un homme ordinaire. Ce qu'il a fait et écrit le prouve surabondamment ; mais ce qui le prouve encore mieux, c'est qu'il a été en butte à la jalousie venue de hauts lieux, et l'on n'a pas l'habitude de jalouser les gens médiocres.

M. Pilote, curé de Saint-Augustin, depuis plus de 14 ans, s'est gagné le cœur de tous ses paroissiens qu'il aime comme un bon père aime des enfants affectionnés, respectueux et obéissants.

Le lecteur, curieux d'avoir une idée des travaux accomplis par ce curé à grand esprit d'initiative et d'entreprise, pourra lire ce qu'écrivait un correspondant, sur *Le Courrier du Canada*, le 23 et le 25 de juillet dernier. Cet écrit est reproduit à la fin de ce volume.

24. M. François-Amable BLANCHET, venu ici avec M. Pilote, est le premier assistant-curé de la paroisse.

Il naquit à Saint-Roch-des-Aunaies le 23 avril, 1822. Son père, Joseph Blanchet, et Julienne Hudon-Beaulieu, sa mère, étaient d'honnêtes cultivateurs de cette paroisse : ils étaient plus riches en vertus qu'en biens de la terre.

M. Blanchet entrait au collége de Sainte-Anne à l'âge de 15 ans, en 1837, près d'un an après l'entrée de M. Pilote dans cette maison. Ces deux hommes, également grands par le cœur, devaient former là une de ces amitiés chrétiennes qui les honorent tous les deux, qui ne s'est jamais démentie, qui est demeurée sans un seul nuage pour en obscurcir la beauté et qui ne cessera qu'à la porte du tombeau, pour se renouer dans un monde où il n'y a ni jaloux, ni envieux.

M. Blanchet prit la soutane, le 28 août, 1844, jour de la fête de Saint-Augustin. En 1849, le 8 septembre, il fut fait prêtre, dans l'église de sa paroisse natale. Là où il avait été baptisé, là où il recevait, plus tard, le pain des anges pour la première fois, là encore devait-il recevoir, à 27 ans, le titre sacré de *Sacerdos in æternum.* C'est Mgr Demers qui le consacrait prêtre.

Il devint tour à tour professeur, au collége de Sainte-Anne, de la deuxième classe, de la troisième, (dans le cours anglais), des humanités, de la versification et des belles-lettres. En 1859, il fut nommé professeur de théologie, et, à la mort de M. le grand-vicaire Célestin Gauvreau, en 1862, il fut promu à la charge de directeur des ecclésiastiques.

Lorsque M. Pilote quitta le collége, en 1870, M. Blanchet ne voulut point abandonner son bienfaiteur, et il le suivit à Saint-Augustin ; trait d'amitié d'autant plus touchante, d'autant plus généreuse que l'on offrait à M. Blanchet, pour le garder au collége, une des plus belles positions que la maison puisse conférer.

M. Blanchet fut nommé assistant-curé de la paroisse le 19 septembre, 1870 : il y arrivait le même jour. Il a donc desservi la paroisse, en qualité d'assistant-curé, l'espace de 14 ans, 3 mois et 12 jours, le 31 décembre de cette année (1884).

Quant aux travaux que M. Blanchet a accomplis, dans la paroisse, conjointement avec M. Pilote, on pourra s'en former une idée en lisant la correspondance déjà mentionnée et que l'on trouvera à la fin de ce volume.

25. Le cinquième vicaire de Saint-Augustin et le dernier, jusqu'à présent, est M. Jean-Baptiste THIBOUTOT.

Il est fils de Joseph Thiboutot et de Sophie Bélanger, cultivateurs de Sainte-Anne de la Pocatière. Il a fait ses études au collége de sa paroisse natale (Sainte-Anne). Il fut ordonné prêtre le 30 d'avril, 1882, et nommé, le lendemain, vicaire de la paroisse de Saint-Augustin, où il arrivait le 2 de mai. Son premier acte fut un acte de baptême, à la date du 4.

Il y a donc 2 ans et 8 mois, le 31 décembre de cette année (1884), que M. Thiboutot est vicaire de cette paroisse.

FIN DE LA PARTIE ECCLÉSIASTIQUE.

HISTOIRE
DE LA
PAROISSE
DE
SAINT-AUGUSTIN.

(Partie civile.)

Nous avons vu, dans la première partie de cette *Histoire*, que la famille Gaboury est une des plus anciennes de la paroisse de Saint-Augustin. C'est, de plus, une famille nombreuse et fort respectable, dont l'un des membres a été curé de la paroisse des Ecureuils. A tous ces titres réunis, nous donnons ici la généalogie de cette famille vieille de plus de deux siècles, âge fort respectable dans notre pays relativement jeune.

CLEF

La date du mariage se trouve en tête de chaque famille et le millésime est en chiffre gras.

Les chiffres romains désignent le degré de filiation.

Le chiffre supérieur qui accompagne le nom de la paroisse (Saint-Augustin [8]) et que l'on rencontre après les lettres B, M, S, représente le nom de la localité où les actes de baptêmes, mariages et sépultures ont été enregistrés.

Le nom de tous les enfants est en italiques.

GÉNÉALOGIE DE LA FAMILLE GABOURY.

1679

I.—GABOURY, Antoine.

Mignot, Jeanne, [Jean I.

Marguerite, b 5 Oct. 1680, à L'Ange-Gardien7 ; M 4 Nov. 1698, à Pierre *Valière*, à St-Augustin8.—*Jean-Baptiste*, b7 26 Déc. 1683 ; m8 1er Mai 1709, à Madeleine *Racet*.—*Marie*, b7 6 Janv. 1686 ; 1° m8 25 Janv. 1713, à Pierre *Racet* ; 2° m8 18 Nov. 1720, à André *Clément*.—*Antoine*, b 1687 ; m8 22 Nov. 1713 à Françoise *Cotin* ; s8 12 Déc. 1756.—*Marie-Charlotte*, b 24 Août 1691, à Pte-aux-Trembles de Québec9 ; m8 18 Août 1709, à Joseph Cotin.—*Marie-Jeanne*, b9 5 Oct. 1693 ; s8 12 Oct. 1708.—*Thérèse-Angélique*, b8 25 Mars 1695 ; m8 16 Avril 1720, à Charles Cotin ; s8 16 Fév. 1736.—*Marie-Madeleine*, b8 21 Sept. 1697.

1709 (1 Mai) St. Augustin8

II.—GABOURY, Jean-Baptiste, [Antoine I.

Racet, Madeleine (1) b à la Pointe-aux-Trembles de Québec, le 6 Juin 1686, fille de Jean *Racet* et de Jeanne Chappau
Marie-Joseph, b ; m8 13 Oct. 1741 à Charles Ratté ; s8 12 Mai 1772.
Jean-Baptiste, b 1711 ; m8 16 Fév. 1733 à Marie-Elisabeth *Cotin* ; s8 30 Juin 1785. *Charles*, b ; *Marie Madeleine*, b m à Joseph Duboct.

1713 (22 Nov.) St-Augustin8

I.—GABOURY, Antoine, [Antoine I.

Cotin, Françoise, b fille de Dugal Cotin, cordier, et d'Etiennette Baudon.
Michel, b8 4 Mars 1721, *Marie-Madeleine*. b8 23 Oct. 1725. *Jean-Baptiste*, b8 10 Jan. 1728.

---

(1) Elle épouse, le 16 Fév. 1722, Eustache Bourbeau, à Saint-Augustin, et le 6 Oct. 1738, elle épouse Charles Cotin, veuf de Thérèse-Angélique Gaboury, à St-Augustin.

DE SAINT-AUGUSTIN 313

1733 (16 Fév.) St-Augustin8

III —GABOURY, Jean-Baptiste,   [Jean-Baptiste II.

Colin, Marie-Elisabeth, fille de Louis Colin et de Marie-Jeanne Bélan de la paroisse Saint-Augustin ; s8 27 Déc. 1796.
Jean-Baptiste, b8 10 Fév. 1734 ; s8 13 Sept. 1734. Joseph, b8 10 Juin 1735 ; m à Marie-Madeleine Lanoix. Jean-Baptiste, b8 31 Août 1737 ; s8 3 Mai 1809. George, b8 17 Janv. 1740 ; s8 27 Mars 1745. Louis-Marie, b8 7 Sept. 1744 ; m8 1 Fév. 1773 à Brigitte Constantin ; s8 22 Fév. 1823. Jacques, b8 13 Mars 1747. Charles, b   ; m8 16 Janv. 1769 à Marie-Anne Tessier. Elisabeth, b8 26 Mai 1755 ; m8 23 Sept. 1777 à Maurice Berthiaume ; s8 1 Juil. 1785. Marie, b8 19 Mai 1758. Augustin, b   ; m8 10 Janv. 1785 à Charlotte Gingras ; s

IV.—GABOURY, Joseph.   [Jean-Baptiste, III.

Lanoix, Marie-Madeleine.
Marie-Louise, b8 18 Juillet 1771.

1773 (1 Fév.) St-Augustin8

IV.—GABOURY, Louis-Marie.   [Jean-Baptiste III.

Constantin, Brigitte, fille d'Augustin Constantin et de Geneviève Gingras de St-Augustin ; s8 19 Oct 1818.
Louis, b8 13 Nov. 1773 ; m8 12 Nov. 1798 à Marie-Rose Rochon ; s8 26 Mai 1837.
Augustin, (1) b8 29 Janv. 1775 ; m8 11 Avril 1809 à Françoise Ratté, s à St-Félix du Cap-Rouge 21 Fév. 1871. Jean-Marie, b8 12 Sept. 1776 ; m8 7 Fév. 1809 à Marguerite Thibeau ; s8   . Marie-Louise, b8 15 Avril 1778 ; m8 23 Oct. 1797 à Joseph-Augustin Faucher. Joseph, b8 25 Sept. 1789 ; m8 25 Juin 1821 à Claire Verret ; s à Québec, 1 Juil. 1875.

1769 (16 Jan.) St-Augustin8

IV.—GABOURY, Charles.   [Jean-Baptiste III.

Tessier, Marie-Anne, fille de Pierre Tessier et de Marie-Catherine Vernet de St-Augustin.

---

(1) Ancêtre du secrétaire de la Compagnie de navigation à vapeur du St-Laurent.

Charles, b8 1 Fév. 1770. *Augustin*, b   ; m8 10 Janv. 1826 à Marie-Anne Trudel. *Marie-Anne*, b à Maskinongé2 le 6 Nov. 1782 ; un de ses oncles, M. Gaboury, entra dans les ordres et demeura longtemps à Saint-Sulpice ; m2 21 Avril 1807 à Jean-Baptiste, Lajimonière, voyageur ; s à St-Boniface en 1878. *Jean-Baptiste*, b   . *Marie-Madeleine*, b   1774 ; s 26 Mars 1834.

1785 (10 Janv.) St-Augustin8

IV.—GABOURY, Augustin,   [Jean-Baptiste, III.

Gingras, Charlotte, fille de Joseph *Gingras* et de Marie-Anne Ratté de St-Augustin.

Louise, b8 16 Fév· 1786 ; s8 16 Fév. 1796. *Charlotte*, b8 1 Avril 1787 ; m8 19 Janv. 1813 à Michel Gingras. *Marie-Louise*, b8 26 Mai 1788 ; s8 13 Oct. 1807. *Augustin*, b 4 Août 1789 ; s avant 1792. *Ignace*, b8 18 Sept 1790 ; m8 16 Avril 1833 à Ursule Gingras ; s8 vers 1860. *Augustin*, b8 17 Mai 1792 ; s8 5 Mai 1797. *Louis*, b8 26 avril 1794 ; s
Madeleine, b8 1 Oct. 1796 ; s avant 1798. *Madeleine*, b8 24 Août 1798 ; m8 15 Avril 1828 à François Tessier. *Théotiste*, b8 29 Mars 1800 ; m8 21 Juin 1831 à Augustin Bourbeau ; s8   . *Michel*, b8 29 Sept. 1802 ; s8 13 Fév. 1803.

Augustin, b8 19 janv. 1804 ; s8 3 déc. 1825. *Marie*, b8 6 janv. 1806 ; s8 23 août, 1806.

SOUVENIRS, LEGENDES ET MONUMENTS

L'HABILLEMENT ET LES COUTUMES, ETC.

Un poëte du 18me siècle, (Lamothe) l'a justement dit :

> Du sage mal vêtu le grand seigneur rougit ;
> Et cependant l'un est un homme,
> L'autre n'est souvent qu'un habit.

Nos Pères n'avaient pas l'amour effréné du luxe qui, malheureusement, caractérise la génération actuelle. On était plus humble, plus modeste qu'on ne l'est aujourd'hui, et l'on n'avait pas honte de porter les étoffes fabriquées à la maison ; au contraire, on se faisait un honneur et une gloire de les porter ; et, sous ces habits d'étoffe du pays, il y avait des hommes dans la force du terme, et de ces femmes fortes telles que les veut l'Evangile. S'il en eût été autrement, auraient-ils pu faire ce qu'ils ont accompli et laisser après eux et à leurs descendants un titre dont ceux-ci doivent s'honorer : " Peuple gentilhomme ? "

Oui ! nos ancêtres, sous leurs habits devenus trop grossiers pour nous, leurs descendants dégénérés, avaient toutes les qualités qui font le gentilhomme. Jamais, chez eux, hommes intègres, bons et polis, l'intérêt ou l'amour du luxe ne l'emporta sur la justice et les sentiments de l'honneur ; jamais la matière ne fit défaillir le cœur et l'esprit, comme nous le voyons si souvent de nos jours. Autant que la nature humaine (je n'exagère rien, l'Histoire est là pour le dire) peut parvenir aux splendeurs des vertus sociales, autant y arrivèrent ces hommes forts d'un autre siècle, soutenus qu'ils étaient par le besoin qu'éprouvent certaines âmes privilégiées de graviter sans cesse vers la perfection. Ils ignoraient la tyrannie du luxe et la tyrannie encore plus terrible de la débauche. L'*habitant*, à cette époque reculée, était un époux fidèle, un père représentant Dieu dans sa famille aussi bien que le Créateur peut être représenté par sa créature. La femme, pour lui, c'était sa compagne inséparable avec laquelle il marchait, la main dans la main, jusqu'au tombeau. Il avait besoin de ses soins, de sa tendresse, de cet enchantement de toutes les heures que répand la femme chrétienne dans le sanctuaire de la famille.

Aussi, il fallait voir de quel respect, de quel amour les enfants entouraient les auteurs de leurs jours, et avec quelle promptitude ils leur obéissaient !

Puis, lorsque les soins du ménage et de la ferme étaient devenus un fardeau trop lourd pour les épaules du père et de la mère ; lorsque était arrivée pour eux l'heure où l'on sent le besoin de se recueillir et de se reposer avant d'entrer dans le repos de la tombe, on pouvait voir les deux vieillards, encore appuyés l'un sur l'autre, recevoir toutes les marques de respect et d'amour de la part des enfants qu'ils avaient formés à la pratique de toutes les vertus chrétiennes et sociales. On aurait dit que leurs couronnes blanches, formées par soixante quinze ou quatre-vingts hivers, ajoutaient encore à ce respect et à cet amour.

"Tes père et mère tu honoreras, afin de vivre longuement sur cette terre," est de précepte divin. Aussi voyons-nous, dans les registres de la paroisse de Saint-Augustin, un grand nombre de personnes mourir à un âge très avancé, et quelques-unes ont pu célébrer le centenaire de leur naissance. Il en a été mentionné un certain nombre en compulsant les registres : on en trouvera les noms dans la première partie de ce travail : HISTOIRE ECCLÉSIASTIQUE.

Malgré sa proximité de la ville, la population de

Saint-Augustin forme une paroisse où l'on a conservé le mieux les goûts de nos Pères pour l'habillement, le genre de vie en général et pour le respect que l'on doit aux vieillards. Est-ce pour cela que les vieillards y sont si nombreux ? Ou est-ce parce qu'ils ont eu, eux-mêmes, lorsqu'ils étaient jeunes et ne pensaient pas qu'ils deviendraient vieux, un jour, ce respect pour les cheveux blancs, ainsi que pour le père et la mère, commandé par Dieu même ?

Les étoffes de fabrique du pays sont encore en honneur dans cette paroisse ; le luxe y a peu d'adeptes, et c'est pour cela, sans aucun doute, que cette paroisse est une des plus riches du pays. On a bien abandonné quelques articles de toilette des ancêtres, comme la couette, qui était venue de France ; mais c'est ici qu'elle a régné le plus longtemps, et il n'est pas besoin de s'adresser aux *Vieux* pour nous parler de cet ornement indispensable à la toilette des aïeux. (1)

Quant à l'habillement, et des hommes et des femmes, il est resté, à peu près, ce qu'il était au commencement de ce siècle, et il en est de même pour ce qui regarde l'ameublement des maisons.

En un mot, on semble aimer à conserver, dans cette paroisse, tout ce qui a un cachet d'ancienneté, et qui voudrait dire que cela ne fait pas honneur à la population qui cultive ainsi l'amour du passé ?

L'auteur doit la plus grande partie des souvenirs et des légendes qu'il rapporte, à M. Jacques Jobin, habitant le rang des Mines et dont il a déjà été parlé.

Quelques mots de la généalogie de ce respectable vieillard serviront de préambule aux " Souvenirs et légendes. "

---

(1) Au Château-Richer, il y a une trentaine d'années, on voyait encore la couette. Le dernier à la porter et mort avec, était Jean Huot, surnommé *Jean mon mari*, parce que sa femme ajoutait toujours : *mon mari*, quand elle parlait de " son vieux. "

M. JACQUES JOBIN.

(Généalogie).

L'ancêtre de la famille Jobin (1) de Saint-Augustin se nommait CHARLES : il était le neveu de Jean Jobin, maître tailleur, qui, lui, s'établit à Québec où il se maria deux fois.

Quant au neveu, Charles Jobin, il était né en 1620, à Saint-Germain d'Auxerre, évêché de Paris. Il vint au pays avec sa *première* femme, Madeleine Girard, qui était de 20 ans plus jeune que lui, étant née en 1640. Elle mourait à Québec, en 1675, à l'âge de 35 ans seulement.

Quand émigrèrent-ils dans la Nouvelle-France ? On ne saurait le dire au juste ; mais ce dut être vers 1657, (probablement quelques jours seulement après leur mariage), car, en 1658, leur premier enfant, Jean, venait au monde, et la mère n'avait alors que 18 ans.

Charles Jobin eut de ce premier mariage sept enfants, dont 3 garçons et 4 filles. Un des garçons, Jacques, né à Québec, le 8 de décembre, 1669, se mariait, le 23 de novembre, 1694, à *Charlesbourg*, avec Adrienne Bourbeau, et l'une de ses sœurs, née aussi à Québec, en 1672, se mariait, le 5 de février, 1691, *aussi* à *Charlesbourg*, à Jean Roy-Audy.

La seconde femme de l'ancêtre (Charles) était Marie Rousseau, de l'évêché de Larochelle. Il se remariait deux ans à peu près après le décès de sa première femme, le 16 février, 1677, à l'âge avancé de 57 ans. Il demeurait encore à Québec ; mais, à partir de 1688, on voit que tous ses enfants sont baptisés à Charlesbourg, où il mourait à l'âge de 85 ans.

Jacques Jobin, fils de Charles, s'était marié, comme nous venons de le voir, à Charlesbourg, où il éleva sa nombreuse famille : 13 enfants. Voici leurs noms :

---

(1) Les variations de ce nom sont : *Joubin* et *Jolin*.

Marguerite, née le 30 mai 1698, mariée, en 1725, à François Racet ; *Marie-Josette*, née le 19 mars, 1706, et mariée, en 1727, à Charles Boesmé ; *Jacques-Jean*, né en... , et marié, en 1728, à Madeleine Blondeau ; *Jacques-Charles*, né en 1695, et marié, en 1722, à Madeleine Lefrançois ; *Marie-Thérèse*, née en 1702 et morte en 1703 ; *Marguerite*, née en 1700 et morte en 1703 ; *Marie-Marguerite*, née en 1704 ; *Jean-Charles*, en 1708 ; *Thérèse*, en 1710 ; *Pierre*, né le 18 février, 1712, et mort le 30 mars de la même année ; *Pierre*, né en 1713 et mort en 1715 ; *Pierre*, né en 1715, et *Joseph*, né en janvier de 1718. (1)

Ces enfants naquirent tous à Charlesbourg.

J'ai eu l'occasion de faire observer, en consultant les registres des baptêmes, mariages et sépultures, que plusieurs colons de Charlesbourg et d'ailleurs étaient venus se marier à des filles de Saint-Augustin, et finirent par s'y établir.

Ce fut un des fils ou peut-être un des petits-fils de Jacques qui dut émigrer ici, car le nom de Jobin n'est pas un des plus anciens de la paroisse : il ne paraît, dans les archives, que vers 1735.

Voyons, maintenant, la version du descendant de Charles, M. Jacques Jobin, du rang des Mines. La voici telle qu'il l'a racontée :

Je dois appartenir à la quatrième génération. (2) Mon ancêtre s'était établi à Charlesbourg, dans les premiers temps, (3) avec une quarantaine d'autres Français, afin de se mieux protéger contre les Sauvages. Pour cela, ils avaient pris des terres toutes voisines les unes des autres ou contiguës. Le premier Jobin (4) mourut à Charlesbourg, mais son fils ou petit-fils mourait à Saint-Augustin.

---

(1) *Dictionnaire généalogique* de M. Tanguay.
(2) M. Jobin ayant 75 ans, la 4me génération nous porte à 1649, en donnant, en moyenne, 40 ans par génération. On voit que c'est assez exact.
(3) Charles, comme on l'a vu plus haut.
(4) Il est évident que M. Jobin se donne pour ancêtre, au pays, Jacques, fils de Charles, tandis que c'est celui-ci qui est son véritable ancêtre.

Voici dans quelles circonstances le fils ou le petit-fils de mon ancêtre vint ici.

Il était charpentier et menuisier, et les Dames de l'Hôtel-Dieu de Québec faisaient bâtir un moulin à farine, un moulin banal, car elles étaient seigneuresses de Saint-Augustin, alors. Elles avaient donc engagé, pour travailler à leur moulin, le Jobin dont je vous parle.

Or, il est bon de vous dire qu'un jour (c'était un dimanche), s'ennuyant de ne pas frapper coup et d'être parmi des faces inconnues, il prit le sentier, à travers les bois, qui conduisait à ce rang. (1) Il avait avec lui une connaissance de Québec, ouvrier aussi. Arrivé dans ce rang, ils y trouvèrent quelques habitants qui étaient loin d'être riches. Ils vivaient dans des cabanes à moitié cachées dans la terre, sans plancher et n'ayant, pour s'éclairer, que quelques vitres qu'on remplaçait, quand elles étaient cassées, par de vieux chapeaux qui laissaient toujours passer un peu de jour, parcequ'ils étaient toujours bien percés. Le bois était tout autour des cabanes.

Il prit envie à ce Jobin, qui doit être mon grand-père bisaïeul, si je ne me trompe pas (puis, se tournant de temps à autre du côté de Mme Jobin, il ajoutait, au milieu de son récit : " Qu'en dis-tu, ma vieille, c'est y comme ça ?) il lui prit envie, à mon grand-père bisaïeul, de s'acheter une terre ici, vu que le sol lui parut en être bon. Il acheta donc d'un pauvre colon un bien, vint s'y établir plus tard, et c'est comme ça que les Jobin sont venus de Charlesbourg ici.

Par grand-père bisaïeul, M. Jobin entend le père de son grand-père, ce qui ferait deux *générations* à venir jusqu'à lui, né en 1809, et ce qui nous mènerait à 1729, en accordant 40 ans, à peu près, à chaque génération.

On voit que cette tradition ne peut s'éloigner beaucoup de la vérité historique.

Nous passerons, à présent, aux souvenirs du passé, qui ne s'appuient, il est vrai, que sur la tradition orale ; mais, puisque les Pères les ont transmis religieusement de génération en génération, pourquoi ne leur donnerions-nous pas une forme, un corps moins périssable, pendant qu'il en est temps encore ?

---

(1) Le rang des Mines.

SOUVENIRS.

Racine a dit : " Du sang dont vous sortez rappelez la mémoire. " Or, ces souvenirs, ces légendes, nous viennent des aïeux d'où nous sommes sortis, et, comme tels, ils forment une partie intégrante de l'histoire d'une paroisse ; puis qui sait si, dans un siècle d'ici, nos descendants n'aimeront pas à les lire avec autant de plaisir que nous en avons à les entendre ?

Le premier souvenir remonte à plusieurs années. Il fera voir, encore une fois, que nous sommes généralement trop peu soucieux au sujet de certains faits historiques importants.

Il s'agit de notre historien national : F.-X. GARNEAU.

De son vivant, ses compatriotes le laissaient végéter dans un état voisin de la misère. Maintenant qu'il n'est plus, qu'il a laissé derrière lui une œuvre impérissable, œuvre à laquelle il a consacré toutes les années de son existence ; maintenant qu'il a illustré son nom, chaque paroisse où se trouve un Garneau le réclame : vieille histoire de l'ingratitude, puis de la vanité des hommes.

Parmi toutes ces paroisses qui prétendent avoir eu l'honneur de donner le jour à l'aïeul de notre historien, pourquoi la paroisse de Saint-Augustin ne viendrait-elle pas, documents en mains, faire voir qu'à elle seule appartient cet honneur ?

Voici ce que dit, à ce sujet, M. l'abbé Casgrain.

Le fondateur de la famille Garneau, en Canada, faisait partie de la nombreuse émigration venue du Poitou, en 1655. M. Louis *Garnault* était natif de la paroisse de la Grimoudière, diocèse de Poitiers. Il épousa, à Québec, le 23 juillet 1663, Marie Mazoué, native de la Rochelle. En 1667, on le trouve porté au recensement de la Côte-de-Beaupré. Il s'établit à l'Ange-Gardien.

L'arbre généalogique suivant de la famille de M. Garneau est extrait du *Dictionnaire généalogique de toutes les Familles Canadiennes* par M. l'abbé Tanguay. (1)

---

(1) " Cet immense travail, fruit de plusieurs années de patientes recherches, comprend la généalogie de toutes les familles canadiennes depuis la fondation de la colonie. "

PIERRE GARNAULT.—JEANNE BARAULT, de la paroisse de la Grimoudière, Diocèse de Poitiers.

I.—LOUIS, le premier venu en Canada en 1655 ; marié, en 1663 à Marie Mazoué.

II.—FRANÇOIS, né en 1665 ; marié à Magdeleine Cantin.

III.—LOUIS, marié en 1746 à Marie-Josephte Béland.

IV.—Jacques, marié en 1776 à Geneviève Laisné.

V.—FRANÇOIS-XAVIER, marié en 1808 à Gertrude Amiot.

VI.—FRANÇOIS-XAVIER, né le 15 juin 1809 ; marié le 25 août 1835 à Esther Bilodeau, native de la Canardière—décédé le 3 février, 1866.

Ce doit être Jacques, le quatrième de la génération, qui a émigré à Saint-Augustin, car on ne voit pas, dans les registres de la paroisse, son mariage avec Geneviève Laisné, tandis qu'on peut lire, à la date du 18 janvier de 1808, le mariage de leur fils Jacques à Louise Drolet.

Le 25 juillet de la même année, on voit le mariage de François (un autre des enfants de Jacques et le père de l'historien) avec Gertrude Amiot. C'est M. Vésina, alors curé de Saint-Augustin, qui a béni ces deux mariages.

Continuons de citer M. Casgrain :

L'aïeul de M. Garneau était un riche cultivateur de Saint-Augustin : il avait conservé un profond attachement pour la France et un vif souvenir des gloires et des malheurs de la patrie, au temps de la conquête. " Il se plaisait à raconter, dit M. Garneau, au commencement de son *Voyage en Angleterre et en France*, les exploits de ses Pères et les épisodes des guerres de la conquête.

Mon vieil aïeul, courbé par l'âge, assis sur la galerie de sa longue maison blanche, perchée au sommet de la butte qui domine la vieille église de Saint-Augustin, nous montrait de sa main tremblante le théâtre du combat naval de l'*Atalante* avec plusieurs vaisseaux anglais, combat dont il avait été témoin dans son enfance. (1) Il aimait à raconter comment plusieurs de ses oncles avaient péri dans les luttes héroïques de cette époque, et à nous rappeler les noms des lieux où s'étaient livrés une partie des glorieux combats restés dans ses souvenirs.

A la mort de ce bon vieillard, reprend M. Casgrain, après

---

(1) Ce combat se livra en 1760, vis-à-vis de la Pointe-aux-Trembles.

cette citation de l'historien Garneau, son fils aîné, Jacques, hérita du bien paternel. Le père de M. Garneau, qui s'appelait comme lui François-Xavier, vint s'établir à Québec, où il apprit le métier de sellier. Il épousa, en 1808, Gertrude Amiot-Villeneuve, de Saint-Augustin, et eut plusieurs enfants, dont l'aîné est celui qui fait l'objet de cette notice. Il naquit, comme l'indique l'arbre généalogique ci-dessus, le 15 juin 1809, et fut baptisé le même jour.

Le vénérable curé actuel de Saint-Augustin et l'auteur de cette histoire ont été voir le site de " cette longue maison blanche " où l'aïeul de M. Garneau montrait " de sa main tremblante le théâtre du combat naval de l'*Atalante*, " aux prises avec plusieurs frégates anglaises.

Vauquelin était le commandant de cette lutte héroïque.

Cette maison n'existe plus ; mais, presque sur le même site, on distingue facilement le fleuve à l'endroit où il fait face à la Pointe-aux-Trembles, de la maison même qui a remplacé celle de M. Garneau. Cette nouvelle construction et l'immeuble sur lequel elle est bâtie appartiennent, aujourd'hui, à M. Télesphore Gaboury, qui en a fait l'acquisition, il y a 25 ans, de M. Garneau, et M. Garneau avait acheté d'un nommé Porreau.

Quant aux autres souvenirs se rattachant à l'époque du siège, ils sont vagues et peu nombreux. Les Vieux racontent seulement qu'ils ont entendu dire à leurs pères qui tenaient ces récits, eux, de leurs auteurs, que, vers cette époque, soit avant, soit après la prise de Québec, les habitants de Saint-Augustin étaient obligés de loger et d'héberger des officiers anglais et des soldats, quelquefois 4 ou 5 à la fois, suivant la grandeur des habitations et des commodités qu'elles pouvaient offrir.

On parle aussi des femmes et des vieillards obligés de se cacher dans les bois à cette époque de malheurs et de souffrances inénarrables.

Voici un bel et touchant souvenir des premiers temps de la paroisse. Je laisse la parole à M. Jacques Jobin.

Dans les premiers temps de la paroisse, Monsieur, les gens n'étaient pas tous riches et puis on n'était pas aussi fier qu'aujourd'hui. A c'te heure, on fait des enterrements si beaux que c'est quasiment un plaisir de mourir ; mais, anciennement, c'était bien triste, allez ! Ç'avait l'air de la mort tout de bon.

D'abord, on veillait le Mort ou la Morte deux nuits sans arrêter, et, à chaque demi-heure, on disait le chapelet pour le défunt ou la défunte, puis " des pieds de Jésus Domine " (1) à tout instant.

L'heure du départ arrivée, il fallait faire la toilette du cadavre. Ah ! par exemple, c'était pas des beaux habits qu'on lui mettait comme à c'te heure. Oh ! que non. Il était venu au monde, ce corps, avec pas grand'chose, et on le mettait en terre avec pas grand' chose non plus. Tout ce qu'on faisait, c'était de l'envelopper dans un drap de toile du pays, (des fois, c'était la morte qui avait fait ce drap, sans se douter qu'il servirait à l'ensevelir) et puis tous les amis du défunt ou de la défunte venaient, chacun son tour, piquer son épingle. Il y avait toujours beaucoup d'épingles, car, vous savez, Monsieur, que, bien souvent, il faut mourir pour avoir beaucoup d'amis.

Mais c'était pas tout. Il fallait mettre le corps dans quelque chose pour le porter à l'église.

Dans les premiers temps, il n'y avait pas de planche dans la paroisse ; il y avait bien du bois pour en faire, mais les moulins à scier le bois manquaient. Qu'est-ce qu'on faisait, Monsieur ?... On faisait pour cercueil, du tronc d'un arbre taillé à coups de hache, une espèce de boîte brute en forme d'auge, et puis on mettait le corps là dedans pour le porter à l'église.

Plus tard, quand il y a eu de la planche, on faisait des cercueils ; mais on ne les clouait jamais dans la maison : c'était sur le seuil de la porte du Mort et de la Morte que les clous se mettaient.

Dans ce temps-là, on ne se servait jamais de chevaux pour porter les Morts à l'église : on devait les porter à bras d'hommes se relevant de distance en distance ; et il y en avait qui restaient à 3 lieues de l'église ; c'était pas une p'tite affaire, allez ! surtout quand le corps était pesant, puis quand il y avait de la neige jusqu'aux genoux. Mais ça se faisait, et on n'en mourait pas.

(1) *Pie Jesu Domine, dona ei requiem.*

C'te coutume-là s'est conservée jusqu'après M. Lefrançois :
il disait, lui, que ç'avait l'air plus frères de porter son frère en
terre, et je cré bien qu'il avait raison.

Le curé, voyez-vous, c'est le premier dans la paroisse, et il
faut bien lui obéir ; s'il se trompe, eh ! bien, c'est pas notre
affaire. Nous autres, j'avons été accoutumés comme ça :
quand le curé nous dit de faire quelque chose, on le fait, puis
tout est dit.

Voilà, Monsieur, comme on enterrait dans l'ancien temps.
Y a bein des pauvres qui ont été enterrés dans des " auges "
et qui sont dans le ciel ; et y en a bein d'autres qui partent,
aujourd'hui, dans des cercueils argentés et qui ne dérangeront
pas saint Pierre, qui a la clé du Paradis.

N'est-ce pas qu'il y a dans ce langage, dans ces
réflexions philosophiques et surtout dans ces sentiments religieux, un odeur du terroir de la Nouvelle-
France du 18me siècle ?

———

Les anciens se rappellent encore avoir vu, au pied
de la côte et en bas de la *Vieille église*, le moulin banal,
non pas tel qu'il fut plus tard, habillé dans le goût
moderne, mais du temps qu'il avait toute sa toilette à
la française. Un souvenir pénible se rattache à cette
vieille construction, qui n'est plus qu'une ruine.

Un des premiers meuniers, du nom de Bernard, eut
le malheur de se voir la couette prise dans un des
engrenages. Comme cet ornement était formé d'une
chevelure bien fournie, le malheureux ne put se
déprendre et il fut broyé à mort.

Ce moulin fut bâti par les Dames de l'Hôtel-Dieu
de Québec, (nous l'avons déjà vu), devenues les
seigneuresses de l'ancienne seigneurie de Maure, à
laquelle elles donnèrent le nom de " Seigneurie des
pauvres. "

En 1860, le 8 de mai, M. J.-D. Brousseau, le député
actuel de Portneuf, en fit l'acquisition ; puis, en 1873,
il le vendait à un homme de la paroisse, nommé Hardy,
meunier.

L'été dernier (1884) la foudre le brûla de fond en
comble. Quoique M. Hardy, au moment de l'accident,

fût dans la bâtisse avec toute sa famille, le tonnerre ne leur fit aucun mal, heureusement. Il n'en voulait qu'à la vieille relique dont il fit une ruine complète.

Ce moulin allait par l'eau.

La guerre de 1812 enleva une centaine d'hommes à la paroisse de Saint-Augustin. Le sentiment guerrier n'était pas encore éteint dans le cœur de ces descendants des héros du siècle d'auparavant ; c'est pourquoi on accourait à l'appel de la Patrie en danger.

M. Jacques Jobin avait alors un peu plus de 4 ans, et il se rappelle encore l'incident suivant qu'il raconte avec plaisir.

Durant cette guerre de 1812, dit M. Jobin, j'avais comme 4 ans, et je me souviens d'un vieux qui demeurait pas loin de chez nous et qui était bien dévot. On lui avait emmené à la guerre son garçon, le seul soutien de ses vieux jours. Le dimanche, ce brave homme réunissait chez lui les enfants du canton, pour prier le bon Dieu pour son garçon qui était à la guerre. Il disait que le bon Dieu écoute mieux la prière des enfants que celle des grandes personnes.

Quand j'étions tous réunis, il nous faisait mettre à genoux, joindre les mains et puis il nous disait de prier bien fort (avec dévotion) et de répéter après lui. Il commençait alors une longue prière pour son garçon Pierrot, qui était à la guerre.

Après avoir prié bein fort pour son garçon Pierrot, le vieux nous faisait prier pour les garçons de ses voisins, aussi à la guerre. " Allons, mes p'tits gars, disait-il, il nous faut prier pour Charlotte à Charles et pour Prisquette à Prisque, afin que le bon Dieu les ramène avec mon gars Pierrot." Et puis on priait après le bon vieux, qui, des fois, pleurait ; on répétait les prières qu'il disait.

Eh ! bien, Monsieur, le bon Dieu a eu pitié du bon vieillard : après la guerre, son Pierrot, un gros gaillard, bein bâti, revenait dans la paroisse avec Charlotte et Prisquette, et puis pas un brin de mal ! j'vous dis que ça en fut une fête !

Foi touchante et naïve, confiance admirable de ces beaux jours en la Providence du bon Dieu, quel charme vous offrez à *celui qui croit*, et comme ces prières devaient aller tout droit au trône de celui qui a dit : " A moins que vous ne deveniez semblables à l'un de ces petits enfants, vous n'entrerez point dans le royaume des Cieux." (1)

La paroisse de Saint-Augustin a eu, durant plusieurs années, des miliciens de 1812, qui recevaient leur paie ou pension du gouvernement. Il n'en reste plus un seul. Les deux derniers que la Mort a enlevés, furent un M. Drolet, le père du ci-devant curé du Cap-Rouge, et un M. Soulard.

Quant aux événements de 1837 et 1838, aucun habitant de la paroisse n'y prit part d'une manière active. Il y avait bien les noms de *Bureaucrates* et de *Patriotes* que l'on se donnait ; mais rien de plus.

Connaissant déjà l'obéissance des paroissiens à leurs curés, il est facile de comprendre que le curé d'alors, M. Lefrançois, put les empêcher de prendre part à l'insurrection.

PERTE DU VAPEUR " MONTRÉAL."

Voici ce que Mons. J.-M. Lemoine dit de ce désastre :

C'est encore vis-à-vis Saint-Augustin qu'avait lieu, le 22 juin, 1857, le désastre du vapeur *Montréal*, où périrent, par l'eau et le feu, 200 passagers, la plupart des émigrés irlandais, y compris le respecté gardien de la prison de Québec, M. J. McLaren, père du geôlier actuel.

---

(1) A propos de ces noms de *Charlette* et *Prisquette*, les petits crevés de nos jours les croient fort ridicules, et, cependant, ils sont beaux sous le rapport de l'euphonie et de la philologie.

Sous le rapport de l'euphonie, parce que la prononciation de ces noms n'offre aucun son dur à l'oreille ; loin de là.

Sous le rapport philologique, les diminutifs, comme *Charlette, doucerette, brunette* et tant d'autres sont une source de richesse pour les langues qui les possèdent. On a même été jusqu'à donner à certains noms deux désinences diminutives, comme *bergère, bergerette, bergeronnette ; herbe, herbette, herbelette.* Nous avons même vu trois désinences à un nom propre : *Françoise, Fanchon* (diminutif de Françoise) *Fanchette* et *Fanchonnette*.

Les langues espagnole, italienne, russe et allemande sont remplies de diminutifs.

Il nous semble que *Charlette* vaut bien le *Charlie* anglais, puis *Amanda, Évélina, Paméla,* etc.

Le *Montréal* vint s'échouer en face de la terre de M. Jean-Marie Gaboury.

Il est presque inutile d'ajouter que les habitants de Saint-Augustin, qui ont si bien conservé les grandes qualités du cœur de nos Pères, se portèrent avec empressement sur le lieu du sinistre, y recueillirent plusieurs des malheureux, les transportèrent chez eux, où ils les soignèrent avec toute cette charité que la Religion seule inspire.

L'ÉCOLE DE M. GALE.

On parle encore, dans la paroisse, de cette école *anglaise*, fondée ici par un Mons. Gale, vers 1823 et fermée en 1854 la bâtisse assurée ayant brûlé *mystérieusement*, étant la propriété alors d'un nommé Dunham.

Cette institution pédagogique jouissait d'une certaine célébrité, vu les talents reconnus de M. Gale et de son assistant M. Lawlor, pour la partie française, le catéchisme, etc. Celui-ci était catholique, et celui-là, protestant. Nous avons eu, au collége de Sainte-Anne, de 1840 à 1850, des élèves qui avaient fréquenté l'école de M. Gale : les deux fils de l'hon. M. Dionne, seigneur de Kamouraska : Amable, de son vivant seigneur de Saint-Roch-des-Aunaies, et Elisée, aujourd'hui l'hon. Elisée Dionne, seigneur de Sainte-Anne de la Pocatière ; puis deux ou trois messieurs Têtu, de la Rivière-Ouelle, MM. Jean et Wenceslas Taché, de Kamouraska, etc.

Malgré qu'on enseignât le français et le catéchisme à cette école, M. Lefrançois, curé, ne vit jamais cette institution d'un bon œil. C'est probablement pour cette raison que la paroisse ne fournit à M. Gale que bien peu d'élèves : M. Augustin Bourbeau, secrétaire actuel de la municipalité rurale, M. Augustin Gaboury, secrétaire de la Cie de navigation à vapeur du Saint-Laurent, et deux enfants de M. Constantin, etc.

MM. Gaboury et Bourbeau font honneur à leur ancien professeur par leur intelligence et leurs connaissances.

Au nombre des élèves de cette institution restée célèbre, se trouvaient encore MM. Ls.-D. Le Moine, Joseph Robitaille et Edward Atkinson, tous trois de Québec, et M. Louis Duchesnay, de Sainte-Catherine de Fossembault. (*Renseignement fourni* par M. J.-M. Le Moine).

Le site de l'école de M. Gale était à quelques pas du *vieux Calvaire*, (dont il est parlé ailleurs) et à une distance rapprochée du lac dont voici une courte description par Mons. J.-M. Lemoine.

LE LAC CALVAIRE.

Saint-Augustin est célèbre pour son beau, mais dangereux lac *Calvaire*. Les nageurs qui quittent sa surface, rarement, dit-on, y reviennent vivants. Sont-ce les longues algues marines, nommées *Chevelures de noyés*, qui leur enlacent les membres et rendent la natation impossible, ou autres causes ? On ne le sait. Le lac Calvaire, comme la mer Morte, est un sujet d'effroi aux jeunes nageurs. Peu poissonneux, on y (on *n'y*) prend que de la perchaude.

D'après M. Augustin Gaboury et M. Augustin Bourbeau, qui ont bien voulu nous écrire à ce sujet, le lac Calvaire aurait porté aussi le nom de *lac Morand*, dès le commencement de l'établissement de la paroisse.

Voici l'acte de mariage de Jean Morand, celui-là même qui a dû donner son nom au lac Calvaire d'aujourd'hui :

L'an mil six cent quatre-vingt-dix-huit, le dixième du mois de février, après les fiançailles et la publication de deux bans de mariage, avec la dispense du troisième ban de Mgr l'Evesque, faites aux messes paroissiales de l'église de Saint-Augustin, d'entre Jean Morand, fils de Simon Morand et de Louise Gabory (Gaboury), ses père et mère, de la paroisse de Bonpère, de l'Evesché de Luçon, âgé de 35 ans, d'une part, et d'Anne Martin, fille de Pierre Martin et Georgienne Lafleur, ses père et mère, de la paroisse de Saint-Augustin, d'autre part ; et ne s'estant descouvert aucun empêchement légitime, je soussigné, prestre curé dudit lieu, ay pris leur mutuel consentement par paroles de présent et leur ay donné la bénédiction nuptiale selon la formule prescrite de N. M. la Ste Eglise.

Signé : J. D. TESTU, ptre.

D'après les anciens titres, cartes et plans, dit M. Aug. Bourbeau, ce lac avait pour nom primitif : *Lac à Morand* ; maintenant, il est généralement connue sous le nom de lac Calvaire.

Comme le fait remarquer M. Aug. Gaboury, dans sa lettre : " Morand devait être ou le propriétaire du petit lac, ou en être le gardien, puisqu'il lui a donné son nom."

On voit encore, en arrière du site occupé par l'école de M. Gale, un jardin au fond duquel est un berceau avec charmille : c'était le jardin potager. En avant de l'école et lui servant d'avenue, il y a ce qui fut le jardin fleuriste et fruitier. Ces jardins ont dû coûter du temps, du travail et de l'argent, le sol étant un fond de pierre solide et de gros cailloux.

Sur cet emplacement, lieu des ébats d'une jeunesse en partie disparue, s'élève, aujourd'hui, une maison d'apparence chétive, habitée par deux vieilles filles et leur frère, du nom de Garneau, personnes fort respectables et très pauvres.

Voici les renseignements que nous avons pu nous procurer au sujet de M. Gale.

William Gale quittait, en l'année 1820, le Hampshire, en Angleterre, pour venir s'établir en Canada, à Québec. Il demeura quelque temps sur la rue Sainte-Famille (Hope), puis dans la maison-Montcalm, sur les remparts. (1) Vers 1823, il quittait la ville pour aller fonder, à Saint-Augustin de Portneuf, l'académie en question. Il fit construire, à 3 arpents environ du Calvaire, une large maison de pierre, qui devint bientôt le rendez-vous des enfants des premières familles de la ville et des paroisses situées au sud et au nord du fleuve.

---

(1) Cette maison, qu'avait habitée Montcalm et qui lui appartenait, fut mise en vente en 1785, un quart de siècle après la cession du pays.

Monsieur et Mme Gale étaient fort charitables et de grande affabilité. Ils s'étaient vite conquis l'estime de leurs voisins et des cultivateurs en général, ceux-ci trouvant un marché facile à l'académie-Gale, pour leurs denrées, bois de chauffage, etc. Les élèves survivants de cette époque assurent que les pauvres n'ont jamais frappé en vain à la porte de ce couple charitable ; et, d'un autre côté, plusieurs des paroissiens recevaient gratuitement de M. Gale les médecines dont ils avaient besoin et dont il y avait toujours une ample provision au dispensaire de l'académie. M. Gale ajoutait à ces dons généreux, et pour le même prix, les avis que ses connaissances en médecine lui permettaient de donner.

Le lac Calvaire était le rendez-vous favori des élèves, aux jours de congé : on y jouait à plusieurs jeux ; on courait sur les bords du lac, on en sillonnait en tous sens les eaux, dans des embarcations légères et rapides ; on réveillait de mille manières l'échos des bois qui enceignent cette nappe d'eau ; on y faisait la chasse sur la piste de M. Gale, qui était un chasseur de première force. Les écoliers se rappellent encore leurs excursions *de contrebande* dans le verger du " Vieux M. Verrette," ou dans *la sucrerie* de M. Doré, et d'où ils revenaient les poches pleines de pommes et de sucre *en croquette*.

Finissons ce que nous avons à dire de M. Gale et de son académie par la remarque que nous faisait récemment un des élèves de cette institution : l'hon. M. Elisée Dionne. " Si vous parlez de l'école de M. Gale, de lui ou de son épouse, rappelez-vous qu'il n'y a que du bien à dire d'eux et de leur institution."

Cette école fut fermée en 1854.

Il y a comme 60 ans, dit M. Jobin, une mendiante disparut d'une manière que personne ne put expliquer alors et qui est demeurée un mystère.

Vue dans l'avant-midi d'un certain jour, allant de porte en porte, elle ne put être retrouvée le soir. M. le curé ordonna une battue dans tous les bois, se mettant lui-même à la tête d'un groupe formé de ses paroissiens ; on visita de plus chaque crique, les anfractuosités, les broussailles de la grève et cela durant plusieurs jours, mais tout fut inutile : la mendiante ne fut jamais revue, " ni morte ni envie." Son nom était Favron.

A peu près en 1848, une étrangère, passant dans cette paroisse, entra dans le bureau du Dr P. Larue, alors absent. La sœur du docteur, effrayée de l'apparence et des questions de cette inconnue qui ne parlait que l'anglais, s'enfuit chez le voisin. L'étrangère, demeurée seule, s'empara d'une fiole contenant à peu près 2 onces de teinture d'opium et sortit de la maison du docteur. Quelques heures après, on la trouva morte, sur le bord du chemin et à trois quarts de lieue de la résidence du docteur. La fiole de teinture d'opium était vide et à côté de son cadavre. On ne put savoir d'où venait cette personne qui semblait ne parler que l'anglais.

Chose assez étrange, elle fut enterrée sans enquête du coronaire.

Il y a 25 ans environ, un nommé Beaupré, habitant de Saint-Raymond, travaillait avec deux compagnons, au pied du cap du 5me rang (Fossembault), pour extraire un trésor. Afin de réussir dans leurs recherches, ils avaient recours aux procédés en usage par MM. les sorciers, auxquels on ne croit plus, aujourd'hui, mais dont le souvenir ne s'était pas tout à fait perdu, à cette époque.

Le petit Albert, la poule noire, la pince d'Agrippa, etc. faisaient partie du grimoire des trois sorciers.

Un soir d'hiver, Beaupré quittait la résidence de Brunet, hôtelier, et il ne fut plus revu. Malgré toutes les recherches les plus actives et les plus minutieuses, qui se prolongèrent pendant plus d'un an, on n'a jamais pu savoir ce qu'il était devenu.

Le 15 juillet, 1874, une trombe des plus terribles s'abattit sur les 3me et 4me rangs de la paroisse, où elle déracina plusieurs arbres, renversa les clôtures, maisons et granges. Dans une des maisons dont la toiture ne fut qu'enlevée, on se livrait à tout le plaisir d'une noce. Inutile d'ajouter que ce *survenant* fut non-seulement mal vu par les " gens de la noce, " mais qu'il leur causa une grande frayeur.

Le fait que nous allons rapporter peut encore être attesté par des personnes de la plus haute respectabilité, quoique personne ne puisse l'expliquer d'une manière naturelle. Nous l'insérons ici tel que nous l'avons reçu d'un homme haut placé et témoin du fait qu'il raconte.

Je crois devoir vous prier de consigner, dans l'*Histoire de Saint-Augustin*, une série de phénomènes inexplicables et demeurés inexpliqués. Ce que je vais rapporter a créé une vive sensation non-seulement dans cette paroisse, mais dans presque toute la province.

Une jeune fille fort pieuse, appartenant à une famille très respectable, à la suite de nombreuses crises nerveuses, tantôt hystériques, tantôt cataleptiques, fut condamnée à une abstinence complète, son estomac ne pouvant même supporter une goutte d'eau. Elle fut trois mois sans prendre rien du tout, et sans subir aucune altération apparente. Ceci peut se prouver par les personnes les plus respectables qui ne la quittaient point.

Subséquemment, le 7 février, 1874, pendant cette période d'abstinence totale, on remarqua des symptômes de stigmates qui continuèrent à se produire tous les vendredis du carême et tous les jours de la semaine sainte. Ces phénomènes se répétèrent l'année suivante aux mêmes jours, puis disparurent ensuite sans qu'il soit possible d'en donner aucune explication.

Cette fille vit encore et jouit d'une meilleure santé.

Le 3 janvier, 1882, le capitaine Jean-Baptiste Racette, un notable de cette paroisse, étant à converser, dans la soirée, avec trois amis : le capitaine Fabien Drolet, François Couture et le Dr P. LaRue, tomba mort, foudroyé par un coup d'apoplexie. Il était âgé de 80 ans.

La grande préoccupation de toute sa vie avait été la frayeur qu'il éprouvait des angoisses des derniers moments de la vie. Ce fut une consolation pour sa famille et ses amis de croire que la Providence l'avait jugé digne de le soustraire à ces horreurs.

CRIMES.

Un fait bien digne de remarque, c'est que la population de Saint-Augustin n'a pas produit, de mémoire d'homme, un seul criminel ; et les archives de la paroisse, qui remontent à 1693, ne font mention d'aucun crime commis dans cette paroisse. C'est bien là, certainement, le plus beau témoignage de moralité en faveur de sa population.

Il est vrai qu'il y a eu deux personnes de tuées dans Saint-Augustin ; mais il n'y avait point de meurtriers, dans les deux cas, comme on va le voir.

Il y a 30 ans, peut-être 40, un idiot, du nom de Martel, tuait à coups de couteau, dans un champ, une fille nommée Moisan, qui avait refusé de l'épouser. Traduit devant la justice, il fut acquitté, en considération de son idiotie. On l'envoya à l'asile de Beauport, où il mourait quelques années plus tard.

Au sujet de ce Martel, voici ce que nous a écrit le neveu de la victime à la date du 21 mars :—" Monsieur Béchard, dans votre manuscrit de l'*Histoire de la paroisse de Saint-Augustin*, vous dites que Martel (Ambroise) a tué Adélaïde Moisan, parce qu'elle ne voulait point l'épouser.

Il serait plus conforme à la vérité de dire que le motif qui a engagé Martel à tuer la fille Moisan fut son intention brutale, à lui, et son refus, à elle, de répondre aux desseins diaboliques de ce misérable, qui s'est servi de sa force pour assommer cette pauvre fille d'un coup de poing, afin de mieux la ravir. Craignant ensuite qu'elle ne le dénonçât, il lui a coupé la gorge.

Martel était loin d'être un esprit brillant ; mais il était loin aussi d'être idiot. L'habileté des avocats a sauvé la tête de ce monstre, en obtenant un verdict d'idiotie.

On a *lynché* plusieurs personnes pour des crimes moins atroces ; mais les bons habitants de Saint-Augustin, quoique très irrités, n'ont pas voulu tremper leurs mains dans le sang de ce meurtrier.

A. GABOURY.

Vers l'année 1820, un nommé Benjamin Dolbec, tuait, dans un accès de frayeur légitime, un homme qui enfonçait sa fenêtre la nuit, à coups de pieds et de poings. Dolbec le tuait à coups de tisonnier et sa femme mourait, peu de temps après, des suites de la frayeur qu'elle avait eue.

Voici tout ce que l'on peut trouver, et, comme on le voit, les deux actes ci-dessus ne tombent pas dans la catégorie des meurtres.

PRÊTRES ENFANTS DE LA PAROISSE.

La paroisse de Saint-Augustin s'honore à juste titre d'avoir donné le jour à sept prêtres. Voici leurs noms : MM. Tardif (trois de ce nom) Jobin (Augustin-Désiré), Meunier, Quézel et M. Valin.

Enfin voici un dernier souvenir d'un fait attesté comme étant véritable, et qui a, outre son côté drôlatique, un cachet particulier aux maquignons propriétaires de chevaux étiques.

Nous avons déjà vu que, du temps où l'on disait la messe au rang des Mines, les habitants de ce rang étaient tenus à tour de rôle d'aller chercher M. le curé, qui binait tous les dimanches et fêtes d'obligation. Il fallait surtout être bien ponctuel, afin que le curé n'arrivât pas trop tard, soit à l'un, soit à l'autre des deux offices.

Un jour vint où c'était le tour d'un nommé Failly (ou Faguy) à aller remener M. le curé à l'église d'en bas. Son cheval, paraît-il, était bien *failli*, comme disent les Acadiens, ou *manqué*, pour parler à la canadienne. Failly avait beau jouer du fouet, la bête ne voulait point prendre le trot, et l'heure avançait toujours.

—Mon ami, dit enfin le curé, de ce train-là, je n'arriverai jamais pour dire la messe avant midi.

—Si j'osais, M. le curé, répond Failly, d'un air un peu gêné, si j'osais parler à ma *guevale* (1) comme de coutume, elle irait d'un meilleur train, je vous assure.

—Eh ! bien, mon ami, ne vous gênez pas ; parlez, parlez.

Failly, alors, lance deux ou trois jurons des mieux corsés, et adresse à sa bête les épithètes de *guevale* du *Vieux Charlot*, de bête sortie de l'enfer, etc. Puis il ajoute, de temps à autre, pour entretenir le feu de la jument : " Que le diable te lève les pattes et t'emporte en l'air ! "

Le curé fut rendu à temps pour dire la messe ; mais la tradition veut qu'il eût peur ; c'est pourquoi, en descendant de voiture, il dit à Failly : " Ne venez plus me chercher avec cette jument-là ; c'est une bête méchante."

RELIGIEUSES ENFANTS DE LA PAROISSE.

Nous avons donné, un peu plus haut, les noms des prêtres sortis de cette paroisse. Nous faisons suivre ces noms de ceux des religieuses venues de la même

---

(1) Corruption du mot *cavale*, synonyme de *jument*.

paroisse, en commençant par l'Hôpital-Général. Nous disons d'abord que nous devons cette liste à M. Joseph Trudelle, employé à la bibliothèque de la législature de Québec, qui a bien voulu faire toutes les démarches nécessaires afin de nous fournir les renseignements que l'on va lire.

A L'HÔPITAL-GÉNÉRAL.

JEANNE-ANGÉLIQUE DE SAINTE-MONIQUE, fille d'Antoine Lemarié et de Jeanne Doré. Elle mourait le 13 de février, 1784, à l'âge de 84 ans et dans sa 66me année de profession religieuse.

FRANÇOISE-AGNÈS DE SAINTE-ANNE, morte le 20 janvier, 1784, âgée de 69 ans, étant religieuse depuis 47 ans. Elle était fille de Laurent Harnois et de Marie-Anne Gilbert.

A L'HÔTEL-DIEU.

La mère SAINTE-THÉRÈSE DE JÉSUS, (née *Jobin*, Marie-Louise,) morte le 29 de février, 1868, à l'âge de 69 ans et après 51 ans de profession.

La mère SAINT-FRANÇOIS D'ASSISE (née *Constantin*, Caroline) entrée à l'Hôtel-Dieu le 26 octobre, 1876.

La sœur SAINTE-FÉLICITÉ (née *Gingras*, Marie-Thérèse) décédée le 2 de février, 1734, à l'âge de 31 ans. Elle n'avait eu que 9 ans de vie religieuse, ayant prononcé ses vœux à l'âge de 22 ans.

La sœur SAINT-JÉRÔME (née *Vermet*, Josephte). Elle mourait le 26 octobre, 1776, âgée de 54 ans et après 35 ans de profession.

AUX URSULINES.

Voici textuellement le renseignement fourni par la mère supérieure de ce couvent :

Mlle Catherine Côté, fille de M. Nicolas Côté et de Dame Marie Vézina, est née le 25 novembre, 1794 ; a été baptisée dans l'église de la paroisse de Saint-Augustin. Elle est entrée au noviciat des Ursulines le 15 février, 1816, et a pris l'habit de l'ordre le 16 mai de la même année avec le nom de SAINTE-AGNÈS. Elle a fait profession le 14 mai, 1818. Elle est décédée le 3 mars, 1880, dans la 86me année de son âge.

A L'HOSPICE DES SŒURS DE CHARITÉ.

Voici les noms des Religieuses de cette communauté nées à Saint-Augustin. On ne nous a pas donné les dates :

1. Ombéline, dite sœur MARIE JOSEPH, fille de Pierre *Mercure* et de Louise Hamel.
2. Corinne, dite sœur SAINT-AUGUSTIN, fille d'Isidore *Cantin* et d'Ursule Rochette.
3. Virginie, postulante, sœur de la précédente.

AU BON PASTEUR.

Louise *Fiset*, en religion : sœur SAINTE-FÉLICITÉ, fille de Louis Fiset et de Louise Jobin. Date de sa profession : le 22 juillet, 1863.

LÉGENDES.

La légende a existé chez tous les peuples. Un écrivain assez ancien a dit : " Tout ce que le peuple avait recueilli dans ses souvenirs ou poétisé dans son imagination trouva place dans les légendes, qui sont la véritable mythologie du christianisme. "

La légende est souvent enfantée par l'amour du merveilleux et par la superstition ; mais elle n'en est pas moins la poésie de l'Histoire.

On sait par cœur toutes les histoires de loups-garous, de feux follets, de *chasse-galerie*, etc. de nos Pères ; on connaît aussi leur amour des choses surnaturelles et merveilleuses. Il n'est donc pas étonnant de trouver à Saint-Augustin, comme on les trouve plus ou moins, dans toutes nos paroisses canadiennes, les mêmes histoires et les mêmes superstitions auxquelles ont cru nos Pères.

Or, la légende et les superstitions sont cousines germaines, et c'est pourquoi, dans les récits légendaires du peuple, on en trouve qui ne sont que le résultat d'esprits surexcités et superstitieux, et d'autres qui, tout en reposant sur quelque fait historique, ont été tellement embellis, exagérés par l'amour des choses merveilleuses et surnaturelles, que ce qu'ils contiennent de vrai se trouve éclipsé par ce que l'imagination y a ajouté.

D'ailleurs, ces récits, qui ont amusé nos Pères, au coin de leurs modestes foyers, méritent d'être conservés, parce qu'ils ne peuvent nuire ni à l'orthodoxie, ni à la morale. Au contraire, ces histoires ont un fond religieux qui plaît, et qui peint au naturel la foi vive de nos aïeux, qui voyaient Dieu partout.

Je copie la première légende, (et c'est la plus belle) des notes de M. l'abbé Sasseville, formant une mine précieuse où j'ai puisé à deux mains.

L'ORME A LA VIERGE.

Je ne saurais passer sous silence un autre souvenir de la piété des anciens habitants de Saint-Augustin.

A quelque distance de l'ancienne église, sur le chemin qui longe le fleuve, et qui est très peu fréquenté aujourd'hui, le voyageur a pu remarquer un orme gigantesque, qui s'élève droit au milieu de sa route. Le chemin se divise en deux branches et se réunit bientôt après, formant une espèce d'île au-dessus de laquelle s'étendent les vastes rameaux de cet arbre majestueux. Autrefois, on ne manquait pas de saluer respectueusement, en ôtant son chapeau, chaque fois qu'on passait devant cet orme vénérable.

La tradition rapporte que les premiers colons avaient eu l'idée pieuse de placer une statue de la sainte Vierge au haut de cet arbre, qui était dans sa période de croissance. L'arbre continua à grandir ; et la statue se trouva insensiblement enveloppée par l'écorce et les filaments qui s'étendaient de jour en jour ; enfin, après plusieurs années, elle disparut entièrement dans le tronc de l'arbre.

Cette tradition paraît oubliée aujourd'hui.

M. Sasseville fait erreur en disant : " *Autrefois*, on ne manquait pas de saluer respectueusement, " etc., et : " Cette tradition paraît oubliée *aujourd'hui*."

Le paroissien de Saint-Augustin, homme fort respectable, qui a mené l'auteur voir cet orme, n'a pas manqué d'*ôter respectueusement son chapeau*, et de raconter le beau souvenir qui se rattache à cet arbre.

Quant à la tradition, elle n'est point perdue, puisqu'on peut l'apprendre du premier venu dans la paroisse, pris parmi les plus vieux et parmi les plus jeunes.

Il y a quelques années, un pauvre fou conçut l'idée d'abattre cet arbre. Il avait déjà fait une entaille assez profonde, lorsqu'on l'arrêta dans l'acte de vandalisme qu'il commettait sans le savoir. L'entaille paraît encore, mais finira par être enveloppée par cet orme vigoureux, comme l'a été, dit-on, la statuette de la sainte Vierge.

Il est une autre légende existant dans la paroisse et qui est particulière à plusieurs autres endroits. Elle est insérée ici parce que plusieurs Anciens fort respectables y tiennent, l'ayant reçue de leurs pères.

Je la donne donc telle que rapportée par Mons. J.-M. Lemoine.

Au bas des côtes, sur la grève, près du moulin à farine et presqu'en ligne avec le *Calvaire*, bâti en 1698. se voient les rares décombres de la vieille église de Saint-Augustin, de gros cailloux d'un poids énorme. La tradition veut que le diable, sous forme d'un fort cheval de trait, un étalon noir, encore plus trapu que le Percheron de la société d'agriculture, " Napoléon III, " ait été jadis employé à voiturer ces blocs. C'était un de ces hennissants étalons, chantés par le poëte Dupont :

> Sa robe est un beau satin noir,
> Ses naseaux jettent sang et flamme,
> Son œil est comme un grand miroir.

Au reste, ce n'est pas la seule église en Canada, dans la construction de laquelle le diable a joué un rôle, je ne dirai pas, au moyen des procès et de la discorde qu'ils engendrent, au point de faire élever jusqu'à deux églises dans une seule paroisse, comme aux Trois-Pistoles, mais comme simple bête de somme.

Les bons paroissiens de Sainte-Famille m'autorisent à filer (1) aux gens de Saint-Augustin un protêt contre le monopole que ces derniers réclament de sa satanique Majesté comme constructeur d'églises. Eux aussi, paraît-il, ont eu à leur solde cette superbe monture.

Le point capital a toujours été de brider le maudit animal. Pour cela, il fallait un maître homme. Bien bridé, il devenait un bon diable. Mais la bride, la précieuse bride, il fallait la lui laisser jour et nuit. Le bedeau de Saint-Augustin, pour l'avoir débridé, un jour, à l'abreuvoir, faillit presque ruiner la fabrique. L'animal disparut en fumée avec une odeur de souffre (soufre) : comme l'on ne faisait que de commencer à charroyer la pierre de la maçonnerie, le budget de la dépense

---

(1) Anglicisme de la plus belle eau, pour *signifier*.

de l'église fut doublé. Morale : mes amis, quand vous ferez boire votre cheval, en pleine campagne, ne le débridez pas, si c'est un fringant cheval noir.

Cet incident repose sur la foi d'une vénérable tradition.

Mais quel intérêt avait le diable, dans ces temps-là, à travailler à la construction des églises, lui l'ennemi juré de tout ce qui peut servir au culte ?

L'auteur a entendu dire, dans son enfance, que si le diable réussissait à aider à la bâtisse d'une église tout le temps qu'elle durerait, sans être reconnu, ni débridé, il acquérait, par là même, le droit de possession sur la première âme dont le service serait chanté, dans cette église, après sa construction. Cette tradition, avec le motif d'intérêt, est plus rationnelle que l'autre.

D'ailleurs, comme Satan, sous forme de beau cheval noir, avait des allures différentes de celles de ses congénères, il n'a jamais pu servir jusqu'à la fin de la construction ; car on le débridait, pour s'assurer si c'était bien un cheval ordinaire ; et c'est probablement pour cela que le bedeau de Saint-Augustin, qui devait être un madré, débrida le cheval dont il est parlé plus haut, et c'est ainsi qu'une âme de la paroisse lui échappa.

Voici une légende qui, pour n'avoir pas été écrite encore, n'en est pas moins dans la bouche des Vieux de la paroisse : elle a trait aussi à la bâtisse de la *vieille église*.

On avait à poser, dans la maçonnerie du portail, une pierre devant servir de clé. En essayant cette pierre, la dernière à placer et la plus indispensable, on s'aperçoit qu'elle a été taillée trop petite : il lui manque au moins 3 pouces.

C'était un jour de la semaine ; mais il y avait grande messe recommandée par un particulier. Le curé, M. Desnoyers, qui se trouvait présent, dit aux ouvriers intrigués et presque découragés par ce contre-temps :

"Allons, mes enfants, allons tous à la messe, et nous verrons à cela après."

On quitta le travail pour aller entendre la messe, et quelle ne fut pas la surprise des ouvriers, après avoir accompli cet acte de dévotion recommandé par leur curé, de voir la clé s'ajuster parfaitement, sans qu'il y eut une ligne de trop ou de moins !

Il a déjà été fait mention, d'une manière incidente, du Calvaire érigé en 1698. Ce monument de la piété des premiers colons a sa légende.

Un homme (on ne peut le nommer), soit par des revers de fortune, soit par dégoût de la vie, avait résolu de mettre fin à ses jours en allant se noyer. Or, il y avait déjà, à cette date reculée, une simple croix d'érigée sur le terrain même où se trouve aujourd'hui le Calvaire. C'était une croix de bois brut, mais qui ne rappelait pas moins l'arbre de la Rédemption ; et c'est au pied de cet arbre symbolique que les rares habitants de l'époque (avant 1698) venaient, aux dimanches de beau temps, prier ensemble.

L'homme que le désespoir poussait au suicide, avait à passer devant la croix pour se rendre au fleuve ; mais il ne put jamais la dépasser : une force occulte le retenait en face de l'endroit où il était venu lui-même prier avec les autres colons.

Eclairé subitement, par ce miracle, sur l'énormité du crime qu'il allait commettre, il se jette à genoux au pied de la croix, et promet à Dieu de faire ériger, sur le lieu même, un beau Calvaire. (1)

Il paraîtrait que, dans le bon vieux temps de nos ancêtres, il y avait beaucoup de cette bonhomie qui frise la naïveté des enfants. En voici un exemple, si, toutefois, cette autre légende de M. Jobin a quelque fond d'authenticité.

---

(1) Il sera encore parlé de ce Calvaire, sous le titre : *Monuments*.

Un vieux et sa vieille, parrain et marraine de l'enfant d'un ami, se rendaient, un jour, à l'église avec le filleul qu'ils allaient tenir sur les fonts baptismaux. Arrivé au point où le curé s'enquiert du nom que l'on veut donner à l'enfant, le compère répondit: *François*, et le curé baptisa sous ce nom.

De retour à la maison paternelle du nouveau-né, la marraine dit à la mère:—" Tenez, ma cousine, (1) nous vous avons pris un enfant sous puissance du démon, et nous vous ramenons un chrétien.

—Comment, reprend la mère, un *chrétien ;* mais c'est une fille ?

Le compère et la commère firent atteler de nouveau la *guevale* et reprirent le chemin de l'église, pour aller faire *débaptiser* François et baptiser Françoise. Rendus au presbytère, ils expliquent au curé leur erreur. " C'est bien, c'est bien, dit celui-ci: j'ajouterai une lettre au nom déjà écrit et ce sera parfait.

Le parrain et la marraine s'en retournèrent un peu intrigués. Il leur fallait toute la confiance aveugle qu'ils avaient en leur curé pour ne pas croire qu'il s'était trompé en refusant de baptiser Françoise, après avoir débaptisé François.

---

(1) *Cousin, Cousine*, à cette époque, étaient des noms d'amitié que l'on donnait aux personnes avec lesquelles on vivait sur le pied d'une certaine intimité.

Monuments

Parmi tous les monuments qui ont été érigés dans cette paroisse, il y a les anciens, dont quelques-uns ne forment plus que des ruines, et il y a ceux qui sont encore debout. Nous les prendrons dans l'ordre chronologique.

LE CALVAIRE DE 1698

Ce Calvaire a dû remplacer une croix de bois brut élevée à cet endroit par la piété des premiers colons, avant l'érection de la première chapelle de bois.

Tout porte à croire que ce monument religieux est l'œuvre d'un particulier, soit pour accomplir un vœu, ou pour un motif de pure dévotion; car il n'est pas probable que les habitants de 1698, peu nombreux et pauvres, eussent pu contribuer encore aux frais de ce Calvaire, eux qui venaient de se bâtir une chapelle, de la meubler et de l'orner au moyen de grands sacrifices.

Ce Calvaire, venu de France, a dû coûter un beau denier, car ce Christ est une belle œuvre qui n'a pu être confiée au pinceau du premier venu. Les proportions que l'artiste a données au corps du Sauveur sont admirables de forme et de naturel: c'est bien là le physique du "plus bel enfant des hommes."

On a toujours eu un soin particulier de ce monument, puisque, après 186 ans, on le voit aussi bien conservé. Il y a plusieurs années, on s'aperçut que des pèlerins ou de simples curieux étaient pour détruire, petit à petit, ce souvenir précieux, en enlevant avec leurs couteaux des éclats de la croix qu'ils emportaient avec eux. On l'entoura d'une haute clôture propre et peinturée, et, à la porte, qui sert d'entrée, on eut le soin d'appliquer une bonne serrure. C'est ainsi que l'on a pu conserver le Calvaire de 1698, et dont il ne resterait plus rien, aujourd'hui, sans cette mesure de précaution.

De temps immémorial, ce monument a toujours été protégé contre les intempéries des saisons par un vaste dais bien entretenu. On l'a refait à peu près à neuf, cet été, et le travail, la peinture, etc, dûs au descendant d'un Anglais établi, depuis plusieurs années, dans la paroisse, M. East, (1) fait honneur aux talents de cet homme, comme charpentier, menuisier et peintre. La peinture de la voûte du dais, couleur bleu ciel, est remarquable par sa beauté.

LA PREMIÈRE CHAPELLE DE BOIS.

Nous avons déjà vu, à peu près, tout ce qu'il y a à dire de ce monument bien modeste. Nous savons déjà où elle fut érigée pour la première fois, combien d'années elle servit au culte, sur ce site, quand eut lieu sa translation de là à l'Anse-à-Maheu, combien de temps elle y servit, l'année qu'elle fut démolie pour aider à la construction de l'église de pierre, etc. Pour tous ces détails, que le lecteur voie les chapitres consacrés à l'époque comprise entre 1694 et 1723.

L'ÉGLISE DE PIERRE A L'ANSE-A-MAHEU.

On a déjà pu voir les sacrifices énormes que s'étaient imposés les habitants de Saint-Augustin pour construire un temple, qui fut considéré comme une merveille, dans le temps. On a vu avec quel dévoûment, avec quelle générosité on avait donné pour orner et embellir cette construction, sur la pierre de laquelle M. Desnoyers, ce curé regretté, avait gravé son nom d'une manière impérissable. On a pu lire tout cela et admirer, en même temps, la foi et la piété des habitants du commencement du siècle dernier, guidés et qui aimaient à se laisser guider par leur curé, pasteur dévoué si jamais la paroisse en a eu un.

(1) Il est parlé de M. East aîné, dans un autre chapitre.

On a lu tout cela, admiré les actes généreux de cette époque ; mais qui n'aimerait pas, aujourd'hui, quel est celui des descendants de cette génération si grande par le cœur, qui n'aimerait pas à contempler les ruines du vieux temple assis sur le bord de notre majestueux fleuve ? Quel beau lieu à la méditation, si cette relique était encore debout ! Comme on aimerait à y aller souvent pour se ressouvenir !

Celui qui a mis le feu à cette église, qui avait servi au culte tout près d'un siècle ; celui qui a vendu plus tard, la pierre de cette construction, ils ne savaient donc pas que "les monuments sont une partie des annales des peuples ?" Ils ne savaient donc pas qu'un temple, " un palais, une construction quelconque, une statue, un tableau, une inscription, une médaille, une charte, un livre, etc, deviennent, dans certains cas, des monuments historiques ?" Ils ne savaient donc pas que c'était une espèce de sacrilége que de déchirer cette page éloquente de l'histoire paroissiale ?... Dans ce cas, plaignons bien une ignorance, une absence de sentiment qui a fait perdre à la paroisse une relique vénérée.

Ce fut M. Lefrançois, curé, qui eut le triste courage de faire mettre le feu à la vieille église de pierre, ouverte au culte en 1723, donnant pour raison de cet acte la crainte de voir quelqu'un se réfugier dans cette vieille construction dégarnie de ses portes, de ses fenêtres et de son plancher !

On rapporte qu'un juge condamnait, un jour, un homme *innocent* à être pendu, sous le prétexte assez ingénieux que, s'il n'était pas coupable de meurtre, il pourrait bien le devenir plus tard. M. Lefrançois avait dû rencontrer ce juge quelque part.

Vers 1850, M. le curé Milette faisait démolir les murs du temple brûlé, pour en vendre la pierre aux constructeurs du quai Saint-Nicolas, sous le prétexte que cette vente rapporterait quelques misérables piastres à la fabrique. Mais ces pierres, devenues sacrées par la main du Temps, appartenaient aux ancêtres ; c'était leur héritage destiné à leurs descendants, et ce legs, page sublime de leur dévouement et de leur piété, devait-il se vendre pour un plat de lentilles ?... Il est pénible de voir que la mémoire du cœur ne l'ait pas emporté sur le désir de faire quelques sous, surtout dans une paroisse riche comme l'est la paroisse de Saint-Augustin.

LE MOULIN BANAL.

Le lecteur a vu, dans un autre chapitre, par qui fut érigée cette construction, indispensable dans nos anciennes seigneuries du régime féodal. Il a encore vu par quelles mains ce moulin est passé et qui en était le propriétaire, lorsque la foudre l'a détruit, l'été dernier. Il ne nous reste plus qu'à voir où il était érigé et en quelle année il fut bâti.

Le site choisi pour cette ancienne construction était en bas de la côte, à une petite distance à l'est de la *Vieille église*. Le ruisseau ou petite rivière qui l'alimentait et provoquait son joyeux tic-tac, se nomme : la rivière de la décharge du Lac.

On trouvera tous ces détails en lisant, le chapitre intitulé : LA SEIGNEURIE DE MAURE. (Voir, pour la page de ce chapitre, la Table des matières).

L'ÉGLISE ACTUELLE.

C'est en 1809, que l'autorité ecclésiastique décida de fermer l'église d'en bas et de commencer, sur le site qu'elle occupe aujourd'hui, l'église nouvelle. Cette décision fit des mécontents ; mais l'on finit par se soumettre, comme c'est toujours le cas, dans Saint-Augustin, quand l'autorité a décidé quelque chose. Cette paroisse paisible ne compte, dans son sein, aucun des descendants des révolutionnaires, Septembriseurs, Jacobins, Sans-culottes, etc. de 1793. Il serait difficile de faire ici une révolution, ou politique, ou religieuse.

La construction de la nouvelle église enlevait aux habitants du rang des Mines et des autres rangs en arrière tout espoir d'avoir un curé fixe parmi eux ; et, comme la nouvelle construction se faisait par contributions volontaires, il est facile d'imaginer que les rangs qui viennent d'être nommés ne furent point très zélés à aider à une bâtisse qui les privait de leur église, déjà si onéreuse pour leur petit nombre.

D'après M. Jacques Jobin, tout le rang de Saint-Augustin, depuis Saint-Foye jusqu'à la Pointe-aux-Trembles, (1) s'était mis avec cœur à la bâtisse nouvelle ; mais le zèle se ralentit peu à peu, et, sur la fin, il n'y avait plus qu'une quarantaine d'habitants pour terminer les travaux.

Telle qu'elle est à présent, en 1884, cette église mesure 160 pieds de long sur une largeur de 50 pieds. Elle paraîtrait beaucoup mieux, si on lui eût donné encore 4 pieds d'élévation.

Le clocher renferme 3 cloches, et, dans le clocheton qui surmonte le rond-point, est suspendue la cloche venant de la chapelle du rang des Mines.

REMARQUE.—Quant aux améliorations faites à cette église depuis que M. Pilote en est le curé, on les trouvera mentionnées dans le chapitre intitulé : " Messire François Pilote."

LA CHAPELLE DU VILLAGE OU DU RANG DES MINES.

Pour ce qui concerne cette chapelle, autre monument de la paroisse, le lecteur peut consulter ce qui en a été dit, sous le même titre.

LE CALVAIRE DU RANG DES MINES.

Ce calvaire fut érigé, en 1850, par M. Pierre Jobin, demeurant à Lorette, et dont le fils Joseph demeure

---

(1) Saint-Félix du Carouge (Cap-Rouge) n'existait pas alors : cette paroisse a été établie en 1862 seulement.

dans le rang des Mines. Quelques personnes de la paroisse semblent croire que M. Jobin et *un autre* habitant ont construit *ensemble* ce monument de piété. Il paraît que c'est une erreur : M. Pierre Jobin, cultivateur riche, (1) l'a érigé *seul* et à ses propres frais.

Voici ce que dit M. l'abbé Sasseville au sujet de ce calvaire :

Près de la chapelle d'*en haut*, un citoyen riche a fait élever, à ses frais un *calvaire*, dont l'exécution est due à feu M. Giroux, et qui a été fort admiré.

Dans l'idée de M. Jobin, ce calvaire devait non pas remplacer l'ancienne chapelle de ce rang, mais en être le souvenir le plus durable.

On a placé, aux pieds du Christ, un tronc que l'on ouvre de temps à autre. L'argent qui sort de ce tronc, offrandes pieuses de ceux qui vont y faire une prière, sert et pour faire dire des messes "aux bonnes âmes" et pour l'entretien du Calvaire.

MONUMENT DES ANGES-GARDIENS.

Je cite encore M. l'abbé Sasseville :

En face de l'église, on remarque un monument d'un genre durable. C'est une statue de l'ange gardien soutenue par une base en pierre de taille d'une trés belle exécution. C'est un souvenir du Jubilé de 1869 et du Concile du Vatican. Ça été la dernière œuvre due au zèle du Révd. M. Milette ; le vénérable curé mourut quelques mois après." (2)

LE CIMETIÈRE.

Voir le chapitre intitulé : " Messire François Pilote."

---

(1) Il est le cousin de M. Jacques Jobin.
(2) Dans une correspondance publiée en juillet de cette année (1884), sur *Le Courrier du Canada*, par l'auteur de cette *Histoire*, il est parlé de ce monument. Cet écrit paraîtra au chapitre intitulé : " Messire François Pilote."

LE COUVENT.

Voir le chapitre ci-dessus indiqué.

Tels sont les monuments que la piété a élevés dans Saint-Augustin. Il y aurait quelque chose à dire du presbytère et de la statue de la sainte Vierge que l'on admire sur la propriété de M. J.-D. Brousseau, le député actuel du comté de Portneuf. On trouvera tout ce qu'il y a à dire de ces deux constructions, dans le chapitre déjà indiqué et sous le titre suivant :

MESSIRE FRANÇOIS PILOTE.

(*Extrait du "* COURRIER DU CANADA *" du 23 et du 25 juillet,* 1884.)

Je viens d'avoir l'avantage de passer deux jours dans la paroisse de Saint-Augustin, comté de Portneuf. J'y ai vu et admiré de belles choses ; j'y ai réchauffé des souvenirs du cœur, et, sous le toit hospitalier du saint vieillard qui a charge des âmes de cette paroisse, M. Pilote, nous avons longuement causé du temps où il était le directeur bien-aimé du collége de Sainte-Anne de la Pocatière et qu'il me donnait le doux nom de " son cher écolier."

Saint-Augustin est une paroisse presque aussi vieille que la ville de Champlain, dont elle n'est éloignée que de 5 lieues, en amont du fleuve, du côté du nord. Les registres remontent jusqu'à près de deux siècles : en 1691 ; mais on sait qu'il y avait, à Saint-Augustin et peu de temps après la fondation de Québec, quelques habitants desservis par des missionnaires allant de Québec dans " les hauts." Ces serviteurs du bon Dieu déposaient les rapports de leurs missions, avec actes de baptême, mariage et sépulture, soit à Québec, soit à Trois-Rivières, ou ailleurs.

L'église actuelle fut bâtie en 1809, comme l'indique le millésime gravé en chiffres romains au portail de l'édifice. A cette époque, c'est M. Lefrançois qui était curé de la paroisse. Cette maison de la prière a conservé, malgré ses 75 ans, un air de jeunesse et de propreté qui réjouit l'œil. L'intérieur est à l'avenant, les améliorations et réparations qu'on y a faites portent le cachet de l'administrateur habile et de l'homme de goût qui en est l'auteur : M. le curé Pilote. Un orgue puissant donne, aux jours de grandes fêtes, un éclat de plus aux pompes déjà si belles du culte catholique : c'est la voix par excellence de nos églises ; c'est elle qui élève l'âme jusqu'au chœur des anges en répandant sur la foule agenouillée et recueillie des flots d'harmonie religieuse. Choron, le compositeur, a dit que " le mécanisme de l'orgue a quelque chose de mystérieux analogue aux mystères chrétiens." Outre le mystérieux de ce mécanisme, il y a la voix solennelle, majestueuse et grave si propre à jeter dans l'âme toutes les voluptés de l'extase religieuse.

LE CIMETIÈRE.

Avant l'arrivée de M. Pilote à Saint-Augustin, m'a dit une personne fort respectable de cette paroisse, il n'y avait ni inscriptions sur les croix de ce champ des Morts, ni aucun monument ; rien, en un mot, qui rappelât la mémoire de ceux qui ne sont plus. Aujourd'hui, le cimetière de cette paroisse est un des plus beaux cimetières de campagne du pays, s'il n'en est pas le plus beau. Que le lecteur veuille bien me suivre dans cette " république des Morts, " suivant la belle expression de Châteaubriand.

En entrant par la porte du sud, vous êtes, dès les premiers pas, dans l' " Allée des Anges." Pourquoi ce nom ? Parce que là sont enterrés les restes des enfants morts à un âge où le péché n'a encore pu souiller l'innocence baptismale. Ils dorment là, ces petits êtres arrachés à l'amour maternel ; et des fleurs, cultivées par des mains de mères que la Religion seule a pu consoler, couvrent ce gazon, emblème de la félicité dont jouissent déjà ces enfants dans le sein de Dieu.

Après l'"Allée des Anges," vous arrivez à l'"Allée Saint-Amable." Ce nom lui vient de l'amour que les paroissiens portent à un prêtre qui leur rend au centuple leur affection : M. *Amable* Blanchet, qui, au temps de l'épreuve, n'a pas voulu se séparer de son ami, l'a suivi ici, y mourra et dormira dans ce même cimetière son long sommeil à côté de celui qu'il a tant aimé sur cette terre, et au milieu de cette brave population qu'il a si souvent bénie. Ces deux tombes, celle de M. Blanchet et de M. Pilote, diront à la génération qui les suivra toute la puissance de l'amitié chrétienne et tout le bien qu'elle peut accomplir dans une paroisse docile. (1)

Nous sommes, maintenant, dans l'"Allée Saint-Joseph." Sur les bords de cette allée dédiée au patron des artisans, se trouvent rangés les plus beaux souvenirs des Vivants aux Morts. Au fond et le long du mur formant la limite du cimetière, au nord, on voit 4 croix noires, portant les inscriptions appropriées et placées à quelques pieds les unes des autres. Au pied de ces croix, vous voyez un prie-dieu modeste. Tous ces signes de la Rédemption forment partie d'un chemin de Croix érigé sur la tombe des Morts et dont la tête se trouve sur l'"Allée Saint-François," longeant le mur du nord. L'idée de cette voie douloureuse, sur ce terrain arrosé de larmes est bien touchante, et porte en elle-même un trésor de consolations. En effet, qui pourrait se plaindre de la perte d'un être chéri en parcourant les 14 stations de la route du Calvaire ? En voyant le juste si cruellement maltraité ? En le voyant marcher au supplice, non-seulement sans se plaindre, mais priant pour ses bourreaux ?

Au fond de l'"Allée Saint-Joseph," un peu en dehors du mur formant la limite, vers le sud, l'œil découvre une jolie statue de ce grand saint, si cher à la popu-

---

(1) M. Blanchet est mort presque subitement le 26 d'août, 1885. Ses restes mortels reposent dans l'église de Saint-Augustin.

lation de notre pays. Sur le socle de cette statue de grandeur naturelle, on lit :

" Jésus, Marie, Joseph, je vous donne mon cœur, mon esprit, ma vie ! Jésus, Marie, Joseph, assistez-moi dans ma dernière agonie ! Jésus, Marie, Joseph, faites que je meure en paix en votre sainte compagnie ! "

A quelques pas de cette statue, à l'angle formé par la réunion des murs du nord-est et du sud, on peut admirer la grotte de Lourdes. La sainte Vierge est debout dans la grotte formée de cailloux moussus. A ses pieds, à genoux, se tient, dans l'attitude de l'extase et un cierge à la main, Bernadette Soubirous. Pour compléter l'illusion, un petit cours d'eau coule à quelques pas du cimetière et rappelle le gave de Lourdes devenu si célèbre, depuis les apparitions miraculeuses.

L' "Allée Saint-François" part de l' "Allée Saint-Joseph" et se rend, en longeant le côté nord de l'église, jusqu'à la porte de sortie. Elle est, comme les autres allées, bordée de tombes surmontées de croix et recouvertes de fleurs.

Il y a quelque chose de bien consolant dans le culte des Morts, cette relation qui existe entre l'Eglise triomphante, l'Eglise militante et l'Eglise souffrante. Cette union nous rapproche de ceux que nous avons aimés sur cette terre ; et prier pour eux adoucit le chagrin de la séparation et répond à un besoin du cœur que notre Religion seule a compris.

Il est à peine nécessaire, je crois, de dire que l' "Allée Saint-François" rappelle le nom du curé actuel et bien-aimé de la paroisse, M. *François* Pilote.

De toutes ces beautés du cimetière de Saint-Augustin, il me reste à parler de la plus grande sous le rapport du souvenir et de l'art. Pour en parler dignement, il faudrait une plume plus habile que la mienne.

A quelques pieds de l'angle formé par les allées Saint-Joseph et Saint-François, M. Pilote a fait élever cinq statues de grandeur naturelle. Ce groupe représente le Calvaire et toutes ses douleurs, devenues la joie et le bonheur du genre humain. Il y a là le Sauveur crucifié, les deux larrons, et, au pied de ces trois gibets, saint Jean à la droite de la croix de son divin Maître, et, à gauche, la " Mère de douleurs," les yeux attachés sur son Fils.

Sur la figure du Christ, couverte de crachats et de sang coagulé sont empreintes avec une rare expression toutes les douleurs de l'agonie.

La tête du larron, à droite, est penchée sur l'épaule gauche et la figure a perdu toute empreinte de désespoir depuis que ce premier converti, aux portes de l'éternité, a entendu la promesse du Sauveur. Un rayon de bonheur illumine le visage de celui que l'Église a surnommé le " Bon larron."

A gauche, se trouve le mauvais larron portant sur sa figure toute l'expression de la méchanceté, de la haine et du désespoir terrible des damnés. Suivant moi, ces trois statues sont, chacune dans son genre, remarquables sous le rapport de l'art.

Le groupe entier, formé de bronze, a été coulé en France.

LE PRESBYTÈRE

Le presbytère, situé à l'ombre de l'église, est un vaste édifice qui a déjà vu 60 hivers. N'étant point d'architecture récente, il rappelle, par ses formes basses et longues, le goût d'une autre génération, à une époque où l'on recherchait plus la solidité dans les constructions que l'élégance. Le site en est fort bien choisi.

Assis sur une faible éminence, le regard peut se promener, du côté du sud, sur un vaste panorama. En face, un coin de notre fleuve portant, à quelques arpents de distance, sur ses eaux limpides, ou le modeste canot d'écorce ou le magnifique et l'orgueilleux palais flottant. Au delà du fleuve, la paroisse de

Saint-Nicolas avec son église qui la domine; tout autour de vous, la campagne avec toute sa verdure et toutes les beautés qu'y a semées la main du Créateur. Destouches a eu cent fois raison de dire:

> La campagne est pour moi plus belle que la cour,
> Et je voudrais pouvoir y fixer mon séjour.

A quelques pas de la demeure du curé, M. Pilote a fait creuser un étang avec chaussée et deux ponts. Cette nappe d'eau est bordée d'arbres, et sa profondeur permet de s'y promener en chaloupe. A droite et en face de l'étang, des jardins potagers et fruitiers; en un mot, la nature avec toute sa luxuriante variété.

> Nature ! ô séduisante et sublime déesse,
> Que tes traits sont divers ! Tu fais naître dans moi
> Ou les plus doux transports, ou le plus saint effroi.

Du côté nord du presbytère et en face de l'église, s'élève un fort joli monument de pierre de taille, érigé en l'honneur des saints Anges et surmonté d'envoyés célestes avec ailes déployées. Cette construction, qui a coûté un beau chiffre, est la dernière œuvre de M. Milette, le prédécesseur immédiat de M. Pilote. Ce gage de la piété aux Anges gardiens a été construit en 1869 et il porte sur sa face principale l'inscription suivante : "Dieu a ordonné à ses anges de prendre soin de vous."

Il est une autre construction due à l'esprit d'entreprise de M. Pilote, et cette construction c'est

LE COUVENT.

Cette institution, dirigée par les Sœurs de la Congrégation de Notre-Dame, est à quelques pas seulement de l'église. Le cours d'études comprend les langues française et anglaise, la musique (piano), les ouvrages de goût, et tout particulièrement les ouvrages utiles, comme tricots, couture, etc., et les Sœurs tiennent avec beaucoup de raison à ce que leurs élèves excellent dans ce genre d'études. Nous avons déjà trop de ces maisons d'éducation où l'on sacrifie l'utile à l'agréable, pour ne pas recommander aux parents de la campagne un couvent dont les maîtresses mettent l'aiguille à côté du piano, et ne dévoient pas l'esprit de nos jeunes filles en leur donnant une éducation toute d'agrément. On enseigne aussi le dessin linéaire avec beaucoup de succès.

Cette maison d'éducation, qui n'aspire à rien de plus qu'au titre de *Couvent de paroisse*, n'a que deux années d'existence sous la direction des filles de la Sœur Bourgeoys, quoiqu'elle ait été érigée en 1877. On pourra avoir une idée approximative de l'appréciation qu'ont faite Saint-Augustin et les paroisses environnantes de cette institution naissante, en disant que, l'année dernière, c'est-à-dire à la deuxième année d'enseignement, elle a été fréquentée par 63 élèves.

L'examen de cette année a été fait par M. le curé et plusieurs amis de l'éducation. Les résultats n'ont point fait mentir la bonne réputation que possèdent les Religieuses de Notre-Dame de la Congrégation partout où elles sont établies. Une preuve à l'appui de cette assertion se trouve dans le fait que M. le Surintendant Ouimet a accordé, cette année, par l'entremise de M. le curé, la médaille d'or, symbole du mérite et du succès. Mlle Virginie Cantin, de la paroisse, a remporté cette grande marque de distinction.

Le système d'éducation est *doux* et *ferme* à la fois ; c'est-à-dire que les Dames du couvent ne négligent rien pour obtenir des élèves une application soutenue et pour assurer leurs progrès dans la science et la vertu.

Un autre point qui recommande ce couvent à l'attention des parents, c'est la condition hygiénique dans laquelle il se trouve. Les agréments et la salubrité du site sont remarquables. En face, jardin bien cultivé, avec promenades au milieu des fleurs. Au bout du jardin, un espace pavé où les élèves peuvent prendre leurs ébats loin de tout regard indiscret. Un filet d'eau, qui va se jeter dans l'étang du presbytère, coule à quelques pas et fait entendre son gai murmure sur les cailloux de son lit. Dans un des coins de ce petit Eden, il y a une grotte de Notre-Dame de Lourdes adossée à celle du cimetière dont j'ai parlé déjà et en tout semblable à celle-ci. C'est dans ce coin vénéré que se trouve, après l'hygiène du corps, la prière, qui est l'hygiène de l'âme.

Je crains de dire une chose inutile en ajoutant que cette maison est tenue avec la plus rigoureuse propreté, depuis le rez-de-chaussée jusqu'au 4me étage renfermant les dortoirs, hauts et bien aérés.

La rentrée, cette année, se fera le premier de septembre.

Le prix de l'éducation dans les deux langues et de la pension est à la portée de toutes les bourses : il n'est que de $5 par mois, ou $50 pour les 10 mois scolaires.

Je manquerais à un des devoirs du chroniqueur fidèle si je ne disais pas ici que le couvent de Saint-Augustin est encore une œuvre de M. le curé Pilote, qui n'a pas craint de se mettre sur les épaules, pour cette construction, une dette de plusieurs milliers de piastres, qu'il achève d'éteindre. "Aux grands cœurs les mains vides," est un axiome encore plus vrai que celui qui dit : "Aux Innocents les mains pleines." Il n'y a pas d'apparence, du moins, que M. Pilote reçoive, parmi ses paroissiens actuels, l'ingratitude en récompense de ses sacrifices. L'ingratitude, cette monnaie si fréquente parmi les hommes, est la fille de l'intérêt et de la vanité et le vice d'un petit esprit, a dit un auteur ; mais des hommes de la trempe de M. Pilote se consolent facilement d'avoir fait des ingrats, parce qu'ils n'ont travaillé que pour la gloire de Dieu et l'avantage de leur pays.

Lors de la construction du couvent de Saint-Augustin, les paroissiens se sont unis à leur curé et lui ont aidé largement, généreusement, au moyen de corvées volontaires. Cette démarche leur fait honneur.

DE SAINT-AUGUSTIN 359

MONSIEUR LE CURÉ.

Un mot de ce prêtre qui arrive à ses 50 ans de sacerdoce, ne sera pas de trop, certainement, dans cette correspondance.

A chacun son goût, et, pour moi, M. Pilote est le beau type de nos curés de campagne. Il a pour lui l'humilité de son état, l'esprit fin et observateur de l'homme lettré.

Au cœur de ce prêtre, on trouve l'amour du pays et du prochain, porté jusqu'à l'abnégation et le désintéressement complet. Il est l'ami du bien, du beau et des œuvres utiles, et l'ennemi déclaré de tout ce qui pourrait corrompre les âmes que Dieu lui a confiées. En retour, il a le cœur de ses paroissiens qui l'aiment et le respectent comme on aime et respecte un bon père ; et il est aimé parce qu'il aime lui-même avec toute sa grande âme ; de sorte que l'on peut dire qu'il est encore plus grand par le cœur que par l'intelligence, toute grande et belle que soit celle-ci.

M. Pilote arrivait à Saint-Augustin en 1870, dans l'année même où il quittait à regret le collége de Sainte-Anne de la Pocatière, institution par lui tant aimée. A son arrivée ici, il y a 14 ans, les habitants négligeaient la culture de leurs terres ; les préjugés contre les innovations avaient fait prévaloir la routine. A force de persévérance, M. Pilote put faire comprendre à ses paroissiens que l'assainissement de leurs terres basses était une amélioration indispensable. Le curé, dans ses travaux agricoles, était généreusement soutenu par son *alter ego*, M. Amable Blanchet, dont j'ai déjà parlé.

On se mit donc à assainir, à cultiver en dehors de l'ornière de la routine, et quel a été le résultat ?...... Aujourd'hui, dans cette grande paroisse de Saint-Augustin, où l'on vit en entier de l'agriculture, *il n'y a pas une seule personne que l'on puisse appeler pauvre, et tous vivent dans une aisance relative.*

Un autre fait digne de remarque c'est que pas un seul enfant de cette paroisse n'a été mettre au bénéfice des Américains sa santé, son énergie, ses talents. Ces braves habitants travaillent, mais leur travail est pour eux et leurs enfants : ils ne connaissent point ce que c'est que d'être valets ou " valtreux " dans les filatures empestées des Yankées ; ils ont conservé leur langue intacte ; leur croyance est demeurée inébranlable loin de la souillure des villes et du souffle impur de l'irréligion ; ils sont indépendants sur leurs terres arrosées des sueurs de leurs ancêtres ; ils sont plus heureux que des rois, et que voulez-vous de plus sous le ciel de notre beau pays ?

Il est de rigueur que nous jugions de l'arbre par son fruit. Partant de ce principe, je dirai au lecteur : Allez dans la paroisse de Saint-Augustin ; examinez, voyez comme y sont bien cultivées les terres ; admirez-y ces résidences qui ont toute une apparence de propreté et d'aisance ; voyez encore la ferveur de ces gens aux offices religieux, leur courtoisie, leur urbanité sans raideur les uns envers les autres ; renseignez-vous surtout sur les mœurs de ces compatriotes qui ne connaissent ni les dangers de l'émigration ni le ridicule de la " singerie anglaise ; " voyez tout cela, dis-je, et vous aurez une idée de la valeur de l'artisan, de l'arbre principal de cette paroisse, de son père spirituel, M. François Pilote.

Un ouvrier habile possède de bons outils. Cette vérité s'applique au moral comme aux choses matérielles. Pour travailler comme il l'entendait dans la vigne du seigneur, il fallait au curé, déjà courbé sous le poids de l'âge, un ouvrier suivant le cœur de Dieu. M. Pilote l'a trouvé, cet homme précieux, dans la personne de M. l'abbé Thiboutot. Jeune, dévoué, aimé déjà des paroissiens, plein d'égards pour son aîné, gai, bon causeur : telles sont les qualités du vicaire de M. Pilote.

M. Thiboutot est le fils d'un camarade au collège de Sainte-Anne, devenu cultivateur dans cette paroisse où il a vu le jour.

Je ne puis clore ces remarques sur la paroisse de Saint-Augustin sans dire quelques mots du député de Portneuf, M. J.-D. Brousseau, le frère de M. Léger Brousseau, l'éditeur du journal " Le Courrier du Canada."

M. le député Brousseau passe deux mois de l'été à Saint-Augustin avec sa famille. Sa résidence, à 20 arpents en haut de l'église, est un véritable nid de verdure, à cette saison de l'année. Comme on se sent bien dans ce coin de campagne canadienne, loin du bruit de la ville et de son atmosphère si corrompue ! La simplicité de la vie champêtre a quelque chose qui touche, a dit Jean-Jacques Rousseau, et c'est bien vrai.

Du balcon du châlet, un bijou du genre, le regard peut errer sur le fleuve et sur les campagnes qu'il arrose et fertilise. Cet endroit invite à la méditation et porte le cœur vers Dieu, l'auteur de ces beautés naturelles.

Dans le bocage avoisinant la demeure, on a pratiqué des promenades abritées par un dôme de rameaux sur lesquels les oiseaux font entendre leurs chants d'amour. Il y a là une balançoire, différentes espèces de jeux et un demi-jour partout impénétrable aux rayons du soleil.

A quelques pas plus loin, se trouve une " érablière " avec sa cabane à sucre de rigueur. Il y a là 300 érables qui rapportent fidèlement chacune sa livre de sucre, sans compter ce qui va aux " croquettes, " à la " trempette " et au sirop.

En un mot, c'est un site enchanteur qui devrait porter à son frontispice ces deux vers de Villemain :

> Tous les soins sont bannis des demeures champêtres,
> On y vit sans sujets, mais on y vit sans maîtres.

A l'extrémité du bocage, au nord et à une trentaine de pieds du chemin public, l'enfant de Marie aime à aller s'agenouiller au pied d'une statue, grandeur naturelle, de la Reine du Ciel tenant dans ses bras l'Enfant Jésus.

L'idée de l'érection de cette statue est venue à M.

Brousseau à la suite d'un voyage qu'il fit, il y a quelques années, dans les montagnes des Hautes-Pyrénées, où il avait admiré plusieurs statues érigées par des mains pieuses. L'endroit qu'occupe la statue élevée par M. Brousseau a été justement baptisé du nom de " Notre-Dame de l'*Erablière*, " et ce nom s'étend à toute la ferme.

Cette statue est l'œuvre de M. Parent, élève de M. Baillargé, puis elle a été redorée par M. Jobin, autre Canadien qui fait honneur à notre nom.

A. BÉCHARD.

La Seigneurie de Maure.

" Desmaure, ou St. Augustin, (la seigneurie de) (1) dans le comté de *Hants*, (2) ayant en front le St. Laurent, est bornée au nord-est par Gaudarville, au sud-ouest par Pointe aux Trembles, et au fond par Guillaume Bonhomme et Faussembault. Il ne se trouve point de rapport officiel relatif à cette concession ; par conséquent, on n'en connaît ni la date primitive, ni les dimensions primitives. Les Dames Religieuses de l'Hôpital Général de Québec (il y a ici une erreur de nom qui sera relevée plus loin) à qui cette propriété appartient, en prêtant fidélité et hommage le 19 Mars, 1781, ont produit pour leur titre un acte d'adjudication, en date du 22 septembre, 1733 (il y a ici une erreur de date qui sera expliquée plus loin), mais qui ne décidait rien par rapport à ses dimensions, ne faisant aucune mention quelconque de son étendue. D'après le règlement des limites des paroisses de la province, elle est désignée comme ayant deux lieues et demie de largeur sur une et demie de profondeur."

---

(1) Joseph Bouchette, *Description topographique de la province du Bas-Canada*, etc, ouvrage publié en 1815.
(2) Aujourd'hui : *Portneuf*.
Bouchette commet ici une erreur de nom. Il n'y a pas eu de comté du nom de Hants.
En 1791, lors de la division du pays en comtés, le *British fair play*, que l'on peut traduire par INJUSTICE BRITANNIQUE, avait engagé MM. les Anglais à donner des noms presque tous anglais aux nouveaux comtés. La liste de ces comtés, dans les statuts de 1792, ne renferme aucun nom de *Hants*. C'est HAMPSHIRE (aujourd'hui *Portneuf*) que Bouchette aurait dû dire.
En 1829, ou 38 ans plus tard, on eut l'heureuse idée de mettre à la porte tous ces noms pour le moins étranges, dans un pays de population française, et on les remplaça par des appellations plus euphoniques.

Voici ce que disait Bouchette, en 1815, et nous avons remarqué trois erreurs dans ce cours extrait, dont l'une, la première, se trouve relevée par le deuxième renvoi.

La deuxième erreur est là où les " Dames Religieuses de l'Hôpital Général " sont représentées comme propriétaires de la seigneurie de Maure : c'est *les dames de l'Hôtel-Dieu de Québec* qu'il aurait dû dire.

L'autre erreur se trouve là où l'acte d'adjudication est mentionné comme portant la date " du 22 septembre, 1733 : " c'est le 22 septembre, 1734, qu'il fallait.

On a remarqué aussi, dans les lignes rapportées ci-dessus, qu' " on ne connaît ni la date primitive, ni les dimensions " de cette seigneurie.

Quant à la date où M. de Maure obtint le titre de cette seigneurie, on ne saurait s'en éloigner en la fixant vers les commencements de la colonie, vers le milieu du 17me siècle, et voici les raisons à l'appui.

Sur un acte que m'a fourni M. l'abbé Blanchet, de Saint-Augustin, et portant la date du 7 d'avril, 1669, on lit ce qui suit :

Pardevant Gilles Rageot Notaire Royal de la prevosté de Québec. Fut present en sa personne Jean *juchereau Sieur de Maure* Seigneur du Cap-Rouge lequel a reconnu et confessé avoir donné conceddé et par ces presentes donne et concede des maintenant et à toujours a tittre de cens et rentes seigneurialle a Antoine Pouillot, (1) " etc. etc.

On voit que Jean Juchereau de Maure était seigneur du Cap-Rouge, en 1669. On sait aussi que, à venir jusqu'à 1862, le territoire du Cap-Rouge, proprement dit, se trouvait enclavé, en grande partie, dans la paroisse de Saint-Augustin ou dans la seigneurie de Maure. Il est évident que Pouillot, mentionné dans l'acte cité plus haut, demeurait ou allait demeurer dans cette partie de la seigneurie plus communément connue sous le nom de Cap-Rouge, mais faisant partie de la

---

(1) Cet Antoine Pouillot, frère de Pierre, venait de l'évêché d'Angoulême, province de Bordeaux, à cette époque, et, aujourd'hui, dans le département de la Charente.

seigneurie de Maure. Il ne pourrait en être autrement, puisqu'il n'y a pas eu de seigneurie du Cap-Rouge. Il reste acquis que Jean Juchereau de Maure était seigneur en 1669.

Mais était-il seigneur à partir de cette année, ou l'était-il antérieurement ? On ne peut le dire au juste. Il est certain, cependant, qu'il était venu au pays dans les commencements de la colonie, puisque son premier enfant, Jean, naissait à Québec, en 1625 ; et il est fort probable qu'il avait acquis la seigneurie à laquelle il donna son nom bien avant 1669, ayant alors déjà 77 ans, comme nous le verrons plus loin par sa généalogie.

Quant à l'étendue, elle est à peu près ce qu'en dit Bouchette : 2½ lieues de front sur 1½ de profondeur.

LE SEIGNEUR JUCHEREAU DE MAURE.

(Sa généalogie.)

Il y a eu plusieurs variations de ce nom de Juchereau : Juchereau *de More* ou *de Maure*, des Chastelets, de la Ferté, de Saint-Denis, du Chesnay, de Beaumarchais et de Fargy.

On voit, dans le *Dictionnaire généalogique* de M. l'abbé Tanguay, que le seigneur Jean de Maure était conseiller du roi ; qu'il était né en 1592, et qu'il mourut en 1672. Il avait donc 80 ans à sa mort et 77 ans lorsqu'il concédait, en 1669, à Antoine Pouillot, une terre au Cap-Rouge.

Il était marié à Marie Langlois, qui mourait à Québec le 14 janvier, 1661, ou 11 ans avant son mari.

Le seigneur de Maure ne paraît pas avoir habité Saint-Augustin, car ses quatre enfants naquirent tous à Québec. Son fils Jean, l'aîné, se mariait à Marie-Françoise Giffard, en 1645 : il portait le nom de Jean Juchereau *de la Ferté*, et mourait en 1685. Il paraît avoir demeuré à Québec.

Le deuxième fils du seigneur de Saint-Augustin,

Nicolas, se mariait, en 1649, à Marie-Thérèse Giffard, sœur de la femme de son frère Jean, et fille toutes deux de Robert Giffard, médecin et seigneur de Beauport.

Nicolas devint seigneur de Beauport et portait le nom de Juchereau de Saint-Denis : il mourait en 1692 ; il fut inhumé dans l'église de Beauport. Son fils Ignace, seigneur après lui, portait le nom de Juchereau *du Chesnay*.

Le seigneur de Saint-Augustin avait un frère : Noël Juchereau, sieur *des Chastelets*. Il était licencié en loi, membre du Conseil et commis général pour la Compagnie. Il mourait dans un voyage en France, en 1649, sans laisser de postérité.

LE NOM DE LA PAROISSE.

Il serait difficile de donner la date précise où le territoire devant former, plus tard, la paroisse de Saint-Augustin, prit le nom de ce grand saint. Une chose certaine, cependant, c'est que ce nom paraît sur des actes portant une date bien antérieure à celle de la formation de la paroisse, en 1691. Il l'a déjà été dit ailleurs : l'émigration des colons, vers cette paroisse, a dû se faire peu d'années après la grande immigration du Poitou, en 1655. On ne peut être loin du chiffre réel de la date des premiers établissements en assignant l'année 1660 comme étant l'année des premiers colons à Saint-Augustin, et de cette année doit dater le nom de cette paroisse.

LE DEUXIÈME SEIGNEUR DE SAINT-AUGUSTIN.

Charles Aubert, sieur de la Chenaye, commis général de MM. de la compagnie des Indes Occidentales, se mariait le 10 janvier, 1668, à Marie-Louise Juchereau de la Ferté, fille de Jean, l'aîné des enfants du premier seigneur de Saint-Augustin. C'était son deuxième mariage, et il se mariait pour la troisième fois, en 1680.

Charles Aubert se mariait donc à la petite-fille du premier seigneur de Saint-Augustin 4 ans avant la mort de celui-ci, qui mourait en 1672. Le premier-né de ce deuxième mariage fut François, en 1669, qui se mariait pour la seconde fois, le 12 octobre, 1711, à Thérèse Gayon de la Lande, à Beauport. Au nombre des 8 enfants issus de ce deuxième mariage (il en eut 6 du premier mariage avec Anne-Ursule Denis) il y eut Pierre-François dont le nom paraîtra plus loin : il était né le 9 juillet, 1715.

Ce fut François AUBERT, (1) conseiller du roi, sieur de Mille-Vaches, qui devint le deuxième seigneur de Saint-Augustin ou de Maure. Rien ne paraît pour démontrer comment il acquit cette propriété, s'il l'acheta ou s'il l'eut en héritage en sa qualité de fils de la petite-fille du premier seigneur.

On ne pourrait dire au juste en quelle année mourait le deuxième seigneur ; mais son décès ne put arriver avant 1723, puisque Claire-Agathe, dernière de la famille, naissait le 29 juillet, 1723, dans le trajet, dit M. l'abbé Tanguay, de l'île Saint-Jean à Québec.

Il paraîtrait, par une ligne que l'on trouve dans les manuscrits de M. Desnoyers, à l'époque où il bâtissait l'église de pierre de l'Anse-à-Maheu, que François Aubert n'était pas riche, car ce bon curé se plaint de la pauvreté du seigneur qui l'empêchait d'aider à la construction de la bâtisse.

LE TROISIÈME SEIGNEUR.

L'Hôtel-Dieu devint le troisième acquéreur de la seigneurie de Maure. Les documents suivants, dûs à l'obligeance des dames de cette institution de charité,

---

(1) Il signait *Auber*.

vont nous faire voir comment cette transaction eut lieu.

Le 22 septembre, 1734, (1) adjudication de la seigneurie de Maure en faveur des religieuses de l'Hôtel-Dieu de Québec, qui l'ont saisie sur dame Marie-Thérèse Gayon de la Lande, veuve de François Aubert, en son vivant conseiller du roi au conseil supérieur de ce pays, au nom et comme mère et tutrice de Pierre-François Aubert, son fils mineur, héritier. (2)

Du jour de cette adjudication, la seigneurie de Maure prit le nom de *Seigneurie des Pauvres*, et les religieuses l'avaient achetée au prix de 19,000 livres. Il était dû, sur cette propriété, plus de 10,000 livres aux religieuses de l'Hôtel-Dieu, qui étaient créancières privilégiées. Elles étaient obligées de payer la balance du prix d'achat aux héritiers du premier seigneur, Jean de Maure, suivant la sentence d'ordre qui fut rendue à ce sujet.

Après l'acquisition de la seigneurie, les religieuses avaient adressé au roi une supplique priant Sa Majesté de leur faire remise, en faveur des pauvres, des droits revenant à la couronne. Le roi voulut bien accéder à cette demande en vertu d'un brevet de remise ou don, en date du 21 mars, 1735.

Le premier seigneur avait fait ériger un moulin banal, on ne pourrait dire au juste à quelle époque; mais ce dut être au moins dans les commencements de la fondation de la paroisse, puisque M. Desnoyers en parle dans les mémoires qu'il a laissés.

Il paraîtrait, d'après les papiers déposés aux archives de l'Hôtel-Dieu, que le moulin de la seigneurie était devenu " hors de service. " Les dames hospitalières durent, en leur qualité de seigneuresses, rebâtir un autre moulin banal, en 1737. Elles déboursèrent un joli denier pour faire raser le vieux moulin, déblayer le terrain et reconstruire un moulin neuf sur le même

---

(1) Bouchette, comme nous l'avons vu, dit : 1733.
(2) Il avait alors 19 ans, et sa mère, 47.

site. Cette construction était à deux étages, et elle mesurait 70 pieds de long sur 39 de large. (1)

Ce moulin banal, érigé par les soins des religieuses de l'Hôtel-Dieu, ne devait durer que quatre ans à peine : un incendie le dévorait le 18 janvier de 1741. On en construisit un autre la même année.

On trouve, dans les archives de l'Hôtel-Dieu, le document suivant reproduit ici textuellement.

Ce fut aussi pour notre consolation que, le 14 septembre, 1747, jour de l'Exaltation de la Ste. Croix, le Christ fut placé dans le petit calvaire, au haut de la côte du moulin de St. Augustin, sur le domaine des Pauvres, qui se trouvent heureux d'avoir J.-C. pour Père et pour Seigneur, sa providence ayant voulu que leur Hôtel-Dieu fût fondé sous les auspices de son Précieux Sang et dédié à la Croix.

Depuis sept ans, ils (2) avaient fait leur possible pour lui (à J.-C.) donner, par cette érection, une marque de leur confiance. Les ouvriers qui avait rebâti le moulin, en 1741, firent, de leur bonne volonté, le solage de pierre du Calvaire. Les pauvres avaient payé le bois de charpente, compris dans celui du moulin, et, dans le cours de l'été de cette année (1747), Monsieur Desnoyers, curé de cette paroisse, par ses soins, sa piété et avec l'agrément de Monseigneur l'Evêque, le fit mettre en œuvre et en paya la façon aux charpentiers.

Ainsi, les pauvres de cet hôpital en ont fourni seulement les matériaux, avec la figure du Christ qui attire la confiance et la piété des passants, étant exposé sur un chemin qui se croise et par lequel on vient de tous côtés.

Un nombre considérable d'habitants assistèrent à la cérémonie de l'élévation de la croix, qui se fit l'après-midi de cette fête. Monsieur Desnoyers, assisté de Monsieur le curé de la Pointe-aux-Trembles, y fit une touchante exhortation, qui tira les larmes des yeux de tous les assistants. Ils sortirent de ce saint lieu remplis de componction, comme ceux de Jérusalem revinrent du Calvaire, où ils avaient vu expirer Jésus-Christ, en frappant leur poitrine. On ne peut voir cette représentation qu'on ne soit touché, et les pèlerins y viennent même d'assez loin.

---

(1) Si la tradition conservée par M. Jacques Jobin est exacte, ce fut à cette époque, ou 4 ans plus tard, après l'incendie de ce nouveau moulin, que le Jobin dont il descend s'établit à Saint-Augustin, dans le rang des Mines. (Voir le chapitre intitulé : *Souvenirs, Légendes et Monuments.*)

(2) Les *pauvres*, mot synonyme, ici, de l'Hôtel-Dieu.

(Il a déjà été parlé de ce Calvaire dans le chapitre intitulé : *Souvenirs, Légendes et Monuments*.)

Le lecteur pourrait peut-être croire, par ce qui précède, que le Calvaire de Saint-Augustin, devenu célèbre comme lieu de pèlerinage, n'existait pas avant 1747. On se tromperait en le croyant ; car il est parlé d'un calvaire avant l'année 1747, puis il y a le millésime 1698, qui ne peut pas avoir été placé sur le calvaire actuel par fantaisie. Il n'y a pas de doute que le calvaire de 1747 devait en remplacer un autre tombant de vétusté, et que celui-ci avait tout probablement remplacé un autre calvaire (peut-être une simple croix) érigé en 1698.

Quant au Christ donné par les dames hospitalières, nous avons déjà dit qu'il a de très belles formes, et il doit être l'œuvre de l'artiste qui a sculpté celui que l'on voit dans la chapelle de l'Hôtel-Dieu, car ces deux œuvres se ressemblent beaucoup ; s'il y a une différence, elle est en faveur du Christ de Saint-Augustin.

En l'année 1751, l'Hôtel-Dieu fit don de 100 francs à Monsieur Dunière, curé, " pour lui aider à *bâtir* le presbytère." C'était plutôt pour lui aider à *réparer* le presbytère, bâti depuis plusieurs années.

Au sujet de la chapelle du rang des Mines, voici ce que l'on trouve aux archives de l'Hôtel-Dieu.

Le 30 mai, 1804, donation par les dames hospitalières de Québec d'un terrain d'un arpent de front sur trois arpents de profondeur, faisant partie d'une terre dans la seigneurie de Maure, connue sous le nom de Domaine des Pauvres, en faveur de Monseigneur l'Evêque de Canathe, coadjuteur de Québec, pour la bâtisse d'une chapelle ou église ; et ce avec certaines conditions, qui ont été remplies.

Ce qui précède ne laisse point de doute sur la date précise de la construction de la chapelle du rang des Mines. C'est donc en 1804 (elle fut érigée la même année) que cette chapelle, encore debout, fut construite, et non pas " vers 1786," comme a paru le croire M. l'abbé Sasseville.

Quarante-deux ans plus tard, en 1846, le 7 juin, M. Pierre Jobin devint l'acquéreur de ce " Domaine des Pauvres," dans lequel se trouve enclavé l'emplacement de la chapelle de 1804, et c'est de cette manière qu'il en est devenu le propriétaire et qu'il *a pu la convertir en grange !*

Érigée en 1804, et fermée au culte par Mgr Plessis, ainsi que nous l'avons vu ailleurs, la chapelle du rang des Mines n'avait servi que 12 ans, de 1804 à 1816.

Le 8 de mai, 1860, M. J.-D. Brousseau, aujourd'hui député de Portneuf, achetait des Dames de l'Hôtel-Dieu leur moulin banal de Saint-Augustin, pour la somme de $2,200.00.

On sait déjà que ce moulin devint la propriété de M. Léon Hardy, en 1873, et qu'il fut détruit par la foudre, l'été dernier.

LE QUATRIÈME SEIGNEUR.

D'après la loi seigneuriale, les lods et ventes furent abolis et remplacés par une indemnité payée par le gouvernement, et les censitaires, en vertu de la même loi, furent libres de rembourser les capitaux des cens et rentes. Cette loi engagea la communauté de l'Hôtel-Dieu à vendre les cens et rentes de la seigneurie de Saint-Augustin à M. J.-D. Brousseau, déjà nommé. Ce monsieur offrit aux Dames Hospitalière la somme de $4,000, qu'elles acceptèrent, et l'acte de vente fut signé le 8 avril, 1868.

Jusqu'à présent, M. Brousseau est le quatrième seigneur de l'ancienne seigneurie de Maure, communément appelée, aujourd'hui, seigneurie de Saint-Augustin.

LES CHEMINS.

Il ne saurait y avoir de doute quant à l'établissement du premier chemin de la paroisse, quoiqu'il n'en soit fait aucune mention dans tous les papiers consultés. On a dû avoir pour premier chemin celui qui se voit encore au pied de la côte, sur le bord même du fleuve, là où s'établirent les premiers colons et là où furent bâties les deux chapelles de bois et l'église de pierre fermée en 1816.

Plus tard et petit à petit, à mesure que les défrichements se firent sur la côte, on dut ouvrir des bouts de chemin qui ne se complétèrent que longtemps après, comme nous allons le voir bientôt. Dans les commencements de la mission et de la paroisse, on se rendait en ville et l'on en revenait par eau, en été, et, en hiver, on devait suivre la glace formée sur le rivage. On a vu que, en 1733 la fabrique payait 5 livres à deux habitants chargés de " ramener en ville M. le Vicaire dans sa visite."

Parmi la liasse énorme de vieux actes que nous avons pu consulter, nous avons trouvé les renseignements suivants au sujet des chemins.

Le 15 mars, 1731. Proclamation d'Eustache Lanouillière de Boiscler, conseiller du roi et grand voyer en la Nouvelle-France, faite au sujet de 12 ponts sur le chemin qui passe le long du fleuve Saint-Laurent, dont 8 à la charge des propriétaires des terres sur lesquelles ils doivent se faire ; et quatre, savoir : celui du moulin banal, celui de la terre de Michel Poireau, un autre sur la Rivière-des-Roches, et le quatrième, sur la terre d'Etienne Doré, à la charge, construction et entretien, d'un certain nombre d'habitants nommés dans la proclamation. Le grand voyer ci-haut nommé ordonne de sortir le bois nécessaire à la construction de ces ponts, avec les dimensions voulues pour lambourdes, semelles d'étai, garde-fous, etc. Cette proclamation est signée de M. le curé Desnoyers, P. Constantin, Jean Dubau, Charles Tinon des Roches et de De Boiscler.

Joseph Gingras représente au grand voyer que le pont qui passe sur sa terre est très long et d'une trop grosse dépense pour être fait et entretenu par lui seul. Vu la justesse de cette représentation, le grand voyer lui adjoint d'autres habitants de l'endroit.

Le 3 et le 4 de juillet, 1738, plusieurs habitants, ayant représenté qu'un chemin leur est nécessaire, au nord du lac, pour se rendre à l'église et pour aller en ville, en passant par la côte Saint-Ange et Champigny, il fut tracé un chemin qui prit le nom de *Route* ou *Côte de la Ferté*, et le procès-verbal en fut dressé au quantième ci-haut écrit.

Les habitants pétitionnaires avaient aussi représenté que, assez souvent, ils ne pouvaient se rendre en ville à cause de la rivière du Cap-Rouge.

Vers la mi-novembre de 1745, certains habitants de la seigneurie Bélair, appartenant aux RR. PP. Jésuites, et de la seigneurie de Fossembault, appartenant à Mlle Peuvret, demandent au grand voyer Lanouillière de leur marquer un chemin du roi, à partir du domaine des Pères à aller jusqu'aux habitations de Jean Lefebvre, Jean, Michel et Alexandre Trudel, de Fossembault.

Ils demandaient encore un chemin de descente pour se rendre à la route Bussière et Valin, afin d'aller à l'église et au moulin de Saint-Augustin, ce dont ils étaient privés depuis 11 ans. Ce chemin est celui du trait-carré.

Tels sont les principaux chemins qui furent ouverts sous la domination française, y comprenant la côte et la route de la vieille église qui durent s'ouvrir, la première, peu de temps après l'établissement des premiers colons sur le bord du fleuve et en bas de la falaise, et l'autre, à mesure que les défrichements se faisaient sur le haut de cette falaise ou côte.

Plus tard et après la cession du pays à l'Angleterre, on ouvrit la grande route publique allant de la paroisse vers Trois-Rivières, et d'autres chemins de moindre importance.

Ces voies publiques devenaient impraticables à certaines saisons de l'année, vu le sol glaiseux de la plus grande partie de la paroisse. Quelques-uns pensèrent alors à faire mac-acadamiser les chemins ; mais, comme il arrive presque toujours dans nos campagnes, tout ce qui touche *au nouveau* doit rencontrer de l'opposition. Il semble étrange que l'on puisse préférer un chemin casse-cou à une bonne voie carrossable ; cependant, cela s'est vu et se verra encore, tant est grand, en général, l'amour de nos campagnards pour l'ornière de la routine.

Après la naissance de bien des projets suivis d'autant d'échecs et de désappointements, le promoteur principal des chemins mac-adamisés, le Dr P. LaRue, crut, vers 1850, qu'il allait réussir dans les efforts qu'il faisait, dans ce sens, depuis si longtemps.

Le premier pas, dans cette direction, fut un règlement du conseil municipal, obligeant les contribuables à fournir 4 boîtes de pierre cassée, ou $1.60. Cette première démarche était due aux instances réitérées du Dr LaRue, qui fut l'âme de ce mouvement.

A la proclamation de ce règlement, le mécontentement général fut si vif, si manifeste, que les conseillers crurent agir prudemment en rescindant leur mesure, et le projet tomba à l'eau au grand chagrin du Dr LaRue et d'un fort petit nombre d'hommes assez *aveugles* pour préférer de bons chemins à des voies qui défonçaient régulièrement le printemps et l'automne, et, souvent, aux grandes pluies de l'été.

Lors de l'octroi de la législature d'un million pour travaux publics, le Dr LaRue revint à la charge, et il réussit à engager la municipalité à contracter un emprunt de $4,000 à être appliquées à l'amélioration et au mac-adamisage des principaux chemins de la paroisse ; mais juste au moment où le succès semblait certain, des influences occultes réussirent à faire manquer ce projet. Il fallut encore se soumettre à attendre une autre occasion plus favorable, et, en attendant cette occasion, on continuait de patauger, à briser ses voitures, morfondre ses chevaux dans les *pots à brai* des routes publiques.

A quelque temps de là, le Dr LaRue eut une inspiration, et il s'empressa d'en faire part à M. le curé Milette.

J'ai trouvé, dit le docteur au curé, le moyen de faire macadamiser nos chemins, si vous voulez me donner le concours de votre influence. Faites de ces travaux une affaire religieuse, et le succès est assuré ; voici comment.

L'état des chemins est tel que, chaque printemps, nous ne pouvons jouir de la grande procession de la Fête-Dieu, quoique nous ayons deux fort jolies chapelles de chaque côté de l'église, à une distance de quinze arpents l'une de l'autre. Pour cet objet, personne ne refusera de faire sa part, au moyen de corvées et de pierre cassée. Les deux voisins des chapelles, Gilles Meunier et Ambroise Desroches, deux cultivateurs riches et pleins de bonne volonté, étant exempts des corvées, macadamiseront leur chemin seuls et à leurs propres frais. L'exemple sera donné et il sera prouvé que ces travaux sont non-seulement possibles, mais à la portée de tous ceux qui ont un peu de bonne volonté.

M. Milette, qui souffrait presque autant que le Dr LaRue du mauvais état des chemins, agréa ce projet, le mit vigoureusement à exécution, y contribua largement par ses démarches et de sa bourse, puis, dans le court espace d'une semaine, les travaux d'une vingtaine d'arpents se firent avec zèle et même avec enthousiasme.

Le problème était résolu par ces travaux préliminaires de mac-adamisage : on était maintenant convaincu qu'il était possible de se faire de bons chemins *sans se ruiner.*

Peu de temps après cette épreuve, les travaux se poursuivirent sur presque tous les chemins. Le Dr LaRue, devenu député du comté de Portneuf, en 1867, obtint de la législature quelques sommes qui aidèrent aux habitants à mac-adamiser les routes. (1)

Au sujet des voies publiques de la paroisse de Saint-Augustin, voici ce que dit M. J.-M. Lemoine, dans la seconde édition de *L'Album du Touriste :*

Je ne puis concevoir comment les habitants des paroisses voisines, qui ne macadamisent pas leur voie publique, peuvent

---

(1) M. le Dr LaRue a été nommé conseiller législatif au mois de mars de 1885.

se servir, *sans remords*, du grand chemin de Saint-Augustin. Les efforts constants des deux membres de Portneuf, pour améliorer les voies et chemins, et la position du membre local, le Dr P. Larue, auprès de la Province de Québec, doit être une garantie suffisante que le *macadam*, la colonisation et le progrès se continueront vers les paroisses de l'intérieur, Sainte-Catherine, Sainte-Jeanne-de-Neuville, Saint-Bazile, Saint-Raymond, etc.

Aujourd'hui, l'on peut voyager, dans toutes les parties de la paroisse et à toutes les saisons de l'année, sans risquer de se tordre le cou, comme autrefois, et les paroissiens n'en sont pas plus pauvres, sans compter que les chevaux et les voitures s'en trouvent beaucoup mieux.

DIVISION DU BAS-CANADA EN DISTRICTS.

D'après Bouchette (déjà cité), la province du Bas-Canada fut divisée en quatre districts, auxquels on donna les noms de *Montréal, Trois-Rivières, Québec* et *Gaspé.*

En vertu d'une proclamation du gouvernement, en date du 7 de mai, 1792, ces quatre districts furent subdivisés en 21 comtés. Voici leurs noms : Bedford, Buckingham, Cornwallis, Devon, Dorchester, Effingham, *Gaspé*, Hampshire, Hants, (1) Huntingdon, Kent, Leinster, *Montréal, Saint-Maurice,* Northumberland, *Orléans, Québec, Richelieu,* Surrey, Warwick et York... Six noms *français* et quinze noms *anglais* seulement et cela dans un pays tout de population française! MM. les Anglais et *nos* anglomanes appellent cela le *fair play* britannique, triste justice qui semble ignorer la population de tout un pays.

On a déjà vu que le territoire dans lequel se trouvait enclavée la paroisse de Saint-Augustin, reçut le nom de comté de Hampshire, remplacé, plus tard, en 1829, par le nom plus euphonique de Portneuf. Ce comté ne fut pas le seul à mettre à la porte toutes ces incon-

---

(1) Voir le deuxième renvoi de la page 363.

gruités. On appela ce comté de Hampshire du nom de Portneuf en souvenir de la baronnie de ce nom, qui fut accordée au sieur de Croisille, le 16 avril, 1647.

SAINT-AUGUSTIN EN 1815.

Le lecteur aimera à lire une description topographique, etc., de Saint-Augustin, en 1815, empruntée à Bouchette. Il pourra comparer la paroisse d'aujourd'hui avec la paroisse d'il y a 69 ans.

Avec une surface variée et inégale, cette seigneurie possède un sol gras et fertile, qui, sur les grandes éminences et les terrains élevés, est composé d'une marne un peu légère, et qui, dans les fonds et les vallées, est généralement une bonne terre noire. Sa situation est si favorable à tous les travaux de l'agriculture que les trois quarts pleins de sa totalité sont en labour ; les fermes et la plus grande partie des concessions se présentent avec avantage et annoncent une culture soignée. A proportion des progrès de l'agriculture, la quantité de bois de construction a beaucoup diminué, et il n'en reste à présent que très peu d'une qualité supérieure, et les espèces communes ne sont guère plus abondantes.

Cette seigneurie est arrosée par la Rivière du Cap Rouge, qui prend sa source dans les hauteurs, près des limites du fond. Elle traverse la seigneurie diagonalement et en serpentant, et il s'en détache plusieurs petites branches, à droite et à gauche. Ses bords sont hauts ; mais ils ne s'élèvent qu'en pente douce, ou plutôt on peut dire qu'elle coule à travers une vallée étroite, qui présente en abondance des beautés naturelles qui ont l'effet le plus pittoresque, et qui offrent tous les charmes que l'on peut attendre de l'art dans la composition d'un paysage.

Le lac Calvaire, d'environ un mille et demi de long, situé entre la Rivière du Cap-Rouge et le St. Laurent, attirera toujours l'admiration, si on l'examine des hauteurs qui l'environnent, où il offre une perspective riche et diversifiée, ses bords étant admirablement variés par des terres cultivées, coupées çà et là par de petits bois, et par de nombreux groupes d'arbres, qui s'élèvent par degré, depuis le bord de l'eau, les uns au-dessus des autres.

Le terrain qui borde le St. Laurent est le plus élevé de la seigneurie, d'où l'on trouve une succession de collines et de vallées, dont les premières diminuent de hauteur à mesure qu'elles approchent de la limite du fond, ce qui produit l'ondulation la plus agréable dans le tableau de la perspective.

Cette propriété est très commodément coupée par des routes dans presque toutes les directions, et elles sont pour la plupart en bonne réparation ; celle qui passe le long du front, s'appelle la route de la poste, et une autre, qui passe au fond et se rend au pont de Jacques-Cartier, s'appelle la route des diligences ; de chaque côté de la Rivière du Cap Rouge, une route conduit à la seigneurie de la Pointe aux Trembles ; plusieurs routes intermédiaires unissent les principales ; le le long de chacune de ces routes, il y a plusieurs beaux établisssmens, les maisons sont bien bâties, et les fermes annoncent l'aisance et même la richesse.

L'église sur une pointe qui s'avance, dans le St. Laurent, (1) un moulin à blé et une scierie sur une petite branche de la Rivière du Cap Rouge, entre deux rives élevées, à l'endroit où elle se décharge dans le premier, forment un point de vue agréable, soit de la Grande Rivière, ou de l'éminence qui est au-dessus des moulins.

Un long banc de sable, ou plutôt de rochers, borde tout le front de la seigneurie : les Ilots Donbour (2) sont situés sur ce banc vis-à-vis la limite du sud-ouest.

SAINT-AUGUSTIN EN 1832.

Dix-sept ans après la publication de sa *Description topographique du Bas-Canada*, Bouchette publiait un autre travail intitulé : "A Topographical Dictionary of the Province of Lower Canada." C'est à peu près un réchauffé de son livre de 1815, sauf quelques ajoutés faits par-ci, par-là. Il est pourtant bien certain que, de 1815 à 1832, il s'était fait des améliorations sensibles, considérables même, dans les cantons, les paroisses et les seigneuries qu'il avait déjà décrits.

C'est en ne tenant pas compte de ces améliorations et des changements qui s'étaient opérés, dans l'intervalle compris entre ces deux publications, qu'il laisse, en 1832, l'église paroissiale actuelle de Saint-Augustin, dans l'Anse-à-Maheu, sur le bord du fleuve. Il y a

---

(1) La vieille église de l'Anse-à-Maheu.
(2) *Dombourg*, d'après les anciens registres.

encore d'autres changements de moindre importance, il est vrai, mais qui auraient dû trouver place dans le *Dictionnaire* de 1832, publié à Londres, en Angleterre. Voici un des grands inconvénients de l'histoire faite à coups de ciseaux, dans un cabinet et sans la connaissance personnelle, chez l'auteur, des lieux qu'il entreprend de faire connaître aux autres.

Dans les ajoutés, cependant, on trouve des renseignements importants, dont voici la traduction.

La paroisse de Saint-Augustin renferme partie des seigneuries de Maure, Fossambault et Bélair, et appartient aux dames de l'Hôtel-Dieu de Québec. Elle contient 4 concessions ; les plus rapprochées du fleuve sont les plus populeuses. Les quatre-cinquièmes de la paroisse sont en état de culture ; l'autre cinquième est en bois debout. (1)

Il y a une école avec 60 élèves et supportée par la paroisse. On consume dans la paroisse presque toutes les céréales qu'on y récolte. Les chemins sont mal entretenus, et il y a un pont sur la rivière du Cap-Rouge. (2) On se sert, pour les travaux des champs, et des chevaux et des bœufs.........Toutes les terres de cette paroisse ont été concédées antérieurement à 1759, c'est-à-dire du temps de la domination française.

Bouchette donne le tableau suivant préparé pour l'année 1831, et s'appliquant à la paroisse de Saint-Augustin et à Sainte-Catherine de Fossembault.

La population était alors de 1,993 âmes. Il y avait une église catholique, 1 curé, 1 presbytère, 1 école, 1 village, 1 moulin à farine, 2 scieries, 1 notaire et 19 artisans.

Les produits agricoles de l'année (1831) se répartissaient comme suit : Blé, 11,509 minots ; avoine, 13,000 mts. ; patates, 18,000 mts., et pois, 3,000 minots.

Il y avait, dans la paroisse, 424 chevaux, 848 bœufs, 1,060 vaches, 2,554 moutons et 636 cochons.

Nous croyons faire plaisir aux habitants de Saint-

---

(1) Il avait dit, en 1815 : "Les trois quarts sont en labour."
(2) Il écrivait, en 1815 :...... " elles (les routes) sont pour la plupart en bonne réparation."

Augustin surtout, en leur donnant ici la liste des noms de tous les députés qui ont représenté Hampshire et, plus tard, Portneuf, depuis 1792 jusqu'à ce jour, formant une période de 93 ans. Il est bon d'observer que les comtés, à partir de 1792 à venir jusqu'à l'Union (en 1841), renfermant un territoire plus étendu qu'aujourd'hui, envoyaient à la chambre, chacun, deux députés ou représentants.

Nous devons cette liste, ainsi que le tableau qui suit immédiatement, à l'obligeance de M. Joseph Trudelle, déjà nommé en parlant des Religieuses sorties de la paroisse.

Noms des députés qui ont représenté le comté de Hampshire ou Portneuf, en vertu de la constitution de 1791, mise en force en 1792, etc.

De 1792 à 1796 : MM. J. Boudreau et McNider.
" 1797 à 1800 : " J. Planté " F. Huot.
" 1801 à 1805 : " id. " id.
" 1805 à 1808 : " id. " L.-J.-A. Duchesnay.
" 1809 à 1810 : " F. Huot " id.
" 1810 à 1814 : " id. " F.-X. La Rue.
" 1815 à 1816 : " id. " G.-W. Allsopp.
" 1817 à 1819 : " id. " id.
Pour 1820 : " id. " C. Langevin.
De 1820 à 1824 : " id. " id.
" 1825 à 1827 : " F. Drolet " J. Cannon.
" 1827 à 1829 : " F.-X. La Rue " id.
" 1830 à 1834 : " id. " H.-S. Huot.
" 1834 à 1838 : " id. " id.

SOUS L'UNION.

De 1841 à 1844 : M. T.-C. Aylwin.
" 1844 à 1848 : " L.-T. Drummond.
" 1848 à 1851 : " A.-J. Duchesnay.
" 1851 à 1854 : " U.-J. Tessier.
" 1854 à 1857 : " Is.-E. Thibaudeau.
" 1858 à 1861 : " id.
" 1861 à 1866 : " J.-D. Brousseau.

SOUS LA CONFÉDÉRATION.

A Québec.

De 1867 à 1871 : le Dr P. LaRue.
" 1871 à 1875 :   id.
" 1875 à 1878 :   id.
" 1878 à 1882 : M. Fr. Langelier.
" 1882 à 1885 : " J.-D. Brousseau.

A Ottaoua.

De 1867 à 1871 : M. J.-D. Brousseau.
" 1872 à 1877 : " E.-A. de Saint-Georges.
" 1878 à 1882 : " R.-P. Vallée.
" 1882 à 1885 : " E.-A. de Saint-Georges.

TABLEAU DES NAISSANCES, MARIAGES ET SÉPULTURES,
DEPUIS 1794.

Nous terminons la partie civile de cette *Histoire* par le tableau suivant emprunté aux recensements faits depuis 1794 jusqu'à 1881.

En comparant les chiffres des années 1821, 1851 et 1861, on s'apercevra d'une diminution dans la population de ces trois décades. Cette diminution n'est pas réelle pour ce qui regarde Saint-Augustin proprement dit, et voici pourquoi : En 1821, le chiffre de la population est de 2,048 âmes ; mais, à cette époque, la paroisse de Sainte-Catherine de Fossembault, détachée de celle de Saint-Augustin, en 1832, a dû produire la diminution que l'on remarque au recensement de 1851, soit : 1,748 âmes contre 2,048, en 1821, ou 300 âmes de moins.

Quant à la différence qui existe entre les chiffres de 1851 et 1861 (1,748 âmes et 1,722) donnant en moins 26 âmes pour 1861, on peut expliquer cette légère diminution par le fait de l'annexion d'une partie du territoire de Saint-Augustin à la paroisse de Saint-Félix du Cap-Rouge (Carouge), formée en 1861.

D'ailleurs, la paroisse de Saint-Augustin, comme presque toutes les anciennes paroisses, n'a pas une population qui puisse augmenter rapidement comme dans les localités nouvellement établies, vu que les terres sont toutes prises et que le surplus des naissances sur les décès va s'établir, depuis nombre d'années, au faubourg Saint-Jean, ou dans les nouvelles paroisses situées en arrière, comme Sainte-Catherine de Fossembault, Saint-Raymond, Sainte-Jeanne de Neuville, etc.

On sait déjà que la très grande majorité de la population du faubourg Saint-Jean est originaire de cette paroisse (Saint-Augustin).

TABLEAU des naissances, mariages et sépultures dans la paroisse de Saint-Augustin, de 1794 à 1828.

Années.	Baptêmes.	Mariages.	Sépultures.	Population totale.
1794	58	11	27	
1795	50	15	16	
1796	64	12	21	
1797	54	9	23	
1798	63	18	18	
1799	74	12	23	
1800	59	9	25	
1801	67	13	21	
1802	60	14	38	
1803	56	13	49	
1804	64	11	24	
1805	72	12	39	
1806	61	8	30	
1807	55	16	33	
1808	57	20	39	
1809	67	20	26	
1810	77	16	56	
1811	72	7	47	
1812	82	18	31	
1813	77	13	60	
1814	81	20	55	
1815	83	11	36	
1816	90	13	21	
1817	80	9	37	
1818	81	9	30	
1819	74	15	44	
1820	78	10	60	
1821	86	16	32	2,048
1822	94	19	50	
1823	69	22	42	
1824	74	30	43	
1825	81	12	34	
1826	81	17	47	
1827	97	18	36	
1828	73	18	37	

TABLEAU des naissances, mariages et sépultures dans la paroisse de Saint-Augustin, de 1829 à 1861.

Années.	Baptêmes.	Mariages.	Sépultures.	Population totale.
1829	99	16	43	
1830	84	17	58	
1831	100	11	53	
1832	86	27	118 (1)	
1833	71	16	48	
1834	61	12	52	
1835	68	10	42	
1836	50	7	35	
1837	53	14	32	
1838	62	7	27	
1839	52	13	23	
1840	68	29	36	
1841	74	14	40	
1842	76	13	44	
1843	77	7	34	
1844	68	11	28	
1845	74	10	29	
1846	72	13	42	
1847	85	12	32	
1848	62	10	37	
1849	83	12	48	
1850	74	9	31	
1851	63	9	38	1,748
1852	75	15	38	
1853	88	26	45	
1854	74	21	43	
1855	70	13	31	
1856	57	11	33	
1857	68	13	36	
1858	57	6	33	
1859	54	5	25	
1860	56	11	30	
1861	48	15	40	1,722

(1) Année du choléra.

TABLEAU des naissances, mariages et sépulture dans la paroisse de Saint-Augustin, de 1862 à 1884.

Années.	Baptêmes	Mariages.	Sépultures.	Population totale.
1862	54	18	22	
1863	48	11	26	
1864	50	3	43	
1865	41	13	30	
1866	56	9	26	
1867	43	13	28	
1868	48	8	24	
1869	41	9	43 (1)	
1870	41	8	36	
1871	49	11	50 (2)	1,829
1872	49	17	23	
1873	48	9	21	
1874	47	20	36	
1875	48	13	32	
1876	43	10	31	
1877	56	10	22	
1878	53	16	35	
1879	64	9	35	
1880	59	13	36	
1881	60	15	39	1,569 (3)
1882	46	14	42	
1883	59	12	26	
1884	53	10	32	

(1) Année des fièvres typhoïdes.
(2) Année des fièvres scarlatines.
(3) Ce chiffre, comparé à celui de 1871, établit une différence en moins (en 1881) de 260 âmes. Cette nouvelle diminution peut s'expliquer par le fait de l'annexion d'une partie du territoire de Saint-Augustin à la nouvelle paroisse de Sainte-Jeanne de Neuville.

TABLE DES MATIÈRES.

	Pages
Dédicace	III
Avant-propos	V
Aux habitants de Saint-Augustin	1
Liste nominale des missionnaires, curés et vicaires de Saint-Augustin, de 1694 à 1884 incl.	7
Histoire de la paroisse de Saint-Augustin. Considérations préliminaires	13
Saint-Augustin	15
Les missionnaires	17
La première chapelle	19
Deuxième chapelle	25
Les années 1691 et 1692	25
L'année 1693	26
" 1694	26
" 1695	29
" 1696	30
" 1697	31
" 1698	32
" 1699	32

DE 1700 A 1710.

Toute cette décade	33

DE 1711 A 1720.

Toute cette décade	35
Mémoire des vaisseaux, ornements et linge de l'église de Saint-Augustin, en 1713	41
Bâtisse de l'église de pierre, à l'Anse-à-Maheu, etc	42

DE 1721 A 1730.

(1721)	53
(1722)	57

TABLE DES MATIÈRES

	PAGES
Bâtisse de l'église de pierre, à l'Anse-à-Maheu (*Suite et fin*)	58
(1723). Levage de la charpente de l'église, etc.	59
(1724). La cloche brisée ; renduits à l'église	64
(1725). Donations à l'église	66
Ordonnance au sujet du cimetière, du pain bénit, etc. (1726)	70
Six voyageurs en pèlerinage à Saint-Augustin (1727)	71
(1728-1729-1730)	72

DE 1731 A 1740.

Ordonnance de Messire Lyon de St-Ferréol (1731)	74
Deuxième inventaire	76
Première chaire dans la première église de pierre	79
(1732-1733)	80
(1734)	81
(1735)	82
(1736)	84
(1737)	85
(1738)	86
(1739)	87
(1740)	88

DE 1741 A 1750.

(1741)	88
(1742-43-44)	89
Vol au presbytère	90
Troisième inventaire	90
Inventaire des papiers, contrats, titres, fonds et rentes	93
Réparations à faire à l'église	95
(1745)	98
(1747). M. Dunière	99
(1748)	100
(1749)	102
(1750)	104

DE 1751 A 1760.

(1751)	104
Le jubilé universel	105
(1752-53). M. Brassard	106

TABLE DES MATIÈRES

PAGES

(1754)	107
(1755)	109
Mandement de Mgr de Pontbriand	110
(1756). Deuxième mandement de Mgr de Pontbriand	112
(1757)	116
(1758 et 1759)	117
(1760)	118

DE 1761 A 1770.

(1761-1762)	118
(1763)	119
(1764)	120
(1765). M. Bériau	120
(1766)	121
(1767)	122
Mandement de Mgr Briand	123
(1768)	125
Lettre de Mgr Briand au sujet de la lettre du gouverneur Carleton	126
(1769-1770)	128

DE 1771 A 1780.

(1771-1772)	129
(1773-1774)	130
(1775-76-77)	131
(1778-1779)	132
(1780)	133

DE 1781 A 1790.

(Les lacunes et les rats.)

(1781)	133
(1782-83-84-85)	135
(1786-87-88-89 et 1790)	136

DE 1791 A 1799.

(1791-92-93)	137
(1794-95-96)	138
(1797-1798)	139

TABLE DES MATIÈRES

	PAGES
M. François VÉSINA, *prêtre vicaire*	140
(1799)	142

DE 1800 A 1810.

(1800)	144

SÉPULTURE DE M. BÉRIAU.

(1801)	144
(1802)	147
(1803–1804)	148
(1805). Terrible sinistre ! Une avalanche écrasant une maison	150
(1806)	152
(1807). La chapelle du village ou du rang des Mines	154
(1808)	158
(1809)	159
(1810)	160

DE 1811 A 1820.

(1811)	162
(1812)	163
(1813–1814)	165
(1815) La route de la nouvelle église	167
(1816)	168
Des bancs	171
(1817)	172
(1818)	173
(1819–1820)	174

DE 1821 A 1830.

(1821)	175
(1822)	177
(1823)	179
(1824)	182
(1825)	184
(1826)	185
M. Charles East	186
(1827)	188

TABLE DES MATIÈRES

	PAGES
L'école de la fabrique	188
(1828)	189
(1829)	190
(1830)	191

DE 1831 A 1840.

(1831-1832)	193
(1833)	194
(1834)	195
(1835)	196
Indulgence per modum suffragii	198
(1836)	198
(1837)	199
(1838)	200
(1839-1840)	201

DE 1841 A 1850.

(1841-1842)	204
(1843)	206
(1844)	207
(1845)	208
(1846)	210
Troisième vicaire	211
(1847)	212
(1848)	213
(1849)	214
Erection du chemin de la croix à Saint-Augustin	215
(1850)	216

DE 1851 A 1860.

(1852)	219
(1853) Etablissement des Quarante-Heures	221
(1854)	222
(1855)	225
(1856)	226
(1857) Translation des ossements du cimetière de l'Anse-à-Maheu.	228
(1858)	230
(1859)	231
(1860)	232

TABLE DES MATIÈRES

PAGES

DE 1861 A 1870.................................. 234

Meubles, ornements, etc............................ 236
(1862)... 238
(1863)... 240
(1864)... 241
(1865)... 243
(1866)... 245
(1867)... 247
(1868)... 249
(1869)... 251
(1870) Décès de Messire Milette................... 252
Messires Pilote et Blanchet....................... 254

DE 1871 A 1880.................................... 255

Règlement du cimetière de Saint-Augustin.......... 259
(1872)... 265
Coût total de l'orgue............................. 268
(1873)... 268
(1874)... 270
(1875)... 274
(1876)... 275
(1877)... 276
(1878)... 279
Acte de sépulture de Messire Napoléon-Honoré Constantin. 279
(1879)... 281
Le couvent de Saint-Augustin...................... 281
(1880)... 283

DE 1881 A 1884 INCL.

(1881)... 285
(1882)... 286
(1883)... 288
(1884)... 289

MISSIONNAIRES ET CURÉS, ETC., DE SAINT-AUGUSTIN.

(*Notices biographiques*).......................... 291
Messire G. Morin................................... "

TABLE DES MATIÈRES

	PAGES
Messire J. Basset	292
" J. Pinguet	"
" J.-D. Testu	"
" P. Rageot	293
Frère Hilaire Hilaire	"
Messire N.-M. Boucher	"
" M. Devaux-Descormiers	294
" P.-J.-T. Hazeur-Delorme	"
" P. Auclair-Desnoyers	295
" Le Maufils	296
" G. Danière	"
" F.-X.-N.-M. Brassard	297
" L.-M. Bériau	"
" F. Vézina	"
" M.-C. Bezeau	299
" E.-Z. Chenet	300
" A. Le François	"
" F. Caron	302
" M. Duguay	303
" A. Milette	"
" C.-S. Richard	305
" F. Pilote	"
" F.-A. Blanchet	307
" J.-B. Thiboutot	308
HISTOIRE DE LA PAROISSE DE SAINT-AUGUSTIN (*Partie civile*)	311
Généalogie de la famille Gaboury	312
SOUVENIRS, LÉGENDES ET MONUMENTS	315
L'habillement et les coutumes, etc	"
M. Jacques Jobin (Généalogie)	318
SOUVENIRS	321
Ancêtres de F.-X. Garneau	"
Souvenirs à l'époque du siége	323
Sépultures d'autrefois	324
Le moulin banal	325
La guerre de 1812	326
Evènements de 1837 et 1838	327
Perte du vapeur *Montréal*	"
L'école de M. Galo	328

TABLE DES MATIÈRES

	PAGES
Le lac Calvaire	329
Disparition d'une mendiante	331
Etrangère empoisonnée	332
Beaupré et deux compagnons sorciers	"
Trombe, en 1874	"
Phénomènes inexplicables et inexpliqués	333
Mort du capitaine J.-B. Racette	"
Crimes	334
Ambroise Martel et Adélaïde Moisan	"
Benjamin Dolbec tue un étranger	335
Prêtres enfants de la paroisse	"
Failly et sa *guevale*	"
Religieuses enfants de la paroisse	336
LÉGENDES	339
L'orme à la Vierge	340
Le diable travaille à l'église	341
Pierre servant de clé	342
Le Calvaire de 1698	343
François, enfant à débaptiser	344
MONUMENTS	345
La première chapelle de bois (*bis*)	346
L'église de pierre à l'Anse-à-Maheu (*bis*)	"
Le moulin banal	348
L'église actuelle	"
La chapelle du village ou du rang des Mines	349
Le Calvaire du rang des Mines	"
Monument des anges gardiens	350
Le cimetière (*bis*)	"
Le couvent (*bis*)	351
Messire François Pilote	"
Le cimetière (*ter*)	352
Le presbytère	355
Le couvent (*ter*)	356
Monsieur le curé (de 1870 à 1884)	359
Notre-Dame de l'*Erablière*	361
La seigneurie de Maure	363
Le seigneur Juchereau de Maure	365
(*Sa généalogie*)	"

TABLE DES MATIÈRES

	PAGES
Le nom de la paroisse	366
Le deuxième seigneur	366
Le troisième "	367
Le quatrième "	371
Les chemins	"
Division du Bas-Canada en districts	376
Saint-Augustin en 1815	377
" en 1832	378
Noms des députés de Portneuf, de 1792 à 1885	380
Tableau des naissances, mariages et sépultures, depuis 1794	381
Id. Id. Id. de 1794 à 1828	383
Id. Id. Id. de 1829 à 1861	384
Id. Id. Id. de 1862 à 1884	385

IMPRIMERIE LÉGER BROUSSEAU

www.ingramcontent.com/pod-product-compliance
Lightning Source LLC
Chambersburg PA
CBHW071901230426
43671CB00010B/1425